HVH

Bibliografische Information Der Deutschen Nationalbibliothek
Die Deutsche Nationalbibliothek verzeichnet diese Publikation in der Deutschen Nationalbibliografie; detaillierte bibliografische Daten sind im Internet über http://dnb.ddb.de abrufbar.

Marco Bertolaso
Rettet die Nachrichten!
Was wir tun müssen, um besser informiert zu sein
Schriften zur Rettung des öffentlichen Diskurses, 6
Köln: Halem, 2021

http://www.halem-verlag.de

Print: ISBN 978-3-86962-493-8
E-Book (PDF): ISBN 978-3-86962-494-5
E-Book (EPUB): ISBN 978-3-86962-520-1

ISSN 2699-5832

UMSCHLAGGESTALTUNG: Claudia Ott, Düsseldorf
UMSCHLAGFOTO: Joshua Rawson Harris / unsplash
LEKTORAT: Rabea Wolf
SATZ: Herbert von Halem Verlag
DRUCK: docupoint, Magdeburg

Schriften zur Rettung des öffentlichen Diskurses

Marco Bertolaso

Rettet die Nachrichten!

Was wir tun müssen, um besser informiert zu sein

HERBERT VON HALEM VERLAG

Die Reihe *Schriften zur Rettung des öffentlichen Diskurses*

Warum ist der Lager übergreifende öffentlich-demokratische Diskurs gefährdet, ja geradezu ›kaputt‹? Weshalb ist der öffentliche Wettbewerb auf dem Marktplatz der Ideen ins Stocken geraten? Und welche Rolle spielen dabei Digitalisierung und Algorithmen, aber auch Bildung und Erziehung sowie eskalierende Shitstorms und – auf der Gegenseite – Schweigespiralen bis hin zu Sprech- und Denkverboten?

Die Reihe *Schriften zur Rettung des öffentlichen Diskurses* stellt diese Fragen, denn wir brauchen Beiträge und Theorien des gelingenden oder misslingenden Diskurses, die auch in Form von ›Pro & Contra‹ als konkurrierende Theoriealternativen präsentiert werden können. Zugleich gilt es, an der Kommunikationspraxis zu feilen – und an konkreten empirischen Beispielen zu belegen, dass und weshalb durch gezielte Desinformation ein ›Realitätsvakuum‹ und statt eines zielführenden Diskurses eine von Fake News und Emotionen getragene ›Diskurssimulation‹ entstehen kann. Ferner gilt es, Erklärungen dafür zu finden, warum es heute auch unter Bedingungen von Presse- und Meinungsfreiheit möglich ist, dass täglich regierungsoffiziell desinformiert wird und sich letztlich in der politischen Arena kaum noch ein faktenbasierter und ›rationaler‹ Interessensausgleich herbeiführen lässt. Auf solche Fragen Antworten zu suchen, ist Ziel unserer Buchreihe.

Diese Reihe wird herausgegeben von Stephan Russ-Mohl, emeritierter Professor für Journalistik und Medienmanagement an der Università della Svizzera italiana in Lugano/Schweiz und Gründer des *European Journalism Observatory*.

Inhaltsverzeichnis

EINLEITUNG

Wir müssen uns um die Nachrichten kümmern. Sie, ich, wir alle. Demokratische Verhältnisse, der Rechtsstaat und unsere individuellen Freiheiten, all das ist historisch betrachtet selten, aber auch in unserer heutigen Welt rar und kostbar. All das setzt allgemein zugängliche und verlässliche Informationen voraus. Nur so kann sich jede und jeder eine Meinung bilden. Nur so bleibt eine Öffentlichkeit lebendig, die gemeinsam akzeptierte Tatsachen kennt, eine Öffentlichkeit, die auf dieser Grundlage diskutiert, streitet, entscheidet und Kontrolle ausübt.

Lange war unbestritten, dass den Nachrichten dabei eine zentrale Rolle zukommt. Sie waren Kommunikationsraum und Immunsystem der Demokratie. Ob Zeitungen, Radio, Fernsehen oder Internet – der Informationsjournalismus hat die vergangenen einhundert Jahre geprägt. Jetzt steckt er in der Krise. Gesellschaftliche Fragmentierung, Infragestellung klassischer Medienangebote, die digitale Revolution mit ihren radikal neuen Informationsmöglichkeiten und mit ihren neuen, radikalen Monopolisten, das brutale Ende tradierter Geschäftsmodelle, das sind einige der bekannten Stichworte.

Aus meiner Sicht stehen die Gefahren für den Informationsjournalismus in Wechselwirkung mit einer anderen Krise, mit der Krise der repräsentativen Demokratie. Massenmedien und

Parteien verlieren an Kraft, die sozialen Medien und Bewegungen gewinnen an Gewicht. Auch darum geht es in diesem Buch, doch mein Schwerpunkt liegt auf der Absicherung und Weiterentwicklung des Nachrichtenjournalismus. In diesem Berufsfeld bewege ich mich seit drei Jahrzehnten aus Überzeugung und mit Freude. Vor Ihnen liegt daher auch kein kommunikationswissenschaftlicher Text, sondern der eines gesellschaftlich engagierten Nachrichtenredakteurs.

Unser Handwerk muss Regeln nachjustieren. Wir sollten uns von Gewohnheiten und Glaubenssätzen verabschieden, von denen manche auch mir lange heilig waren. Einige Beispiele: Beobachten und kontrollieren wir noch die richtigen Entscheidungsträger, etwa mit journalistischen Hundertschaften rund um den Bundestag, den Schauplatz von teils nur noch vermuteter Macht? Wie lassen sich transnationale, internationale oder gar globale Themen in den überwiegend nationalen Medienlandschaften angemessen darstellen? Viele Menschen erkennen sich und ihre Lebenswelt in den Nachrichten nicht mehr wieder. Wie können Redaktionen darauf reagieren, um Vertrauen zu bewahren oder zurückzugewinnen? Stimmt die nachrichtliche Aktualitätsfixierung eigentlich? Sind unsere Quellen zeitgemäß? Warum klammern wir uns weiter an den mythischen Begriff der Objektivität? Und weshalb behaupten wir immer noch so oft, über ›alles Wichtige‹ zu berichten, als ob dieses Versprechen jemals auch nur für einen Tag einzulösen gewesen wäre?

Hin und wieder übe ich die eine oder andere Form von Kritik und spreche mich für Veränderungen aus. Das richtet sich weder gegen den Nachrichtenjournalismus noch gegen die vielen Kolleginnen und Kollegen, die ihn täglich gestalten und an seiner Weiterentwicklung arbeiten. Die Kritik ist vielmehr ein konstruktiver Teil dieser gemeinsamen Arbeit, an der ich schon lange mitwirken darf. Das ist der Zusammenhang, aus dem einzelne meiner Argumente weder gerückt noch gerissen werden sollten.

Die Beobachtungen und Anmerkungen in diesem Buch sind zudem immer die meinen und nicht Standpunkte des Senders, für den ich sehr gerne arbeite.

Mit Betrachtungen über den Journalismus und sein Personal allein ist es nicht getan. Denn bei den Medien wird vieles abgeladen, was in die Zuständigkeit anderer gesellschaftlicher Bereiche gehört. Für wesentliche Defizite der demokratischen Öffentlichkeit sind Politik und Wirtschaft verantwortlich, Verbände, Nichtregierungsorganisationen und andere mehr. Mich besorgt unter anderem das ebenso weitverbreitete wie missbräuchliche Unterlaufen eines funktionierenden Informationsjournalismus durch PR und Marketing.

In der Verantwortung stehen aber letztlich wir alle, die wir Medien nutzen, die wir Bürgerinnen und Bürger sind. Wir alle gehören zur Nachrichtenkultur und entscheiden gemeinsam über die Zukunft der Information. Lassen Sie uns die Nachrichten retten. Es lohnt sich – und es wird uns nur gemeinsam gelingen.

Was erwartet Sie nun? Das Buch ist eine Art Reise durch die Welt der Nachrichten. Im ersten Teil besichtigen wir den freien, westlichen Nachrichtenjournalismus und dann die Probleme, mit denen er von innen und von außen konfrontiert wird. Nach einem Abzweig in den redaktionellen Alltag schauen wir uns im zweiten Teil das Selbstverständnis der Nachrichten und einige handwerkliche Punkte genauer an. Dabei werbe ich für eine Neuorientierung unter dem Sammelbegriff ›Realistische Nachrichten‹. Zum Schluss geht es um den Beitrag von Politik und Gesellschaft für einen demokratie- und gemeinwohlorientierten Informationsjournalismus.

TEIL EINS:
DIE KRISE DER NACHRICHTEN

KAPITEL 1
FREIE NACHRICHTEN:
EINE HISTORISCHE AUSNAHME

Den Anfang macht ein genauerer Blick auf das, für dessen Rettung ich werbe. Ich meine eine Nachrichtenkultur, die den Einzelnen und der Öffentlichkeit den informationellen Rohstoff für demokratische Abwägungen und Entscheidungen verlässlich liefert, die sich den fundamentalen Prinzipien des Grundgesetzes und anderen Normen wie den Menschenrechten verpflichtet fühlt und deren grundsätzlich große Offenheit und Neutralität genau dort ihre wehrhafte Grenze finden, wo diese Werte in Gefahr sind.

Ich meine einen Nachrichtenjournalismus, der seinerseits frei arbeiten kann, in Deutschland zum Beispiel abgesichert durch Artikel fünf des Grundgesetzes und eine funktionierende Justiz. Ich meine Nachrichten, die derart geschützt die Arbeit der demokratischen Institutionen und aller anderen gesellschaftlichen Akteure kontrollieren und kritisieren können. Und ich meine Nachrichten, die sich ihrer Verantwortung zur Herstellung einer demokratischen Öffentlichkeit bewusst sind, die eine funktionierende Fehlerkultur haben und ihre Arbeit ebenso regelmäßig wie transparent überprüfen.

Manche denken, dass eine solche Nachrichtenkultur alltäglich und ungefährdet ist. Wir werden uns das noch genauer ansehen. Historisch betrachtet ist sie jedenfalls die absolute Ausnahme. Frei verfügbare und zuverlässige Information, auf deren Grundlage die Menschen über die Geschicke ihrer Gesellschaft entscheiden können, das war in der Geschichte so wahrscheinlich wie sechs Richtige im Lotto. Meist waren die Nachrichten nämlich Instrument oder Teil der Macht. Wo wüsste man das besser als in Deutschland? Noch vor achtzig Jahren standen die Medien hier unter Kontrolle des Staates. Noch mehr, sie halfen bei der Absicherung einer Diktatur. Durch die Verbreitung von Lügen und Hass wurden Massenmedien zu Massenvernichtungswaffen.

Eine weitere Lehre nicht nur aus der NS-Zeit ist die besondere Rolle der Nachrichten im Journalismus. In einer Diktatur oder in einem autoritären Regime hat es niemand leicht, der von der Meinungsfreiheit Gebrauch machen will. Die Nachrichten aber sind das erste Opfer. So hielten es auch die Nationalsozialisten: Sie unterwanderten und radikalisierten schon 1931 den Reichsverband Deutscher Rundfunkteilnehmer, der sich danach für mehr ›rechte‹ und nationale Inhalte im angeblich links dominierten ›Systemrundfunk‹ stark machte. Eine zentrale Parole lautete »Brecht den roten Rundfunkterror.« In NS-Zeitungen wurde das verbunden mit antisemitischer Hetze, mit Kritik an den Kosten des Rundfunks und Forderungen wie »Fort mit marxistischer Zersetzungspropaganda und verlogenem Literaten-Geseire« (HEIDELBERGER BEOBACHTER 1931).

Bereits 1932 und damit noch deutlich vor der Ernennung Adolf Hitlers zum Reichskanzler sicherten sich die Nationalsozialisten den Einfluss auf die Drahtlose Dienst AG, die erste deutsche Hörfunknachrichtenredaktion. Hitlers Propagandaminister Joseph Goebbels nannte das Radio das »allermodernste und allerwichtigste Massenbeeinflussungsinstrument« (GOEBBELS 1933). Sein Mann für den Rundfunk, Hans Fritzsche, sprach später vom

»modernsten und schnellsten Nachrichtenmittel« und von einer »Waffe« (FRITZSCHE 1937).

Die Nationalsozialisten verschafften sich auch sonst die Kontrolle über den Informationsjournalismus, sobald sie es konnten. Der Grund ist leicht erklärt und gilt auch für andere Diktaturen: Wenn den Menschen vertrauenswürdige Nachrichten fehlen, wenn sie der Propaganda ausgesetzt sind, wenn sie nicht mehr wissen, was wahr oder falsch ist, dann ist das autoritäre Ziel erreicht. Dann kann der Staat in anderen Bereichen kalkulierte Freiheiten zulassen, etwa ein gewisses Maß an Kunst und Kommentierung erlauben, als Ventil im Inland oder als Feigenblatt für die Welt.

Kaum Note ›gut‹ für die Pressefreiheit

Solche Überlegungen klingen heute für manche wie eine anstrengende und überholte Moralpredigt aus längst vergangenen, dunklen Tagen. Diesen Eindruck gewinne ich seit Jahren im Dialog mit einigen unserer Hörer und Nutzerinnen. Ich sehe das anders. Wir alle sind in unserer Zeit und in unserer Lebenserfahrung befangen. Das schränkt die Vorstellungskraft ein und manchmal auch die Abwehrkraft. Die meisten von uns hatten schon einmal von der ›Spanischen Grippe‹ gehört. Doch mein Gott, das war vor einhundert Jahren. Dann kam Corona und traf viele Gesellschaften einigermaßen unvorbereitet.

Um die Bedrohung freier Nachrichten zu verstehen, muss niemand einhundert Jahre zurückschauen. Es reicht ein offener Blick in die Welt um uns herum. Ein nützlicher Indikator ist der Index, den die Organisation Reporter ohne Grenzen jährlich veröffentlicht. Es ist eine Art TÜV für die Pressefreiheit, der Zensur, Gewalt gegen Journalistinnen und Journalisten und andere einschränkende Faktoren berücksichtigt. Dass es in Nordkorea oder im Iran auch für Medien düster aussieht, darauf kämen wir alle auch ohne diesen Index. Aber wer weiß schon, wie selten freie

Nachrichtenkulturen heutzutage generell sind, weit über die üblichen Verdächtigen unter den Staaten hinaus?

Gerade mal für zwölf der 180 bewerteten Länder schätzen die Reporter ohne Grenzen die Lage im Frühjahr 2021 als gut ein (REPORTER OHNE GRENZEN 2021). Ob uns allen klar ist, wie dünn das Eis ist, auf dem wir uns bewegen? Ob wir es schaffen, aufmerksam und vorsichtig zu bleiben? Garantiert ist das nicht. Denn auch bei der Virengefahr hätten wir nicht nur aus der Geschichte gewarnt sein können. Ärzte in Bergamo sprachen es Ende März 2020 klar aus: »Il coronavirus è l'Ebola dei ricchi«. Corona ist das Ebola der Reichen, so zitiert sie die Nachrichtenagentur ANSA (2020). Andere Teile der Welt haben deutlich mehr Erfahrung mit Pandemien – und mit der Unterdrückung der Medien. Wir wären gut beraten, in beiderlei Hinsicht Anteil am Schicksal der anderen zu nehmen und uns auch bei der Pressefreiheit nicht zu sicher zu fühlen.

Mythos Watergate

In meiner Generation verbindet sich die Idee des Journalismus mit Bildern von Bob Woodward und Carl Bernstein. Viele haben die beiden vor Augen, wie sie aufklärerisch, mutig und stets das Gute im Sinn den Watergate-Skandal aufdecken, wie sie 1974 letztlich US-Präsident Richard Nixon zum Rücktritt zwingen. Ehrlicherweise sind es vielleicht noch mehr die Bilder von Robert Redford und Dustin Hoffman, den Darstellern der Reporter im Klassiker *All the President's Men*. Die Verfilmung aus dem Jahr 1976 hat den Beruf des damals noch meist männlichen Journalisten popularisiert und für viele Jahre als Klischee geprägt. Watergate und der Film haben vor bald 50 Jahren auch zu einem Run auf die Ausbildungswege hin zu den Medien beigetragen.

Mit dem Regelfall des Journalismus hat Watergate allerdings wenig zu tun. Über die Jahrhunderte stand in den Medien nicht die Kontrolle der Macht im Vordergrund, sondern die Unterhaltung. Es ging dabei oft um gute Stimmung und politische Ruhe in der Bevölkerung. Die ungebrochene Wucht des Unterhaltungsaspekts können wir an den mit ihm verbundenen Auflagen und Reichweiten in der Medienlandschaft unserer Tage ablesen. Der Hauptjob der Nachrichten, sofern es sie gab, war Information und Desinformation im Interesse der Machthabenden. Das reichte bis zur Mittäterschaft in Diktaturen.

Doch auch jenseits solcher Extreme lebten Informationsmedien meist in einem prekären Geflecht von Abhängigkeiten von und Rücksichtnahmen auf politische, wirtschaftliche und andere Interessen. Stellen wir uns einen Augenblick vor, es gäbe eine Liste mit den Namen aller Frauen und Männer, die jemals in der Geschichte ihr Geld mit der Suche, der Zusammenstellung und Verbreitung von Nachrichten verdient haben. Es wäre eine enorm lange Liste von den Anfängen der professionellen Information bis zu meinen Kolleginnen und Kollegen, die gerade jetzt die DEUTSCHLANDFUNK-Nachrichten verantworten, während Sie diese Zeilen lesen. Die Gesamtübersicht würde deutlich machen, wie sehr ein Journalismus im Sinne von Woodward und Bernstein, im Sinne von *Guardian, Tagesschau* oder *Süddeutscher Zeitung* die Ausnahme war.

Die Ausnahme ist, muss man sagen. Denn die Pressefreiheit mag auf dem Papier fast überall garantiert sein, so wie die Welt auch voller Regierungssysteme ist, die sich ›demokratisch‹ nennen. Und doch haben staatlich kontrollierte und weitere, engen Interessen verpflichtete Medien nach wie vor weltweit viel mehr Personal und Ressourcen als die anderen Redaktionen. Als die ›eigentlichen Redaktionen‹, wie ich sie nennen möchte.

Systemstabilisatoren und Systemkritik

Journalistinnen und Reporter, die nach unserem Verständnis nicht frei arbeiten, sehen sich selbst nicht unbedingt als Agitatoren und Propagandistinnen, die den Beruf falsch ausüben. Es wird viele Fälle überzeugter Systemstabilisatoren geben. In manchen Gesellschaften ist das die offizielle Aufgabe des Journalismus. Erklärt und begründet wird dies als patriotische Pflicht, Teil eines revolutionären Weges oder eines ideologischen Konzeptes und fast immer als Dienst am Volk.

Mit dieser Ausrichtung wird das Handwerk heute in Diktaturen unterrichtet, so wie in den 1930er-Jahren schon in Benito Mussolinis *Scuola fascista di giornalismo*, die Joseph Goebbels zur Gründung der Reichspresseschule inspirierte. Viele in den Medien autoritär regierter Staaten Beschäftigte werden die gewohnten Arbeitsumstände wohl auch einfach für normal halten oder sich den Zwängen beugen.

Weltweit praktizieren in solchen Ländern immer wieder Journalistinnen und Journalisten kleinere Formen des kalkulierten Widerstandes. Andere gehen noch einen Schritt weiter: Sie kämpfen für eine wahrhaftige Berichterstattung. Sie legen sich mit der politischen und wirtschaftlichen Macht, mit dem Militär oder mit mafiösen Strukturen an – und manchmal sogar mit allen diesen Kräften gleichzeitig. Diese Menschen leben gefährlich und können oft nur auf externe Unterstützung von Reporter ohne Grenzen, Amnesty International und andere Organisationen zählen – wenn überhaupt. Wenn unser Beruf Helden kennt, dann sind es diese Frauen und Männer.

Vielfältige Nachrichtenkulturen

Die Nachrichtenkulturen sind vielschichtig wie die politischen Systeme. Die Medienwissenschaft arbeitet mit verschiedenen Modellen, in denen die dem Informationsjournalismus zugeschriebenen Aufgaben variieren – von der Unterstützung der Regierung, etwa in China, bis zur Kontrolle der Macht, so wie wir es im Westen grundsätzlich verstehen. Roger Blum beschreibt dies in seinem

Mediensystemvergleich schon im Titel als den Unterschied zwischen den *Lautsprechern und den Widersprechern* der Herrschenden (BLUM 2014). Blum macht auch einiges an Schattierungen zwischen diesen Polen aus. In Russland oder in der Türkei etwa sieht er »kontrolliert halboffene Systeme« (BLUM 2014: 118ff.).

Man muss aber nicht erst nach China gehen, nach Nordkorea oder in den Irak, um sich in einer spürbar anderen journalistischen Welt wiederzufinden. In Großbritannien erleben wir ein atemberaubendes Nebeneinander: Da ist die BBC, vermutlich der an Tradition und Innovation reichste öffentlich-rechtliche Rundfunksender. Da ist aber auch eine hochgradig polarisierte und konfliktorientierte Presselandschaft, in der die Zeitungen des Unternehmers Rupert Murdoch maßgeblich den Ausgang mehrerer Wahlen in den vergangenen Jahrzehnten entschieden haben – und zwar mal für die Konservativen, mal für Labour. Sie haben auch das Brexit-Referendum mitentschieden. In Frankreich übt die Regierung seit jeher Einfluss auf die elektronischen Medien aus, in die Presse haben sich Industrielle verschiedener Branchen eingekauft.

Italien ist die Heimat von Silvio Berlusconi, dem Meister der Verflechtung wirtschaftlicher, medialer und politischer Interessen. Schon vor ihm teilten sich die großen Parteien die Pfründe beim öffentlich-rechtlichen Rundfunk RAI, ganz im Sinne der ›Partitocrazia‹. Das gesamte italienische Mediensystem kategorisiert Blum als »freiheitlich-klientelistisch« (BLUM 2014: 164ff.). Er meint damit unter anderem den Vorrang von Gruppeninteressen gegenüber dem Allgemeinen, die große Bedeutung von Netzwerken und Schutzbeziehungen, innerhalb derer auch Journalisten agieren.

Kein Anlass zu westlichem Hochmut

In Deutschland hat es bei Meinungsvielfalt und Wettbewerb zuletzt Einbußen durch Abbau und Zusammenlegung von Redaktionen gegeben. Im Frühjahr 2021 stufte Reporter ohne

Grenzen dann auch die Bewertung der Lage der Pressefreiheit in Deutschland von ›gut‹ auf nur noch ›zufriedenstellend‹ zurück und sprach von einem ›Alarmsignal‹. Begründet wurde dies mit den vielen Übergriffen auf Medienvertreter bei den Demonstrationen gegen die Corona-Maßnahmen (REPORTER OHNE GRENZEN 2021). Schon 2020 hatte die Organisation in der *Nahaufnahme Deutschland* beklagt, »Gewalt, verbale Angriffe und Einschüchterungsversuche gegen Journalistinnen und Journalisten bleiben erschreckend häufig.« Weiter hieß es damals:

> »Immer wieder gibt es Gesetzesinitiativen, die den Informanten- und Quellenschutz bedrohen. Journalistinnen und Journalisten sollen vermehrt durch Unterlassungserklärungen eingeschüchtert und von Veröffentlichungen abgehalten werden« (REPORTER OHNE GRENZEN 2020).

Auch in Deutschland prägen Unternehmen wie Bertelsmann oder Axel Springer einen wesentlichen Teil des Medienmarkts. Die Geschichte des öffentlich-rechtlichen Teils wiederum ist auch hier nicht frei von Einflussversuchen. Es gibt eine lebendige gesellschaftliche Diskussion darüber, ob die Aufsichtsgremien die gesellschaftlichen Gruppen widerspiegeln oder doch eher den Einfluss politischer Parteien sichern. Das Bundesverfassungsgericht hat 2014 verlangt, die Macht »staatlicher und staatsnaher Mitglieder« in den Gremien müsse stärker begrenzt werden (BVERFG 2014). Den Anstoß zu dem Verfahren hatte die Nichtverlängerung des Vertrages von ZDF-Chefredakteur Nikolaus Brender im Jahr 2009 gegeben.

Festhalten möchte ich, dass auch im Westen in Sachen Pressefreiheit nicht alles gut ist, was woanders schlecht ist. Es gibt keinen Grund, aus der Warte unseres noch einigermaßen intakten medialen Ökosystems hochmütig zu sein. Es gibt aber jeden Grund, unsere freie Nachrichtenkultur zu verteidigen und zu verbessern. Es gibt jeden Anlass, sich gegen die Unterdrückung der Pressefreiheit einzusetzen, genauso wie gegen die Verfolgung von Journalistinnen und Journalisten – wo auch immer dies geschieht.

Digitale Diktaturen

Es wird Zeit, das Internet anzusprechen, sofern man darüber überhaupt noch im Singular sprechen kann. Kieron O'Hara und Wendy Hall von der Universität Southampton jedenfalls beschreiben aus geopolitischer Sicht vier verschiedene Ausprägungen: Da ist das ursprüngliche Internet des Silicon Valley, verbunden mit emanzipatorischen Erwartungen, verknüpft mit Hoffnungen auf freien, vielfältigen Informationsaustausch und Demokratisierung. Daneben gibt es ein bürgerliches, europäisches Modell, in dem Lügen und Hate Speech unterbunden werden sollen, in dem Datenschutz im Zweifel wichtiger ist als Innovation. Nummer drei und vier sind für O'Hara und Hall das an Eigentum und Gewinn ausgerichtete Internetkonzept des US-Establishments sowie Chinas autoritär-paternalistisch genutztes Netz. Dazu tritt aus Sicht der beiden noch »Moscow's Spoiler Model«, in dem die russische Regierung digitale Kanäle für Desinformation nutzt (O'HARA/HALL 2021). Zu dieser groben Orientierung hinzufügen möchte ich den Hinweis auf das Deep Web, insbesondere auf das Darknet, in dem fernab des allgemeinen Radars so ziemlich alles geschieht.

Hoffnungen wie zu den Anfängen des Internets galten Jahre später auch den aufkommenden sozialen Medien und den Smartphones, den allgegenwärtigen Kommunikationszentralen. Die Proteste und Aufstände des Arabischen Frühlings ab dem Dezember 2010 wurden oft ›Revolutionen 2.0‹ genannt. Doch auch dieser Optimismus ist abgeebbt. Wir haben mittlerweile einen besseren Blick dafür, wie die Nutzung und Kontrolle der sozialen Medien staatlichen Unterdrückungsapparaten in die Hände spielen kann. In einem Artikel für *Foreign Affairs* aus dem Frühjahr 2020 mit dem Titel *The Digital Dictators* wird das so zusammengefasst:

> »It's now clear [...] that technology does not necessarily favor those seeking to make their voices heard or stand up to repressive regimes. Faced with growing pressure and mounting fear of their own people, authoritarian regimes are evolving. They are embracing technology to refashion authoritarianism for the modern age. Led by China, today's digital autocracies are using technology – the Internet, social media, AI – to supercharge long-standing authoritarian survival tactics. They are harnessing a new arsenal of digital tools to counteract what has become the most significant threat to the typical authoritarian regime today: the physical, human force of mass antigovernment protests. As a result, digital autocracies have grown far more durable than their pre-tech predecessors and their less technologically savvy peers. In contrast to what technology optimists envisioned at the dawn of the millennium, autocracies are benefiting from the Internet and other new technologies, not falling victim to them« (KENDALL-TAYLOR/FRANTZ/WRIGHT 2020).

Die Hoffnung war groß, dass die Welt durch das Internet zu einem frei und gut informierten globalen Dorf werden könnte. Inzwischen geht die Entwicklung zumindest in Teilen in Richtung eines bewachten und kontrollierten Potemkinschen Dorfs.

Gefahr droht nicht nur vom Staat

Gefahr für die Freiheit der Information droht nicht nur von staatlicher Seite, so verständlich die Sensibilität in dieser Hinsicht als Reflex auf die Diktaturerfahrungen des 20. Jahrhunderts auch ist. Wirtschaftliche Interessen wirken ebenfalls massiv auf die Medien ein. Das ist in der kleinsten Gemeinde so und reicht bis zu den multinationalen Konzernen, die über Grenzen hinweg auf die Information Einfluss nehmen. Die politische Kontrolle dieser Interessen ist durch Deregulierung und Globalisierung noch schwieriger geworden. Die journalistische Kontrolle ist oft sogar unmöglich.

Vor eine neue und gewaltige Herausforderung stellen uns im 21. Jahrhundert die großen Technologiekonzerne, die Machthaber der digitalen Welt. Auch sie sind Profiteure von Deregulierung und Globalisierung. Sie neigen zur Monopolbildung, verfügen über wichtige Daten der meisten von uns und steuern über Algorithmen unser Informationsverhalten. Noch mehr: Die Plattformen der Digitalkonzerne sind die neuen Marktplätze und Fußgängerzonen als Orte der Öffentlichkeit und des Austauschs. Die Konzerne bestimmen dort die Regeln. Sie entscheiden, wer dabei sein darf und wer nicht. Sie bestimmen, was sagbar ist und was nicht.

Überwachungskapitalismus und ›Wild Wild West‹

Bei weitem nicht die einzige Warnung, doch sicher eine der kraftvollsten, kommt von der Harvard-Professorin Shoshana Zuboff. Ihr Buch *The Age of Surveillance Capitalism* (ZUBOFF 2019) liest sich wie ein Weckruf. Ihre Sorge ist, dass der digitale Kapitalismus die Gesellschaft des 21. Jahrhunderts zum Schaden der Einzelnen und der Demokratie verändern wird, aus reiner Gewinnsucht. Aus Zuboffs Sicht werden die heutigen Menschen von Google und Co. im Überwachungskapitalismus genauso überrollt wie die Ureinwohner Amerikas von den spanischen Eroberern im 16. Jahrhundert (ZUBOFF 2019: 175ff.). Insofern findet sie den Begriff »Digital Natives« »tragisch-ironisch« (NAUGHTON 2019).

Tim Cole bemüht ein anderes Bild aus Amerika: Für ihn ist das www derzeit das *Wild Wild Web* und ähnelt dem Wilden Westen des 19. Jahrhunderts. Damals konnten Räuber und Gesetzlose erst einmal mehr oder weniger ungehindert tun und lassen, was sie wollten. Heute sind es für Cole die digitalen Monopolisten, die von ihrem Recht der Stärkeren Gebrauch machen. Sein Plädoyer lautet, auch im Internet Regeln durchzusetzen, wie seinerzeit im amerikanischen Westen, um insbesondere der Ausbeutung der Daten ein Ende zu setzen (COLE 2018).

Huxley, Orwell, Postman

Es gibt in der Moderne unterschiedliche Sichtweisen auf Freiheitsbedrohungen. Viele wissen das schon aus dem Englisch-Unterricht, zumindest wenn sie Bekanntschaft gemacht haben mit Aldous Huxley und George Orwell. Die beiden haben mit *Brave New World* (HUXLEY 1932) und *1984* (ORWELL 1949) zwei für das vergangene Jahrhundert prägende Dystopien geschrieben. *1984* ist zu einem Kurzbegriff für den totalitären Staat geworden, der die Menschen mit Zwang und Überwachung kontrolliert, auch in der Kommunikation. *Brave New World* zeichnet, wieder vereinfacht gesagt, zwar ebenfalls das Bild einer Diktatur, die die Menschen aber eher durch Bedürfnisbefriedigung gefügig hält: Anstatt von Panzern werden Konsum und Drogen eingesetzt.

In einem Brief an George Orwell bestand Aldous Huxley im Oktober 1949 darauf, dass seine Prophezeiung die wahrscheinlichere sei. Die Herrschenden würden eines Tages erkennen, dass sie keine Schlagstöcke oder Gefängnisse mehr brauchten. Vielmehr würden sie Wege finden, den Menschen eine freiwillige Sklaverei angenehm erscheinen zu lassen, schrieb Huxley an Orwell (HUXLEY 1949). Diesen Gedanken hat der US-Medienwissenschaftler Neil Postman in *Amusing Ourselves to Death* (1985) schon im Vorwort aufgegriffen. Kaum war das ominöse Orwell-Jahr 1984 vorbei, notierte er:

> »Orwell warns that we will be overcome by an externally imposed oppression. But in Huxley's vision, no Big Brother is required to deprive people of their autonomy, maturity and history. As he saw it, people will come to love their oppression, to adore the technologies that undo their capacities to think. What Orwell feared were those who would ban books. What Huxley feared was that there would be no reason to ban a book, for there would be no one who wanted to read one. Orwell feared those who would deprive us of information. Huxley feared those who would give us so much that we would be reduced to passivity and egoism. Orwell feared

that the truth would be concealed from us. Huxley feared the truth would be drowned in a sea of irrelevance. […] As Huxley remarked in Brave New World Revisited, the civil libertarians and rationalists who are ever on the alert to oppose tyranny ›failed to take into account man's almost infinite appetite for distractions‹« (POSTMAN 1985).

Postmans Sorge galt der medialen Unterhaltung und dabei insbesondere dem Fernsehen. Einige Jahre später wurde er für unser Thema, die Nachrichten, noch einschlägiger. Postman hielt einen Vortrag, den er sich selbst zitierend *Informing Ourselves to Death* nannte. Darin warnte er unter anderem davor, die Menschen könnten im Überfluss an Information ertrinken (POSTMAN 1990).

Wandel der Öffentlichkeit

Es gibt an den Massenmedien viel zu kritisieren, genauso wie an der repräsentativen Demokratie und den Volksparteien. Die Ära der einen geht zu Ende, die Zukunft der anderen ist ungewiss. Politische Interessen organisieren sich weniger statisch. Sie finden bewegungsartig zusammen, ob nun bei ›Podemos‹, Emmanuel Macrons ›En Marche!‹ oder ›Fridays for Future‹ (vgl. FRANCESCHINI 2019). Und manchmal versuchen auch Volkstribune das Erbe der Volksparteien anzutreten. Dafür stehen so unterschiedliche Namen wie Matteo Salvini, Donald Trump oder Sebastian Kurz.

Wenige Medien mit großer Reichweite und wenige Parteien mit großer Wählerschaft, das hat eine Zeit lang zusammengepasst. Dieses Zusammenspiel erbrachte Diskussion und Durchsetzung von Entscheidungen, Kommunikation und Kontrolle von Macht. Die Bilanz kann sich zumindest im historischen Vergleich sehen lassen. Eva Menasse würdigte die alte, über Massenmedien hergestellte Öffentlichkeit in einer Art Nachruf:

»Als sie entstand, war sie verdächtig, weil sie einem Niveauverlust Vorschub zu leisten schien. Da hatten wir noch Sorgen, müsste man inzwischen sagen. Denn möglicherweise war diese sogenannte abstrakte, massenmediale Öffentlichkeit das Beste, was in einer zusammenwachsenden Welt zu bekommen war, einen historischen Moment lang, in jenem Wimpernschlag, bevor die Digitalisierung alles durchdrang. Das Beste im Sinne von: größte Verbreitung bei niederschwelligem Zugang. [...] Die alte Öffentlichkeit gibt es nicht mehr. Sie wird nicht irgendwann erledigt sein, sie ist es schon. Die Digitalisierung, die wunderbare Effekte auf viele Lebensbereiche hat, hat auf ihrem Urgrund, der menschlichen Kommunikation, eine alles zerstörende Explosion verursacht. Für die ehemalige Öffentlichkeit, die, mit all ihren Fehlern und Schwächen, einmal die informelle Macht der Demokratie war, hat es den Effekt, den es auf die Wirtschaft hätte, wenn jeder sich zu Hause sein eigenes Geld drucken könnte« (MENASSE 2019).

Die neue, digitale Öffentlichkeit ist noch eine große, bunte, interessante und gefährliche Baustelle. Anknüpfend an die zunächst mit dem Internet verbundenen Hoffnungen schrieb Michael Seemann 2017 in seinem Blog *ctrl+Verlust*:

»Die Demokratisierung der Öffentlichkeit durch das Internet ist und bleibt die radikalste Revolution unserer Zeit. Doch wie bei jeder Revolution ist es naiv zu glauben, dass sie nur positive Effekte kennt. Meinungsfreiheit von einem abstrakten Recht zu einer tatsächlichen Praxis zu machen, war ein enormes Sozialexperiment mit unvorhersehbaren Folgen. Und wir schwenken gerade erst in die Periode ein, in der uns die ersten Untersuchungsergebnisse vor den Latz geknallt werden. Beim Auswerten der Daten dann der Schock: Enzensbergers Medientheorie entpuppte sich mehr als Milton Friedmann, denn Marx. Jedenfalls gleicht die Demokratisierung der Medienöffentlichkeit in ihrer Praxis mehr einer Deregulierung des Wahrheitsmarktes. Die Ergebnisse zeigen im Einzelnen genau dieselben Auswirkungen, die wir von jeder Marktderegulierung kennen: Kostendruck bei den Marktführern, das Auftauchen von neuen Wettbewerbern und schließlich die Ausnutzung von Lücken im System durch ›bad actors‹« (SEEMANN 2017).

Wir wissen (noch) nicht, wie Demokratien mit der digitalen Öffentlichkeit als neuem Betriebssystem funktionieren können. Was wir dagegen wissen ist, dass es ungebrochen viele Bedrohungen gibt für unsere Freiheit und für die der Information. Die freiheitliche Demokratie war nie eine häufige Regierungsform und im 21. Jahrhundert scheint sie weltweit betrachtet auf dem Rückzug. International wie national werden Desinformations- und Propagandakampagnen unternommen.

Wir erleben einen Informationsdschungel, in dem ein Teil der Gesellschaft die Übersicht verloren hat. Der Soziologe Ulrich Beck hat einmal bemerkt, die politische Macht habe, wer über die Zulassung von Themen zur Öffentlichkeit entscheide (BECK 2014). Heute ist die Veröffentlichung an sich kein begrenzender Faktor mehr. Man müsste wohl präzisieren, dass die Macht in den Händen derer liegt, die über die Zulassung zur Aufmerksamkeit entscheiden.

Krise der Nachrichten kommt zur Unzeit

Nach den Jahren der gesellschaftspolitischen Euphorie über die Chancen der Digitalisierung zeigt sich in den 2020er-Jahren vielleicht eine skeptisch-ängstliche Übertreibung in die andere Richtung. Ob das so ist, werden wir eines Tages im Rückblick beurteilen können. Wichtig ist, dass diese Phase des ›Techlashs‹ genutzt wird, damit am Ende weder Huxleys noch Orwells Prophezeiungen wahr werden, damit es nicht zu einer ›Infokalypse‹ kommt. Diesen Begriff hat der Technologieforscher Aviv Ovadya geprägt. Er meint damit, »a catastrophic failure of the marketplace of ideas«, eine Situation, in der entweder niemand mehr irgendetwas glaubt oder in der alle auf Lügen hereinfallen (OVADYA 2018).

Insbesondere im Westen haben wir es noch in der Hand, die neue digitale Phase menschlich und freiheitlich zu gestalten. Anders ausgedrückt: US-Unternehmen wie die fünf aus der

GAFAM-Gruppe (Google, Apple, Facebook, Amazon und Microsoft) können Gegenstand demokratisch legitimierter Regulierung bis hin zur Zerschlagung werden. Man sollte daher trotz allem froh sein, dass sie nicht aus Peking oder Petersburg gesteuert werden.

Egal wie es mit Big Tech weiter geht, eines ist klar: Die FAZ oder die *New York Times* werden nicht allein deshalb in die Zukunft kommen, weil sie lange erfolgreich Papier bedruckt haben. Fernsehsender und Radiostationen werden sich nicht auf ihre lineare Ausstrahlung verlassen können, selbst wenn diese schon digitalisiert ist und Streaming genannt wird. Die Informationsanbieter müssen sich das Vertrauen neu verdienen. Die Lorbeeren von früher und der gute Name können dabei etwas helfen, mehr nicht.

In jedem Fall kommt die Krise der Nachrichten zur Unzeit, denn wir brauchen sie heute eigentlich lebendiger, vielfältiger und stärker denn je. Wir brauchen auch in den wichtigen Fragen einen Bestand an gemeinsam geteilter Information, selbst wenn die Bewertung sich deutlich unterscheiden mag. Es besteht kein Grund, unseren westlichen Informationsjournalismus zu idealisieren. Doch mit ihm verhält es sich ähnlich wie mit der Demokratie: Sie wird gerne als die schlechteste Staatsform bezeichnet – mit Ausnahme aller anderen.

Es lohnt also, die Probleme und Schwächen unserer Nachrichten genauer anzuschauen. Das Ziel ist, diesen wichtigen journalistischen Bereich zu stärken. Im Übrigen gilt für die Krise der Nachrichten, was der österreichische Wissenschaftler Gernot Wagner mit Blick auf die Klimakrise gesagt hat: »Für Pessimismus ist es zu spät« (GAULHOFER 2017).

KAPITEL 2
MEHR PROBLEME ALS GENUG: NACHRICHTEN UNTER DRUCK

Lange schien die Nachrichtenwelt in Ordnung. So war es zum Beispiel am Donnerstag, dem 8. Januar 1976. Damals versammelte sich in meiner kleinen westdeutschen Heimatstadt am Nachmittag eine Menschenmenge vor einem Schaufenster. Es gehörte zu einer der beiden Lokalzeitungen, die es auch in unserem Ort noch im Plural gab. Als ich endlich durchgekommen war, sah ich den Grund der Aufregung: Die Redaktion hatte eine Eilmeldung ins Fenster gehängt. Zhu Enlai war gestorben, der langjährige Premierminister der Volksrepublik China, Maos Vertrauter und Rivale.

Ein abgerissenes Stück Fernschreibpapier mit Tesafilm in einem Fenster befestigt, so wurden ›Breaking News‹ 1976 verbreitet. Es sollte noch Jahre dauern, bis mit *France Info* das erste Nachrichtenradio in Europa oder der TV-News-Kanal CNN in den USA auf Sendung gingen. Smartphones, Nachrichten-Apps oder Twitter waren jenseits aller Vorstellungskraft. Dennoch elektrisierte die dürre Meldung aus dem fernen China die Passanten und brachte sie auf dem Bürgersteig unserer Kleinstadt ins Gespräch.

Die meisten würden die Nachricht anderen weitererzählen. Später würden sie im Radio und abends in den Fernsehnachrichten mehr erfahren. Am nächsten Morgen wartete dann die Zeitung mit weiteren Hintergründen auf und vermutlich mit einem Kommentar zum Stand der Dinge in Peking aus weltpolitischer Perspektive. Die Aufgabenverteilung der Informationsmedien war klar und komplementär, die Geschäftsmodelle waren gut abgesichert.

Kaum jemand wäre damals auf die Idee gekommen, die Nachrichtenanbieter grundsätzlich infrage zu stellen. Dabei war die gesellschaftliche Stimmung 1976 in der alten Bundesrepublik angespannter als heute. Der RAF-Terror hielt das Land in Atem. Der Kalte Krieg lastete schwer auf allem und auf allen. Erst nach einem langen und harten Wahlkampf sollte sich Bundeskanzler Helmut Schmidt knapp gegen seinen Herausforderer Helmut Kohl behaupten, der mit der polarisierenden Parole »Freiheit statt Sozialismus« angetreten war. Die gerade eingeführte Gurtpflicht für Autofahrer erregte die Gemüter ähnlich stark wie heute der Begriff ›Impfpflicht‹. Natürlich wurde über den Journalismus gestritten. Öffentlich-rechtliche Sender wurden als ›Rotfunk‹ oder ›Schwarzfunk‹ attackiert, Zeitungen wurden Lagern zugeordnet und entsprechend angegriffen. Doch niemand wäre auf die Idee gekommen, ›Lügenpresse‹ zu rufen.

Diese Zeiten sind erst einmal vorbei. Heute bekomme ich E-Mails wie diese vom 30.8.2020, in der ein Hörer mir mitteilt:

> »Ihren Sender wie auch die andere Lügenpresse, ARD, ZDF und andere staatskonforme Medien werde ich nicht mehr konsumieren. Ihr solltet euch [sic!] schämen, aber wessen Brot ich esse, dessen Lied ich singe. Lügen sie [sic!] weiter so, und im Internet findet man die richtigen Informationen. Wir brauchen euch nicht!!!«

Die Lage des Nachrichtenjournalismus ist schwierig geworden. Lassen Sie uns einen Blick auf einige Aspekte der Krise werfen. Beginnen wir aber mit der Frage, worum es bei den Nachrichten überhaupt geht.

Nicht klar definiert? – Was mit Nachrichten gemeint ist

Die wunderbare Welt der Nachrichten ist reich und vielgestaltig, sie ist bunt und widersprüchlich. Nachrichtenkulturen haben sich über Jahrhunderte entwickelt. Sie unterscheiden sich trotz global wirksamer Trends nach wie vor von Land zu Land erheblich, selbst unter ähnlich verfassten Staaten. Innerhalb der einzelnen Gesellschaften wiederum zeigt sich ebenfalls eine beachtliche Vielfalt im Informationsbereich. Diese Unterschiede machen allgemeine Urteile über ›die Nachrichten‹ fast unmöglich, wie auch die pauschale Auseinandersetzung mit der gesellschaftlichen Rolle des Informationsjournalismus. Und dennoch will ich der Frage nicht ausweichen: Was genau meinen wir, wenn wir von ›den Nachrichten‹ sprechen?

Fest steht, dass wir es nicht mit einem geschützten Begriff zu tun haben. Es gibt keine DIN-Norm, niemand hat ein Patent auf die Nachrichten, auf das man sich berufen könnte. Das deutschsprachige Standardwerk von Dietz Schwiesau und Josef Ohler schlägt folgende Definition vor:

> »Die Nachricht ist eine direkte, auf das Wesentliche konzentrierte und möglichst objektive Mitteilung über ein neues Ereignis, das für die Öffentlichkeit wichtig und/oder interessant ist« (SCHWIESAU/OHLER 2016: 1).

Dieser sorgsam komponierte Satz verbindet Nachrichtenfaktoren wie Aktualität und Bedeutsamkeit mit dem Hinweis auf die kurze Form und den Anspruch auf Objektivität. Aus der angelsächsischen Welt kann man als Kontrast eine kürzere und entschiedenere Definition dagegenhalten, deren Quelle so unklar ist wie das Zitat bekannt: »News is something which somebody wants suppressed. All the rest is advertising« (QUOTEINVESTIGATOR 2015). Diese Beschreibung nimmt eine völlig andere Perspektive ein, sie setzt radikal und ausschließlich auf das Moment des Investigativen und Enthüllenden. Die Liste der begrifflichen Annäherungen an die Nachrichten aus Wissenschaft und Praxis ließe sich beliebig verlängern, ohne die eine, abschließende Antwort zu bringen.

Brüder Grimm und Duden

Vielleicht helfen die Wörterbücher weiter. Sie stehen im Ruf, in knapper Form für Klarheit zu sorgen. Der deutschsprachige Nachrichtenjournalismus ist besonders stolz auf die Erwähnung im ehrwürdigen *Grimmschen Wörterbuch*. Es lässt uns wissen, dass das Wort ›Nachricht‹ erst seit dem 17. Jahrhundert belegt sei und zunächst eine »mittheilung zum darnachrichten« bezeichnet habe. Zweitens sei die Nachricht »überhaupt (die) mittheilung einer begebenheit.«

Die berühmte Definition, eine Nachricht sei dafür da, dass man sich danach richte, ist ambivalent. Denn wenn auch ein Element der Zuverlässigkeit und Orientierung mitschwingt, so scheint es mir doch eher um eine Durchsage von oben zu gehen, also um etwas, nach dem sich die Menschen richten sollen. Nebenbei erwähnt: Selten zitiert und nicht ganz so ruhmbringend für unser journalistisches Metier ist, was die Grimms als dritte Möglichkeit für »die Nachricht« erwähnen, nämlich den »gegensatz zu vorricht: nach der eigentlichen mahlzeit noch angerichtete und aufgetragene speise, der nachtisch« (GRIMM 1854-1961).

Mehr als 150 Jahre nach den Brüdern Grimm listet der *Duden* heute zwei Bedeutungen für ›Nachricht‹ auf:

> »1. Mitteilung, die jemandem in Bezug auf jemanden oder etwas [für ihn persönlich] Wichtiges die Kenntnis des neuesten Sachverhalts vermittelt.
> 2. Nachrichtensendung« (DUDEN).

Hier wird spürbar, wie fließend der Übergang ist zwischen individueller, zwischenmenschlicher und alltäglicher Kommunikation auf der einen Seite sowie der journalistischen Information auf der anderen. Nachrichten sind nichts, um das herum ein Berufsstand wie die Glasbläser oder eine Wissenschaft wie die Astrophysik einen Zaun errichten könnte. Jede und jeder einzelne wirkt an der Herstellung und Verbreitung von Nachrichten mit, hat eigene Expertise und will mehr oder weniger stark mitreden. Von daher ist der vielbeschworene Effekt der sozialen Medien, uns alle zu potenziellen Nachrichtenanbietern zu machen, gar nicht neu. Eher wird heute ein Grundzug wieder stärker erkennbar, der in der Hegemoniephase der elektronischen Massenmedien vorübergehend in den Hintergrund getreten war.

Noch einmal zurück zum *Duden*. Die Definition des Begriffs ›Nachricht‹ wird dort durch Beispiele für den Sprachgebrauch veranschaulicht. Sie lassen deutlich werden, dass der Plural ›die Nachrichten‹ im Gegensatz zum Singular ›Nachricht‹ eng mit dem Journalismus verbunden ist. Damit gemeint ist eine Nachrichtensendung oder allgemein die Nachrichtenlage eines Tages, übermittelt durch Medien verschiedener Art. Für diese Unterscheidung spricht auch, dass wir die Bestandteile von Nachrichtensendungen zumeist Meldungen nennen. Kaum jemand würde da von einzelnen Nachrichten sprechen. Man könnte also sagen, der Singular von ›Nachrichten‹ heißt Meldung, so wie eben auch die kürzeste und aktuellste Information Eilmeldung genannt wird und nicht etwa ›Eilnachricht‹.

Im werblichen und dröhnenden Journalismus, aber auch in Angeboten für jüngere Menschen, hat sich im deutschsprachigen Bereich der Begriff ›News‹ breit gemacht. Auch in diesem Fall soll der Anglizismus vermutlich Weltläufigkeit, Professionalität, Modernität und Frische suggerieren. Außerdem ist der Begriff anschlussfähig an die aus dem späten 20. Jahrhundert bei vielen kulturell noch nachwirkende große Zeit der US-Nachrichtenkanäle mit den dramatischen ›Breaking News‹.

Warum es Nachrichten gibt

Nähern wir uns der Frage von einer anderen Seite, werfen wir einen Blick auf die Ursprünge. Der Journalistenberuf ist nach allgemeiner Einschätzung in der Neuzeit entstanden. Für den Historiker Jörg Requate war es erst im 19. Jahrhundert mit dem Aufstieg der Presse so weit (REQUATE 1995). Die Geschichte der Nachrichten und ihrer Übermittlung dagegen ist so alt wie die von uns Menschen, die wir uns immer schon untereinander auf dem Laufenden gehalten haben. Mitchell Stephens hat die erste Auflage seiner *History of News* daher mit dem Untertitel *From drum to satellite* versehen (STEPHENS 1988).

Die Nachrichten sind ewige Begleiter der Menschheit und die Gründe dafür liegen auf der Hand. Ganz vorne ist die Neugier als nie zu unterschätzende Grundkonstante. Den größten Teil unserer Informationen bekommen wir im Alltag, von Verwandten, Freunden, Nachbarinnen, Kolleginnen oder Mitschülern. Daran hat sich wenig geändert, auch wenn diese Informationen uns jetzt über soziale Medien, E-Mails oder im Beruf auch via Intranet erreichen und seltener als früher in der Bäckerei oder am Brunnen.

Neben dem Privaten und Nahen war das Wissen um das Geschehen jenseits des engeren Lebensraums schon immer wichtig, oft sogar lebenswichtig. Denken Sie an ein Dorf, irgendwo im Europa des 14. Jahrhunderts. Es war nicht nur dort und damals entscheidend, von sich nähernden feindlichen Truppen rechtzeitig zu erfahren oder vom Ausbruch der Pest, einen Tagesritt entfernt. Diese existenzielle Bedeutung von Nachrichten konnten die meisten in den Industrienationen spätestens nach dem Ende des Kalten Kriegs eine Weile lang vergessen. Die globale Corona-Krise hat uns mit Macht daran erinnert.

Für Informationen, die unser unmittelbares Erleben räumlich und zeitlich überschreiten, für Einordnungen und Erklärungen, die der eigene Wissensstand nicht erlaubt, dafür greifen Menschen seit langem auf professionelle Angebote zurück. Das ist nichts Überraschendes in Gesellschaften, die überall Spezialisierung und Arbeitsteilung entwickelt haben. Heute würde sich niemand in einem Industrieland die Zähne selbst ziehen oder diese Aufgabe dem Friseur anvertrauen, auch wenn das früher sehr üblich war.

In diesem Sinne haben sich auch die Medien als eigener Bereich etabliert – und sie haben sich ausdifferenziert: ›Den Journalismus‹ gibt es schon lange nicht mehr. Von ›dem Journalismus‹ zu sprechen, das ist ähnlich unsinnig und ärgerlich wie die journalistische Unart, über ›die Lage in Afrika‹ oder ›die Stimmung in Lateinamerika‹ zu reden. Auch der Medienbereich kennt Fachgebiete und Spezialistentum, ein wichtiges Beispiel sind die Nachrichten.

Genauso alt: die Falschmeldung

Genauso alt wie die Nachrichten sind ihre oft zum Verwechseln ähnlichen Geschwister: das Gerücht, die Halbwahrheit und die Falschmeldung. Die Gründe für deren Verbreitung lauten oft Unwissenheit oder gezielte Täuschung – und manchmal liegen sie irgendwo dazwischen. Die digitalen Möglichkeiten zwischen ›Cheap Fakes‹ und ›Deep Fakes‹ sind atemberaubend und beängstigend. Und doch sind die zuletzt vielbeachteten Phänomene ›Fake News‹ und ›Framing‹ weder im Kern neu, noch sind es die dahinterliegenden Motive. Es ändern sich die Medien und Techniken, die genutzt werden, nicht Desinformation und Manipulation an sich. So wird es vermutlich bis zum Ende aller Tage bleiben.

Heute sprechen wir beispielsweise über Internetpropaganda aus Russland. Dass die Sorge darüber berechtigt ist, das hat uns unter anderem Nina Jankowicz in *How to Lose the Information War* deutlich gemacht (JANKOWICZ 2020). Die Petersburger Troll-

Fabriken trugen einmal den interessanten Namen ›Agentur für Internetforschung‹. Ein Teil ihres Personals ist inzwischen vom FBI zur Fahndung ausgeschrieben. Auch wenn diese neueste Generation die in Russland traditionelle Propaganda ebenso aktiv wie geschickt betreibt, die Troll-Fabriken müssen sich noch anstrengen, um eine Wirkung zu erzielen wie ein angeblicher römischer Kaisererlass aus dem 4. Jahrhundert.

Gemeint ist die ›Konstantinische Schenkung‹, mit der die Päpste für eine halbe Ewigkeit ihren Anspruch auf weltliche Herrschaft und den Zugang zu umfangreichen Ressourcen begründet haben. Wie wir heute wissen, wurde diese sehr erfolgreiche Falschmeldung um das Jahr 800 erfunden. Von anderer Art, aber ebenfalls mit gewaltiger Wirkung war die Propagandalüge, die man ›Dolchstoßlegende‹ nennt. Die Idee, Deutschland habe den Ersten Weltkrieg ›im Felde unbesiegt‹ nur durch das Handeln feiger Politiker verloren, traf auf offene Ohren und trug zum Niedergang der Weimarer Republik bei.

Immer wieder wurden und werden mit ›Fake News‹ Kriege oder Bürgerkriege angeheizt. Die Lügen hinter dem Völkermord in Ruanda und Maos Kulturrevolution, hinter dem Krieg im ehemaligen Jugoslawien und der Herrschaft der Roten Khmer in Kambodscha, das sind nur vier furchtbare Beispiele aus der zweiten Hälfte des 20. Jahrhunderts. Manche dieser Lügen sind schwer aus der Welt zu schaffen, wie eine der übelsten Fälschungen der Geschichte überhaupt: Im Russland des frühen 20. Jahrhunderts wurden, möglicherweise von der zaristischen Geheimpolizei, die sogenannten ›Protokolle der Weisen von Zion‹ erfunden, die bis heute unbelehrbaren Menschen als Beleg für eine angebliche jüdische Weltverschwörung dienen.

Die meisten medial verbreiteten Lügen und Halblügen lösen glücklicherweise keine Kriege aus. Doch der Anteil der Informationen ist groß, die auf einer halben Wahrheit, einer Zuspitzung, auf Spin oder tatsächlich auf einer kompletten Unwahrheit beruhen.

Dieses schleichende Gift trägt mit dazu bei, dass das Vertrauen der Menschen in die Nachrichten abnimmt. Es ist eines der Probleme, die der Informationsjournalismus nicht allein lösen kann.

Politische und wirtschaftliche Interessen

Eine mächtige historische Konstante ist der Wunsch, Informationen zu kontrollieren, die Infrastruktur und die Inhalte. Ein wesentliches Motiv war und ist die Absicherung oder Vermehrung politischer Macht. Die Geschichte ist reich an Beispielen. Manchmal geht es zumindest vordergründig um ideologische oder religiöse Fragen. Dann lassen Parteien oder Bewegungen Zensur und Gewalt ausüben, in Theokratien der Vergangenheit und Gegenwart waren und sind es der Papst oder ein Ayatollah. Immer wieder im Mittelpunkt stehen wirtschaftliche Interessen, noch heute. Wer sich anschaut, wem große Medienunternehmen weltweit gehören, der weiß, wovon die Rede ist.

Immer wieder waren militärische Bedürfnisse Katalysatoren technischer Entwicklungen in der Kommunikation, so zum Beispiel bei den Anfängen des Rundfunks nach dem Ersten Weltkrieg. Daneben waren wirtschaftliche Interessen zu allen Zeiten der zweite wichtige Entwicklungstreiber des Nachrichtengeschäfts. Julius Reuter begann 1849 in Aachen mit einem Brieftaubendienst für Börsennachrichten zwischen Deutschland und Brüssel. Damit legte er den Grundstein für eine der wichtigsten Nachrichtenagenturen der heutigen Welt. Auch andere Innovationen im Bereich der Information gehen auf kommerzielle Ziele zurück. Das galt für Infrastruktur und Netzwerke wie die im 19. Jahrhundert revolutionären Unterseekabel, das gilt für Facebook und Co. in unserer Zeit. Die Verbreitung und die Diskussion von Nachrichten waren und sind meist nur ein Kollateralnutzen oder der Punkt, an dem mit Werbung und Datensammlung gewinnbringend angesetzt werden kann.

Die Welt der Spezialnachrichten

Werfen wir einen Blick auf die verschiedenen Nachrichtenangebote und -redaktionen. Zunächst fällt auf, dass es enorm viele Spezialisierungen gibt: Eine wichtige Sonderrolle spielen Nachrichten aus der Wirtschafts- und Finanzwelt, sowohl in den klassischen Medien im Stil des ARD-Angebots *Börse vor acht* als auch in Form von Dienstleistungen, die zahlungskräftigen Abonnenten Insiderwissen versprechen. Ebenfalls auf den Wirtschaftsbereich haben sich bestimmte Nachrichtenagenturen als Zulieferer verlegt. Auch der Sportbereich kennt in der deutschsprachigen Welt mit dem *Sport-Informations-Dienst* eine weitgehend monothematische Nachrichtenagentur. *Deutschlandfunk Nova* und *Deutschlandfunk Kultur* bieten täglich mehrere Ausgaben von Wissens- bzw. Kulturnachrichten. Viele Medien nehmen eine wichtige Spezialisierung anderer Art vor: Sie konzentrieren sich in der aktuellen Information auf eine Region oder eine Stadt.

Daneben bestehen weitere Formen der gruppenbezogenen Orientierung wie die Kindernachrichten, Nachrichtenangebote in Medien für jüngere Menschen oder auch Informationen in einfacher oder leichter Sprache. In den 1960er-Jahren begannen die ARD-Sender mit Radiosendungen in verschiedenen Sprachen für die – wie man damals noch sagte – Gastarbeiter. Schon lange sind daraus Integrationsangebote geworden, bei denen ein Teil der Informationen weiter auf eine bestimmte Zielgruppe zugeschnitten ist. Ein Beispiel ist das WDR-Programm *Cosmo*, dessen italienische Sendung *Radio Colonia* ich sehr gerne höre.

2017 stellte RADIO BREMEN die Nachrichten in lateinischer Sprache ein. Da sich auch der finnische Rundfunk zwei Jahre später von den *Nuntii Latini* verabschiedet hat, bleibt ein kleines, aber feines Publikum in seinem Spezialinteresse nun weitgehend unversorgt. Vielleicht entdeckt eine LeserIn oder ein Leser dieses Buchs hier eine Marktlücke für sich.

Es gibt über das Genannte hinaus noch eine schier unendliche Vielfalt sektoraler Informationsangebote. Über jeden denkbaren Kanal werden Partikularinteressen angesprochen, von Medien, aber auch von Verbänden, NGOs und kommerziellen Akteuren. Dabei kann es um Golfsport gehen oder um Konsumentenberatung, um Menschenrechtsthemen oder um Brauchtumspflege. Verschiedene Branchen haben eigene Fachzeitungen oder andere für sie wichtige Informationsmedien, denen normale Netzsurfer oder Kioskkunden nie begegnen werden. Die *Lebensmittel-Zeitung* oder die *Nachrichten für Außenhandel* sind dafür zwei Beispiele von vielen.

Doppelte Facharztausbildung

Bei meinen Überlegungen geht es vor allem um einen enger gefassten Bereich, nämlich die klassischen, überregionalen Nachrichtenredaktionen. Sie legen ihren Schwerpunkt oft auf politische Themen. Haben sie den Anspruch, dabei auch das internationale Geschehen abzubilden, fällt hin und wieder der schöne Begriff der ›Weltnachrichten‹. Betrachtet man die Themenauswahl genauer, so kommen allerdings in den Nachrichten neben der Politik auch so gut wie alle anderen Themengebiete vor: Wirtschaft, Sport, Wissenschaft, Kultur, Weltanschauungen und einiges mehr.

Diese genannten Felder kennen Expertise und Vertiefung in Fachredaktionen. Nachrichtenredaktionen und verwandte Bereiche wie der aktuelle Zeitfunk im Radio müssen hingegen überall hinreichend sattelfest sein. Jedes Thema kann ohne Vorwarnung aktuell werden und muss dann kompetent bearbeitet werden. Die enorme Themenbreite und der hohe Aktualitätsdruck erfordern von Menschen in Nachrichtenredaktionen metaphorisch gesprochen gleich eine doppelte Facharztausbildung: die für journalistische Allgemein- und Notfallmedizin.

Noch eine weitere Besonderheit sei erwähnt. In den vergangenen zwanzig Jahren hat sich gezeigt, dass die Nachrichtenredaktionen sich schneller und stärker als andere klassische Redaktionen für den digitalen Journalismus geöffnet haben. Der Informationsbereich ist besonders hart umkämpft, ohne Präsenz im Netz und auf den Smartphones ist er nicht mehr vorstellbar. Es kommt hinzu, dass weite Teile der nachrichtlichen Recherche inzwischen im Internet stattfinden.

Nachrichten sind Ansichtssache

Nun ist trotz aller Annäherung noch nicht geklärt, was denn nun das journalistische Produkt genau ist, das wir ›Nachrichten‹ nennen. Die Frage ist auch deshalb kompliziert, weil es recht unterschiedliche Perspektiven gibt. Aus der beruflichen Binnensicht scheint manchen der Fall klar: Nachrichten sind das, was aus der Nachrichtenredaktion kommt. Leser und Zuschauerinnen, Hörerschaft und Nutzergemeinde haben aber wenig Sinn für logische Kurzschlüsse. Sie geben nicht viel auf redaktionelle Organigramme und nicht viel mehr auf kommunikationswissenschaftliche Definitionen.

Nach dreißig Jahren Austausch mit Hörern und Nutzerinnen führt für mich nichts an der Feststellung vorbei: Fast jede und jeder versteht unter Nachrichten etwas anderes. Sie sind, wie man es im Englischen sagen kann, ›many things to many people‹. Viele Menschen halten Interviews, Kommentare, Reportagen und Features für Nachrichten. Auch die im Fernsehen allgegenwärtigen Talkshows gehören für manche dazu. Alle diese Formate und vieles mehr aus der nicht-journalistischen Sphäre können der Anlass sein, wenn Menschen sich über ›die Nachrichten‹ äußern.

Darüber zu klagen, führt nicht weit. Den Menschen vorzuschreiben, wie sie etwas wahrzunehmen haben, ist aussichtslos und anmaßend. Eine Schärfung der Aufmerksamkeit für Sinn und Zweck der journalistischen Nachrichten im engeren Sinne dagegen halte ich für möglich und sinnvoll. Das kann aber nur über geduldige und dialogische Prozesse gelingen, die Interesse wecken und Medienkompetenz fördern.

Infotainment und Soft News

Die Vermischung journalistischer Formen und die Verwirrung in Sachen Nachrichten sind aber nicht nur ein Problem auf der Empfängerseite. Schwer wiegt auch, was sich bei den Absendern getan hat: Zahlreiche Medien tragen zwar die Trennung von Nachricht und Kommentar zumindest in der Theorie wie eine Monstranz vor sich her. Mit der Trennung von Nachricht und Unterhaltung nehmen sie es hingegen nicht (mehr) so ernst. Dieses Infotainment wurde schon Mitte der 1980er-Jahre von Neil Postman und anderen beschrieben und beklagt.

Beweggründe dürften Auflage und Reichweite sein, die wiederum Grundlage sind für wirtschaftlichen Erfolg in Wettbewerbsmärkten. Diese Mechanik ist ein Teil dessen, was James Hamilton in seinem Buch beschreibt, das er *All the News That's Fit to Sell* genannt hat (HAMILTON 2006), eine ironische Abwandlung des langjährigen Leitspruchs der *New York Times*. Auch die Ausprägung eines dualen Rundfunksystems mit teilkommerzieller Orientierung hat in vielen Ländern das Infotainment verstärkt. In Deutschland legen die großen TV-Privatsender relativ großen Wert auf eine seriöse Informationsfarbe. Das haben sie im Jahr 2021 durch Programmentscheidungen und durch das Anwerben von Menschen aus öffentlich-rechtlichen Nachrichtenredaktionen unterstrichen. Sendungen wie RTL *aktuell* und ihre Moderatorinnen und Moderatoren genießen ohne Zweifel das Vertrauen vieler Menschen.

Die für Informationsinhalte zur Verfügung stehenden Sendeminuten oder Spalten wurden jedoch auf den gesamten Markt gesehen mit der Zeit eher gekürzt. Schon weit zurück im vergangenen Jahrhundert war mit Blick auf den deutschen Rundfunk von einer ›Entwortung‹ zumindest der reichweitenstarken Hauptprogramme die Rede. Daneben stehen einige ausdrückliche Informationsprogramme, überwiegend von öffentlich-rechtlichen, aber auch von privaten Medien. Hervorzuheben ist zudem die seit Jahren vorangetriebene Stärkung der regionalen Information, auch bei den Sendern des ARD-Verbunds.

Eine zum Infotainment passende Konzeption ist die der ›Soft News‹, der weichen Nachrichten, in Abgrenzung zu den harten Nachrichten (vgl. REINEMANN/SCHERR 2012). Im *Digital News Report des Reuters Insitute for the Study of Journalism* fand sich die knappe Definition:

> »Hard news is typically used to refer to topics that are usually timely, important and consequential, such as politics, international affairs and business news. Conversely, soft news topics include entertainment, celebrity, and lifestyle news« (REUTERS INSTITUTE 2016).

Neben dem Leben von Prominenten und anderen Unterhaltungsinhalten, neben dem Human Touch bewegender Einzelschicksale, spielen für die ›Soft News‹ auch ›Rotlicht und Blaulicht‹ eine große Rolle, ungefähr die Übersetzung von ›Sex and Crime‹ ins Deutsche. Ich treffe hin und wieder auf das Argument, es handle sich bei allem um Nachrichten, weil es ja stets einen Neuigkeitswert gebe. Die ›Soft News‹ seien dann in dieser Hinsicht Nachrichten, aber eben kein Journalismus. Für meine Argumentation läuft das auf dasselbe hinaus, nur bin ich weniger großzügig mit dem Begriff der Nachrichten.

Banalisierung und Personalisierung

Die Vermischung bedeutet, dass die unterschiedliche Relevanz von Bundestag und Boulevard vom Absender nicht mehr klar gekennzeichnet wird. Die verbliebenen harten Nachrichtenthemen wiederum erleben Banalisierungen. Sachliche Auseinandersetzungen werden personalisiert, sie werden im Wettbewerbsmodus geschildert oder nach dem Sieg-Niederlage-Schema einfach gehaltener Sportberichterstattung. Oft erinnert die simpel gestrickte Dramaturgie an Seifenopern. Solche nachrichtliche Berichterstattung kennt ›die Guten‹ und ›die Bösen‹. Jeder Held braucht einen Gegenspieler. Große Corona-Helden wie Christian Drosten bekommen neben einem Alexander Kekulé sogar noch einen Hendrik Streeck entgegengestellt.

Schon vor etwa fünfzehn Jahren kamen die Kommunikationswissenschaftler Georg Ruhrmann und Roland Göbbel zu dem Schluss, die Fernsehnachrichten seien in den vergangenen zwei Jahrzehnten immer unpolitischer geworden. Nachrichten würden nun stärker als Dienstleistung verstanden, sie seien bildlastiger geworden und der Trend gehe zur Boulevardisierung (RUHRMANN/GÖBBEL 2007).

Als ehrenwertes Motiv und als theoretischer Überbau für Infotainment wird manchmal die These bemüht, dass die bittere Medizin von Bundestag und Nahost mit einem Löffel bunter Geschichten besser runtergeht. In meinen Augen schwingt da etwas Manipulatives und Erzieherisches mit. Aber, über die gute Absicht kann man diskutieren, selbst wenn ich empirische Belege für die positive Informationswirkung noch nicht gesehen habe. Allerdings, warum muss das eine Einbahnstraße sein? Man könnte schließlich das Argument drehen und von Unterhaltungsangeboten fordern, stärker als bislang politische und gesellschaftlich relevante Informationen zu vermitteln.

Nach meiner Einschätzung ist es für die Nachrichten sinnvoller, weiter auf die ›harten‹ relevanten Themen zu setzen, sie dann aber für das jeweilige Publikum gezielt aufzubereiten, ihre Bedeutung zu vermitteln und dafür eine anschauliche Sprache zu finden. Das gelingt immer wieder, setzt aber Kreativität, Talent und Aufwand voraus. Gute Beispiele sind die öffentlich-rechtlichen Nachrichtenangebote für jüngere Menschen wie *1 Live* vom WDR oder *Deutschlandfunk Nova*.

Junk News und Gesprächswert

Ein anderes Licht auf dasselbe Problem wirft das Konzept der ›Junk News‹ oder ›Junk Food News‹. Der Begriff stammt aus den 1980er-Jahren und geht zurück auf Carl Jensen, der in den USA das Project Censored gegründet hat. Die gemeinnützige Organisation sucht eigentlich nach den vergessenen, den unterdrückten Nachrichten, so wie es in Deutschland die Initiative Nachrichtenaufklärung macht. Project Censored weist aber inzwischen auch auf solche Themen hin, die alles andere als vergessen sind und trotz geringer Relevanz ein großes Nachrichtenecho erhalten. Buntes, Prominentenberichte, Sex and Crime, also die schon genannten Elemente des Infotainments, werden hier angeprangert.

Carl Jensen kritisiert in dieser Hinsicht auch die rituellen Wasserstandsmeldungen, etwa von der Börse, die er ›Jo-Jo-Nachrichten‹ nennt, oder den nicht immer reflektierten Journalismus der Jahrestage. Solche ›Junk News‹ vermüllen die Informationslandschaft und verstopfen die üblichen Nachrichtenkanäle. Sie nehmen Raum ein und binden Aufmerksamkeit – Ressourcen, die für Relevanteres nicht mehr zur Verfügung stehen. Nennen möchte ich hier auch die ›Aufregerthemen‹, die ihren Weg Tag für Tag aus den sozialen Medien in die Nachrichten finden. Den Begriff ›Junk News‹ hat der amerikanische Fernsehjournalist Tom Fenton als Titel seines Buchs übernommen, in dem er nicht weniger als »The Failure of the Media in the 21st Century« beschreiben will (FENTON 2009). Er beklagt vor allem einen Niedergang der Auslandsberichterstattung mit gravierenden Folgen für die internationale Politik insbesondere der USA.

Gestützt wird die Praxis von Infotainment und ›Junk News‹ regelmäßig durch den Hinweis auf den Gesprächswert als Nachrichtenkriterium. Gemeint ist, vereinfacht gesagt, dass all das, worüber die Menschen sprechen, auch in die Nachrichten gehört. Das Ziel soll sein, dass das Publikum in der Bahn oder in der

Arbeitspause mitreden kann. Das will ich nicht einfach abtun. Wenn es eine Sturmflut gibt oder eine Hitzewelle, dann wird jede Nachrichtenredaktion das breit aufgreifen. Aber warum sollte ein Familienstreit in der britischen Königsfamilie auf einer Ebene mit der Debatte über eine Steuererhöhung behandelt werden?

Wenig Verständnis habe ich offen gestanden für das wachsende Ausmaß an konstruiertem Gesprächswert. Ich meine von Medien erzeugte Themen, die dann mit der Begründung in die Nachrichten sollen, dass Menschen über diese Medienprodukte sprechen. Mir erschließt sich der Vermarktungskreislauf. Mir leuchtet aber nicht ein, warum B-Prominente, Menschen, die für das Bekanntsein bekannt sind, die ihren Status nur durch das Fernsehen erhalten haben, genau deshalb auch noch nachrichtlich begleitet werden sollen. Auch wenn es polemisch wirken mag, so möchte ich hier gerne auf eine beinahe naturgesetzliche Regel hinweisen, die der Philosoph Thomas Grundmann aufgestellt hat:

> »Sobald die Kategorien des Interessanten, Unterhaltsamen und Akzeptablen bei der Bewertung von Meinungen und Positionen die Oberhand über die Wahrheit gewinnen, vermehrt sich Bullshit nahezu ungebremst« (GRUNDMANN 2018: 9).

Facebook-Chef Mark Zuckerberg hat einmal im Gespräch mit Kollegen gesagt, dass ein vor der Haustür sterbendes Eichhörnchen in diesem Augenblick für die eigenen Interessen relevanter sein kann als Menschen, die in Afrika sterben (PARISER 2011). Die legitime Bedeutung von nahen und nahegehenden Informationen ist unbestritten. Für Facebook ist das ein großartiges Geschäftsmodell, so wie es das für Boulevardmedien immer schon war. Und doch frage ich mich besorgt: Was mag aus den für mich eigentlichen Nachrichten werden, wenn sie auf Plattformen mit der von Zuckerberg beschriebenen Relevanzstruktur angewiesen sind?

Eine mögliche Antwort auf diese Frage stammt schon aus dem Jahr 2005: *News vs. Entertainment: How Increasing Media Choice Widens Gaps in Political Knowledge and Turnout*. So der Titel eines

Aufsatzes, den Markus Prior damals veröffentlicht hat. Der Titel deutet die These schon gut an. Grundlage war eine repräsentative Meinungsumfrage in den USA. Sie ergab, dass die wachsenden Möglichkeiten an die persönlich bevorzugten Medieninhalte zu gelangen, tendenziell Politikinteressierte noch kundiger macht, aber politkferne Menschen eben auch die Chance gibt, diese Themen völlig zu umgehen (PRIOR 2005).

Über ein Missverständnis

Aus vielen Diskussionen weiß ich, dass meine Sicht auf den Informationsjournalismus als überheblich verstanden werden kann – missverstanden, wie ich finde. Mir ist klar, dass die meisten Medien sich nicht wie die öffentlich-rechtlichen Anbieter durch einen Beitrag finanzieren. Sie sind auf ein Publikum angewiesen, das direkt oder indirekt über die Werbung zahlt. Und selbstverständlich halte ich den klassischen Nachrichtenjournalismus nicht für perfekt, sonst hätte ich kein Buch geschrieben mit Anregungen zu seiner Veränderung.

Ich habe auch nichts gegen Reichweitenorientierung. Ich bin sehr dafür, wertvolle Information so zu gestalten, dass sie möglichst viele Menschen erreicht. Stephen Cushion hat es in seinem Buch über Nachrichten und Demokratie völlig richtig formuliert:

> »[...] if news only appeals to a select few, its democratic value is limited to an elite sphere as opposed to a far wider constituency of citizens. Or, put more bluntly, journalism should be able to remain popular without being populist« (CUSHION 2012).

Wir alle brauchen Unterhaltung. Manches Fernsehangebot rechtfertigt sich schon allein dadurch, dass es Menschen in unserer Moderne der Vereinzelung in ihrer Not der Einsamkeit hilft. Mir ist bewusst, dass das Bunte ewiger Bestandteil der Medien ist. Damit und mit Konzerten hat der Rundfunk im frühen

20. Jahrhundert begonnen, nicht mit Politik. Noch viel älter ist diese Tradition im Bereich der Zeitungen: In Gustav Freytags 1852 uraufgeführten Lustspiel *Die Journalisten* streiten sich Redakteure einer Provinzzeitung, warum denn neben »Wäsche vom Boden gestohlen, Drillinge geboren, Konzert, Vereinssitzung, Theater« auch noch »die große Seeschlange« ins Blatt muss, eine immer wiederkehrende »abgedroschene Lüge«. Die Begründung des zuständigen Redakteurs lautet: »Sie passte gerade, es fehlte an sechs Zeilen« (FREYTAG 1977: 19).

Die Vermischung von Unterhaltung und Information, und das ist mein Punkt, geht aber oft einher mit der Reduzierung des wertvollen und begrenzten Raums für Nachrichten. Sie trübt den Blick auf die wichtigen Themen und unterspült so die Fundamente der gesellschaftlichen Debatte. Über die Jahre habe ich meinen Frieden gemacht mit Servicethemen oder den sogenannten ›News to use‹, wenn sie denn wirklich nützliche Alltagsinformationen transportieren. Es spricht nichts gegen eine letzte Meldung, über die Menschen schmunzeln können und die eine emotionale Entlastung bringt.

Dennoch will mir nicht einleuchten, warum der dominante Bereich der Unterhaltung auch noch in die Sphäre der Nachrichten eindringen soll, warum wichtige, manchmal lebenswichtige Themen mit Unterhaltung vermischt werden. Ich habe auch nicht verstanden, warum es anmaßend sein soll, einem breiten Publikum möglichst viel nachrichtliche Informationen zukommen zu lassen. Ist es nicht eher arrogant, Menschen im Wesentlichen nur Unterhaltung zuzutrauen und sie mit ›Brot und Spielen‹ abzuspeisen?

Nachrichten-Mimikry und ›News Washing‹

Zurück zur Unschärfe des Nachrichtenbegriffs. Dazu tragen sicher auch die verschiedenen Kopien bei, die uns im Alltag begegnen.

Die als seriös wirkende News-Ästhetik wird gerne nachgeahmt, zum Beispiel für Boulevardmagazine. Dort werden dann Beiträge über Hollywood und Familiendramen so präsentiert, als wäre es die *Tagesschau*. Nicht selten wirkt das dann wie eine *Tagesschau* unter Ecstasy-Einfluss. Auch solche Magazine werden gleichwohl in der Jahresbilanz mancher Sender unter ›Information‹ aufgeführt.

In der Werbung sind die Nachahmung von Nachrichtenformaten oder das Spiel mit Elementen aus der Nachrichtenwelt ebenfalls beliebt. Das kann man in vielen Werbespots erleben. Man kann es im Supermarkt im Einkaufsradio hören oder an Reklame in Zeitung und Internet ablesen, die von redaktionellen Inhalten kaum unterscheidbar ist. Die verschiedenen Ausprägungen dieser Mimikry tragen dazu bei, Medienkonsumenten zu täuschen und das Gefühl für echte Nachrichten zu unterlaufen.

Die Motive für die vielfältige Imitation der Nachrichtenformate versteht man vermutlich am besten, wenn man sich den enormen Erfolg des Informationsjournalismus im 20. Jahrhundert vor Augen führt. Insbesondere an den dominierenden Massenmedien, erst dem Radio, dann dem Fernsehen, kamen die Mächtigen nicht vorbei. Niemand konnte sie ignorieren, der ein Produkt bewerben wollte, ob es sich dabei nun um eine Politikerin oder ein Gesetz, um eine Lebensversicherung oder um Schokolade handelte. Für die Gesellschaft ist dieses ›News Washing‹ schädlich. Besonders gravierend ist dabei das systematische Simulieren von unabhängigem Informationsjournalismus durch die PR aller möglichen Akteure.

Die News-Channels

Ambivalent fällt die Bilanz für die ›News-Channels‹ aus, die für einige Jahrzehnte prägend waren. Auch wenn ihre Bedeutung schon länger schwindet, während die der digitalen Informationsplattformen stetig wächst: In den letzten Jahrzehnten des

20. Jahrhunderts markierten die Sender doch im Radio und vor allem im Fernsehen einen Triumph der Nachrichten, die eigene, ausschließliche Kanäle bekommen hatten.

Das Phänomen ist global, kultur- und systemüberschreitend. Die ästhetische DNA von CNN hat sich weltweit durchgesetzt, einschließlich der Fanfaren, der Anchormänner und -frauen, der geteilten Bildschirme bei Zuschaltungen und manchem mehr. Unverzichtbar scheint das Dauertickern von Informationen sehr unterschiedlicher Art und Relevanz über ein Laufband im unteren Bildschirmbereich zu sein. Ob in China oder Russland, ob in Chile oder Nigeria, überall bedient man sich dieser Stilmittel, sogar beim nordkoreanischen Staatsfernsehen.

Aus nachrichtlicher Sicht waren und sind die ›News Channels‹ jedoch auch problematisch. Sie geben ein Versprechen kontinuierlicher Aktualität und Relevanz, das niemand einhalten kann. Die Kanäle hatten und haben 24/7 einen immensen Bedarf an Inhalten, sodass die Qualität der Ware beim besten Willen wechselhaft sein muss. Experten werden aufgefahren, reich an Zahl und Fachgebieten. Ihre Aufgabe ist die Einordnung und Erklärung. Manchmal scheint ihr Auftrag aber eher, Neuigkeitspausen durch Spekulation auszugleichen, damit es keinen Druckabfall gibt und keinen Abriss des Spannungsbogens.

Oft habe ich mich geärgert über diese Versuche, aus jedem Nachrichtentag einen 11. September zu machen, auch weil damit eine Sozialisierung des Publikums einherging: Viele Menschen verloren vor lauter Hektik die Geduld für das Entwickeln einer Nachrichtengeschichte. Dem Publikum verschwammen vor lauter Banalem die Grenzen der Relevanz bis zum Dschungelcamp und zur internationalen B-Prominenz. Aus Sicht der Branche mag das egal sein. *If they are watching, who cares if there's no new news?* So heißt jedenfalls ein Kapitel aus *Newsflash* (2004: 112ff.), einem Buch über das TV-Nachrichten-Geschäft von Bonnie Anderson, die lange für NBC *News* und für CNN gearbeitet hat.

Nachrichten-Satire und Newsgames

Angelehnt an die Gestaltungselemente der ›News Channels‹ sind verschiedene Satire- und Comedysendungen entstanden. Die *heute-show* des ZDF hat ein großes Publikum, genauso wie das US-Original *The Daily Show* und ähnliche Formate in aller Welt (vgl. HARSIN 2018). Ähnliches gibt es im Radio, wie zum Beispiel der Wochenrückblick *Satire deluxe* des WDR. Sehr erfolgreich sind Internetangebote, die sich im Stil nachrichtlicher Berichte an der Grenze von Satire und Comedy bewegen. Im deutschsprachigen Raum ist als erstes *Der Postillon* zu nennen. Eine gewisse Zahl von Menschen findet über diesen Weg den Zugang zur Aktualität, manchmal vor allem über diesen Weg.

Zur gesellschaftlichen Bedeutung gibt es unterschiedliche Einschätzungen. Die einen fürchten, dass nicht jede und jeder erkennt, dass es sich um ›Fake News‹ in unterhaltender Absicht handelt. Außerdem wird eine manchmal sogar systematische Verächtlichmachung der politischen Klasse beklagt. Die anderen freuen sich, dass mit Nachrichteninhalten kreativ gearbeitet wird und dass neben der Unterhaltung auch ein Informationswert übrigbleibt, gerade für nachrichtenferne Gruppen. Das Magazin von Jan Böhmermann, das im ZDF seit einiger Zeit nach der *heute-show* läuft, zeigt, dass das Genre lebendig ist und sich weiterentwickelt.

Verschiedene Medien experimentieren seit einiger Zeit mit dem Format der Newsgames. Die Idee ist, mit solchen Hybriden die Anziehungskraft der erfolgreichen Computer-Spiele für die Vermittlung von Nachrichteninhalten zu erschließen. Zwei Beispiele unter vielen: Das *New-York-Times*-Projekt *The Voter Suppression Trail* macht die Probleme und Ungerechtigkeiten des amerikanischen Wahlsystems erfahrbar. Mit *Syrian Journey* aus der Welt der BBC kann eine Flucht aus Syrien (ein wenig) nachempfunden werden.

Cornelia Wolf und Alexander Godulla haben das Potenzial der Newsgames untersucht (WOLF/GODULLA 2018). Ihr Zwischenfazit lautet, dass es diese Informationsangebote bislang nicht schaffen, weite Kreise zu erreichen. Ein Grund dafür ist, dass die meist jüngeren Nutzerinnen und Nutzer an die technisch deutlich aufwendigeren Produktionen mit höherem Erlebniswert der Gaming-Industrie gewöhnt sind. Offen ist, ob der wachsende Bereich der ›Augmented Reality‹ auch für die Information neue Möglichkeiten schafft, etwa im Sinn des Immersiven Journalismus.

Nachrichten: Ein Kosmos mit vielen Galaxien

Was sind eigentlich Nachrichten? Mit dieser Frage sind wir in das Kapitel gestartet. Das Konzept ist begrifflich unscharf, gleichermaßen verbunden mit der alltäglichen Kommunikation wie mit dem Journalismus. Nachrichten gehören zum ältesten Bestand menschlicher Kultur und Traditionen. Inzwischen sind sie auch mit einem Handwerk verbunden, einem journalistischen Beruf, der aber weder ein Patent besitzt noch Monopolansprüche.

Journalistische Nachrichten bilden einen Kosmos mit vielen Galaxien. Je nach Medium, Zielgruppe und Qualitätsanspruch, je nach den zur Verfügung stehenden Ressourcen können die Angebote Lichtjahre voneinander entfernt sein. Nachrichten sind werbefrei, durch Werbung finanziert, oder sie bestehen schlicht aus Werbung. Sie werden nach bestem Wissen und Gewissen frei recherchiert und zusammengestellt, sie entstehen aber sehr oft auch interessengeleitet oder unter dem Druck von Mächtigen und Ideologien jeder Art. Manchmal werden sie mit der Pistole im Rücken geschrieben, im übertragenen Sinne oder buchstäblich.

Vieles ähnelt den Nachrichten nach dem ›Look and Feel‹ zum Verwechseln, ist aber doch etwas anderes. Manchmal ist es Propaganda, manchmal Unterhaltung. Vielleicht ist es Werbung oder PR. Hin und wieder ist es auch Satire oder Comedy. Ich spreche da gerne von Nachrichtoiden, bei denen nur die Form etwas mit Informationsjournalismus zu tun hat. Mit der Verantwortung der

Redaktionen für diese Nachrichtoiden werden wir uns noch beschäftigen, genauso wie mit dem besonderen Selbstverständnis der westlichen Nachrichtenkultur, unserer Nachrichtenkultur.

Dieser Nachrichtentradition fühle ich mich verbunden, allerdings in einem Verhältnis des ›Ja, aber‹. Worin meine Bedenken bestehen, was aus meiner Sicht zu tun ist, davon erfahren Sie mehr im zweiten Teil des Buchs. Ich selbst verwende ›Nachrichten‹ und ›Informationsjournalismus‹ weitgehend synonym. Mir ist klar, dass jede Art der Kommunikation Informationen vermittelt. Ich benutze den Begriff nicht streng wissenschaftlich, sondern in Abgrenzung zu journalistischen Formen, bei denen Unterhaltung oder anderes im Vordergrund steht. Dies entspricht meiner Vorstellung von Nachrichten, die über die 20-Uhr-Ausgabe der *Tagesschau* hinausgeht, sich aber deutlich von Unterhaltungs- und Meinungsjournalismus, von Magazinen und Talkshows abgrenzt.

Es bleibt dabei: Auch nach 30 Jahren im Beruf traue ich mir keine Definition in drei Sätzen zu. Insofern nehmen Sie bitte dieses Buch im Ganzen als meinen Versuch der Annäherung an einen angemessenen Nachrichtenbegriff.

Nicht mehr geliebt? – Die Sache mit dem Vertrauen

›Gescheiterte Existenzen‹. So nannte der deutsche TV-Kleinbürger Alfred Tetzlaff in *Ein Herz und eine Seele* die Journalisten. In der Silvesterausgabe 1973 der in der alten Bundesrepublik beliebten WDR-Soap schimpfte er weiter: Journalist werde eben, wer zu faul oder zu dumm sei für einen richtigen Beruf. Das traf damals den Nerv eines Teils der Gesellschaft und so ist es auch heute wieder. In den Jahrzehnten dazwischen erlebte das Ansehen des Journalismus ein ungewöhnliches Zwischenhoch. Dazu haben so unterschiedliche Faktoren beigetragen wie der Mythos ›Watergate‹, die Akademisierung des Berufs und die deutlich verbesserten Verdienstmöglichkeiten.

Es müssen nicht alle die Menschen mögen, die ihr Geld mit Nachrichten und Berichten verdienen, so wie auch nicht jeder die Zahnärztin oder den Airbuspiloten sympathisch finden muss. Eine für alle drei Berufe wichtigere Währung ist das Vertrauen. Mit dem Vertrauen in die Medien beschäftigen sich zahlreiche Untersuchungen. Der *Digital News Report* des Oxforder Reuters Institute ist ein weltweit anerkanntes Barometer für die Entwicklung des Informationsmarkts. In der Ausgabe 2020 erfahren wir, dass im Schnitt der untersuchten Länder nur noch 38 Prozent der Befragten »den meisten Nachrichten meistens vertrauen«, vier Prozentpunkte weniger als 2019 (NEWMAN 2020). Das Institut unterhält auch ein spezielles Forschungsprojekt zum Vertrauen in die Nachrichten, dessen erster Zwischenbericht mit der Feststellung beginnt: »Trust in news has eroded worldwide« (TOFF et al. 2020).

Die Ergebnisse für Deutschland fallen zumeist etwas günstiger aus als in anderen Staaten. Hierzulande fühlt die Universität Mainz den Puls alle zwölf Monate innerhalb einer Langzeitstudie. Für 2020 wurde ein gestiegenes Vertrauen in die Medien festgestellt (JAKOBS 2021). Die Vermutung der Forschungsgruppe bei der Veröffentlichung im Frühjahr 2021: Den Medien scheint es gelungen zu sein, in der Corona-Krise mit Orientierung zu punkten. Allerdings wird dies verbunden mit einer Warnung:

> »Es stellt sich [...] die Frage, wie sich Medienvertrauen und Medienzynismus, Mediennutzung und der Glaube an Verschwörungserzählungen mit dem Abklingen der Corona-Pandemie und in der Zeit nach der Krise weiterentwickeln werden. Medien und Journalisten sollten nicht davon ausgehen, dass die Vertrauenszuwächse dauerhaft sein werden [...]« (JAKOBS et al. 2021: 161).

Daher werfe ich einen Blick zurück auf die Anfang 2020 veröffentlichten Ergebnisse der Studie für 2019, also noch ohne

Corona-Einfluss (SCHULTZ 2020), Damals war das Ergebnis, dass 43 Prozent der Befragten den etablierten Medien in wichtigen Fragen vertrauen. Die Zustimmung blieb damit einigermaßen konstant. Gestiegen war allerdings die Zahl derjenigen, die ihr Misstrauen zu Protokoll gaben, und zwar auf 28 Prozent. Die Gruppe derjenigen, die sich zwischen diesen beiden Lagern einordnen, war mit 29 Prozent so klein wie noch nie in den bisherigen Umfragewellen. Das Fazit der Mainzer Forschungsgruppe: Das Vertrauen ist stabil, doch die Polarisierung wächst (SCHULTZ et al. 2020: 323).

Ist das Glas nun halb voll oder halb leer? Mich jedenfalls beruhigt der Gedanke nicht, dass nur etwa jede und jeder zweite Befragte den klassischen Medien vertraut, selbst wenn die traditionell stark überdurchschnittlichen Zustimmungswerte für den öffentlich-rechtlichen Rundfunk in Deutschland erfreulich sind. Beruhigend finde ich auch nicht, was ein Blick auf internationale Untersuchungen zeigt, zum Beispiel das jährliche »Vertrauens-Barometer« der US-Kommunikationsagentur Edelman.

Hier war das im Frühjahr 2021 veröffentlichte Ergebnis der weltweit durchgeführten Umfrage wie folgt: 59 Prozent waren der Ansicht, dass Journalisten die Bevölkerung absichtlich mit Falschinformationen und Übertreibungen hinters Licht führen. Ebenfalls 59 Prozent glaubten, dass die meisten Informationsmedien sich stärker darum kümmern, eine Ideologie oder eine politische Position zu unterstützen, als die Öffentlichkeit zu informieren (EDELMAN 2021: 25).

Ufo-Beweis nur durch die Tagesschau

Medienkritik ist in Deutschland ein Breitensport. Das ist aus Sicht des Journalismus manchmal anstrengend, aber es ist sehr gut so. Wie sonst soll die Qualität unserer Arbeit kontrolliert und verbessert werden? Die Nachrichten hatten da lange eine

Ausnahmestellung, insbesondere die eingeführten Medien, im Marketingdeutsch ›die starken Nachrichtenmarken‹. Diesen besonderen Vertrauensvorschuss hat Ingo Schulze in seinem Wenderoman *Simple Storys* literarisch festgehalten. Einen der Protagonisten beschreibt er so:

> »An Ufos glaubte er nicht, obwohl die Amerikaner auf Pro 7 nicht den Eindruck von Lügnern gemacht hatten. Keinesfalls wollte er die Existenz von Ufos ausschließen, sich aber erst dann ernsthaft mit ihnen beschäftigen, sollte er in der Tagesschau davon erfahren« (SCHULZE 1999: 81).

Das Vertrauen in die Nachrichten hat mit Handwerk und Ethos dieses journalistischen Zweigs zu tun, mit dem Bestreben wahrhaftig und umfassend zu berichten. Wenn wir ehrlich sind, spielt aber auch die Ästhetik der Darbietung eine Rolle mit den meist strengen und offiziösen Formaten, die in den elektronischen Medien etwas Zeremonielles oder gar Liturgisches haben.

Von all dem lebt der Nachrichtenjournalismus. Sollte das Vertrauen eines Tages bei einer Mehrheit verloren gehen, dann hätte dies katastrophale gesellschaftliche Folgen weit über den Medienbereich hinaus. Diese Sorge sollte alle umtreiben, die es gut mit einer demokratisch und rechtsstaatlich organisierten Gesellschaft meinen. Für Akteure mit der Absicht, autokratische oder diktatoriale Strukturen zu errichten, ist das genaue Gegenteil der Fall: Für sie wäre die Aushöhlung einer gemeinschaftlich anerkannten Informationsstruktur sehr nützlich, wie auch das diffuse Gefühl in der Bevölkerung, dass ›am Ende doch alle mehr oder weniger gleich lügen‹.

Traditionelle Links-Rechts-Kritik

›User generated discontent‹, so das schöne Wortspiel, ist nichts Neues. Schon lange vor den sozialen Medien haben die Redaktionen viel an kritischen Reaktionen bekommen. Für die alte Bundesrepublik galt allerdings: Egal wie stark der politische und gesellschaftliche Streit auch tobte, die meisten Menschen ärgerten sich beim Hören, Schauen und Lesen der Nachrichten vor allem über die beschriebenen oder zitierten Akteure, über deren Handlungen und Aussagen. Wenn die Redaktionen einmal selbst angegangen wurden, dann weil man ihnen Parteilichkeit unterstellte.

Das Schema der Vorwürfe (wohl nicht nur) an die DEUTSCHLANDFUNK-Nachrichten war, wir seien ›zu links‹ oder ›zu rechts‹, wir seien ›für die Palästinenser‹ oder ›für die Israelis‹ etc. Seit mehr als 25 Jahren reagiere ich auf solche Kritik, dem Medienwandel folgend zunächst per Post (mit Durchschlag für die Akten), per Fax, dann in E-Mails, bei Facebook und Twitter und immer wieder auch telefonisch. Lange konnte ich dabei bequem auf eine eherne Tatsache verweisen: Unsere Arbeit war meist für die Hälfte der Kritiker zu links oder zu palästinenserfreundlich und für die andere Hälfte zu rechts oder zu israelnah. Das war für mich ein willkommenes Indiz dafür, dass wir wohl alles in allem nicht so schlecht lagen.

In meinen Antworten habe ich immer wieder berichtet, dass es die vermutete parteipolitische Einflussnahme auf öffentlich-rechtliche Nachrichten nicht gibt. Nicht mehr gibt, um genau zu sein. Als junger Redakteur habe ich in den 1990er-Jahren noch die späten Ausläufer eines Systems beobachtet, in dem Journalisten der CDU, der CSU, der SPD oder der FDP nahestanden – nach allgemeiner Beobachtung nicht zu ihrem Nachteil.

Ich kann nicht beurteilen, wie oft und wie stark es heute noch zu politischem oder ökonomischem Druck auf lokale und regionale Medien kommt. Ohne Weiteres versichern kann ich jedoch zumindest aus meiner Erfahrung, dass das Bundeskanzleramt nicht morgens bei uns seine Wünsche für den Tag übermitteln lässt, auch wenn manche Menschen von diesem hartnäckigen Glauben nicht ablassen können.

Lediglich Willy Brandt rief an

Immerhin hat in den 1980er-Jahren mit Willy Brandt ein ehemaliger Bundeskanzler und SPD-Chef in unserer Redaktion angerufen. Er wollte am Morgen nach einer für ihn wenig erfreulichen Wahl von dem Redakteur der Presseschau erfahren, ob es denn wirklich keine für die Sozialdemokraten positiven Kommentare gegeben habe. »Nein, Herr Bundeskanzler, nicht einmal die *Frankfurter Rundschau*«, so die Antwort, die mein Kollege bis zu seiner Rente immer wieder gerne erzählte. Parteipolitische Interventionen ›von oben‹ sind mir zumindest für die vergangenen Jahrzehnte nicht bekannt. Ebenso pauschal wie mutig wage ich die Behauptung, dass dies im übrigen Spektrum der bundesweiten Medien einigermaßen ähnlich sein dürfte, also auch bei Privatsendern und Zeitungen. Auch hier sind die Redaktionen kaum noch parteipolitisch einzuordnen. So weit, so gut, könnte man meinen. Doch inzwischen haben wir es mit anderen Problemen zu tun.

›Lügenpresse‹ und ›Systemmedien‹

Seit mehr als zehn Jahren hat sich der Ton verändert und verschärft. Eine wachsende Zahl von Menschen übt an den Nachrichten nicht mehr nur Kritik nach einem Links-rechts-Schema innerhalb des politischen Systems. Sie greifen den Informationsjournalismus im Ganzen an, gemeinsam mit einem System, als dessen verfilzten Bestandteil sie ihn sehen. In Radikalität und Begründung erinnert diese Komplettablehnung an so unterschiedliche Perspektiven wie die von RAF-Zirkeln auf die ›kapitalistischen Medien‹ oder von Menschen in Diktaturen auf die staatlich kontrollierte Presse. Wir werden konfrontiert mit einem Vorstellungsgebäude, in dem angeblich alle etablierten Parteien gleich ticken, ob sie nun regieren oder in der Opposition sind.

Die Vermutung dieser Kritiker ist, dass Abgeordnete und Funktionärinnen als Kartell das Überleben der eigenen Kaste verfolgen, Hand in Hand mit Industrie und Finanzkonzernen, zum Schaden ›des Volks‹. Wer diese Sichtweise teilt und an die Medien denkt, der sieht eine ›Systempresse‹ vor sich. Er unterstellt einen ›politisch-journalistischen Komplex‹ voller gegenseitiger Abhängigkeiten, voller Komplizenschaft und Kumpanei.

In dieser Lesart ist es das Ziel öffentlich-rechtlicher Medien, der wichtigen Verlage und privaten Fernsehsender, die bestehende Machtordnung zu erhalten und damit die eigenen Posten, Privilegien und Pfründe. Wer so denkt, für den sind die Informationsmedien nicht mehr eine vierte Gewalt, die Regierung, Gesetzgeber und Gerichte kontrolliert. Sie sind die ersten Schurken. Immer wieder wird in diesem Zusammenhang der Begriff ›Mainstream-Medien‹ gebraucht. Ich nutze ihn nicht, um Verwirrung zu vermeiden. Im deutschsprachigen Raum handelt es sich um einen Kampfbegriff, in der englischsprachigen Welt werden damit vielfach schlicht die etablierten Massenmedien bezeichnet.

Auf Grundlage der beschriebenen Systemkritik begann Ende des 20. Jahrhunderts in vielen westlichen Ländern der neuerliche Aufstieg populistischer Parteien. Auf dieser Basis eskalierte auch in Deutschland die Kritik an den Informationsmedien bis hin zu den ›Lügenpresse‹-Rufen und zu massiven Drohungen, denen auch einige meiner Kolleginnen und Kollegen ausgesetzt waren und sind. Wegmarken, die in den Reaktionen unserer Hörerinnen und Hörer seismologische Ausschläge hinterlassen haben, waren die Euro-Krise, der Russland-Ukraine-Konflikt, die Aufnahme der Flüchtlinge 2015, die Kölner Silvesternacht und zuletzt der staatliche Umgang mit der Corona-Krise.

Medienkritische Bestseller

Aus Sicht der Systemkritiker bedarf es keiner politischen Einflussnahme mehr auf die Nachrichten, weil sie die Redaktionen ja für den Bestandteil eines Kartells halten. Im Journalismus werden nicht nur Mitläufer und Opportunisten vermutet, sondern Gesinnungstäter, und zwar linke. Sie gehören in dieser Vorstellung wie die politisch-ökonomische Elite zu einem »links-rot-grün-verseuchten 68er-Deutschland«. Davon sprach der AfD-Co-Vorsitzende Jörg Meuthen auf dem Stuttgarter Parteitag 2016 um dann auch noch das berühmte »leicht versifft« anzufügen (VON ALTENBOCKUM 2016).

Diese Kritik am Journalismus findet sich auch theoretisch verdichtet und zwischen zwei Buchdeckeln. Das ist ein weltweites Phänomen, für das ich aus den USA James O'Keefe erwähnen möchte: Seine Kritik an den etablierten Medien trägt den Titel *American Pravda* (O'KEEFE 2018). Ein regelrechtes Literaturgenre dieser Art hat sich auf dem deutschsprachigen Markt entwickelt. Auf Anhieb fallen mir da Udo Ulfkotte und Gerhard Wisnewski ein. Ulfkottes *Gekaufte Journalisten – Wie Politiker, Geheimdienste und Hochfinanz Deutschlands Massenmedien lenken* (ULFKOTTE 2014) beschreibt den Systempressevorwurf. Wisnewski hat einen Almanach entwickelt, man könnte auch sagen ein Geschäftsmodell. Er bringt jeweils für das Vorjahr *Verheimlicht, vertuscht, vergessen* heraus, ein »anderes Jahrbuch« mit all dem, was angeblich in den vergangenen zwölf Monaten nicht in den Zeitungen stehen durfte.

Wir reden hier von Bestsellern, die in bestimmten Gruppen Aufmerksamkeit bis hin zur Verehrung genießen. Ihr Echo schallt mir auch in unserer Hörerpost entgegen. Ich habe diese und ähnliche Bücher gelesen, weil mich jede Kritik an den Nachrichten interessiert. Allerdings fand ich die Argumentation meist enttäuschend. Nach meiner Überzeugung brauchen die Nachrichten bessere, letztlich auch härtere Kritik, um voranzukommen.

Bei Ulfkotte liest man etwa, dass die Idee des Euro auf einer Bilderberger-Konferenz beschlossenen wurde mit dem Ziel einer »Amputation der deutschen Identität« (ULFKOTTE 2014: 258). Bei Wisnewski werden wir im Jahrbuch 2020 auf den Gedanken vorbereitet, dass der Brand von Notre-Dame kein Unglück gewesen sein könnte. Waren Islamisten oder Satanisten am Werk? Oder doch eher der französische Staat, der ›heiß abgerissen‹ hat, um sich die Sanierung eines maroden Weltkulturerbes von Spendern finanzieren zu lassen? (WISNEWSKI 2020: 82-93). Wo wir schon bei Flammen sind: Vielleicht waren auch die verheerenden Brände im Amazonas eine Inszenierung von Ökologen (WISNEWSKI 2020: 189)? Das sind nur zwei von vielen haarsträubenden Beispielen.

Ich musste bei der Lektüre immer wieder an *Angela Merkel ist Hitlers Tochter* (ALT/SCHIFFER 2018), denken, eines der Bücher über Verschwörungstheorien, in dem auch Ulfkotte und Wisnewski genannt werden. Wisnewski wiederum gibt seinen Lesern diese Botschaft mit:

> »Erstens: alles, was als ›Verschwörungstheorie‹ gebrandmarkt wird, enthält etwas Wahres. Zweitens Jeder, der als ›rechts‹ abgestempelt wird, hat etwas Wahres gesagt. Drittens, alles und jedes, das/der auf dem Globus stigmatisiert und als ›rechts‹ gebrandmarkt wird, nützt seinem Volk und damit allen Völkern« (WISNEWSKI 2020: 271).

Abgesehen von meinem klaren inhaltlichen Widerspruch würde ich gerne darauf hinweisen, dass solch eine Aussage in meinem Verständnis den Abschied von logischem, kritischen Denken bedeutet und den Rückzug in hermetische Rechthaberei.

Enttäuschte Freunde

Albrecht Müller ist ebenfalls ein Bestseller-Autor. In seinen Büchern wie *Meinungsmache* (2010) und auf dem von ihm mitgegründeten Webportal, den *Nachdenkseiten*, findet sich immer wieder

Kritik an den etablierten Medien. Müller hat eine lange politische Karriere hinter sich als enger Mitarbeiter der Bundeskanzler Willy Brandt und Helmut Schmidt, als Mitglied des Bundestages für die SPD. Aus seinen Texten lese ich manchmal ein ›früher war es besser‹ heraus, manchmal die Ablehnung der herrschenden Verhältnisse durch den Aussteiger. In *Meinungsmache* verrät er ironischerweise, dass er in seiner Zeit im Kanzleramt selbst viel damit zu tun hatte, »Strategien der Meinungsbeeinflussung (zu) entwickeln« (MÜLLER 2009: 9).

Maren Müller, Volker Bräutigam und Friedhelm Klinkhammer haben insbesondere die Nachrichten im Visier. Die Gründerin des Vereins Ständige Publikumskonferenz der öffentlich-rechtlichen Medien und die beiden NDR-Ruheständler haben der ARD-*Tagesschau* das Buch *Zwischen Feindbild und Wetterbericht* (2019) gewidmet. Ihr aktivistisches Wirken manifestiert sich nicht nur in Buchform, sondern umfasst kaum noch zu zählende Programmbeschwerden. Nach meinem Eindruck liegt bei diesen drei Kritikern Enttäuschung vor über einen Sender und seine Hauptnachrichtensendung, die ihnen eigentlich viel bedeuten.

Während es bei Albrecht Müller in *Meinungsmache* stark um eine aus seiner Sicht neoliberale Wirtschafts-, Finanz- und Sozialpolitik geht, greifen Maren Müller, Bräutigam und Klinkhammer immer wieder eine angeblich NATO- und USA-hörige, gegen Russland gerichtete Berichterstattung über internationale Fragen an. Diese Kritikpunkte verbinden viele der nachrichtenkritischen Stimmen aus unterschiedlichen Lagern. Die Argumentation zum Umgang der Medien mit Russland hat Ulrich Teusch zusammengefasst. *Immer wieder Russland*, so heißt ein Kapitel seines Buchs *Lückenpresse* (TEUSCH 2018: 93ff.). Die Frage wäre eine eigene Arbeit wert, warum es in Teilen der deutschen Gesellschaft so viel Empathie mit Russland gibt, was grundsätzlich gut ist, aber so wenig Einfühlungsvermögen in die Lage Polens oder der baltischen Länder, um nur diese Beispiele zu nennen.

Zu den ›enttäuschten Freunden‹ unter den Buchautoren zähle ich in jedem Fall den Medienwissenschaftler Uwe Krüger und den Journalistenkollegen Tom Schimmeck. Krügers einschlägiges Werk trägt den Titel *Mainstream. Warum wir den Medien nicht mehr trauen* (2016). Bei Schimmeck habe ich *Am besten nichts Neues* (2010) im Sinn. Beide kritisieren heftig, wollen den bestehenden Informationsjournalismus aber verändern und verbessern, nicht abschaffen.

Meine Vermutung ist, dass die Leitmedien das Vertrauen des Publikums von Udo Ulfkotte und Gerhard Wisnewski kaum wieder gewinnen können, was auch immer sie unternehmen werden. Den Austausch mit den Leserinnen und Lesern der anderen Genannten halte ich dagegen für erfolgversprechend und geradezu empfehlenswert. Das gilt selbstverständlich auch für den Dialog mit den Autoren selbst.

Anhaltende Zweifel an der Unabhängigkeit

Nun stellt sich die Frage, warum so unterschiedliche Formen der Kritik am Informationsjournalismus jeweils eine so beachtliche Resonanz erhalten. Vordergründig könnte die Antwort lauten: Die Medien sind tatsächlich mächtig und ihre Nachrichtenangebote sind es erst recht. Selbstverständlich kommen täglich Fehler vor und es gibt an der Arbeit von Journalistinnen und Journalisten immer etwas auszusetzen. Wer sich mit den Medien anlegt, kann daher grundsätzlich mit Zuspruch rechnen. Ziel von Ratschlägen, Kritik und Angriffen werden schließlich auch Schulen und Kirchen, Unternehmen und Gewerkschaften. Also, alles halb so wild?

In diese Richtung geht auch ein anderer Gedanke: In Deutschland steht bei einer Reihe wichtiger Themen eine überschaubare Minderheit einem breiten Konsens gegenüber. Umfragen aus den letzten Jahren zeigen, dass es beständige gesellschaftliche

Mehrheiten gibt für die EU und die Ehe gleichgeschlechtlicher Paare, gegen Kernkraft, für den Kohleausstieg und so weiter. Es kann also nicht überraschen, dass die Mehrheit der Menschen im Journalismus ähnlich tickt. Der Mainstream-Vorwurf richtet sich aus dieser Perspektive betrachtet nicht in erster Linie an die Medien. Er ist vielmehr ein Vorwurf von Minderheiten an die Mehrheitsgesellschaft, der am Journalismus abgearbeitet wird. Also, alles nicht so schlimm?

Auf solchen beruhigenden Gedanken sollte sich der Informationsjournalismus besser nicht ausruhen. 2021 veröffentlichte die Stiftung Neue Verantwortung eine auch mit öffentlichen Mitteln finanzierte Studie zur digitalen Nachrichtenkompetenz in Deutschland. Sie belegt anhaltende Zweifel in der Bevölkerung an der Unabhängigkeit des Journalismus (MESSMER/SÄNGERLAUB/SCHULZ 2021). Nur die Hälfte der mehr als 4.000 repräsentativ Befragten wusste danach, dass Nachrichten über einen Bundesminister ohne dessen Genehmigung veröffentlicht werden dürfen.

Wiederum nur die Hälfte konnte sagen, dass Bundestagsabgeordnete nicht entscheiden, worüber der öffentlich-rechtliche Rundfunk berichtet. 24 Prozent vertraten die Einschätzung, dass die Bevölkerung in Deutschland von den Medien systematisch belogen werde. Ebenfalls ein Viertel der Antwortenden hielt den »Lügenpresse«-Vorwurf für gerechtfertigt. Und 35 Prozent der Befragten waren der Meinung, dass der öffentlich-rechtliche Rundfunk der Staatsministerin für Kultur und Medien der Bundesregierung unterstellt sei, weitere 40 Prozent antworteten hier mit »weiß nicht«.

Die Ergebnisse sind aus meiner Sicht dramatisch. Sie ergänzen die schon genannten und ebenfalls beunruhigenden Erhebungen zum Medienvertrauen. Lassen Sie uns dem nachgehen. Werfen wir einen näheren Blick auf einige Erscheinungsformen der Entfremdung zwischen einem Teil der Gesellschaft und den Nachrichten.

Nicht mehr repräsentativ? – Wenn Menschen sich nicht wiedererkennen

Seit Jahren gehen einige Menschen in Sachsen regelmäßig zur Pegida-Kundgebung. Sie beschimpfen Migranten, begrüßen die Machtausübung von Wladimir Putin. Sie verunglimpfen die parlamentarische Demokratie, deren Repräsentanten – und die Medien.

Im Ruhrgebiet haben Menschen die Arbeit verloren. Die Produktion ihres Betriebs wurde nach Asien verlagert. Manche von ihnen können die Miete kaum noch zahlen, seitdem ein Immobilienkonzern die ehemalige Bergarbeiter-Siedlung gekauft hat. Sie gehen nicht mehr wählen oder machen ihr Kreuz bei Populisten. Die Lokalzeitung bestellen sie ab, dem WDR vertrauen sie nicht mehr.

Bei einer Reihe von Rechtsanwälten oder Ärztinnen im Taunus oder in München stören wirtschaftliche Probleme den Alltag nie. Im Gegenteil, hier stehen SUVs mit Schweizer Autobahnvignette vor der Haustür für die Fahrten zum Genfer See, nach Zürich oder Lugano. Manche dieser Menschen vermuten, dass es in der Europäischen Union immer auf Kosten der deutschen Steuerzahler zugeht. Von Union, SPD und Grünen haben sie sich auch deshalb abgewandt, weil Deutschland ab September 2015 viele Flüchtlinge aufgenommen hat. Ihre Abos von FAZ und *Süddeutscher Zeitung* sind gekündigt.

Hinter diesen Milieuskizzen stehen zumeist keine konkreten Menschen, die ich persönlich kenne. Doch auf Grundlage der Rückmeldungen aus der Gesellschaft, die mich bei der Arbeit erreichen, halte ich sie für einigermaßen realistisch.

Ähnliches lässt sich in anderen westlichen Demokratien mit freien Medien beobachten, sehr deutlich in Frankreich. Dort treibt der ›Front National‹, inzwischen in ›Rassemblement National‹ umbenannt, schon lange etablierte Parteien und Medien vor sich her. 2018 begannen dann die Proteste der sogenannten ›Gelbwesten‹, der *Gilets Jaunes*, mit der Ablehnung höherer Steuern auf Diesel und Benzin. Immer lauter und manchmal auch sehr gewalttätig wurden weit weg von Paris Frauen und Männer, von denen viele wirtschaftlich kaum noch klarkommen. Sie brauchen – Umweltschutz hin oder her – das Auto, weil es in der Provinz keine Alternativen mehr gibt. Denn über die vergangenen dreißig Jahre sind ihnen nicht nur Arbeitsplätze, die Post, die Bankfilialen und die Arztpraxen abhandengekommen. Man hat ihnen auch die Regionalbahnstrecken stillgelegt. Viele der *Gilets Jaunes* misstrauen dem staatlichen Fernsehen, aber auch privaten Medien. Sie fühlen sich öffentlich falsch dargestellt.

Populismus und Medienkritik

Mit diesem holzschnittartigen Ausflug in die Soziologie ziele ich auf den Zusammenhang ab zwischen gesellschaftlichem Unbehagen, Leistungsdefiziten politischer Systeme und der Kritik am Nachrichtenjournalismus. Weitere drei Beispiele nur noch in Kurzfassung:

Das marode Parteiensystem Italiens war in den 1990er-Jahren Geburtsort des ›Berlusconismo‹, der frühen Variante des stark über Medien agierenden modernen Populismus. Inzwischen bestimmen dort mit der Lega, den ›Fünf Sternen‹ und nun auch noch mit den derzeit aufstrebenden ›Fratelli d'Italia‹ gleich drei unterschiedliche populistische Bewegungen die Szene. In Großbritannien und den USA gilt ein Mehrheitswahlsystem. Deshalb hatten Populisten es dort sehr schwer, als alternative neue Kraft in die Parlamente zu kommen. Also blieb ihnen nur, eine der beiden großen Parteien zu unterwandern. Das ging in den USA schneller und hat nach der ›Tea Party‹-Bewegung im Jahr 2016 erst den republikanischen Kandidaten, dann den Präsidenten Donald Trump hervorgebracht.

Im Vereinigten Königreich war der Prozess lang und quälend. Er hat nach Jahrzehnten einer EU-feindlichen Bewegung innerhalb der Konservativen Partei und dem Druck der 1993 gegründeten UK Independence Party um Nigel Farrage zum Brexit-Referendum geführt und zu der Regierung von Boris Johnson.

Auch in diesen drei Ländern wurde der Aufstieg der Populisten begleitet und ermöglicht durch Kritik an den klassischen Nachrichtenmedien, insbesondere den liberalen. In Großbritannien gab es von Anfang an mächtige Zeitungen, unter anderem aus dem Murdoch-Konzern, die diesen Kurs unterstützten. In den USA bildete sich ein Milieu heraus, in dem zunächst neurechte ›Talk Radios‹ mit Protagonisten wie Rush Limbaugh oder Sean Hannity den Boden für die populistische Wende bereitet haben, dann ab 1996 auch der den Murdochs gehörende TV-Sender *Fox News*.

Globalisierung und Identität

Die geschilderten Verwerfungen in Europa und den USA haben viel zu tun mit neuen Unsicherheiten, die nach dem Ende des Ost-West-Konflikts Einzug in das Leben vieler Menschen gehalten haben. Die Globalisierung und die Deregulierung von Märkten und Finanzmärkten sind da zwei wichtige Faktoren.

In vergangenen Jahrhunderten waren die Nationalstaaten als größere Einheiten entstanden, nicht zuletzt, um ausgedehnte Wirtschaftsräume mit gleichen Regeln zu schaffen und Zölle abzubauen, um Verkehrswege wie die Eisenbahn sinnvoll errichten zu können. Es entstanden auch Medien, also damals Zeitungen, mit landesweiter Perspektive. Nun scheint die neoliberale ökonomische Logik einen weiteren Schritt zu gebieten, nämlich eine Überwindung des Nationalen. Diese Logik fördert auch die Migration. In den westlichen Industriestaaten kommen einige Bevölkerungsgruppen mit all dem gut klar, andere aber ganz entschieden nicht.

Hilfreich ist für mich die von David Goodhart angeregte analytische Betrachtung von den ›Anywheres‹ und den ›Somewheres‹ (GOODHART 2017). Die ›Anywheres‹ können überall leben und arbeiten. Sie freuen sich über das Studium in London, das Praktikum in Madrid, Jobs in Hongkong oder Melbourne. Sie haben kein Problem damit, Menschen anderer Herkunft zu begegnen, weder im Ausland noch daheim. Sie identifizieren sich europäisch oder international.

Die ›Somewheres‹ hingegen wollen gar nicht in Hongkong oder Melbourne leben. Bei ihnen lösen Europäisierung und Globalisierung Ängste aus. Sie suchen Halt in oft national definierter Identität, sie brauchen ein ›Wir‹ zur Absicherung, aus dem sich leicht ein Gegensatz zu ›den anderen‹ ergibt. Einige arbeiten sich besonders an gesellschaftlicher Liberalisierung wie den verschiedenen Formen der Gleichberechtigung und Gleichstellung ab. Die ökonomische Liberalisierung und Globalisierung sind für sie weniger durchschaubar, die dahinterliegenden Kräfte wirken übermächtig und gefährlich.

Manche dieser Menschen landen bei Pegida, stimmen für den Brexit, für die Lega Matteo Salvinis oder tragen die MAGA-Kappen mit der Abkürzung von ›Make America Great Again‹. Viele fühlen sich als *Strangers in Their Own Land*. So hat Arlie Russell Hochschild ihr Buch (2016) genannt, das sich mit den Anhängern der ›Tea Party‹-Bewegung in den USA beschäftigt.

Einige meiner Betrachtungen teilt die Beratungsgesellschaft McKinsey, nicht bekannt für Sozialschwärmerei. Sie hat einen Bericht mit dem Titel *The Social Contract for the 21st Century* veröffentlicht. McKinsey schreibt darin zu den Folgen der globalen Umwälzungen:

> »While many have benefited from this evolution, for a significant number of individuals the changes are spurring uncertainty, pessimism, and a general loss of trust in institutions« (MCKINSEY 2020).

Es ist wichtig, sich das genauer anzuschauen. Die Politikwissenschaftler Armin Schäfer und Michael Zürn haben Statistiken zur Wohlstandsentwicklung durchgearbeitet und kommen zu folgendem Ergebnis:

> »Die neue Mittelschicht in den Schwellenländern vor allem Ostasiens und die Allerreichsten dieser Welt profitierten massiv von der Globalisierung; die Allerärmsten in Afrika und der alte Mittelstand in den wohlhabenderen Ländern hatten dagegen ein geringes Wachstum und einen relativen Wohlstandsverlust zu beklagen. Dies führt zur ›neuen Geografie‹ der Einkommensungleichheit, bei der zwar die Unterschiede zwischen Ländern geringer werden, die innerhalb (westlicher) Länder aber zunehmen« (SCHÄFER/ZÜRN 2021: 7f.).

Es ist also gerade die für die Stabilität demokratischer Verhältnisse wichtige Mittelschicht, die im Westen einen Abstieg erlebt oder sich davon bedroht fühlt.

Entscheidungen jenseits nationaler Grenzen

Viele politische, ökonomische und soziale Entscheidungen entziehen sich längst dem Einfluss national strukturierter und legitimierter Akteure. Sie entziehen sich zugleich der Beobachtung und Kontrolle der national oder regional ausgerichteten Medien. Die europäischen Strukturen haben noch keine Akzeptanz in den Gesellschaften, die den nationalen vergleichbar wäre. Dabei sind auch sie teils direkt, teils indirekt gewählt. Auf der globalen Ebene schließlich verlieren sich die politischen Einflussmöglichkeiten der Bürgerschaften, die Kontrollmöglichkeiten und die Rechenschaftspflicht oft im Nichts. Die dort maßgeblichen Entscheidungswege sind selbst für Experten vielfach nicht mehr nachvollziehbar.

Für den Informationsjournalismus ist dies ein drängendes Problem. Mit den tradierten redaktionellen Abläufen, Strukturen und Ressourcen ist es unmöglich, die Politik der Europäischen Union Tag für Tag darzustellen oder gar zu kontrollieren, geschweige denn die Globalisierung und ihre vielen Unterströmungen.

Es ist schwierig, das Vertrauen derjenigen zu erhalten, die sich identitär verbunkert haben und eine Freund-Feind-Weltsicht einnehmen. Eine Herausforderung stellen aber auch mildere Formen identitärer Verhärtungen mit zurückgehender Diskursoffenheit dar. Zu beobachten sind sie in allen Gruppen der Gesellschaft. Auch im liberalen, weltläufigen, meist urbanen Spektrum fällt es nicht allen leicht, andere Perspektiven einzunehmen.

Ein einfacher Abzweig für Informationsmedien wäre, selbst parteiisch zu werden und bestimmte Gruppen zu bedienen. Damit würden die Nachrichten aber Teil des Problems. Der Weg wäre nicht mehr weit bis zu dem Zustand, in dem sich die USA derzeit befinden: Hier teilt sich die Medienlandschaft mittlerweile in weiten Teilen streng nach politischen Lagern auf. Lager, die dem jeweils anderen häufig unterstellen, Unwahrheiten zu verbreiten. Diese Option verbietet sich Redaktionen, die alle Menschen informieren wollen. Der öffentlich-rechtliche Auftrag, eine größtmögliche Öffentlichkeit bei der gemeinschaftlichen Abwägung und Entscheidung zu unterstützen, kann so jedenfalls nicht erfüllt werden.

Soziale Fragen

Von der Globalisierungskritik war die Rede, auch vom Bestehen auf nationaler Identität, und sei es die von Flandern oder Katalonien. Daneben spielen soziale Fragen eine wichtige Rolle beim Aufstieg system- und medienkritischer Kräfte in den westlichen Demokratien. Darauf weist die Studie *Rückkehr zu den politisch Verlassenen* aus dem Jahr 2018 hin, die Johannes Hillje gemeinsam mit Partnern in Frankreich für das ›Progressive Zentrum‹ erarbeitet hat. Der Titel spielt auf das Buch *Retour à Reims* des französischen Soziologen Didier Eribond an (2018). Eribond erlebt bei seiner *Rückkehr nach Reims* unter anderem, wie sich dort trotz eines eher traditionell linken Selbstverständnisses ein rechtes Wahlverhalten ausgebreitet hat.

Für die Untersuchung des ›Progressiven Zentrums‹ wurden Menschen auf beiden Seiten des Rheins befragt, und zwar in strukturschwachen Gebieten, in denen die AfD beziehungsweise die Partei Marine Le Pens hohe Stimmenanteile bei Wahlen erzielen konnte. Ein Ergebnis war, dass Kernforderungen der Populisten die Menschen in ihren Hochburgen weit weniger bewegen als oft vermutet. Nationalismus, Ablehnung von Muslimen und der EU, Medienkritik – all das ist nicht unbedingt dominant. Die europäische Idee an sich wird sogar häufig positiv bewertet.

Allerdings haben manche Menschen den Eindruck, die Politik lasse sie im Stich. Nicht die Hilfen für Flüchtlinge sind ihr Problem, sondern der Umstand, dass man nicht auch ihnen hilft. Die parlamentarische Demokratie wird nicht an sich in Zweifel gezogen. Doch es herrscht vielfach das Gefühl vor, dass die Politik Lebensrealitäten mit geringen Löhnen und schlechter Infrastruktur nicht wahrnimmt oder nicht wahrnehmen will. Folgt man dieser Studie und anderen Untersuchungen mit ähnlichen Ergebnissen, so scheinen für eine sachorientierte Politik durchaus Chancen zu bestehen, Vertrauen bei Menschen in populistischen Hochburgen neu zu verdienen – mit mehr Aufmerksamkeit, Präsenz und mit der Lösung von Alltagsproblemen.

Für die Informationsmedien liegt die Aufgabe entsprechend darin, die Probleme in strukturschwachen, abgehängten Gebieten stärker zu beachten, sie in die gesellschaftliche Diskussion einzubringen und die politische Bearbeitung journalistisch zu begleiten. Auf jeden Fall reicht es nicht aus, Lügenpresse-Rufer zurückzuweisen. Neben dem Hass dieser Wenigen gibt es ein Unbehagen von recht vielen.

Menschen erkennen sich nicht wieder

Wir kommen an der schmerzhaften Feststellung nicht vorbei: Ein Teil der Gesellschaft erkennt die eigene Lebenslage und die eigene Weltsicht in den klassischen Nachrichtenangeboten nicht mehr wieder. Das gilt nicht nur für die bisher genannten Themen, sondern genauso für tabuisierte oder beschwiegene Armut einschließlich der oft prekären Alterssicherung. Es gilt für das Gesundheitssystem und die Zustände in der Pflege, auch wenn diese Bereiche eine Weile vom Aufmerksamkeitsverstärker Corona profitiert haben.

Die Behandlung struktureller Probleme in den Nachrichten wird von vielen Menschen hinterfragt: Wie steht es mit der Erderwärmung, den Menschenrechten oder sozialen Ungleichheiten auf anderen Kontinenten? Warum haben Themen dieser Art eigenartige Konjunkturen der medialen Beachtung? Und warum wird lange Zeit stündlich über Syrien berichtet oder über Afghanistan – und dann kommt auf einmal nichts mehr, so als ob jemand einen Schalter umgelegt hätte.

Aus der mich erreichenden Hörerpost wird klar, dass auch die ›sos-Themen‹ Sicherheit, Ordnung und Sauberkeit viele Menschen stark bewegen. Informationsmedien können das nicht übergehen. Sie dürfen aber auch nicht durch eine überproportionale Berichterstattung eine verzerrte Wahrnehmung von Kriminalität und Bedrohung weiter fördern. Das ist eine besonders schwierige Aufgabe, um deren Lösung Redaktionen immer wieder ringen.

Menschen fühlen sich nicht gesehen

Die Repräsentativität der Informationsangebote wird auch in anderer Hinsicht angezweifelt. Infrage stehen nicht nur die Themen, die es in die Nachrichten schaffen. Es geht auch um die Menschen, die in den Nachrichten vorkommen. Bei einigen in

Ostdeutschland zum Beispiel herrscht die Überzeugung vor, dass die dort Lebenden und ihre Anliegen überregional zu wenig beachtet würden. ARD und ZDF seien Westfernsehen geblieben – so urteilte Ministerpräsident Reiner Haseloff im Dezember 2020, nachdem der von allen anderen Landesparlamenten ratifizierte Staatsvertrag über den Rundfunkbeitrag in Sachsen-Anhalt gescheitert war. Die Berichte über Ostdeutschland erinnerten ihn an Auslandsreportagen, meinte er.

Mit Partizipationsdefiziten, Repräsentationslücken und Ohnmachtsgefühlen im Osten befasst sich aber nicht nur ein CDU-Ministerpräsident, sondern auch die IG-Metall-nahe Otto Brenner Stiftung. Ihr im Januar 2021 erschienenes Arbeitspapier von Lutz Mükke stellt schon im Untertitel die Frage: *Schreiben die Medien die Teilung Deutschlands fest?* (MÜKKE 2021).

Jenseits von Ost und West finden sich starke Argumente für die These, dass urbane Themen und Perspektiven in den nationalen Medien dominieren, wogegen das Leben auf dem Land und in Kleinstädten weniger Beachtung findet. Eine weiterhin entscheidende Frage bleibt die nach dem Verhältnis von Männern und Frauen. Die Zahl der Redakteurinnen und Moderatorinnen ist gewachsen und ja, inzwischen gibt es auch Chefredakteurinnen und Intendantinnen. Doch eine Ausgewogenheit der Geschlechter ist im Medienbetrieb noch nicht erreicht, genausowenig wie eine angemessene Repräsentation von Menschen, die selbst oder deren Eltern nicht in Deutschland geboren wurden. Beides gilt erst recht für das Personal aus Politik, Wirtschaft, Verbänden, Forschung und Kultur, über das wir berichten.

Ein Zwischenergebnis der schon genannten Mainzer Langzeitstudie zum Medienvertrauen war 2019, dass Teile der Bevölkerung sich in ihrem Lebensgefühl, ihren Themenprioritäten und ihren politischen Ansichten in der Medienberichterstattung nicht oder nicht ausreichend vertreten fühlen. Das Forschungsteam betont in einem Fachartikel allerdings auch, dies könne »Resultat subjektiver Wahrnehmungsverzerrungen« sein (JACKOB et al. 2019: 218). Diese Aussage bezieht sich auf eine weitere Studie, in der es für Deutschland heißt:

> »In einer Onlinebefragung von knapp 1.500 wahlberechtigten Erwachsenen wurde das mediale Repräsentationsgefühl in der Bevölkerung untersucht. Aus den vorliegenden Befunden lässt sich grundsätzlich keine bevölkerungsweite mediale Repräsentationslücke ausmachen. Das mediale Repräsentationsgefühl unterscheidet sich allerdings deutlich bei politiknahen und politikfernen Milieus. Mit einem zunehmenden Entfremdungsgefühl von der Politik oder einem abnehmenden Vertrauen in die eigene politische Kompetenz sinkt auch die Wahrnehmung medialer Repräsentation« (JANDURA/KÖSTERS/WILMS 2018).

In Mithaftung für die Politik

Das Gefühl, von den Medien wahrgenommen zu werden, wird also offenbar unter anderem durch die Einstellung zu den politischen Verhältnissen bedingt. Andere Untersuchungen machen ein allgemeines Problem des Informationsjournalismus noch deutlicher: Das Vertrauen in die Nachrichten hängt mit dem Vertrauen in die Politik zusammen. Im schon erwähnten *Digital News Report*, für den 40 Länder auf allen Kontinenten untersucht wurden, wird klar, dass dieses Moment der Mithaftung in stark polarisierten Gesellschaften besonders ins Gewicht fällt:

> »Divided societies seem to trust the media less, not necessarily because the journalism is worse but because people are generally dissatisfied with institutions in their countries and perhaps because news outlets carry more views that people disagree with« (NEWMAN 2020).

Überdurchschnittlich betroffen von diesem Effekt, so die Auswertung weiter, sind öffentlich-rechtliche Medien:

> »Political polarisation linked to rising uncertainty seems to have undermined trust in public broadcasters in particular, which are losing support from political partisans from both the right and the left« (ebd.).

Redaktionen können auch andere Schwachpunkte, die ihnen zugerechnet werden, nicht in ihrem eigenen Gestaltungsraum beheben: Wenn die Akteure der Nachrichtenthemen eher männlich und westdeutsch sind, wenn die Politik sich mit bestimmten Themen nicht beschäftigt, so werden auch die Nachrichten daran nichts ändern können, zumindest nicht mit der herkömmlichen Berichterstattung.

In Anlehnung an das Diktum von Ernst-Wolfgang Böckenförde zum freiheitlichen Staat müssen wir festhalten: Der freie Informationsjournalismus lebt in vielerlei Hinsicht von Voraussetzungen, die er selbst nicht garantieren kann. Umso schlimmer, wenn Akteure aus anderen Bereichen ihn aktiv unterlaufen und beschädigen.

Nicht mehr gebraucht? – Die gefährlichen Umgehungsstrategien

Für alle denkbaren Interessengruppen muss die Versuchung groß sein, Nachrichten zu beeinflussen oder direkt selbst Nachrichten zu verbreiten. Historisch gesehen gab es für die Mächtigen da kaum ein Halten. Sie übten schlicht die Kontrolle über die Medien ihrer Zeit aus. So ist es auch heute noch in Diktaturen und autoritären Staaten. In den wenigen liberalen Demokratien ist direkte Zensur dagegen untersagt. Einfluss wird subtiler ausgeübt.

Hier muss der Blick also auf die Besitzverhältnisse privater Medien fallen oder auf die politische Einwirkung auf öffentlich-rechtliche und andere Anbieter, um Aussagen über deren Unabhängigkeit treffen zu können. In Deutschland hat das Bundesverfassungsgericht 2014 das Gebot der Staatsferne im öffentlich-rechtlichen Rundfunk in seinem schon angesprochenen Urteil zur Causa Brender bekräftigt (BVERFG 2014).

Medien mit Interessenhintergrund

Andere Punkte werden in Deutschland weniger heftig diskutiert, sind aber doch auch von Zeit zu Zeit Thema: Da ist die Beteiligungsgesellschaft *ddvg*. Über sie übt die SPD zumindest wirtschaftlichen Einfluss auf eine Reihe von Medien aus, ohne dass dies den meisten Nutzerinnen und Lesern bewusst sein dürfte. Der Bundestag gibt die Wochenzeitung *Das Parlament* heraus, die früher in der Verantwortung der Bundeszentrale für politische Bildung erschien. Die beiden großen christlichen Kirchen unterstützen neben diversen Medienangeboten auch die *Katholische Nachrichtenagentur* und den *Evangelischen Pressedienst*. Das ist potenziell heikel, doch arbeiten diese beiden Agenturen aus Sicht der meisten im Nachrichtengeschäft nach hohen journalistischen Standards. Es gibt im deutschen Medienbereich einige Konstruktionen, die der reinen Lehre widersprechen. Dessen muss man sich bewusst sein und da sollten wir aufmerksam bleiben.

Hin und wieder werden auch Gastbeiträge von Politikerinnen und Politikern in Tageszeitungen problematisiert. Zuletzt hat sich Marvin Oppong in einer Veröffentlichung für die Otto Brenner Stiftung kritisch dazu positioniert (OPPONG 2021). Dem schließe ich mich grundsätzlich an, gebe aber auch zu bedenken, dass Gastbeiträge der Vielfalt der Stimmen dienen können, wenn sie denn vielfältig angelegt sind. Ein größeres Problem habe ich mit den hin und wieder an Akteure aus der Politik oder aus anderen Interessensbereichen vergebenen Kolumnen. Hier verschwimmt die Abgrenzung zur redaktionellen Arbeit zu stark.

Ein anderes Einfallstor für externe Interessen ist die Bestechung von Journalistinnen und Journalisten. Auch in Deutschland sind Korruption und Erpressungsversuche leider ein Teil der Wirklichkeit. Zu diesem Ergebnis kommt unter anderem eine Studie von Transparency International (2016). Dabei hält Artikel 15 aus dem Pressekodex in wenigen Worten alles Notwendige fest:

»Recherche und Berichterstattung dürfen durch die Annahme von Geschenken, Einladungen oder Rabatten nicht beeinflusst, behindert oder gar verhindert werden.« (DEUTSCHER PRESSERAT 2019).

Wer diese Regel verletzt, für Geld oder Gefälligkeiten, fügt der Glaubwürdigkeit des Journalismus immensen Schaden zu.

Operation Airwaves

Auch wenn wir in Deutschland von einer Staats-, Partei- oder Kirchenpresse derzeit weit entfernt sind – Macht und Interessen versuchen auch in freien Gesellschaften auf vielen Wegen, den Medien ihre Sicht der Dinge nahezulegen oder gar aufzudrängen. Hannah Arendt kritisierte schon Anfang der 1970er-Jahre »Public Relations-Manager in der Regierung, die bei Reklame-Experten in die Lehre gegangen sind« (ARENDT 2021: 11). Dieser gefährliche Trend hat inzwischen neue Dimensionen angenommen. Die Politik stellt sich immer besser auf die Informationsmedien ein und unterläuft sie.

Die erste Erfahrung damit habe ich vor fast vier Jahrzehnten in den USA gemacht. 1984 war ich für einige Wochen Praktikant im US-Senat. Meine Hauptaufgabe bestand darin, die ›Operation Airwaves‹ zu unterstützen. So hieß das Programm, mit dem überall in den Vereinigten Staaten Statements von Senatoren angeboten wurden. Der Kassettenrekorder mit den Aufzeichnungen war mit der Telefonanlage auf meinem Washingtoner Schreibtisch verbunden. Daneben stand ein Kasten mit Lochkarten, mit denen ich mühelos einen Radiosender nach dem anderen angewählt habe. Ich musste dann nur noch fragen, ob Interesse an der Politiker-Aussage bestand. Falls ja, konnte ich die frohe Botschaft aus dem Senat per Tastendruck überspielen.

Es lässt sich in unseren Tagen von Smartphones, 5G und der politischen Werbung via Mikrotargeting kaum noch nachvollziehen, doch für mich waren diese technischen Möglichkeiten

1984 unerhört. Das galt erst recht für den regelmäßig erfolgreichen Versuch der Politik, eigene Beiträge in den elektronischen Medien unterzubringen, obwohl sie ohne Journalisten entstanden waren.

Friedrich Merz sagt, was viele denken

Zwischen einem Kassettenrekorder und den sozialen Medien liegen Jahrzehnte und Welten. Was heute möglich ist, das hat in Deutschland selten ein Politiker so offen ausgesprochen wie Friedrich Merz. Der Christdemokrat sagte auf einer Veranstaltung Ende Januar 2020 in Aachen, deren Mitschnitt bei YouTube zu sehen ist:

> »Im Augenblick gibt's ja eine richtige Machtverschiebung zwischen denen, die Nachrichten verbreiten, und denen, die Nachrichten erzeugen. Und zwar zugunsten derer, die die Nachrichten erzeugen. Wir brauchen die nicht mehr. Und das ist das Schöne. Sie können heute über Ihre eigenen Social-Media-Kanäle, über Youtube, Sie können ein Publikum erreichen, das teilweise die Öffentlich-Rechtlichen, auch die privaten institutionalisierten Medien nicht mehr erreichen. Wenn man das richtig nutzt, wenn man das gut macht, dann haben Sie über diese Kanäle eine Möglichkeit, Ihre eigenen Interessen wahrzunehmen, Ihre eigene Deutungshoheit auch zu behalten über das, was Sie gesagt haben. In ganz anderer Form, als wir das früher gehabt haben. So, und das ist die gute Nachricht der Digitalisierung« (MERZ 2020).

Merz schob später nach, mit »Wir brauchen die nicht mehr« habe er nicht Journalistinnen und Journalisten gemeint, er bekenne sich zur Pressefreiheit. Dennoch bleiben seine Worte für mich verstörend. Zunächst unterscheidet er diejenigen, die Nachrichten verbreiten, von denen, die sie erzeugen. In meinem Verständnis sind es immer Redaktionen, die Nachrichten erst erzeugen und sie dann verbreiten. Nachrichten sind das Ergebnis journalistischer Arbeit, möglicherweise mal mehr, mal weniger gelungen. Eine Politikeraussage hingegen ist noch keine Nachricht, auch wenn aus ihr eine Meldung werden kann, der Aufmacher einer Sendung oder gar eine Eilmeldung.

Das Ringen um die Deutungshoheit

Die Einschätzung von Friedrich Merz ist noch in einem zweiten Punkt problematisch. Er freut sich darüber, dass gesellschaftliche Akteure die Deutungshoheit über ihr Sprechen und Handeln behalten und ihre Interessen wahrnehmen können. Es sei dahingestellt, ob er da nicht die Dynamik der sozialen Medien unterschätzt. Es mag auch sein, dass er sich zu früh freut. Denn möglicherweise sehen Parteien und Politiker, die an den Medien vorbeirauschen, bei genauerer Betrachtung links von sich Bewegungen wie die von Emmanuel Macron oder die ›Cinque Stelle‹ mit noch viel größerer Geschwindigkeit auf der Überholspur. Agnese Franceschini zitiert in ihrem Feature *Sind digitale Bewegungen die Zukunft der Politik?* (2019) Beppe Grillo mit den Worten:

> »Con la rete possiamo bypassare tutti i politici del mondo, non abbiamo più bisogno di loro.«

Mit dem Netz, so meint er, könnten seine ›Cinque Stelle‹ alle Politiker der Welt umgehen, man brauche sie nicht mehr.

Wie dem auch sei, es ist nicht an Merz, Macron oder Grillo, eine nachrichtliche Deutungshoheit zu gewinnen oder zu erhalten. Das kommt auch nicht Bill Gates zu, dem Papst, der Bundeskanzlerin oder anderen Persönlichkeiten, Unternehmen und Organisationen.

Selbstverständlich ist es genauso wenig die Rolle von Nachrichtenredaktionen, eine Hegemonie über Sichtweisen auszuüben. Vielmehr müssen die Bürgerinnen und Bürger Gelegenheit haben, zu einer jeweils individuellen und oft sehr unterschiedlichen Deutung zu kommen. Dabei hilft ein politischer Spin als Tweet oder als Botschaft bei Facebook und YouTube nicht unbedingt. Viel eher hilft eine möglichst gute nachrichtliche Berichterstattung, die die Menschen je nach Zeit und Neigung vertiefen und überprüfen. Von dem Vertrauen in eine solche Berichterstattung profitieren langfristig alle gesellschaftlichen Akteure. Das Erringen einer Deutungshoheit im Merzschen Sinne hingegen könnte zum Pyrrhussieg werden, dann nämlich, wenn politische Debatten nur noch aus im Netz verbreiteten Behauptungen bestehen.

Grundsätzlich befremdlich finde ich, dass der CDU-Politiker seine Rolle in unserer Mediengesellschaft beschreibt, als wäre er ein Oppositioneller in Hongkong oder Russland, als wären die sozialen Medien für ihn das einzige Mittel, um an Zensur und Staatsmedien vorbei zu kommunizieren. Die Wirklichkeit sieht anders aus. Trotz mehrerer Niederlagen beim Versuch, CDU-Chef zu werden, stehen gerade ihm jederzeit alle Mikrofone offen. Merz ist wirklich kein Alexei Navalny.

Friedrich Merz hat allerdings recht mit der Feststellung, dass er und andere über Facebook, Twitter, Instagram etc. ein Publikum ansprechen können, das klassische Medien nicht immer erreichen. Nicht ausschließen kann ich zudem, dass er schlechte Erfahrungen gemacht hat mit Medien, die manche seiner Aussagen unzulässig zugespitzt oder verfremdet haben. Das aber wäre dann schlechter Journalismus, der durch einen besseren ersetzt werden muss. Die Antwort sollte nicht sein, gleich den gesamten Journalismus zu ersetzen.

Ich halte Merz zugute, dass sein Zitat von vielen anderen gesellschaftlichen Akteuren stammen könnte, die nur weniger ehrlich sind. Mehr noch: Viele handeln schon lange so, wie Merz spricht, nicht erst seitdem es soziale Medien gibt und bei Weitem nicht nur in der Politik.

Medientraining als Grundausbildung

Wer heute irgendwo in der ersten, zweiten oder selbst in der dritten Reihe steht, der ist geschult im Umgang mit Journalisten, der weiß in aller Regel, wie er sich am Mikrofon und vor der Kamera zu präsentieren hat. Der Markt für solche Ausbildungen wächst ungebremst. Verantwortliche in Politik und Unternehmen, Bischöfe und Sportfunktionärinnen, Gewerkschafter und NGO-Chefinnen – die meisten von ihnen werden gecoacht. Sie bekommen vermittelt, was sie zu sagen haben und vor allem wie, selbst wenn Kommunikation immer ein wenig Talentsache bleibt.

Mit der Zeit macht sich das flächendeckend bemerkbar: Die nachrichtlich relevanten Akteure haben eine Sozialisierung erlebt. Insbesondere die Menschen in der Politik richten ihre Evolutionsschritte seit einigen Legislatur-Generationen immer stärker auf das Auslösen von Schlagzeilen und von Erregung aus. Manche Medien haben über die Jahre ihre Formate verändert und verkürzt. Auch darauf haben sich die Gesprächspartner eingestellt. Die meisten können den entscheidenden Satz, den ›Soundbite‹ anbringen, der es in die Nachrichten schafft oder in die sozialen Medien. In zahl- und endlosen Talkshows liefern viele gecoachte Akteure immer wieder Pseudomaterial für die Pseudoinformation.

Wissenschaftswerbung und ›Gutes KiTa-Gesetz‹

Erst recht haben alle gelernt, wie Pressemitteilungen zu texten sind. Beispiel Wissenschaft: Es ist sehr zu begrüßen, dass inzwischen über die sogenannte ›Dritte Mission‹ diskutiert wird. Sie soll neben Forschung und Lehre treten und unter anderem den stärkeren Austausch mit der Gesellschaft und öffentliche Interventionen umfassen. Universitäten und Forschungseinrichtungen haben allerdings in den vergangenen Jahrzehnten ihren Teil der gesellschaftlichen Ökonomisierung erlebt und stehen hart im Wettbewerb.

Das hat Konsequenzen für die Kommunikation. Von Öffentlichkeit und Drittmitteln abhängige Institute und Lehrstühle üben sich in der Kunst von Zuspitzung und überdehnen dabei manchmal die eigentlichen Forschungsergebnisse. Besonders bedenklich sind überzogene Informationen über medizinische oder pharmazeutische Fortschritte an der Nahtstelle von Wissenschaft und Industrie. All das trägt nicht zum Vertrauen in die Wissenschaft bei. Es ist aber auch eines der vielen Probleme des Nachrichtenjournalismus. Es fällt inzwischen stärker ins Gewicht, weil das Themenfeld Wissen seit Jahren an Bedeutung gewinnt.

Eine Professionalisierung der öffentlichen Kommunikation ist an sich zu begrüßen. Wir alle profitieren davon, dass relevante Gruppen und deren Vertretungen ihre Positionen klar und verständlich übermitteln können. Es ist sehr gut, dass sich nun auch Kultur und Wissenschaft vernehmbarer und verständlicher äußern. Allerdings überwiegt das Marketing inzwischen oft die Inhalte. Dann erinnert die gesellschaftliche Diskussion an den Markt für Schokokekse oder Zahnpasta.

Viele Akteure scheint der Glaube verlassen zu haben, dass sich die beste Idee und das beste Angebot letztlich durchsetzen. Sie betonen die werbliche Seite der Kommunikation und üben sich in dem, was man heute ›Framing‹ nennt. Sie halten es wie die Bundesregierung, die uns ganz offiziell und ohne schlechtes Gewissen mit manipulativen Begriffen im Stil des ›Gute-KiTa-Gesetzes‹ konfrontiert.

Die BRD als PR-D

Framing aus der Politik, nur scheinbare Sensationen aus der Forschung und manches mehr an PR, all das schafft es immer wieder in die Nachrichten. Das hat viel mit einer weiteren Verschiebung zu tun: Weltweit und auch in Deutschland steht eine sinkende Zahl hauptberuflicher Journalistinnen und Journalisten einer anderen, wachsenden Gruppe gegenüber. Es sind die Menschen, die ihr Geld mit Public Relations verdienen und die Redaktionen mundgerecht bedienen. Es ist keine Übertreibung, die BRD ist zu PR-Deutschland geworden. Beteiligt sind viele Journalistinnen und Journalisten in PR-Jobs. Einige von ihnen werden dafür bezahlt, kritischen Journalismus möglichst zu verhindern.

Von mir kommt keine persönliche Kritik an den Kolleginnen und Kollegen, die auf der anderen Seite arbeiten, die interessengeleitete Kommunikation und Werbung betreiben. Das wäre schon allein deshalb unangemessen, weil ich einen der seltener werdenden, sicheren Jobs im traditionellen Journalismus habe. Außerdem gibt es Pressestellen und Kommunikationsabteilungen, die Journalismus und Öffentlichkeit mit sachlicher Arbeit unterstützen.

Davon abgesehen wird die zunehmende Unwucht beider Bereiche gleichwohl immer problematischer. Manchmal unbedacht oder aus Bequemlichkeit, aber meist aufgrund von Zeit- und Personalnot werden regelmäßig geschmeidige Pressetexte kaum redigiert in das Blatt, in die Sendung oder auf die Webseite gehievt. Daher stammt das böse Wortspiel, Redaktionen würden zu Abschreibungsgesellschaften.

Besonders erfolgreich läuft diese Form der PR, wenn die Botschaft von Parteien, Verbänden und Unternehmen, von Greenpeace oder Amnesty ganz oder in Teilen über eine Nachrichtenagentur verbreitet wird. Für Redaktionen sinkt dann die Hemmschwelle, kommt der Inhalt doch formal aus einer journalistischen Quelle. Das gilt selbst dann, wenn es sich um einen sogenannten ›Original-Text Service‹ handelt, wie ihn etwa news aktuell verbreitet. Das ist eine Tochter der Deutschen Presse-Agentur, die auf ihrer Homepage mit einem »effektiven Zugang zu Medien und Verbrauchern« wirbt und den Kunden damit nicht zu viel verspricht.

Solche PR gibt es nicht nur im nationalen Kontext von Politik, Wirtschaft oder Gesellschaft. Auch darüber hinaus ist das sehr üblich geworden. Große Konzerne investieren genauso wie internationale Organisationen in grenzüberschreitende, manchmal sogar globale Kampagnen. Ein an Bedeutung gewinnendes Geschäft ist das ›Nation Branding‹, nicht zu verwechseln mit dem lange bekannten Tourismus-Marketing: Staaten wie Saudi-Arabien, Israel oder Katar – um nur drei Länder aus einer Großregion zu nennen – geben viel Geld für eine Neupositionierung ›ihrer Marken‹ aus. Sie wollen, unter anderem für ihre geostrategischen Ziele, dass Redaktionen sie in einem besseren Licht erscheinen lassen.

Diskrete Indiskretionen

Beliebt und bewährt ist die Praxis, die man mit einem eingedeutschten Anglizismus ›Leaken‹ nennt oder fast bedeutungsgleich mit dem etwas martialisch klingenden ›Durchstechen‹ bezeichnet. Es geht in beiden Fällen darum, mehr oder weniger Geheimes und mehr oder weniger Wahres interessengeleitet an die Medien weiterzugeben. Die Botschaft kann aus einem Namen bestehen, etwa dem eines Menschen, der etwas Wichtiges getan oder unterlassen hat. Die Botschaft kann aber auch aus einem riesigen Datensatz bestehen, wie den 2,5 Terabyte, die 2016 die internationale Veröffentlichungswelle der ›Panama Papers‹ zu Geldwäsche und Steuervermeidung ausgelöst haben.

Die Daten zu Panama kamen wohl von einem Whistleblower, der auf einen Missstand hinweisen wollte. Das ist zwar kein Einzelfall, doch meist wird aus weniger noblen Gründen ›geleakt‹ und ›durchgestochen‹: Es geht um eigene Vorteile beziehungsweise den Schaden anderer, den Schaden politischer Gegner zum Beispiel. Natürlich wird selten die ganze, komplexe Wahrheit zu einem Sachverhalt preisgegeben, sondern nur das, was die Presse erfahren und dann berichten soll. Viele Exklusivgeschichten von Informationsmedien beruhen auf solchen Geschenken mit

Hintergedanken, bei denen es nie ganz ohne Instrumentalisierung abläuft.

Absolut üblich ist auch eine schwächere Form des Durchstechens, mit der man direkt eine Reihe von Journalistinnen und Journalisten erreichen kann. Gemeint sind die Hintergrundgespräche. Bundeskanzler Konrad Adenauer war auf diesem Feld weit vorne, als er 1950 damals noch überwiegend Zeitungskorrespondenten regelmäßig zum Tee einlud. Heute veranstalten Landräte genauso Hintergrundgespräche wie Ministerinnen. Vorstandschefs von Banken und Fußballclubs halten es so, Präsidentinnen von Stiftungen und Handelskammern, Intendanten von Theatern und Rundfunksendern auch. Das Ganze ist nicht an sich verwerflich und beruht stets auf einem Geben und Nehmen. Gegeben wird neben der für manche wichtigen Anerkennung und der zumindest scheinbaren Nähe zur Macht die Chance eines Informationsvorsprungs, selbst wenn der erst einmal nur dem Verständnis dient oder der Einordnung.

Die Akteure ihrerseits bekommen von den Journalisten manchmal neue Informationen. Vor allem haben sie die Hoffnung, ihren Spin in der einen oder anderen Angelegenheit zu platzieren. Dann kommt oft der Hinweis, diese Information sei »unter drei«, also vertraulich. Der Journalistenjargon kennt, wie es etwa in der Satzung der Bundespressekonferenz heißt, drei Mitteilungsarten: Unter 1. zu beliebiger Verwendung oder unter 2. zur Verwertung ohne Quelle und ohne Nennung des Auskunftsgebenden oder unter 3. eben vertraulich (BUNDESPRESSEKONFERENZ 2020).

Adenauers Teegespräche wurden stenografisch protokolliert und viele Jahre später in vier von Historikern betreuten Bänden veröffentlicht. Über die Versuche der Beeinflussung bei den meisten anderen Hintergrundgesprächen, über die diskreten Indiskretionen bei von Medien begleiteten Staatsbesuchen und sonstigen Auslandsreisen wird die Öffentlichkeit dagegen nie etwas erfahren. In all diesen Fällen wird auch nie Klarheit entstehen, ob der Informationsjournalismus in der symbiotischen Zone mehr gewonnen oder mehr verloren hat.

Immer häufiger werden, den digitalen Möglichkeiten folgend, Indiskretionen aus vertraulichen Runden heraus, verschickt per Kurznachricht oder per SMS. Einen kaum noch zu übertreffenden Höhepunkt in dieser Hinsicht konnte die Öffentlichkeit am Abend des 19.4.2021 bis nach Mitternacht erleben: Im CDU-Bundesvorstand wurde um die Kanzlerkandidatur gerungen. Das Laschet- und das Söder-Lager übertrafen sich beim gezielten, ausgewählten Livetickern nicht nur via Twitter. Corona und das virtuelle Format der Sitzung hatten das Spektakel möglich gemacht.

Gekaperte Nachrichtenfaktoren

Die Welt der Nachrichtenbeeinflussung ist noch um einiges reichhaltiger. Zu den effektivsten Mitteln gehört das Bedienen der handwerklichen Reflexe. Wer Nachrichtenfaktoren vortäuscht, hat gute Chancen auf Erfolg. Ein Beispiel für Anfänger ist eine Mitteilung mit Sperrfrist. Das wirkt schon an sich wichtig. Wer die Sperrfrist auch noch in eine nachrichtenarme Zeit legt, der hat gute Chancen, dass eine Redaktion bei der Aktualität einen Haken macht und bei der Relevanz ein Auge zu drückt.

Um 1990 war der FDP-Politiker und nachmalige Vize-Kanzler Jürgen Möllemann ein Meister dieses simplen Tricks. Er kam auch in meinen Nachtdiensten oft mit einer Botschaft auf den Markt, die ab 5:30 Uhr zitiert werden durfte. Das zielte auf die reichweitenstarke Zeit des Radios am Morgen ab und war manchmal für Tageszeitungen schon vorher freigegeben. Häufig nutzte Möllemann ein Interview der *Neuen Osnabrücker Zeitung*, die dieses Metier in der Bonner Republik mit am besten beherrschte.

Der *Spiegel* machte ebenfalls am Wochenende mit der Verlasslichkeit eines Uhrwerks Werbung für sein neues Heft und diente damit nicht nur sich selbst, sondern stand auch Heerscharen von Politikern als Bühne zur Verfügung. Andere platzierten eine Aussage oder eine Information knapp vor den, aber noch rechtzeitig für die Abendnachrichten des Fernsehens. Nach dem Aufkommen des digitalen Journalismus ohne Redaktionsschluss haben die bizarren Uhrzeiten der Sperrfristen an Bedeutung verloren. Es lohnt sich aber nach wie vor, die Wochenendnachrichten unter dem Gesichtspunkt von ›Product Placement‹ aufmerksam zu beobachten.

Generell ist bei jeglicher Art von als ›Vorab‹- und ›Exklusivmeldung‹ gelabelten Informationen Vorsicht geboten, insbesondere wenn sie auf Randzeiten mit allenthalben geringer redaktioneller Besetzung gemünzt sind. In solchen Situationen geschehen auch gerne die auffälligen Fehler. Neujahr 2006 etwa, als sich der angebliche Strafrichter am Bundesgerichtshof Dr. Claus Grötz als Chef eines vorgeblichen »Bundes Deutscher Juristen« per Presseerklärung für Folter aussprach und dafür, dass so erzwungene Aussagen vor Gericht verwandt werden dürften. In einer Nacht im Juli 2005 etwa, als der SPD-Bundestagsabgeordnete Jakob Maria Mierscheid, eigentlich als Fiktion branchenbekannt, seinen Parteiwechsel zur Linkspartei/PDS ankündigte. Beides schaffte es über die Nachrichtenagenturen in andere Medien und sorgte für anschließende redaktionelle Zerknirschung.

Eine sichere Bank für das Medienecho sind Rücktrittsforderungen oder sonstige Aufrufe zu personellen Konsequenzen, wiederum häufig in der Nacht in den Nachrichtenkreislauf eingespeist. Das wird fast immer Adrenalin in den Redaktionen und beim Publikum auslösen. Aufgehoben habe ich mir den Ausdruck einer Agenturmeldung aus einem Nachtdienst am 24.1.2001, bei der das nicht so geschickt gelaufen ist. Zu einem heute längst vergessenen Skandal erfuhr man, der damalige FDP-Chef Wolfgang Gerhardt, »schließe nicht aus, eine mögliche Rücktrittsforderung an Verteidigungsminister Rudolf Scharping in Betracht zu ziehen«. Und als ob das noch nicht gereicht hätte, kam noch der

Satz: »Zugleich räumte der FDP-Politiker jedoch ein, dass er sehr sparsam mit Rücktrittsforderungen sei.«

Pressekonferenzen, Studien und größere Investitionen

Auf seriöse Weise kann auch das Einberufen einer Pressekonferenz die Tür zu den Nachrichten öffnen. Dieses Mittel wird Tag für Tag in großer Zahl eingesetzt. Über ein solches Ereignis zu berichten, ist gelerntes, wenn auch nicht immer reflektiertes journalistisches Verhalten. Schafft es ein Termin auf die Tagesvorschau der Nachrichtenagenturen, ist der mediale Erfolg so gut wie sicher. Wer etwas mehr Aufwand treiben will, kann eine Studie in Auftrag geben, die auch scheinwissenschaftlich sein kann. Das wissen wir nicht nur aus der Geschichte der Tabaklobby. Die ›Correctiv‹-Recherche von Katarina Huth und Jean Peters hat das 2020 für das Thema Klimawandel gezeigt (HUTH/PETERS 2020).

Vielleicht soll es aber auch eine Meinungsumfrage sein, eine Statistik, eine Spendengala oder Fachtagung, für gehobene Ansprüche ›Symposion‹ genannt. Die Chancen, das Nachrichtenschiff so zu entern, stehen nicht schlecht. Wer auf jährlichen Ertrag aus ist, der entscheidet sich eventuell dafür, einen auf seine Zwecke abgestimmten Preis auszuloben, je höher dotiert, desto besser. Möglicherweise entschließt man sich aber inzwischen dazu, einige Influencer zu mieten, die die gewollte Botschaft digital transportieren.

Aufwendig, aber langfristig recht wirksam sind große Investitionen wie die Finanzierung eines Think Tanks oder einer Stiftung. Die im Jahr 2000 vom Arbeitgeberverband Gesamtmetall gegründete ›Initiative Neue Soziale Marktwirtschaft‹ und die beinahe 30 Jahre ältere ›Otto Brenner Stiftung‹ der IG Metall verbindet weltanschaulich herzlich wenig. Beiden gelingt es aber, unterschiedliche Teile der Gesellschaft zu erreichen und auch immer wieder Nachrichteninhalte unterzubringen.

Eine besondere Blüte des Lobbyismus wird ›Astroturfing‹ genannt. In den USA bedeutet das eigentlich, einen Kunstrasen anzulegen. Wenn man dann noch bedenkt, dass mit ›Grass Roots-Movements‹ Basisgruppen der Zivilgesellschaft und Bürgerbewegungen bezeichnet werden, dann weiß man, was hier mit Astroturfing gemeint ist: Künstlich geschaffene Bürgerbewegungen werden für bestimmte PR- und Lobbyzwecke eingesetzt. Sie sollen unabhängige Meinungsäußerungen zu allen denkbaren Themen vorgaukeln und in die Nachrichten bringen. Auf der Internetseite ›Lobbypedia‹ lassen sich Beispiele dafür aus Sicht von Lobbycontrol finden.

Agenda Setting und Framing

Persönlich würde ich die meisten der inzwischen inflationären Meinungsumfragen zu allem und jedem aus den Nachrichten herauslassen. Studien und Preise, Fachtagungen und Konferenzen hingegen sind keineswegs an sich problematisch. Oft ist ihr eigentlicher Zweck allerdings, dass ein Anliegen ohne Nachrichtenwert wie ein Nachrichtenthema aussieht und sich so anfühlt. Das Gleiche kann und muss man sagen für viele Aktionen von Nichtregierungsorganisationen. Wenn Frauen und Männer von Greenpeace Schornsteine besteigen, sich an Bahngleise ketten oder Ölbohrinseln besetzen, dann sollen diese spektakulären Aktionen Aufmerksamkeit schaffen, dann ist das auch der Versuch der Themensetzung, des ›Agenda Settings‹.

Nichts anderes beabsichtigte aber auch Kardinal Woelki im Mai 2016, als er anlässlich einer Fronleichnamsmesse ein Flüchtlingsboot als Altar vor dem Kölner Dom aufstellen ließ. Viele andere Beispiele fallen Ihnen bestimmt sofort ein und es fällt Ihnen sicher auf, dass es häufig darum geht, Bilder zu schaffen. Das Fernsehen, aber auch Zeitungen und Zeitschriften benötigen eben Bilder. Die Aufmerksamkeitsökonomie in den sozialen

Medien ist von ihnen in noch viel höherem Maße abhängig. In einigen Fällen kann das Ganze auch nach hinten losgehen. Ein Beispiel dafür war die missglückte Greenpeace-Aktion mit einem Gleitschirmflieger beim Spiel Deutschland - Frankreich der Fußball-EM im Juni 2021.

Die Kunst von PR-Strategen gesellschaftlicher Gruppen liegt aber nicht nur darin, bestimmte Themen zu setzen. Im zweiten Schritt besteht die Leistung darin sicherzustellen, dass das Thema die gewollte Interpretation, die gewünschte emotionale Richtung bekommt. Hier läuft uns wieder das ›Framing‹ genannte Handwerk über den Weg. Zwei grob strukturierte Beispiele aus sehr unterschiedlichen politischen und moralischen Welten: Ökologisch ausgerichtete Parteien versuchen verständlicherweise, den Klimawandel auf die Agenda zu setzen. Ihr weiteres Ziel ist dann oft, dass die Menschen die Lage als dringlich und bedrohlich empfinden. Dabei hilft, nicht von ›Klimawandel‹ oder ›-krise‹ zu sprechen, sondern von einer ›Klimakatastrophe‹, um das Bedrohungsszenario in den Köpfen und Herzen zu verankern. Rechtspopulistische Parteien wiederum bemühen sich weltweit, das Thema Einwanderung zu nutzen. Ihr Ziel ist nicht einfach eine Diskussion über Migration, sondern das Schüren von Angst. Sie schieben deshalb den Begriff der ›Überfremdung‹ nach vorne. Sie operieren international mit der Legende vom ›großen Bevölkerungsaustausch‹. Es gelingt ihnen, sogar in Regionen Angst zu erzeugen, in denen so gut wie keine Einwanderer leben, so mächtig ist die Emotionen ansteuernde Framing-Technik.

Agenda Cutting und Litigation-PR

Schließlich ist da noch die Königsdisziplin, das Unterdrücken von Themen, das ›Agenda Cutting‹. Ein Unternehmen, das ein Korruptionsproblem hat, wird vermutlich einiges an Krisenkommunikation leisten, um in einem besseren Licht zu erscheinen.

Es wird zugleich bestrebt sein, das problematische Thema durch ein anderes, positives zu ersetzen, zum Beispiel durch eine medienwirksam inszenierte großzügige Spende oder eine Menschenrechtsaktion. Vielleicht gelingt es aber auch, das Thema aus den Schlagzeilen zu bringen, indem sich ein Problem von ähnlichem Kaliber bei der Konkurrenz finden lässt.

Die Nachrichtenwelt ist Tag für Tag vielen solcher informationellen Nebelkerzen und Blendgranaten ausgesetzt. Was ein mit allen möglichen Vorwürfen konfrontierter US-Präsident unternehmen kann, um andere Themen ins Rampenlicht zu bringen, das haben wir bis Januar 2021 einige Jahre lang ständig beobachten können. Es braucht aber weder einen Donald Trump noch einen Großkonzern für das ›Agenda Cutting‹, das können auch die Menschen im Gemeinderat oder ein Mittelständler. Auf der Internetseite einer Kommunikationsagentur wird dieses Handwerk bemerkenswert ehrlich beworben – und es wird deutlich, wie sehr es dabei um die Nachrichten geht:

> »Wie kann man ein unliebsames Thema in der Öffentlichkeit (wieder) ›abschalten‹? Journalisten und Medien suchen Nachrichten, um darüber zu berichten. Die Mechanismen, die aus Themen Nachrichten machen, folgen festen Regeln. Wir kennen diese Regeln und beraten Sie dabei, Themen kommunikativ so zu begleiten, dass sie ihren Nachrichtenwert verlieren« (INSTINCTIF 2021).

Die Welt ist voll von Versuchen, unliebsame Themen oder solche, mit denen die Konkurrenz punktet, ›abzuschießen‹, wie die Kommunikationskrieger gerne sagen. Neben Agenturen und Firmenabteilungen sind im Bereich Krisenkommunikation auch Anwaltskanzleien gefragt. Aus den USA kommend hat in Europa dabei inzwischen die ›Litigation-PR‹ an Bedeutung gewonnen. In Deutschland aktiv auf diesem Markt ist ›Consilium‹, eine Agentur für Rechtskommunikation, in der juristisches Wissen und PR-Expertise angeboten werden. Auf der Internetseite wird unter anderem mit folgender Aussage geworben:

> »Die Litigation-PR kann Übereifer, Einseitigkeiten und Übergriffe durch Redaktionen entgegenwirken. Ein nicht zu unterschätzender Effekt in Zeiten knapper Redaktionsbudgets und zugespitzter Überschriften« (CONSILIUM 2021).

Das Presserecht ist grundsätzlich reaktiv konstruiert: Wenn Falsches oder Missliebiges veröffentlicht wird, dann können Betroffene darauf in verschiedener Form juristisch reagieren. Bei der ›Litigation-PR‹ geht es nun auch darum, schon eine bevorstehende Berichterstattung zu unterbinden. Im Vorwort zur Studie von Tobias Gostomzyk und Daniel Moßbrucker zu dieser präventiven Anwaltstätigkeit wird die Frage so umrissen:

> »Sieht so eine zeitgemäße Vertretung von Mandant:innen aus, die im Internetzeitalter nicht mehr abwarten können, was Journalist:innen über sie schreiben, weil sich Nachrichten binnen Minuten auf allen Kanälen verbreiten? Oder werden Medien so stark unter Druck gesetzt, dass sie aus Sorge vor wirtschaftlichen Konsequenzen nicht mehr in Gänze ihrer öffentlichen Aufgabe nachkommen können?« (GOSTOMZYK/MOSSBRUCKER 2019).

Medien sind nicht fehlerfrei, auch nicht immer moralisch einwandfrei. Betroffene haben den Anspruch und das Recht, dass etwaige Fehler und Lügen korrigiert werden. Wer an die sogenannte ›Regenbogenpresse‹ denkt mit den endlosen erfundenen Geschichten über Prominente, der versteht, dass es leider oft ohne Anwaltskanzleien nicht geht. Nie käme ich auf die Idee, das zu kritisieren.

Doch ›Agenda Cutting‹ und Anwaltsbriefe richten sich nicht nur gegen solche Veröffentlichungen. Zu einem wachsenden Geschäftsmodell geworden ist dank der digitalen Suchmöglichkeiten auch das Auffinden und anwaltliche Abmahnen von kritischen Beiträgen über eigene Mandanten. All das bindet bei den Medien Kräfte, die sich kleinere Redaktionen nicht leisten können. Ergebnis kann die berühmte ›Schere im Kopf‹ sein.

Das Setzen und emotionale Aufladen von Themen, aber auch das Unterdrücken unliebsamer Informationen, das sind zentrale Elemente der gesellschaftlichen Auseinandersetzung, erst recht in Wahlkampfzeiten. Fraglos hat jeder das Recht, auf seine Anliegen hinzuweisen. Zum Problem wird es, wenn nicht die Bedeutung eines Themas über den Zugang zu den Nachrichten bestimmt, sondern spektakuläre PR-Aktionen und -Ereignisse. Gefährlich ist es, wenn Kreativität und Budget einer Werbeagentur und manchmal auch das Geld für teure Anwälte den Ausschlag geben, was gemeldet wird und was nicht.

Das ist leider keine abstrakte Gefahr mehr, sondern schon länger Wirklichkeit. Denn wir erleben eine andauernde und gewaltige PR-Aufrüstung beinahe aller, die an der gesellschaftlichen Diskussion teilhaben. Sie alle wollen Aufmerksamkeit im Allgemeinen und einen Platz in den Nachrichten im Besonderen. Inzwischen wird allerdings die Versuchung immer größer, den klassischen Informationsjournalismus nicht mehr nur zu beeinflussen, sondern ihn sogar weitgehend zu umgehen.

Die angeblichen Newsrooms

Damit sind wir wieder bei Friedrich Merz angekommen und seinem Frohlocken über den direkten Weg, den politische Akteure heutzutage zu den informationellen Endverbrauchern haben. Akteure wie Donald Trump, ist man versucht zu sagen, um die Tragweite der Veränderungen an einem markanten Beispiel deutlich zu machen. Die sozialen Medien sind nur ein Teil der Strategie, in der das journalistische Korrektiv ausgeschaltet wird, das aus Rückfragen und Widerspruch bei Interviews bestehen kann, aus Gegenüberstellungen von Argumenten, aus Richtigstellungen oder schlicht aus dem Weglassen von nichtrelevanten Inhalten.

Und der neuen Mittel bedient sich bei Weitem nicht nur die Politik. In der Zusammenfassung des Beitrags von Jens Seiffert-Brockmann und Sabine Einwiller zum *Handbuch Unternehmenskommunikation* heißt es sehr offen:

»Die digitale Revolution der öffentlichen Kommunikation durch die Entstehung des Internets, insbesondere der sog. sozialen Medien, und der gleichzeitige Niedergang des professionellen Journalismus haben vielfältige Möglichkeiten für Unternehmen eröffnet, selbstständig Themenmanagement zu betreiben« (SEIFFERT-BROCKMANN/EINWILLER 2020).

Seit einiger Zeit sind nicht zuletzt die ›Newsrooms‹, manchmal auch ›Newsdesks‹ genannt, im Kommen. Aus der Katholischen Kirche meiner Heimatstadt kommt eine Erläuterung des Prinzips, stellvertretend für viele andere, die es nutzen:

»Mit dem Newsdesk etabliert das Erzbistum Köln eine zeitgemäße Interpretation der bisherigen ›Pressestelle‹ – und zugleich weit mehr als diese. [...] Das Konzept des ›Newsdesks‹ oder ›Newsrooms‹ gibt es in vielen Medienhäusern, Unternehmen und Organisationen; es ist in seiner Arbeitsweise die angemessene Antwort auf die Herausforderungen der heutigen Medienwelt. [...] In definierten Prozessen werden verschiedenste Inhalte, crossmediale Produkte, Anfragen von außen und Themen von innen zueinander gebracht, nach strategischen Gesichtspunkten sachlich und zeitlich geordnet, im Blick auf entsprechende Zielgruppen entsprechend formatiert und in den verschiedenen Kanälen [...] ausgespielt« (ERZBISTUM KÖLN 2021).

Ministerien und andere Bereiche der öffentlichen Verwaltung haben ebenfalls ihre Newsrooms. Fast überall wurden die unterschiedlichen Referate, Abteilungen und Stabsstellen für Kommunikation und Pressearbeit mit den später entstandenen Online- und Social-Media-Teams zusammengelegt. Das Bundesverkehrsministerium macht eine sprachliche Ausnahme, hat den Anglizismus vermieden und ist stolz auf sein ›Neuigkeitenzimmer‹, zumindest nach aktuellem Stand im Mai 2021.

Auch große Verbände und die eine oder andere Nichtregierungsorganisation entwickeln ihre Kommunikation in diese Richtung weiter, und so halten es auch Parteien und Fraktionen. Da steht die AfD also nicht allein, auch wenn ihre Ankündigungen dazu besonderes Aufsehen erregten. Anfang 2018 sagte Alice Weidel, Fraktionschefin im Bundestag, der *Neuen Zürcher Zeitung*:

> »Unser ambitioniertes Fernziel ist es, dass die Deutschen irgendwann AfD und nicht ARD schauen« (NEFF 2018).

Die Newsrooms als kulturelle Aneignung redaktioneller Konzepte sind auch bei mittleren und großen Unternehmen stark im Trend. Sie werden von Beratern und Softwareschmieden unterstützt. Eine der Firmen, 247GRAD Labs, listet zahlreiche bekannte Kunden auf der eigenen Webseite auf und fasst das Versprechen so zusammen:

> »Corporate Newsroom – dieser Begriff lässt die Herzen von Verantwortlichen in Marketing und Unternehmenskommunikation höherschlagen. Kein Wunder, denn das Konzept des Newsrooms steht wie kein anderes für agile und effiziente Kommunikationsprozesse sowie für strategische Redaktionsplanung in Content Marketing und PR« (247GRAD LABS 2021).

Denkt man an den Umgang mit dem Thema Missbrauch, so mag das eingangs genannte Erzbistum Köln ein Beispiel dafür sein, dass neue Einheiten allein noch keinen Kommunikationserfolg garantieren. Doch in jedem Fall bedienen sich alle diese Strukturen nicht nur der Begriffe und Kanäle der Informationsmedien, sie imitieren auch Schreibstil, Dramaturgie und Ästhetik von Nachrichtenangeboten. Das Ergebnis sind Fälschungen, die man kaum noch vom Original unterscheiden kann, so wie es mit Rolex-Uhren oder Luxushandtaschen aus asiatischer Produktion geschehen kann.

Content Marketing und Native Advertising

Unternehmen, aber manchmal auch politische und andere Interessen kennen weitere Wege, den Journalismus zu unterlaufen. Zeitungen warteten und warten manchmal mit besonders aufwendig gestalteten Beilagen auf. Darin geht es um Mode, Reisen oder den Golfsport, um Schmuck und andere Luxusprodukte.

In der Presse gibt es regelmäßig auch völlig normal aussehende Artikel, die dann sehr kleingedruckt Hinweise tragen wie ›Advertorial‹ oder einfach nur ›Werbung‹. In der digitalen Zeit hat das, was man inzwischen ›Content Marketing‹ und ›Native Advertising‹ nennt, an Bedeutung massiv gewonnen. Es hält viele Menschen in Lohn und Brot, bekommt hohe Budgets und wird breit ausgebildet.

Beide Techniken sind verwandt und konfrontieren die Menschen nicht mit platter Werbung. Die Ansprache läuft indirekt und quasijournalistisch über möglichst interessante Inhalte und Geschichten. Die Formate sind von ihren journalistischen Geschwistern selbst für geübte Augen kaum zu unterscheiden. Oft stammen die Beiträge von Menschen, die Journalismus nicht nur gelernt haben, sondern das Handwerk bestens beherrschen. Das Problem ist, dass man von ihnen in der Marketingrolle keinen kritischen Journalismus erwarten kann.

Neben Content Marketing und Native Advertising ist auch ›Brand Journalism‹, der Markenjournalismus, ein vielgenutztes Schlagwort. Koordiniert wird all das oft, Sie ahnen es, in firmeneigenen Newsrooms oder aus denen beauftragter Agenturen, von denen man mit einer einzigen Google-Suche zahlreiche findet. Auf einer dieser Seiten stieß ich auf den Artikel eines ›Product Managers‹, der das Prinzip exakt beschreibt:

> »Grundsätzlich lautet das […] Geheimrezept für alle, die zielgruppenorientiertes und qualitativ hochwertiges Content Marketing betreiben wollen: ›Denke, wie ein Journalist!‹« (TSCHIRNE 2018).

Verbunden wird diese im selben Text mit der aufschlussreichen Behauptung:

> »Journalismus und Content Marketing haben doch im Wesentlichen die gemeinsame ›Grundhaltung‹. Warum also diese nicht gezielt suchen und vertiefen?« (ebd.)

Der hier beschriebene Trend verschiebt die Machtverhältnisse zwischen klassischem Journalismus und Werbung weiter. Denn viele Unternehmen ziehen noch mehr Geld aus der Werbung in den Medien ab und setzen stattdessen auf die Arbeit der Hausjournalisten. Die wiederum reihen sich ein in die große Zahl derjenigen, die einer kleiner werdenden Gruppe von Menschen in traditionellen Journalistenberufen gegenüberstehen.

Diese und andere PR-Produkte gibt es übrigens hin und wieder gleich in sehr verschiedenen Ausführungen: In der politischen Kommunikation und in der Produktwerbung erlauben es Algorithmen, unterschiedliche Gruppen von Wählerinnen oder Kunden mit unterschiedlichen, manchmal sogar gegensätzlichen Thesen anzusprechen. Doppelzüngigkeit gab es schon in Zeiten von Bierzelt und Fernsehauftritten. Das Potenzial dieses Mikrotargetings geht weit darüber hinaus.

Politik und Wirtschaft machen keinen Journalismus

Ich verstehe gut, dass sich alle Teilnehmer der gesellschaftlichen Debatte um eine schlagkräftige Kommunikation aus einem Guss bemühen. Doch wer die Rolle der unabhängigen Presse für wichtig hält, der muss mit dem Konzept extrajournalistischer ›Newsrooms‹ ein Problem haben, aber auch mit dem Bedeutungszuwachs der erwähnten Phänomene wie ›Content Marketing‹ oder ›Native Advertising‹. Der Verdacht liegt nahe, dass hier eine weitere Etappe auf dem Weg der Beeinflussung und Umgehung der klassischen Informationsmedien erreicht ist.

Dazu ein Gedankenspiel: Wenn es außerhalb des Journalismus ›Newsrooms‹ gibt, was würden Sie davon halten, wenn eine Zeitung eine Redaktion ›Oberverwaltungsgericht‹ nennen würde und von dort aus in wichtigen Fragen als ›Urteile‹ bezeichnete Kommentare verbreiten würde? Wäre es nicht anmaßend, wenn ein Sender unter Beteiligung von Hörern und Nutzerinnen ein ›Redaktionsparlament‹ einberufen und dort scheingesetzgeberisch tätig werden würde? Überlegen Sie für einen Augenblick,

Journalistinnen und Journalisten würden eine ›redaktionelle Jahreshauptversammlung‹ abhalten, dazu Aktionäre eines bestimmten Unternehmens einladen und dem Vorstand die Entlastung verweigern.

Jetzt könnte man sagen: Warum habt Ihr Euch denn so? Lasst Politik und Verbände, Unternehmen NGOs, Kirchen und Gewerkschaften doch machen. Oder versucht Ihr traditionellen Redaktionen am Ende doch, eine untergehende, prädigitale Monopolstruktur auf dem Informationsmarkt zu bewahren? Der Einwand mag nicht völlig falsch sein und geht doch am Kern des Problems vorbei.

Es ist nämlich in unserer Gesellschaftsordnung nicht Aufgabe von Parteien oder Unternehmen, eigene Redaktionen zu betreiben. Ein Parteichefin kann bei Facebook und Twitter in Erscheinung treten, sie sollte es vielleicht sogar. Sie sollte sich aber nicht von einem eigenen Mitarbeiter schein-interviewen lassen, genauso wenig wie der Siemens-Chef auf einem Unternehmenskanal oder Oliver Kahn bei ›FC Bayern TV‹ Gefälligkeitsfragen von Menschen beantworten sollten, deren Gehalt sie zahlen. Diese und andere Kommunikationsprodukte können natürlich sein. Sie dürfen nur nicht in Informationsmedien auftauchen – es sei denn sauber zitiert oder klar und ehrlich als bezahlte Werbung erkennbar.

Das Feld ist mir nicht unbekannt. Ich habe Mitte der 1980er-Jahre zwei meiner Praktika in Unternehmen absolviert: in der Werbeabteilung eines der größten deutschen Konzerne in München und in der Pressestelle der Europa-Tochter eines ähnlich großen US-Konzerns in Köln. Nur wenig später habe ich als Zivildienstleistender für eine Hilfsorganisation und dann als Student für einen Bundestagsabgeordneten Texte geschrieben – und mich über den kaum veränderten Abdruck in Zeitungen gefreut. Manche Journalistinnen und Journalisten wollen im weiten Feld der Werbung tätig sein. Andere müssen es, um die Miete zu bezahlen. Wer wollte etwas dagegen sagen? Mein Wunsch ist nur, dass jede Form von Werbung erkennbar Werbung bleibt.

Gefährliche Informationsverwirrung

Denn trotz des teils zur Perfektion gebrachten ›News Washings‹ mit Aktualitätssimulation und Relevanznachahmung: Die Mächtigen und Interessengeleiteten können keinen Informationsjournalismus anbieten. Nicht, weil ihnen das Talent fehlte oder weil man es ihnen nicht gönnte. Journalismus funktioniert schlicht nicht ohne unabhängige Journalistinnen und Journalisten.

Wer diese Instanz der kritischen Prüfung und Vermittlung ausschalten oder gefügig machen will, der kann kurzfristige Erfolge erzielen. Langfristig wird aber nicht nur der Journalismus Opfer und Verlierer sein. Denn wenn die Mehrheit der Informationen auf PR und Spin beruht, wenn niemand mehr Vertrauen haben kann in die Unabhängigkeit der Nachrichten, dann zahlt die Gesellschaft einen hohen Preis. Das ist keine Vermutung oder dunkle Vorahnung, sondern leider eine Beschreibung unserer Wirklichkeit. Ein Beleg dafür ist die schon angesprochene Studie der »Stiftung Neue Verantwortung« zur digitalen Nachrichtenkompetenz vom März 2021 (MESSMER/SÄNGERLAUB/SCHULZ 2021). Die Untersuchung hat deutlich gemacht, welch große Probleme Menschen damit haben, den Überblick über die Informationsangebote zu behalten. Die Unterschiede zwischen Information, Meinung, Werbung und Desinformation in den Medien werden mittelmäßig oder gar schlecht erkannt.

Vielen der etwa 4.200 in Deutschland Befragten fiel es schwer wahrzunehmen, ob es sich um eine auf Tatsachen basierende nachrichtliche Berichterstattung handelt oder um einen journalistischen Kommentar, einen gesponserten PR-Beitrag beziehungsweise eine Falschinformation in den sozialen Medien.

Die mit den neuen ›Newsrooms‹ und dem geschickten ›Content Marketing‹ verbundenen Strategien scheinen also aufzugehen. Ein weiteres bedenkliches Ergebnis der Studie: Die Kennzeichnungsstrategien sind bisher kaum wirksam, mit denen Social-Media-Plattformen auf Desinformation hinweisen wollen oder auf staatlich gelenkte Medien als Urheber eines Inhalts.

Nicht mehr genutzt? – Netz und soziale Medien als neue Informationsquellen

Meine 94-jährige Tante freut sich immer noch jeden Morgen auf die gedruckte Lokalzeitung, und das Fernsehen läuft bei ihr schon zum Frühstück. Jahrzehntelang habe auch ich täglich verschiedene Zeitungen intensiv und gerne genutzt. Im Ausland habe ich viel Geld für mehrere Tage alte deutsche Zeitungen ausgegeben, um einen politischen Überblick zu behalten und manchmal allein deshalb, um die Bundesliga-Ergebnisse vom Wochenende zu erfahren. So war das im letzten Jahrhundert.

Heute beginnt auch mein Tag mit Twitter und anderen digitalen Informationsangeboten. Allerdings habe ich dabei neben dem Espresso in der Hand immer unsere Radioprogramme einschließlich der Nachrichten im Ohr. Noch einmal ganz anders gehen viele junge Menschen vor. Vielleicht schauen sie zunächst bei Instagram vorbei oder sie beziehen ihre ersten Informationen in der Frühe über Empfehlungen, die sie in den sozialen Medien durch Freundinnen und Bekannte erreichen.

Das ist eine sehr schematische Beschreibung dreier Altersklassen. Sie soll andeuten: Mediennutzung und Informationsverhalten sind in tektonischer Bewegung. Gräben tun sich zwischen den Generationen auf. Beachtliche Unterschiede gibt es aber auch noch einmal unter den Jüngeren, etwa zwischen den 25-Jährigen, den 18-Jährigen und den 14-Jährigen. Das Beben ist also noch lange nicht vorbei. Heute kennen wir halbwegs das Medienverhalten von heute, doch nicht viel mehr. All das wissen Sie schon lange und es ist Gegenstand zahlloser Studien (HÖLIG/HASEBRINK 2020). All das muss daher hier nicht noch einmal ausgebreitet werden, um die Herausforderung der digitalen Revolution für die Nachrichten zu beschreiben. Lassen Sie uns stattdessen über das Wetter reden.

Wetter 2.0

Der Wetterbericht ist eine grundlegende Information und dient der existenziellen Orientierung. Er fehlt in keiner Zeitung und schließt im Radio und im Fernsehen traditionell jede Nachrichtensendung ab wie der Segen die Messe. Der Wetterbericht gehört also untrennbar zu den Nachrichten. Gehörte, muss man sagen. Denn es gibt inzwischen Nachrichtenangebote, die ohne Sonne, Regen und Höchsttemperaturen auskommen, und es gibt Wetterberichte, die kaum noch Aufmerksamkeit finden. Dabei hat das Interesse des Publikums an der Meteorologie nicht abgenommen. Dieser Teil der Nachrichten hat sich schlicht andere Wege gesucht.

Zahllose kostenlose Webseiten und Apps sind auf dem Markt. Smartphones haben beim Kauf eine dieser Apps voreingestellt. Die digitalen Wetterstationen bieten eine auf die Stunden des Tages heruntergebrochene Vorhersage und zugleich öffnen sie nur einen Klick weiter den Blick auf die nächsten beiden Wochen. Sie verraten, wie das Wetter in Emden oder Jülich werden soll und geben nicht nur globale Auskünfte für ›Norddeutschland‹ oder für ›den Westen‹.

Nachrichtenredaktionen können da kaum mithalten, wie ich aus schmerzhafter Erfahrung weiß: Versuchen Sie einmal, einen aussagekräftigen Wetterbericht für ganz Deutschland in einer Länge von etwa einer Minute zu schreiben. Daher gibt es auch wegen der Wetterberichte beständig Kritik der Hörerschaft, die sich falsch informiert fühlt, die eigene Region vernachlässigt wähnt oder beides beklagt. So bitter die Feststellung ist und auch wenn die Vorhersagen der Apps natürlich keineswegs immer stimmen: Viele Menschen brauchen die Nachrichten nicht mehr, um sich über das Wetter zu informieren.

Navi statt Nachrichten

Für den Hörfunk haben die Verkehrsnachrichten eine große Bedeutung. Hatten, muss man auch hier einschränkend sagen. In den 1950er- und 1960er-Jahren wurde Mobilität zur Automobilität. Der Verkehrsservice für unterwegs wurde zum Trumpf des Radios, das vom Fernsehen als Leitmedium abgelöst worden war und sich als Serviceangebot neu erfinden wollte. Auch heute sind Staumeldungen sehr nützlich. Doch wie beim Wetter sind digitale Alternativen wie die Navigationssysteme an den Massenmedien vorbeigezogen, hier vor allem am Radio.

Diese Alternativen geben jederzeit Auskunft und nicht nur einmal in der halben Stunde. Sie weisen die Fahrer zwischen Düsseldorf und Essen exakt auf das hin, was ihre Strecke betrifft, ohne sämtliche Staus zwischen dem Hamburger Elbtunnel und dem Grenzübergang nach Salzburg mitzuliefern. Angesichts dieses Wandels hat sich der DEUTSCHLANDFUNK Anfang 2020 vom bundesweiten Verkehrsfunk verabschiedet, obwohl er über Jahrzehnte ein Markenzeichen des Senders war.

Wetter, Verkehr, früher auch die vorgelesenen Börsenkurse oder Pegelstände großer Flüsse – all das zählt sicher nicht zum engeren Kreis dessen, was sich Journalisten unter Nachrichten vorstellen. Nicht so schlimm, könnte man also sagen, dass die Menschen hier neuen digitalen und persönlich zugeschnittenen Lösungen den Vorzug geben. Doch so einfach ist das nicht. Manch einer wird Nachrichten geschaut haben, weil er am Wetterbericht interessiert war. Manch eine wird Nachrichten gehört haben, weil sie anschließend die Verkehrslage erfahren wollte. Sturm und Stau mögen also geholfen haben, Informationen über Bundestag und Nahostkonflikt unter die Leute zu bringen.

Vor allem liegt die aus Sicht der klassischen Anbieter bedrohliche Frage nahe, welche Nachrichteninhalte als nächste an andere Übermittlungswege verloren gehen werden.

Mahnung Musikindustrie

Die Frage kann man auch in anderer Weise stellen: Wird der Nachrichtenjournalismus den Weg der Musikindustrie gehen? Die Branche hatte dem digitalen Ansturm auf ihr Geschäftsmodell ab Ende des letzten Jahrhunderts wenig entgegenzusetzen, mit gravierenden Folgen für die Hersteller von Tonträgern, für Urheber und Interpretinnen. Ein ähnliches Schicksal droht klassischen Medien im Informationsbereich, deren alte und teils monopolistische Infrastruktur mit Druckerpresse und Zeitungsausträgern, mit UKW-Sendern, mit Kabel- und Satelliten-TV nicht mehr gebraucht wird. Wenn der Umsatz an eine nicht mehr benötigte Infrastruktur gekoppelt ist, dann gehen eben die Lichter aus.

Der Vergleich mag beängstigen, ich finde ihn produktiv. Die Erschütterung von scheinbaren Gewissheiten ist angebracht. Nichts ist sicher und alles kann in wenigen Jahren anders sein – oder sogar verloren, wenn diese Jahre nicht genutzt werden. Auf der anderen Seite macht der Blick auf die Musikindustrie wie jeder gute Vergleich auch die Unterschiede deutlich, also hier die Chancen für die Anbieter klassischer Information. Auf die konzentriere ich mich und erwähne daher nur am Rande, dass nach meiner Vermutung die Aussichten für die Nachrichten auf jeden Fall besser sind als für das Unterhaltungsfernsehen im Wettbewerb mit den verschiedenen Streamingdiensten.

Viel Wettbewerb im Netz

Einer der weltgrößten Papierhersteller, der norwegische Konzern Norske Skog, informierte im Juni 2020 über eine bezeichnende Konversion: Je eine Fabrik in Frankreich und Österreich, die traditionell Zeitungspapier produziert hatten, wurde auf die Fertigung von Verpackungen für Pakete umgestellt. Auch hier setzt sich also die Amazon-Ära gegen die klassische Presse durch (NORSKE SKOG 2020). Die Zahl der Abonnenten und Käufer einer Papierzeitung wird weiter sinken. Für diese Feststellung braucht man keine prophetischen Gaben, auch wenn ein Retro- oder Luxus-Effekt zu erwarten ist, stärker noch als bei den Vinyl-Platten. Genauso spricht einiges dafür, dass der Kreis derjenigen noch kleiner werden wird, die ausschließlich lineare Radio- und TV-Programme hören und sehen.

Doch Verlage, Rundfunk- und Fernsehanbieter sind verspätet, aber immerhin in der digitalen Welt angekommen. Sie haben Webseiten und Apps, sie tummeln sich in den sozialen Medien. Das führt zunächst einmal zu einem nie dagewesenen Wettbewerb unter den klassischen Medien. Der Nachrichtenmarkt funktioniert potenziell weltweit. Viele Menschen sind willens und im Stande, sich Teile der Information zumindest im englischsprachigen Netz zu holen. Dann wird der DEUTSCHLANDFUNK auf einmal nicht nur mit der FAZ, der *Süddeutschen Zeitung* und *tagesschau.de* verglichen, sondern steht in Konkurrenz mit dem *Guardian*, der BBC und der *New York Times*.

Das ist eine Ehre, die meinen Kolleginnen und Kollegen von früher erspart geblieben ist. Die doppelte Bedeutung dieser Formulierung kann jeder verstehen, der einmal ein Bild vom imposant besetzten Newsroom der BBC gesehen hat. Nachrichtenleute aus Überzeugung werden den neuen Wettbewerb jedoch nicht grundsätzlich kritisieren. Wer etwas Wichtiges weiß, der will es veröffentlichen, und zwar jetzt und nicht demnächst. Und wer

Wichtiges erfahren will, damit er es publizieren kann, der freut sich über möglichst viele Quellen.

Mailanbieter informieren

Klar ist allerdings: Die klassischen Medien sind im Netz nur (noch) eine Gruppe unter vielen anderen. Nie war es technisch einfacher, sich als journalistisches Angebot zu präsentieren. Zahllose Webseiten ohne redaktionelle Vorgeschichte bieten inzwischen Nachrichten an. Ihre Reichweiten sind enorm, wie zum Beispiel in Deutschland bei den Portalen der Mailanbieter: *web.de*, *gmx* und *1&1* gehören nach eigener Darstellung zu den größten Nachrichtenseiten im deutschsprachigen Raum. Der Chefredakteur dieser drei Portale, Thomas Rebbe, betont:

> »Für viele Nutzer sind wir nicht nur Maildienst, sondern auch die Hauptnachrichtenquelle im Internet« (REBBE 2020).

Die Zahlen geben Rebbe recht, auch wenn es sich aus meiner Perspektive oft um eine journalistische Fassade handelt, überwiegend aus Material von Nachrichtenagenturen, die das werbegestützte Kerngeschäft attraktiver machen soll. Doch bei mancher Zeitung und Zeitschrift ist das früher ähnlich gewesen. Anders sieht es aus bei dem derzeit besonders erfolgreichen Angebot *t-online.de*. Die Infoseite hat nur noch dem Namen nach etwas mit einem Mailanbieter zu tun. Der Eigner, die Ströer-Gruppe, hat bei *t-online.de* in eine große und ambitionierte Redaktion investiert. Dort wird, garniert mit Service und Buntem, echter, manchmal auch investigativer Informationsjournalismus betrieben.

Viel Verkehr auf allen Kanälen

Im digitalen Raum prallen nicht nur alte und neue Informationsangebote aus aller Welt aufeinander. In den Messenger-Diensten und Chatprogrammen stehen sie in harter Konkurrenz zu Mitteilungen aus dem Privat- und Berufsleben, die ebenfalls unsere Aufmerksamkeit haben möchten. Presse, Radio und Fernsehen waren auf den angestammten Vertriebswegen früher im Grunde nur im Wettbewerb mit ihresgleichen. Heute treffen auf dem umkämpften Marktplatz der Smarthpones und in sehr ähnlicher Form wie die journalistischen Nachrichten zahlreiche andere Informationen ein: Botschaften von Familie, Freunden, Bekannten oder aus dem Job. Botschaften aus weiteren Zusammenhängen, in denen die einzelnen auch noch stehen, von Vereinen und Parteien, Gewerkschaften und Kirchen bis zur Warnung der Corona-App oder einem Hinweis der Wetter-App. Diese Messages wollen sämtlich wahrgenommen, oft auch weitergeleitet, kommentiert oder beantwortet werden. Weit weg sind die Zeiten der Monopole mit eigenen Kanälen und fast gesicherter Aufmerksamkeit für den Informationsjournalismus.

Linear lebt – nicht nur im Rundfunk

Positiv für die klassischen audiovisuellen Anbieter ist, dass viele Menschen immer noch den Wunsch haben, ein fertiges Programm- und Informationsangebot zu bekommen, anstatt nur eigene Playlists zusammenzustellen oder bei Netflix auszuwählen. Die in den 2000er-Jahren verbreitete Annahme, jedermann und jede Frau wollten nur noch die eigenen Programmchefs sein, hat sich als falsch erwiesen. Anders ausgedrückt: Es gibt nach wie vor Bedarf an Sendungen und Sendestrecken. Doch das wissen auch Akteure, die neu auf diesem Feld sind.

Beispiel BILD. Die Redaktion macht jetzt auch lineares Fernsehen, das neben dem Internet auch im Kabelnetz und über Satellit empfangbar ist. Ebenfalls aus dem Haus Springer kommt schon länger das TV-Angebot mit der Marke *Welt*, in dem der Nachrichtensender *N24* aufgegangen ist. Die Audiostreamingplattform *Spotify* bietet mit *Daily Drive* eine Art personalisierbares Radioprogramm. Und auf dem derzeit hochgewetteten, nichtlinearen Markt der Podcasts tummeln sich inzwischen nun wirklich fast alle Medien mit Informationsangeboten. Der Rundfunk dominiert diesen Markt der Audios übrigens nicht, obwohl man Podcasts eigentlich eng mit dem Radio verbinden würde.

Alte und neue Oligopole

Für die Zukunft des Informationsjournalismus ist das Verhältnis zu den digitalen Plattformen an Bedeutung kaum zu überschätzen. Früher bestanden die Oligopole aus den wenigen, die Druckmaschinen besaßen, die über Frequenzen oder Sendelizenzen verfügten. Auf diesen Märkten gab es Wettbewerb und immer wieder auch Verdrängung, doch im Großen und Ganzen hatte die Landschaft des Medienvertriebs kartellähnliche Züge.

Man kann hier weder von einer guten noch von einer alten Zeit sprechen. Vorbei ist diese Phase in der Zeitungsbranche mit ihrer anhaltenden Konzentrationstendenz und in Teilen der TV-Landschaft nämlich noch nicht. Gut war und ist die Zeit ebenfalls nur bedingt. Denn die großen Einzelbesitzer, die ›Medienmogule‹, genauso wie eher anonyme Gesellschaften, machten und machen von ihrem Einfluss reichen Gebrauch. Wie viele Parlamentswahlen mögen allein im Europa der Nachkriegszeit durch Pressekampagnen mit den unterschiedlichsten Interessen im Hintergrund entschieden worden sein? Wie viele Manipulationen großer und kleiner Art gingen auf das Konto des Suggestivmediums Fernsehen?

Das Internet hat die alte Machtverteilung pulverisiert, auch weil die Kosten für die Etablierung neuer Angebote auf dem Markt dramatisch gesunken sind. Inzwischen haben sich allerdings neue Oligopolisten herausgebildet. Vielleicht müsste man sie sogar Monopolisten nennen, wenn man auf die jeweiligen Teilmärkte schaut, die sie dominieren. Facebook hatte im ersten Quartal 2021 etwa 2,8 Milliarden Nutzerinnen und Nutzer, und zwar ohne WhatsApp und Instagram einzurechnen (STATISTA 2021 1). Das sind mehr Menschen, als in China und Indien zusammengenommen leben. Google kommt derzeit bei der mobilen Internetsuche weltweit auf einen Marktanteil von etwa 90 Prozent, bei den Desktop-Suchen ist es auch nur etwas weniger (STATISTA 2021 2).

Für das Schicksal der Nachrichten stehen wichtige Fragen im Raum: Wie wird sich die Regulierung dieser Digitalkonzerne entwickeln? Werden sie die Qualitätsmedien fair behandeln? Oder werden sie die Mitgestalter ihrer Werbegeld abwerfenden Timelines und Suchergebnisse immer stärker in den Hintergrund drängen? Werden sie vielleicht sogar versuchen, selbst Inhalte zu erzeugen, so wie Amazon plötzlich Eigenmarken anbietet, wenn Produkte anderer Hersteller auf dem ›Marktplatz‹ erfolgreich sind?

Digitale Prosumenten

Eine weitere große Herausforderung für klassische Nachrichtenangebote ist die neue informationelle Macht der Einzelnen, ermöglicht und angetrieben durch die digitalen Plattformen. Der Anfang der 1980er-Jahre von Alvin Toffler geprägte Begriff der ›Prosumenten‹ beschreibt sehr anschaulich, wie Menschen in verschiedenen Bereichen plötzlich auch Produzenten und nicht mehr nur Konsumenten sein können (TOFFLER 1980). Zwar waren an der Entstehung und Verbreitung von Information im weiteren Sinne immer schon alle Menschen beteiligt, ob es nun um Tatsachen ging, Gerüchte oder Lügen. Doch nie waren die Konsumenten der Nachrichten technisch so nahe am professionellen Journalismus wie heute.

Mit der Kamera eines Smartphones können Augenzeugen zur Quelle von Medien werden. Im Mai 2020 etwa filmte Darnella Frazier in Minneapolis mit ihrem Mobiltelefon den Polizeieinsatz gegen George Floyd, der kurze Zeit später starb. Das Video der damals 17-Jährigen erschütterte die USA und die Welt. Es trug der jungen Frau im Juni 2021 eine Sonderauszeichnung der Pulitzer-Preis-Jury ein.

Mit einem ›Gefällt mir‹ oder dem Teilen in den sozialen Medien wird jeder potenziell zur Nachrichtenagentur für seinen digitalen Freundeskreis. In geschlossenen Gruppen oder auf Blogs können nicht nur Ameisenfreunde oder Trainspotter ihrem Hobby frönen. Diese Foren eignen sich auch für die Diskussion und Verbreitung politischer Informationen, vorsichtig ausgedrückt, aller Schattierungen. Mit Blick auf die sozialen Medien ist daher auch manchmal von ›Produtzern‹ die Rede, also von den Nutzern, die auch Produzenten sind.

Clay Shirky hat 2008 in *Here Comes Everybody* die in dieser Hinsicht revolutionäre Kraft des Internets anschaulich dargestellt. Das Kapitel *Everyone is a media outlet* beginnt mit der Feststellung:

> »Our social tools remove older obstacles to public expression and thus remove the bottlenecks that characterized mass media. The result is the mass amateurization of efforts previously reserved for media professionals« (SHIRKY 2008: 55).

An anderer Stelle stellt Shirky fest:

> »Owning a television does not give you the ability to make TV shows, but owning a computer means that you can create as well as receive many kinds of content, from the written word through sound and images. Amateur production, the result of all this new capability, means that the category of »consumer« is now a temporary behavior rather than a permanent identity« (SKIRKY 2008: 108).

Das war vor beinahe fünfzehn Jahren. Shirky hat das Prinzip so früh und gut beschrieben wie wenige, allerdings mit dem PC vor Augen. 2008 war das erste IPhone gerade auf den Markt gekommen und niemand wusste, welche Beschleunigung des Trends der allgemeinen Nachrichtenverbreitung noch bevorstehen würde. Heute ist längst klar, dass Prosumenten sogar Fernsehshows herstellen könnten.

Mithilfe ihrer Nutzergemeinde – vielleicht müsste man sagen ›Produtzergemeinde‹ – werden die Sozialen Medien eine immer mächtigere Bedrohung für die klassischen Informationsanbieter. Adrienne LaFrance fasste es am Beispiel Facebook kurz und knapp zusammen: »Facebook is building a global newsroom run by robot editors and its own readers« (LAFRANCE 2017).

Kein Lagerfeuer mehr

Bisher haben wir die digitale Umwälzung der Information unter dem Gesichtspunkt der Folgen für die klassischen Medien betrachtet. Deren Wohl und Wehe muss aber nicht alle Menschen so bewegen wie mich als Nachrichtenredakteur. Lassen Sie uns also die Perspektive wechseln. Für unsere Gesellschaft hat die abnehmende Bedeutung der Massenmedien ebenfalls einschneidende Konsequenzen.

Auf die zumindest stabile Symbiose der bisherigen Medienlandschaft mit der repräsentativen Demokratie habe ich bereits hingewiesen. Jahrzehntelang bot vor allem das Fernsehen auch einen Raum des gemeinsamen Erlebens. In der Schule, auf der Arbeit konnten sich montags fast alle darüber unterhalten, was sie am Wochenende im Fernsehen gesehen hatten. Solche gemeinsamen Erlebnisse waren oft banal, sie bildeten aber einen emotionalen Kitt.

Schon die Vervielfältigung der TV-Stationen durch die Einführung des Privatfernsehens hat dieses als ›gesellschaftliches Lagerfeuer‹ beschriebene Phänomen eingeschränkt. Mit dem Übergang zum Erlebnisraum der sozialen Medien droht das Feuer ganz zu erlöschen, wenngleich sich einzelne, digital verbundene Gruppen an kleineren und manchmal gefährlichen Feuerchen umso stärker wärmen. Ganz selten gibt es noch große gemeinsame Momente, an deren Übertragung und Verbreitung sich fast alle Medien beteiligen. Zuletzt ist mir Angela Merkels erste Corona-Ansprache vom 18. März 2020 in Erinnerung. Fast alle werden noch vor Augen haben, wie die Bundeskanzlerin das Land auf die Zeit der Pandemie eingestimmt hat, egal wie und wo sie die Rede erreicht hat.

Daily Me

Wie der gemeinsame Erlebnisraum, so ist auch die gemeinschaftliche Informationswelt kleiner geworden. Vor dreißig Jahren trafen Menschen mit einer beinahe identischen Nutzung von Fernseh-, Radio- und Zeitungsinformation aufeinander. Sie konnten sich auf einer gemeinsamen Grundlage austauschen, streiten und oft einigen. Ob wir heute noch zwei Menschen finden, die dieselben Medien konsultieren und eine übereinstimmende Timeline bei Twitter haben? Zwei Menschen, die von einem ähnlichen digitalen Freundeskreis ähnliche Nachrichten via WhatsApp empfohlen bekommen?

Selbst wenn uns das gelänge, dann erhielten diese beiden vermutlich von denselben digitalen Absendern doch unterschiedliche Angebote. Dafür sorgen die Algorithmen, die sich nach und nach auf unsere Interessen und Vorlieben einstellen. Wir werden bei der Information genauso behandelt wie als Kunden im digitalen Einkaufszentrum von Amazon: Wir werden mit Vorschlägen bedacht, die aus der Beobachtung unseres Verhaltens abgeleitet sind. Wenn zehn Leute in einem Raum dasselbe Thema googeln, dann werden sie sehr verschiedene Antwortlisten bekommen. Eine weitgehend übereinstimmende Wahrnehmung von Wirklichkeit rückt in weite Ferne.

Kurz nach der Gründung von Amazon hat Nicholas Negroponte 1995 eine Vision für unser Informationsverhalten beschrieben (NEGROPONTE 1995). Sein Konzept heißt als Wortspiel mit traditionellen Zeitungsnamen ›Daily Me‹. Damit gemeint ist die tägliche digitale ›Zeitung‹, die aus unserer persönlichen Informationsmischung besteht. ›Daily Me‹ stelle ich mit heute als ein multimediales Angebot vor, in das auch der gesamte Input einfließt, den wir über die sozialen Medien bekommen.

Dieser Trend sagt erst einmal nichts über die Qualität der Information aus. Zwar wird viel über hermetische Filterblasen und Echokammern geklagt, die angeblich Folge von Personalisierung und Gruppenbildung in den sozialen Medien sind. Eine negative Gesamtwirkung dieses Phänomens ist aus Sicht der Wissenschaft bisher aber nicht belegt. In der internationalen Forschung gibt es eher Zweifel an dieser Hypothese (FLETCHER 2020), und so ist es auch beim genaueren Blick auf Deutschland (SCHÜNEMANN/STEIGER/KLICHE 2019). Ganz davon abgesehen, dass die prädigitale Zeit natürlich auch ihre Filterblasen und Echokammern kannte. Eine davon hieß Tageszeitung. Die Aufregung um die angebliche Wirkung der Filterblasen ist ein Hinweis darauf, dass wir uns nicht nur in der journalistischen Arbeit vor Kurzatmigkeit und vorschnellen Urteilen in Acht nehmen müssen. Der Debatte über den Medienwandel täte etwas weniger Hektik ebenfalls gut.

Manche Menschen werden heute im Ganzen sogar besser informiert sein als je zuvor, weil sie die neuen Möglichkeiten gut nutzen können. Ein Forschungsteam des ›Reuters Institute‹ an der Universität Oxford hat das digitale Informationsverhalten in Großbritannien während des Unterhauswahlkampfs 2019 untersucht (FLETCHER/NEWMAN/SCHULZ 2020). Ein Ergebnis ist, dass Nutzerinnen und Nutzer sozialer Medien mit vielfältigeren Informationen versorgt wurden als andere Wählerinnen und Wähler. Die für mich wichtigere Frage ist daher, wie viel Informationsjournalismus überhaupt noch im ›Daily Me‹ enthalten ist. Dieselbe Studie aus Oxford hat da kein beruhigendes Ergebnis: Die Menschen haben sogar in der hochpolitisierten Phase unmittelbar vor der britischen Parlamentswahl im Schnitt nur magere drei Prozent ihrer Online-Aktivitätszeit für nachrichtliche Information aufgewandt.

News-Deprivierte

Diese Beobachtung passt zu der in der Schweiz betriebenen Forschung zum Phänomen der ›News Deprivierten‹. Gemeint sind Menschen, die journalistische Informationsangebote unterdurchschnittlich nutzen. Menschen, die Gefahr laufen, zu wenig vom Weltgeschehen mitzubekommen, um noch einen Grundüberblick über Entwicklungen zu behalten, die auch sie betreffen. Das ›Forschungszentrum Öffentlichkeit und Gesellschaft‹ der Universität Zürich berichtet in der jüngsten Ausgabe seines *Jahrbuchs Qualität der Medien* (FÖG 2020), dass die Gruppe der News-Deprivierten in der Schweiz zwischen 2009 und 2020 von 21% auf 37% gewachsen sei. Mehr als die Hälfte der Altersgruppe der jungen Erwachsenen gehörten dazu. Auf Nachrichten werden die jüngeren Menschen auch laut dieser Studie vor allem dann aufmerksam, wenn sie im persönlichen Netzwerk – direkt oder digital – oder durch Influencerinnen und Influencer Hinweise bekommen. Nachrichten werden dann geschätzt, wenn sie die persönliche Lebenswelt betreffen und zur eigenen Identität und zur Community passen.

Ob nun viel oder wenig Information wahrgenommen wird – in jedem Fall fehlt es an der Plattform oder an einer überschaubaren Zahl von Plattformen, auf denen gesellschaftliche Diskussionen gemeinschaftlich stattfinden könnten. Dem stehen auch die nach den Generationen stark unterschiedlichen Informations- und Kommunikationsgewohnheiten entgegen. Das mag ein Übergangsphänomen sein, stellt aber noch für einige Zeit eine weitere Hürde auf dem Weg zu einer gesamtgesellschaftlichen Aushandlung von Themen dar

Kommunikation und Sozialkapital

Ich möchte noch einen anderen Blick auf die Folgen werfen, die das Schwinden der gemeinsamen Räume von Erlebnissen und Informationen hat. Von polarisierten und fragmentierten Gesellschaften ist derzeit viel die Rede. Was da offenkundig fehlt, ist der soziale Kitt. Ein wenig wissenschaftlicher ausgedrückt geht es um das Sozialkapital oder den Zusammenhalt als Summe der sozialen Bindungen in einer Gesellschaft. Einen wichtigen Beitrag zu dieser Debatte hat der amerikanische Politikwissenschaftler Robert Putnam geleistet, der in *Bowling Alone* über das zurückgehende Sozialkapital in den USA und über die negativen Folgen für die Demokratie geschrieben hat (PUTNAM 2000).

Putnam und andere in diesem Forschungsbereich unterscheiden die sozialen Bindungen in drei Kategorien (vgl. FRANZEN/FREITAG 2008). Da ist eine horizontale Verbindung von Menschen, die nach Überzeugung und Status viel gemeinsam haben. Dann sind da vertikale Beziehungen zwischen Menschen, deren Ansichten und soziale Lagen unterschiedlich sind. Das eine wird oft mit ›Bonding‹ bezeichnet, das andere mit ›Bridging‹. Die dritte Komponente wird ›Linking« genannt und meint das Verhältnis der Bürgerinnen und Bürger zur offiziellen Sphäre, also etwa zu Behörden, zur Regierung und deren Repräsentanten.

Alle drei Ebenen sollten gut funktionieren, damit eine Gesellschaft ein ausreichendes Sozialkapital besitzt. Das ›Bonding‹ unterstützen soziale Medien gut. Beim ›Bridging‹ und ›Linking‹ sind aus meiner Sicht Massenmedien wie die klassischen Nachrichtenanbieter stärker, allerdings nur unter folgenden Voraussetzungen: Sie müssen sich um die Darstellung unterschiedlicher Standpunkte bemühen und täglich versuchen, Menschen unterschiedlicher Ansichten zusammenzubringen. Sie sollten über Regierungs- und Behördenhandeln kritisch, aber nicht verächtlichmachend berichten. Und sie müssen die Probleme der

Gesellschaft und einzelner Gruppen aufgreifen, damit die Betroffenen gehört und gesehen werden, auch von den Mächtigen. Die Pflege des Gemeinwohls, der Aufbau von Sozialkapital, das sind klassische Aufgaben öffentlich-rechtlicher Medien.

Atome statt Moleküle

Kommen wir zu einer anderen Konsequenz der Digitalisierung von Information: Immer seltener nutzen Menschen zusammengestellte Nachrichtenangebote. Natürlich ist kein journalistisches Angebot je vollständig, egal wie umfangreich es ist. Und doch erarbeiten Redaktionen ihre Zeitungen, Webseiten oder Sendungen in der Absicht, im Ganzen alles Wichtige zu übermitteln, sie versuchen sich an Einordnung und Erklärung. Falls es sich nicht um voreingenommene Medien handelt, wollen sie zudem alle bedeutenden Standpunkte vermitteln.

Ergeben sich über einen Nachrichtentag mit unterschiedlichen Themen und verschiedenen Standpunkten im Radio oder Fernsehen nach 24 Stunden in der Summe automatisch Ausgewogenheit und redaktionelle Fairness? So haben das früher viele gesehen, doch der Gedanke hatte schon immer seine Schwächen. Es erreicht eben nicht alle, wenn zum Thema Niedriglohnsektor für Stunden der BDI zu Wort kommt, dann aber am Nachmittag auch der DGB – oder umgekehrt. Und der Hinweis auf eine Meldung in der Sendung um zwei Uhr in der Nacht entkräftet nicht ernsthaft den Verdacht, eine Redaktion vernachlässige die Berichterstattung über den Krieg in Syrien.

Dennoch bietet schon eine einzelne Nachrichtensendung die Möglichkeit, verschiedene Aspekte zu mehreren Themen zu erfahren. Wer etwas mehr Zeit hat, bekommt im Radio zur Vertiefung ein Interview, ein Hintergrundfeature oder einen Kommentar. In der Zeitung ist es von der Meldung auf Seite eins nicht weit zur Reportage auf Seite drei. Solche journalistischen Angebote lassen sich als ›Moleküle der Information‹ beschreiben. In der digitalen Welt steht in freien Ländern bei Internetzugang zu fast jedem Thema viel Information zur Verfügung. Sie zu sehen, setzt aber Anstrengung voraus, genauso wie Expertise in der digitalen Suche und oft Sprachkenntnisse.

Wer sich dieser Mühe nicht unterzieht, der wird sich vielfach mit einem Informations-›Atom‹ begnügen müssen, einer Meldung ohne Hintergrund und Einordnung. Wenn es schlecht läuft, kommt nicht einmal dieses Nachrichtenatom an, sondern nur die einseitige Stellungnahme eines Politikers oder eine Lobbybotschaft. In vielen Fällen sehen Menschen in den sozialen Medien nur eine Schlagzeile, einen zugespitzten Teaser oder ein suggestives Bild. ›Entkontextualisierung‹, das ist ein schwieriges, aber wichtiges Wort. Schwierig und problematisch für die gesellschaftliche Information ist der Prozess, den es beschreibt.

Plattformen statt Marken

Ein Teil der Gesellschaft zieht sich von den klassischen Informationsanbietern zurück. Insbesondere die Jüngeren, so sagen uns derzeit viele Studien, denken kaum noch in Medienmarken, sondern in Plattformen. Soll heißen, sie informieren sich digital nicht mehr (nur) gezielt und bewusst bei der *Tagesschau* oder beim *Guardian*. Sie nehmen wahr, was ihnen bei Instagram (NEWMAN 2020: 10) oder YouTube (vgl. STOCKING et al. 2021) mitgeteilt und empfohlen wird. Auch Facebook ist in verschiedenen westlichen Gesellschaften und für nicht mehr ganz so junge Menschen eine zentrale ›Quelle‹ von Nachrichten. Die Marktanteile und Rollen der verschiedenen Plattformen und Messenger variieren von Land zu Land teils deutlich. So oder so – klassische Medienanbieter befinden sich in einem Dilemma: Sie stellen ihre Inhalte in die Schaufenster dieser großen Digitalkonzerne. Das scheint überlebenswichtig zu sein, verstärkt aber zugleich die Dominanz der Plattformen über die Redaktionen.

Viele Nutzerinnen und Nutzer erwarten, dass wichtige Nachrichten sie schon irgendwie über die Netzwerke erreichen werden. Das ist aber nicht garantiert. Diese ›News finds me‹-Haltung geht auch einher mit weniger Interesse an Politik und geringeren Kenntnissen darüber. Das ist das Ergebnis einer für die Vereinigten Staaten repräsentativen Studie (GIL DE ZÚÑIGA/DIEHL 2019). Auch die Wahlbeteiligung ist in dieser Gruppe nicht so hoch wie bei Personen, die sich aktiv um Informationen bemühen. Auf Mobilgeräten werden Informationen recht häufig, aber auch jeweils eher kurz konsumiert. Diese Alltagsbeobachtung wird durch wissenschaftliche Forschung zum ›News Snacking‹ bestätigt (MOLYNEUX 2018).

Ebenfalls viele Menschen beziehen einen guten Teil ihrer Informationen über die Aktualität anhand von Internetsuchen. Auch hier kämpfen die Redaktionen um einen Platz an der Sonne. Sie unterziehen ihre Inhalte der Suchmaschinenoptimierung, unter anderem mit bestimmten Schlüsselwörtern oder Formatierungen. Der Kampf um das Google-Ranking ist hart. Denn bei einer Suche bekommen oft nur die ersten zwei oder drei Treffer überhaupt noch Aufmerksamkeit. Die zweite Seite eines beliebigen Suchergebnisses hat kaum mehr Sichtbarkeit als die abgewandte Seite des Mondes.

Was die Qualität der Ergebnisse angeht, waren zwei Männer, die es wissen müssen, schon Ende der 1990er-Jahre skeptisch. Die beiden Google-Gründer Sergey Brin und Larry Page waren damals noch als Stanford-Studenten in ihrem programmatischen Text über die Websuche zu dem Schluss gekommen:

> »The goals of the advertising business model do not always correspond to providing quality search to users. [...] we expect that advertising funded search engines will be inherently biased towards the advertisers and away from the needs of the consumers« (BRIN/PAGE 1998).

Das Internet im Allgemeinen und Suchmaschinen im Besonderen haben enorm zur Verbreitung von Wissen beigetragen. Sie sind aber auch die größten Verbreiter von Vorurteilen und Falschinformationen in der Geschichte der Menschheit. Dabei unterscheidet sich das Google-Wissen deutlich vom Baidu Wissen, um nur die größte chinesische Suchmaschine zu nennen. Wiederum andere Menschen erwerben ihr Wissen bei Facebook, Twitter oder Instagram und sind dabei immer von den Regeln und Algorithmen der jeweiligen Plattformen abhängig.

Nachrichten für jüngere Menschen

Die Nachrichtennutzung der jungen Generation wurde schon mehrfach angesprochen. Die Wissenschaft schaut gebannt darauf, und so halten es erst recht die Medienunternehmen, die um ihre Zukunft kämpfen. Aus Studien wie den bereits erwähnten *Digital News Reports* wissen wir, dass soziale Medien für Jüngere eine wichtige Rolle spielen wie auch Empfehlungen von Menschen, die sie kennen. Die Erwartung ist verbreitet, dass relevante Informationen sie schon irgendwie erreichen werden. Wir wissen, dass viele in dieser Altersgruppe ihre Lebenswirklichkeit zu wenig in den Standardnachrichten wiedererkennen, dass sie negativer Berichterstattung überdrüssig sind und Lösungsorientierung schätzen.

Es ist allerdings nicht erst heute selbstverständlich, dass jüngere Menschen sich anders informieren und andere Inhalte wünschen, dass Teenager sich in einer anderen Lebenswelt bewegen. Kann man daraus wirklich ableiten, wie diese Menschen sich in zwanzig Jahren verhalten werden? Ja und Nein, finde ich. Wer mit dem Smartphone und Netflix aufwächst, wird vermutlich auch mit vierzig keine Papierzeitung abonnieren und beim Fernsehen abwarten wollen, was am Abend im linearen Programm kommt. Damit geben sich allerdings auch viele Menschen mit ergrautem Haar schon jetzt nicht mehr zufrieden. Gut möglich, dass die heute Jungen auch später einen anderen Ton und andere Perspektiven in den Nachrichten haben wollen. Doch auch das ist nicht neu, wie Vergleiche mit Zeitungen von 1980 oder Nachrichtensendungen aus dieser Zeit zeigen.

Doch wissen wir tatsächlich auch, wie die inhaltliche Informationserwartung der heute 15-Jährigen aussehen wird, wenn sie älter werden, wenn sie im Beruf sind und Kinder haben? Die Medienfuturologie sollte Vermutungen über Formen der Nutzung auf der einen und Mutmaßungen über künftige inhaltliche Erwartungen auf der anderen Seite auseinanderhalten. Wir sollten nicht nachlassen, jungen Menschen mehr als Soft News anzubieten, auch im Sinne von Barack Obamas Worten aus dem Mai 2010 zu Studierenden in Hampton/Virginia:

> »[...] you're coming of age in a 24/7 media environment that bombards us with all kinds of content and exposes us to all kinds of arguments, some of which don't always rank that high on the truth meter. And with iPods and iPads; and Xboxes and PlayStations – none of which I know how to work – (laughter) – information becomes a distraction, a diversion, a form of entertainment, rather than a tool of empowerment, rather than the means of emancipation. So all of this is not only putting pressure on you; it's putting new pressure on our country and on our democracy« (OBAMA 2010).

Digitaler Stammtisch und Belohnungssystem

Die umwälzende Wirkung der sozialen Medien auf den Informationsbereich haben wir uns angeschaut. Nun noch ein Wort zu der immer wieder anzutreffenden Pauschalverdammung, soziale Medien würden die Menschheit grundsätzlich schlechter machen. Helen Margetts beschreibt es für die politische Sphäre so:

> »Social media are blamed for almost everything that is wrong with democracy. They are held responsible for pollution of the democratic

environment through fake news, junk science, computational propaganda and aggressive microtargeting. They are accused of creating political filter bubbles [...] In turn, these phenomena have been implicated in the rise of populism, political polarisation, waves of hate against women and minorities, far-right extremism and radicalisation, post-truth and political chaos, the end of democracy and ultimately the death of democracy« (MARGETTS 2019: 107).

Margetts ruft alle, denen an der Demokratie gelegen ist, dazu auf, sich nicht lange mit Leugnung und Trauerarbeit aufzuhalten, sondern direkt zur Akzeptanz überzugehen. Auf diesem Wege könne man schneller zu konstruktiven Überlegungen kommen, wie es funktionierende Demokratien im Zeitalter der sozialen Medien geben kann.

Aus Sicht von Jasmin Fitzpatrick sind soziale Medien zwar

»politisch und politikwissenschaftlich zum zentralen Element geworden. Jedoch sollte ihr Potenzial nicht überschätzt werden. Noch wissen wir zu wenig über systematische Effekte auf Regimewandel, über durch soziale Medien unterstützte politische Partizipation, über Langzeiteffekte« (FITZPATRICK 2019: 181).

Nach meiner Einschätzung wird sich jeder, der die Regenbogenpresse kennt, schwertun, in den sozialen Medien neue und tiefere Abgründe zu finden. Außerdem bekommen wir vom digitalen Stammtisch einfach mehr mit als von den analogen Eckkneipengesprächen, die aber immer schon da waren. Wahr ist allerdings auch, dass die digitalen Möglichkeiten der Kommunikation, Vernetzung und gegenseitigen Bestätigung im Guten wie im Bösen funktionieren: Bienen- und Blumenfreunde aus aller Welt finden nun genauso über einst unüberbrückbare Distanzen zusammen wie Rassisten.

Sie alle haben ein neues und ungeahntes Veröffentlichungspotenzial. Insgesamt werden so mehr radikale und abstruse Positionen in die gesellschaftliche Diskussion gespült und damit indirekt auch in die nachrichtliche Berichterstattung. Ich halte die

Entwicklung für offen: Eine weitere Verschlechterung der Debattenkultur ist möglich, genauso möglich sind aber Gewöhnungs- und Korrektureffekte, die dem Ganzen die Schärfe nehmen.

Eine andere Frage ist die nach den individuell und gesellschaftlich bedeutsamen Gesundheitsfolgen der Nutzung von Internet- und Smartphones. Knapp fünfzehn Jahre nach der Einführung des iPhones haben die mobilen Computer unser Leben in den industrialisierten und wohlhabenden Ländern auf den Kopf gestellt. Die Smartphones geben uns enorme neue Möglichkeiten – verlangen aber auch einiges, vor allem viel Zeit und Aufmerksamkeit. Es scheint so zu sein, dass Interaktionen, ›Likes‹ und ›Gefällt mir‹ -Reaktionen in den sozialen Medien gezielt das Belohnungssystem in unserem Gehirn ansprechen und die Nutzung weiter befeuern. Eine Stichwort-Suche bei Google zeigt, dass die Forschung zu ›Internet Communication Use Disorder‹ und ›Smartphone Communication Use Disorder‹ auf Hochtouren läuft. Mir kommt eine pauschale Pathologisierung nicht in den Sinn. Doch von der ›Smartphone-Kommunikationsstörung‹ werden wir sicher noch einiges hören. Für Nachrichtenredaktionen wird dabei unter anderem die Frage wichtig sein, wie sie auf mobilen Geräten Aufmerksamkeit erreichen können, ohne als Belastung wahrgenommen zu werden.

Künstliche Intelligenz

AI, diese Abkürzung haben mehr als zwei Generationen von politischen Journalistinnen und Journalisten selbstverständlich mit ›Amnesty International‹ aufgelöst. Heute sind die zwei Buchstaben für jüngere Menschen in den Medien immer noch ein klarer Fall. Nur verbirgt sich für sie ›Artificial Intelligence‹ dahinter, also die Künstliche Intelligenz, im deutschsprachigen Raum auch kurz als ›KI‹ bekannt. Was KI genau meint, ist nicht einfach zu sagen. Schon das zugrunde liegende Konzept von menschlicher Intelligenz hat Unschärfen und kennt mehrere Definitionen. Ich verstehe ›KI‹ als einen Sammelbegriff und möchte hier auf die Folgen für den Informationsjournalismus hinaus. Die Frage lautet: Droht redaktionell angefertigten Nachrichten die Verdrängung, droht ihnen ein K.o. durch KI?

Seit Jahren gibt es das Schlagwort des ›Roboterjournalismus‹: Software bereitet Daten zu Texten auf. Verschiedene Medien experimentieren damit. Diese Anwendungen kommen bislang vor allem in den Themengebieten Sport, Wetter, Börse und Verkehrsnachrichten zum Tragen. Überall dort gilt es, große Datenmengen zu sortieren. Überall dort ist eine stark kodifizierte, sich wiederholende Sprache üblich, die das Programmieren im Sinne einer Wenn-Dann-Struktur möglich macht.

In einer Anfängerübung für Nachrichtenredakteure, an der ich einmal teilnehmen durfte, haben wir im Wetterbericht bei hoher Regenwahrscheinlichkeit Sätze hinterlegt wie »Vergessen Sie lieber Ihren Schirm nicht.« Und in der Meldung über ein Fußballspiel, das nach 45 Minuten 0:3 steht, aber 3:3 ausgeht, kann man für die Überschrift den Begriff »Aufholjagd« programmieren oder »Drei Punkte aus der Hand gegeben«. Das hängt davon ab, aus der Perspektive welcher Mannschaft getextet werden soll. So oder so kann der erste Satz der Meldung auf »zwei völlig unterschiedliche Halbzeiten« verweisen. Auch wenn ich kein Fan dieses ›Roboterjournalismus‹ mehr werde: Einfach strukturierte Texte können durchaus so entstehen. Sie sind, was einige Untersuchungen nahelegen, oft nicht von ähnlichen journalistischen Einzellern aus Menschenhand zu unterscheiden.

KI ›kuratiert‹

In deutlich anderer Weise ist KI im Einsatz, wenn es um das Zusammenstellen von Nachrichtenangeboten aus vorhandenen Texten geht – modern ist es im Augenblick, hier von ›Kuratieren‹ zu sprechen. Im Frühjahr 2020 machte die Meldung die Runde, dass Microsoft zahlreiche Menschen bei Microsoft News und dem ebenfalls mit Nachrichten ausstaffierten Portal MSN.com entlassen habe. Ihre Jobs übernahm die KI. Das überrascht wenig, wenn man sich das Angebot Google.news in Erinnerung ruft, ob nun die Webversion oder die App. Auch für Google.news wurden und werden viele Informationsbeiträge per Software erzeugt. Das Erstellen von Listen mit Fremdinhalten durch Algorithmen ist nichts Neues. Beunruhigt bin ich dennoch.

Denn die automatisierte Auswahl folgt programmierten Kriterien. Wer diese Kriterien programmiert, folgt Interessen. So einfach ist das und so zieht es sich durch den gesamten Bereich der digitalen Anwendungen, in denen das Vorschlagsprinzip (»Wenn Ihnen dieser Artikel gefällt, dann …«) dominiert. Diese Interessen können im Verkauf einer Ware bestehen oder indirekt im Verkauf von Werbung für Produkte. Es kann auch um politische Beeinflussung gehen. Das gilt, ganz gleich ob mit ›Individualisierung‹, ›Personalisierung‹ oder einer optimalen ›User Experience‹ geworben wird.

Vorstellen kann ich mir Situationen, in denen Redaktionen Teile des Zusammenstellens von Meldungen und Beiträgen an Software outsourcen, schlicht um Zeit für journalistisch wichtigere Aufgaben zu haben. Entscheidend ist, dass die Algorithmen transparent gemacht werden, damit alle sehen können, wie ausgewählt wird – und damit diese für unsere Gesellschaft so wichtigen Faktoren Gegenstand offener Debatten werden können.

Besonders nützlich ist KI bei datenjournalistischen Projekten, die von internationalen Recherchen bis zur Betrachtung der Landarztversorgung in Ostfriesland wertvolle Einsichten liefern können. Eine große Hilfe auch für redaktionelle Zwecke sind die Übersetzungen aus allen möglichen Sprachen durch die KI. Die Entwicklung dieses Anwendungsbereichs ist atemberaubend. Sinnvoll ist der Einsatz der Künstlichen Intelligenz in allen Bereichen, in denen Menschen der schieren Masse an Daten nicht gewachsen sind. Da ist etwa die Beobachtung der sozialen Medien: Aus der Betrachtung auffälliger digitaler Aktivitäten an einzelnen Orten kann man beinahe in Echtzeit von Anschlägen erfahren oder von Naturkatastrophen. Das interessiert den Zivilschutz genauso wie Redaktionen.

Zu Tage kommen dabei auch die Themen, die in einer Gesellschaft im Trend liegen. Zumindest sagen das viele. Aus meiner Sicht zeigt sich jedoch erst einmal nur, welche Themen in den sozialen Medien stark angesprochen, geteilt und kommentiert werden. Wer früh davon erfährt, kann allerdings im Vorteil sein, und bei relevanten Inhalten ist das für die Nachrichten hilfreich. Von ›Trendscouting‹ mit dem einzigen Zweck des reichweitenbringenden Trendsurfens und -verstärkens halte ich allerdings nichts.

Die Beobachtung der sozialen Medien kann in einzelnen Fällen nicht beachtete, aber wichtige Themen sichtbar machen. Sie kann international Nachrichteninhalte anzeigen, die durch das Korrespondentennetz gerutscht sind. Sie kann aber auch auf Themen stoßen, die sich nach weiterer Recherche als irrelevant oder sogar falsch herausstellen. In jedem Fall ist das ›Social Media Monitoring‹ für Redaktionen zumindest derzeit eine aufwendige Sache, selbst wenn eine Software sich um die Rohdaten kümmert. Daher dürfte ein guter Teil dieses Marktes von den Nachrichtenagenturen absorbiert werden.

Sozial- und demokratieverträgliche Technik willkommen

Noch sind wir so gut wie überall eindeutig im Bereich der sogenannten ›schwachen KI‹, die schon eine Menge kann, die aber eben nicht wie Menschen planerisch und abwägend, empathisch und mit Eigenwahrnehmung vorgeht. Das wäre dann die ›starke KI‹, die wir momentan wohl vor allem aus dem Bereich der Science Fiction kennen. Dennoch ist es heute bereits überfällig, die vorhandene Künstliche Intelligenz sozial- und demokratieverträglich zu gestalten und einzusetzen. Überlegungen über solch ein Konzept von ›KI-Fairness‹ haben unter anderen Frank Marcinkowski und Christopher Starke angestellt (MARCINKOWSKI/STARKE 2019). Im Bereich der ›Fairen Algorithmen‹, die Vielfalt und anderen gesellschaftlich positiv bewerteten Zwecken dienen, könnte Potenzial stecken. Doch auch ›gute KI‹ muss kontrolliert werden, denn es gibt keine Algorithmen ohne die Gefahr des Missbrauchs.

Warnend hat sich zuletzt der Philosoph Thomas Metzinger geäußert. Er zog in der *Süddeutschen Zeitung* nicht nur eine ernüchternde Bilanz seiner Beteiligung an einer EU-Expertengruppe zur Regulierung von KI. Metzinger sprach auch über die »ständige Optimierung Sozialer Medien« und meinte:

> »Die Leute haben gerade verstanden, dass KI im Schach oder Go gegen die besten Menschen gewinnt, dabei spielen künstliche Intelligenzen gerade ein anderes Spiel: Wer kontrolliert menschliche Aufmerksamkeit, die biologischen Gehirne der Individuen oder lernende KI-Algorithmen unserer medialen Umwelt? Facebook und Tiktok sind für mich eine systemgefährdende Hochrisiko-Technologie« (METZINGER 2021).

Für den Kernbereich der Nachrichtenarbeit halte ich jede technische Unterstützung für willkommen, die bei Recherche und Umsetzung hilft, die das Finden und Verbreiten relevanter Informationen erleichtert. In dieser Hinsicht stehen wir in der aufziehenden Ära der KI nicht anders da, als in den 1990er-Jahren, in denen ich als junger Redakteur die Einführung der PCs miterlebt habe, die Ablösung der Fernschreiber und der Schreibmaschinen. Auch das ging nicht ohne Verunsicherungen und Kulturkampf ab, war aber zumindest in unserem Fall an journalistischen Zielen orientiert.

Ich bin neugierig, welche KI-Angebote noch kommen. Außerhalb des Kernbereichs nachrichtlicher Aufgaben spielt Automatisierung schon länger eine unterstützende Rolle, zum Beispiel bei der Bestückung sozialer Medien und bei der Bearbeitung von Kommentaren dort. Meine Hoffnung ist, dass Nicholas Diakopoulos Recht behält, der Autor von *Automating the News* (DIAKOPOULOS 2019). Er geht davon aus, dass nur ein kleiner Teil der eigentlich journalistischen Arbeit ersetzt werden kann, und dass die frei gewordenen Ressourcen dann weitgehend in mehr und bessere Berichterstattung gesteckt werden.

Nichts mehr wert? – Die (scheinbar) kostenlose Ware Nachricht

»Nachrichten sind nichts mehr wert.« Kaum eine Einschätzung über den Informationsjournalismus ist so falsch und gefährlich wie dieser Satz. Das Argument funktioniert ungefähr so: Information jeder Art ist inzwischen allgegenwärtig. Bundestag und Brüssel, Bruttosozialprodukt und Bundesliga – das Wichtigste dazu gibt es überall im Netz. Die Gesetze des Marktes führen deshalb zwangsläufig zu einer Entwertung, wie bei jeder anderen im Überfluss vorhandenen Ware.

Auf den ersten Blick leuchtet das ein. Denn es stimmt ja, Nachrichten waren noch nie so leicht zu bekommen wie heute. Der Zugang zu Information ist in den vergangenen Jahrzehnten dramatisch einfach geworden. Auf den sicheren Zugang zu sauberem Trinkwasser warten dagegen nach Angaben der Vereinten Nationen immer noch gut zwei Milliarden Menschen vergeblich. In vielen Flüchtlingslagern fehlt es an Brunnen oder anderen Formen der Wasserversorgung. Die Frauen und Männer dort können sich aber mit ihren Smartphones über das Weltgeschehen auf dem Laufenden halten.

Bei genauerem Hinsehen ändert sich das Bild. Zunächst einmal dürften in Wahrheit weltweit mehr Menschen von halbwegs freier Information abgeschnitten sein als von anständigem Trinkwasser. Außerdem leben wir in einer überwiegend kapitalistisch organisierten Welt, in der alles seinen Preis hat und bezahlt werden muss. Auf unser Beispiel bezogen bedeutet dies: Jeder hat sein Smartphone irgendwann einmal gekauft. Jeder zahlt Netzentgelte oder nutzt ein WLAN, für das irgendjemand aufkommt. Die Akkus der Geräte brauchen Ladestrom, den es nicht umsonst gibt. Bleibt als Zwischenergebnis: Auch wenn sich die Infrastruktur für den Empfang von Nachrichten dramatisch geändert hat, so wird nach wie vor dafür bezahlt, nur an anderer Stelle.

Doch wie sieht es aus, wenn man die Infrastruktur außen vorlässt? Wenn erst mal Netz und Gerät da sind, dann stehen zumindest in freien Staaten tatsächlich viele Informationen zur allgemeinen Verfügung, selbst ohne digitale Abos. Die kostenfreien Angebote gehen im Netz mit Werbung einher, so wie früher auch Zeitungen voller Werbung waren und maßgeblich dadurch finanziert wurden. Daraus macht niemand ein großes Geheimnis. Eine Reihe von digitalen Informationsanbietern stellt uns offen vor die Wahl, die Webseiten mit Werbung zu nutzen oder ohne, dann aber gegen Geld. Wo keine erkennbare Werbung zu finden ist, da könnte die Nachricht auch selbst Werbung sein. Vielleicht erhält man dort Informationen von einer Seite, die mit ihnen politische, wirtschaftliche oder sonstige Interessen verbindet.

Mit Daten zahlen

Grundsätzlich bezahlen wir im vermeintlichen Gratisbereich der digitalen Welt mit unseren Daten. Alles und immer. Die angeblich kostenfreien Nachrichten sind da keine Ausnahme. Das gilt erst recht, wenn wir unsere Informationen über die großen sozialen Netzwerke bekommen. Daher die Faustregel: »Wenn man für etwas nicht bezahlt, ist man selbst das Produkt.« Einige wenige Nutzer versuchen sich dem zu entziehen und bewegen sich mit viel Aufwand anonym im Netz. Andere geben viele ihrer Daten selbst da preis, wo sie eine Ware oder eine Dienstleistung kaufen. Wer das macht, zahlt doppelt.

Der Philosoph Markus Gabriel denkt bei Amazon an Heideggers Wortspiel von den Menschen als den »Angestellten des Bestellens«. Gabriel sieht uns alle als »digitales Proletariat einer US-amerikanischen Elite«, deren Netzwerke wir mit Daten füttern. Seine Forderung lautet, »dass die sozialen Medien jedem Geld geben, der für sie arbeitet« (GABRIEL 2019). Ich wäre schon zufrieden mit einer angemessenen Besteuerung der Digitalkonzerne. Die so eingenommenen Mittel könnten für Programme zum Aufbau der Medienkompetenz genutzt werden und zur Unterstützung von Redaktionen in Existenznot.

Unser informationelles Bewegungsprofil erfasst die Seiten, die wir ansteuern, die Themen, nach denen wir suchen, oft unseren Aufenthaltsort und vieles mehr. Das wesentliche Ziel dahinter ist die Möglichkeit, nach dem schon angedeuteten System persönlich zugeschnittene Werbung empfehlen zu können. Doch die Online-Kundschaft wird auch über das eigene Konsumverhalten hinaus mehr oder weniger transparent. Große Akteure wie Google und der chinesische Staat sind in der Lage, mit der Masse an Daten Analysen anzustellen, deren Tragweite zumindest ich nicht völlig überschauen kann.

Nachrichten im Hochpreissegment

Noch einmal zurück zu dem Argument, Nachrichten seien allgegenwärtig und daher nicht mehr viel wert. Welche Informationen sind da eigentlich gemeint? Für politisch besonders relevante Nachrichten jedenfalls, die ich gerne auch im DEUTSCHLANDFUNK senden würde, geben Staaten und Unternehmen beachtliche Teile ihrer Budgets aus, in Euro und Dollar, in Yuan, Rubel und in vielen anderen Währungen. Mit dem Geld werden Spionage und ähnliche Erkundigungen finanziert. Nicht von ungefähr ist in diesem

Bereich von ›Nachrichtendiensten‹ die Rede. Deren Auftrag besteht darin, Geheimes in Erfahrung zu bringen, allerdings ohne die journalistische Ambition einer allgemeinen Veröffentlichung. Ich riskiere nicht viel mit der Behauptung, dass auch die Bundesrepublik Deutschland sich derartige Aktivitäten im Ausland einiges mehr kosten lässt, als deutsche Medien für ihre Korrespondentennetze ausgeben.

Etwas weniger geheimnisvoll, aber auch nur einem kleineren Kreis bekannt, ist die Arbeit von großen Dienstleistern, die Banken, Versicherungen und andere Firmen mit Wirtschafts- und Finanzinformationen versorgen. Neben Bloomberg ist Thomson Reuters zweiter globaler Marktführer. In diesem Unternehmen ist auch die Agentur Reuters aufgegangen, deren weit bekannteres Nachrichtengeschäft nur einen geringen Teil des Umsatzes ausmacht. Darüber hinaus gibt es eine kaum überschaubare Zahl von Auskunfteien, die sich auf den Handel mit Informationen zu bestimmten Märkten und Produktbereichen spezialisiert haben.

Natürlich sind auch die von Geheimdiensten oder Fachagenturen recherchierten Informationen nicht immer korrekt, doch sie werden manchmal beinahe mit Gold aufgewogen. All das mit der journalistischen Arbeit zu vergleichen, mag ungewöhnlich sein. Ich halte es für angemessen, weil nach wie vor viele für die Öffentlichkeit relevante Informationen nur in Berichten für einen kleinen Kreis und gegen Geld auftauchen, aber nie in den Nachrichten, die doch angeblich so umfassend und kostenfrei verfügbar sind.

Informationelle Mehr-Klassen-Gesellschaft

Nachrichten sind in der Menschheitsgeschichte nie Ramschware gewesen. Sie sind es auch durch die Digitalisierung der Kommunikation nicht geworden. Zwar laufen heute viele Kurzmeldungen direkt und für alle ins Netz, die vor dreißig Jahren erst einmal nur Journalistinnen und Journalisten gesehen hätten. Im Netz finden sich aber deshalb auch jede Menge automatisiert durchgereichte Meldungen, die früher gar nicht veröffentlicht worden wären, zumindest nicht mit dem Etikett ›Nachrichten‹. Sie hätten eine redaktionelle Prüfung nicht überstanden. Von solchen Junk-News war schon die Rede.

Meldungen und Beiträge hingegen, die redaktionell für besonders wichtig und interessant gehalten werden, finden sich immer öfter hinter einer Bezahlsperre. So haben wir in der angeblich üppigen und kostenfreien Nachrichtenwelt in Wirklichkeit längst schon wieder eine Mehr-Klassen-Gesellschaft. Die Informationsmöglichkeiten der Einzelnen hängen – Karl Marx wäre nicht erstaunt – vom Geld ab. Selbst Menschen ohne finanzielle Sorgen bekommen manche Informationen nicht. Denn auch sie werden sich kaum gleich vierzig digitale Abos leisten, um beim Surfen oder bei Twitter immer zum Volltext zu gelangen. Vielleicht ist es ihnen auch schlicht zu lästig, mit zahllosen Zugängen zu hantieren und immer aufs Neue Passwörter auf den verschiedenen Geräten einzugeben.

Information als öffentliches Gut

Die Idee vom weitgehend kostenlosen Nachrichtenzugang ist also falsch. Leider. Denn nach meiner Ansicht sollten die wichtigsten Nachrichten wirklich allgemein verfügbar sein. Niemand sollte von ihnen ausgeschlossen werden. Gute und vielfältige Information steht meiner Ansicht nach allen Menschen zu, so wie die Gesundheitsversorgung oder die Bildung. Ein Strukturprinzip der Bundesrepublik Deutschland und anderer Länder ist, dass öffentliche Güter gemeinschaftlich organisiert werden. Sie stehen allen zur Verfügung und werden von allen finanziert. Das geschieht entsprechend der finanziellen Leistungsfähigkeit, etwa über die steuerliche Progression.

Die individuelle Leistungsfähigkeit wird in Deutschland auch bei der Information berücksichtigt, zumindest ein wenig: Der Sozialhilfe und den Hartz-IV-Leistungen liegt die Annahme eines durchschnittlichen Bedarfs zugrunde. In diesen sogenannten ›Warenkorb‹ fließen Ausgaben für Zeitungen ein. Noch näher kommen wir dem Allgemeingut Information beim öffentlich-rechtlichen Rundfunk. Dessen Angebote werden zwar mit einer Flatrate pro Haushalt bezahlt, die keine Staffelung nach Einkommen oder Vermögen kennt. Allerdings ist aus sozialen Gründen eine völlige Befreiung vom Beitrag möglich.

Nicht mehr bezahlbar?

Immer wieder hört man die Klage, der Informationsjournalismus sei zu teuer geworden und kaum mehr finanzierbar. Zur Untermauerung wird häufig auf die gerade angesprochene These von der angeblich wertlosen Ware Nachricht verwiesen, auf ein Ausbleiben der für die Information zahlenden Kundschaft. Nicht zuletzt mit dieser Begründung sind über Jahrzehnte Zeitungsredaktionen verkleinert und geschlossen worden. Dabei konnte man lange Jahre mit einer Druckmaschine viel Geld verdienen. Der Printmarkt war zeitweilig so, dass hohe Gewinnmargen kaum zu verhindern waren. Das lag nicht etwa daran, dass die Menschen damals mehr für Nachrichten ausgegeben hätten. Auch wurde in dieser Zeit nicht weniger in redaktionelle Arbeit investiert, eher im Gegenteil. Der Grund für die enormen Profite war der florierende Markt für Werbung jeder Art und für Kleinanzeigen.

Wer eine Wohnung sucht, nutzt heute vermutlich mehrere entsprechende Webportale. Mitte der 1980er-Jahre versuchte man hingegen, schon am Vorabend ein Exemplar der Samstagszeitung zu bekommen. Gleichzeitig ließ man einen Menschen seines Vertrauens eine Telefonzelle blockieren, um eventuell als einer der ersten bei möglichen Vermietern anrufen zu können. Wer sein Auto verkaufen wollte oder eine Stelle zu vergeben hatte, der kam damals ebenfalls nicht an einer Anzeige vorbei und zahlte dafür. Tinder und Partnerbörsen nannte man damals Kontaktanzeigen – und druckte sie auf Papier.

Zeitungen wurden im Schnitt zu zwei Dritteln durch Werbung und Anzeigen finanziert. Das ist alles vorbei. Dieses besondere Geschäftsmodell für Nachrichten ist nicht am digitalen Wandel an sich zerbrochen. Vielmehr haben sich die Wege von Information und Kleinanzeigen nach Jahrhunderten getrennt. Ob das mit größerem Weitblick zu verhindern gewesen wäre, das ist eine viel diskutierte Frage. Ähnlich hitzig wird darüber gestritten, ob, wie und wann es ein neues, stabiles Erlösmodell für journalistische Inhalte im Internet geben kann.

Über die vielfältigen Aspekte des Umbruchs in der Zeitungsbranche sind Regale voller Bücher erschienen. Meine Empfehlung ist ohne Zögern *Breaking News*, das klug und anschaulich geschriebene Buch von Alan Rusbridger, dem inzwischen in die Wissenschaft gewechselten langjährigen Chefredakteur des *Guardian* (RUSBRIDGER 2018). Für unser Thema möchte ich festhalten, dass das Siechtum der Zeitungsbranche insbesondere der regionalen und lokalen Nachrichtenversorgung schwer zugesetzt hat, und damit auch der regionalen und lokalen Demokratie. *What happens when the news is gone?* heißt ein Artikel im *New Yorker*, der diese Entwicklung für die USA sehr anschaulich beschreibt (BETHEA 2020).

Mit Blick auf die nationale und internationale Berichterstattung zeigt sich ebenfalls Bedenkliches: Der anhaltende Konzentrationsprozess der Presse, die Handvoll gemeinsamer Zentralredaktionen, die dann viele Medien bedienen, all das hat Vielfalt gekostet. Und immer öfter bleibt einzelnen Redaktionen nichts anderes übrig, als noch mehr aus dem Angebot einer Nachrichtenagentur direkt zu übernehmen.

EXKURS: DER ALLTAG DER NACHRICHTEN

Auf der Reise durch die Welt der Nachrichten liegt der erste Teil hinter Ihnen. Es ging darum, verschiedene Probleme zu besichtigen, die aus meiner Sicht zusammengenommen eine handfeste Krise des Informationsjournalismus ergeben. Bevor wir nun zu Lösungsvorschlägen kommen, lassen Sie uns einen Blick in den Alltag werfen.

Eine Redaktion im Lauf der Jahrzehnte

Über Fernsehnachrichten, Zeitungen oder Webportale kann ich nicht aus eigener Anschauung oder Mitwirkung über ein paar Wochen hinaus sprechen. Nehmen wir daher als Beispiel die Nachrichtenredaktion eines bundesweiten Hörfunksenders, in der ich Anfang der 1990er-Jahre erstmals als Praktikant war und in der ich ein wenig später zu arbeiten begonnen habe.

Anfang der 1990er-Jahre

In dieser Zeit erreichten uns die Meldungen der Nachrichtenagenturen noch über Fernschreiber. Jeder nannte sie »Ticker«, wegen des Geräuschs, das sie machten. Der Tickerraum war aus Schallschutzgründen durch eine gestärkte Tür von der Redaktion getrennt. Rund um die Uhr arbeiteten dort Bürokräfte, die das über die Fernschreiber ankommende Material als Meterware mit vielen Durchschlägen abrissen. Die obersten Lagen von *dpa* oder *reuters*, von *ap*, *afp* etc. gingen immer als erstes (Tür auf) zum leitenden Redakteur in den Nachrichten. Die Durchschläge wurden danach (Tür wieder zu) per Rohrpost durch das Funkhaus in andere Redaktionen geschickt. Nebenbei erwähnt gehöre ich zu den Menschen, die sich noch durch Unachtsamkeit in der Rohrpost, diesem Transrapid der frühen Bürokommunikation, einen Finger verletzt haben.

Tapetenrollen und Lineale

Der Dienstleiter oder die Dienstleiterin, so heißen bei uns die leitenden Nachrichtenredakteure nach wie vor, teilten die kleinen Tapetenrollen aus dem Agenturticker dann in die einzelnen Meldungen auf. Das ging so: Lineal draufgelegt und an der Kante schwungvoll abgerissen. Immer wieder. Das Lineal war das Zepter. Ein eindeutiges Zeichen der Kommandogewalt in der Redaktion, wie das Einzelbüro zwischen dem Tickerbereich und dem Großraum.

Die Dienstleiter warfen die meisten der Meldungen nach einem kurzen Blick oder nach ausgiebiger Prüfung weg. Hier fiel die Entscheidung, welche wenigen Themen aus den vielen möglichen aufgegriffen und für unsere Nachrichten bearbeitet wurden. Den von der Spreu getrennten Informationsweizen nahmen die Dienstleiter teils selbst in Angriff. Das meiste gaben sie an Redakteure wie mich weiter, von denen ihnen tagsüber einer, maximal zwei zugeordnet waren. Der Auftrag war stets, die Informationen der Nachrichtenagenturen und anderer Quellen zu prüfen, weitere Recherchen anzustellen und aus all dem dann eine verständliche, im Radio hörverständliche Meldung zu machen.

In den ersten Jahren habe ich die ganze Fülle des Materials nie zu Gesicht bekommen. Erst als ich selbst hin und wieder als

Schichtleiter einspringen durfte, also im Einzelbüro mit dem Lineal, war es so weit. Auch die Eilmeldungen kamen über die Ticker. Es waren wie heute oft nur ein paar Worte. »Kohl wieder Kanzlerkandidat«, »Huge explosion in Gaza. Casualties«. Und wie heute auf unseren Smartphones lösten Eilmeldungen auch bei den Fernschreibern ein Signalgeräusch aus. Die Bürokräfte wussten dann, was zu tun war. Sie brachten den wichtigen Schnipsel direkt in die Redaktion, ohne zu warten, dass erst wieder ein Meter zusammenkam.

Lieferwagen und Stenografinnen

Neben den Agenturmeldungen hatten wir als Quellen vor allem die Zeitungen. Gemeint sind die Papierausgaben der deutschen Presse. Wenn spätabends oder nachts der kleine Lieferwagen vor dem Funkhaus zu hören war, dann holten wir uns an der Pforte rasch unseren Stapel ab. Dann pflügten wir durch die überregionalen Zeitungen, um Recherchen, Interviews und Korrespondentenberichte zu entdecken, die wir für unsere Nachrichten auswerten konnten. Die eigenen Korrespondenten riefen auch schon einmal an, wenn sie etwas exklusiv erfahren hatten.

Am Tag waren auch die Nachrichtenstenografinnen im Einsatz, die in Windeseile mitschrieben, wenn Korrespondenten erste Informationen zu einem Urteil aus Karlsruhe telefonisch durchgaben oder eine wichtige Pressekonferenz in Bonn besucht hatten. Und natürlich haben wir auch damals schon viel herumtelefoniert, bei Politik, Behörden, Verbänden und anderen Akteuren, auf der Suche nach Bestätigung, Dementi, Erläuterungen und sonstigen Informationen. Alles in allem waren das neben den Nachrichtenagenturen unsere Quellen in dieser prädigitalen Zeit.

Auch die Inlands-Presseschauen mussten damals natürlich ohne Online-Ausgaben, ohne die Faxe und später die Mails der Zeitungskollegen von Flensburg bis zum Bodensee auskommen, die uns die Arbeit heute so erleichtern. Einzelne Kommentarauszüge wurden über die Nachrichtenagenturen verbreitet. Das ist immer noch so. Unverzichtbar waren für uns 1990 noch die schon angesprochenen ›echten Zeitungen‹ in Papierform. Wenn da einige bei Eis und Schnee nachts nicht geliefert werden konnten, dann konnte es eng werden für die erste Presseschau um 5:35 Uhr. Dasselbe galt aber auch, wenn man einen Kaffee über die einzige vorhandene Ausgabe der *Süddeutschen Zeitung* gejagt hatte und der Leitartikel nicht mehr zu lesen war.

Für eine unserer nach wie vor schönsten Sendungen, die *Internationale Presseschau*, konnten wir nicht viel ausrichten mit der berühmten ›Fernausgabe‹ der *Neuen Zürcher Zeitung* und ein oder zwei anderen ausländischen Zeitungen, die uns hin und wieder vom selben Tag vorlagen. Uns halfen Korrespondentinnen und Korrespondenten aus Rom, London, Kopenhagen oder Wien, die Pressestimmen nach Köln durchgaben. Auf dem Nachrichtenmarkt allerdings konnte man 1990 mit manchen Inhalten von *Le Monde* oder der *New York Times* noch zwei Tage später für Furore sorgen. Für die deutsche Öffentlichkeit waren da hin und wieder noch Neuigkeiten zu finden, wenn die Kollegen der Nachrichtenagenturen in Frankreich und den USA sie übersehen hatten.

Schreibmaschinen und Tipp-Ex

Anfang der 1990er-Jahre wurden alle Texte diktiert. Gegenüber jeder Redakteurin und jedem Redakteur saß eine Nachrichtensekretärin. Sie brachte den mal mehr und mal weniger flüssigen journalistischen Vortrag zu Papier und hatte als erste Hörerin oft wichtige Anmerkungen. Wie bei einem Sonett oder einem Haiku – die Form der Meldungen war streng und immer gleich: Überschrift, mehrere Absätze. Der erste Satz, Leadsatz genannt, ein Absatz. Dann der übrige Text, mehrere Absätze. Schließlich als Fußzeile der Abspann mit Datum, Uhrzeit, mit den verwendeten Quellen und den

Namenskürzeln von Redakteurin und Sekretärin. »10.5.1992-10:15-dpa/rtr/afp/Studio Bonn-mb-do«, so sah das aus.

Wie oft musste eine Meldung neu angefangen werden, wenn weitere Informationen eintrafen, die ein Umschreiben erzwangen: Das ZK der KPdSU hatte doch noch auf die Aussagen aus Washington geantwortet. Im winterlichen Südtirol waren nun noch mehr Gemeinden von der Außenwelt abgeschnitten. Für eine schon geschriebene Meldung bedeutete dies nichts Gutes und ein neues Papier musste in die Schreibmaschine eingespannt werden.

Neu begonnen wurde oft auch deshalb, weil die Meldung nicht gelingen wollte. Kleinere Korrekturen konnten die in der Redaktion allgegenwärtigen Tipp-Ex-Blättchen möglich machen. Für größere Reparaturen war das flüssige Tipp-Ex da. Aber wenn der Wurm drin war, dann hörte ich als junger Redakteur öfter, als mir lieb war, zwei bittere Geräusche: erst das ruckartige Reißen des Papiers aus der Schreibmaschine, dann das Zusammenknüllen des Blattes, bevor es in den Papierkorb kam. Der begleitende Gesichtsausdruck der Sekretärin variierte je nach der Tagesform und nach der Sympathie mit mir.

Die fertigen Texte kamen dann zum Dienstleiter oder zur Dienstleiterin. Auch sie hatten eine Sekretärin an ihrer Seite. Die Dienstleiter redigierten, indem sie in den Meldungen mal mehr mal weniger brachial mit dem Stift fuhrwerkten. Sätze wurden in Windeseile gestrichen, Pfeile zeigten an, wo es im Text jetzt weitergehen sollte. Einzelne Wörter wurden durchgestrichen und handschriftlich durch andere ersetzt. Das Tipp-Ex erwähnte ich ja schon. Wenn Hopfen und Malz verloren waren, dann musste die Sache völlig neu geschrieben werden. Die Höchststrafe für Redakteure.

Manuskripte und das Sprecherensemble

Unsere Sprecherinnen und Sprecher bekamen von den Dienstleitern für jede Sendung ein kleines Päckchen von Blättern. Nach der Themensichtung war die Auswahl der Meldungen, die dann wirklich über den Äther gingen, der zweite entscheidende Bestandteil ihrer Rolle – und sie ist es heute noch. Jede Sendung ist eine kleine Komposition. Das Wichtigste gehört nach vorne, sinnvolle Zusammenhänge und Übergänge zwischen einzelnen Themen werden gesucht und gefunden. Klar ist eigentlich bis kurz vor der Sendung immer nur eins: Das Wetter kommt ans Ende. Eine wichtige Aufgabe ist das Zählen der Zeilen. Damit wird die Zeit hochgerechnet, die die Präsentation der Sendung dauern wird. Hörfunknachrichten dürfen weder zu lang sein noch zu kurz, sonst kommt das nachfolgende Programm ins Schlingern.

Die Sprecherinnen und Sprecher verwandelten die Texte selbst bei den abenteuerlichsten handschriftlichen Überarbeitungen in erstklassige Hörfunknachrichten. Diese Zeit und die des Tipp-Ex ist vorbei. Die Arbeitsteilung zwischen Redaktion und Sprechern gibt es aber noch heute. Allerdings kommen die Manuskripte nun aus dem Drucker oder werden elektronisch übermittelt, weil wir die Corona-Abstandsgebote einhalten müssen.

Bei den längeren Sendungen gab es und gibt es noch heute drei Schlagzeilen vorneweg und noch einmal zum Schluss. »Zunächst die Übersicht« und »Hier noch einmal die Übersicht« hieß und heißt es dann. In die Mitte wurde jahrzehntelang ein Blatt eingefügt, das nur einen Satz trug: »Sie hören den Deutschlandfunk«. Diese Information sollte denen Orientierung geben, die erst später in die Nachrichten eingeschaltet hatten und/oder einen schlechten Empfang über die Lang- oder Mittelwelle hatten.

Gedächtnisgoogeln und Rohrpost

In der prädigitalen Zeit der Nachrichtenticker hatten wir praktisch kein Archiv. Wir konnten nirgendwo eine Suchfrage eingeben. Wenn der Papierkorb mit den Agenturmeldungen geleert wurde, dann war der Inhalt weg, für immer. Für allgemeine Fragen halfen uns Lexika, Atlas und Karten. So konnten wir uns vergewissern, seit wann Brasilien unabhängig ist, oder wie weit aufständische Truppen noch von der Hauptstadt eines Landes entfernt waren.

Bei vielen Fragen halfen diese unverzichtbaren Hilfsmittel aber nicht. Hatte die Ministerin sich zu diesem Thema nicht vor Wochen noch ganz anders geäußert? Und wie hatte sich dazu nochmal die Opposition positioniert? Das Problem bei BASF, war da nicht vor Monaten bei Bayer etwas Ähnliches gewesen? War François Mitterrand nun heute zum ersten Mal überhaupt in Argentinien oder nur zum ersten Mal seit seiner Wahl ins Präsidentenamt?

Wir waren damals oft einzig auf unser Gedächtnis angewiesen. Da konnte man sich manchmal einsam und allein fühlen. Zumal abends, nachts, an Wochenenden und an Feiertagen, wenn auch unser Zeitungsarchiv geschlossen war und wir niemanden anrufen konnten. Bei allen Schwierigkeiten, die uns die digitale Beschleunigung in die Redaktion getragen hat, ich wollte nicht mehr tauschen, nicht für eine Minute.

1990 wurden vom Manuskript jeder Nachrichtensendung zahlreiche Kopien angefertigt und mit der schon genannten Rohrpost bis in die entlegensten Redaktionen des Funkhauses geschickt. Je ein Exemplar kam in einen der Ordner, die sich über Tage und Wochen auf viele Meter ansammelten, bis dann wieder eine Monatsladung zu Archivzwecken mikroverfilmt wurde. Die ersten zwanzig Jahrgänge der DEUTSCHLANDFUNK-Nachrichten nach 1962 waren noch direkt gelocht und abgelegt in den Ordnern ins Bundesarchiv gegangen, wo ich sie einmal besucht habe.

Technischer Wandel und Berufsbilder

Bis das Digitale kam, war die Einführung der elektrischen Schreibmaschine für Jahrzehnte die einschneidende technische Veränderung. Und es war auch eine kleine Revolution, als wir

Jüngeren in der Redaktion uns dann hin und wieder selbst an die Tasten gesetzt haben. Ein Motiv war, nachts die Presseschau schneller fertig zu bekommen. Die zuständige Sekretärin kam kurz nach vier Uhr. Wenn dann schon etwas geschrieben war, standen die Chancen besser, noch vor sechs aus dem Funkhaus und ein paar Minuten früher ins Bett zu kommen.

Von den Sekretärinnen war die Rede, von den Menschen im Tickerraum, die die Redaktion mit den Meldungen der Nachrichtenagenturen belieferten. Auch die Stenografinnen habe ich erwähnt. All das sind Berufsbilder und Arbeitsplätze, die mit der Digitalisierung fast völlig verschwunden sind. Von beinahe 20 Sekretärinnen des Jahres 1990 sind bei uns noch zwei geblieben, als Sachbearbeiterinnen mit völlig veränderten Aufgaben. Der Tickerraum, in dem einige Menschen Lohn und Brot fanden, ist längst Geschichte.

Denn heute empfangen alle in der Redaktion den kompletten Strom der Nachrichtenagenturen in drei Sprachen auf ihrem PC. Auf den beiden Bildschirmen sind zahlreiche weitere Fenster offen mit Webseiten und anderen Recherchequellen, mit sozialen Medien und Plattformen für die interne Kommunikation. Wir verfolgen deutsche und internationale Radio- und Fernsehprogramme sowie Livestreams jeder Art. Wir können via Internet bei Parlamentssitzungen in Straßburg dabei sein, einer Pressekonferenz in New York oder einer Urteilsverkündung in Karlsruhe beiwohnen. Jede Redakteurin, jeder Redakteur schreibt die Texte selbst, sucht passende Bilder, schneidet diese zu. Sie alle bereiten ihre Meldungen auf für die Veröffentlichung auf unseren Webseiten, in unserer Nachrichtenapp und über die sozialen Medien.

Unser letzter ehemaliger Nachrichtenstenograf hat sein Arbeitsfeld schon vor langer Zeit komplett geändert. Er verschriftlicht, gut und schnell wie kein anderer, Interviews und Beiträge aus dem gesamten Programm für unsere Webseiten. Kleiner geworden ist auch das Leitungsteam, dass sich um Dienstpläne und Urlaubsplanung kümmert und der Redaktion technisch und administrativ den Rücken freihält.

Die Gerichtsentscheidungen aus Karlsruhe holen wir uns heute aus dem Netz, so wie die internationalen Pressestimmen und vieles andere. Wir können nicht nur alles und jeden googeln, so wie Sie zu Hause auch. Wir haben auf den Computern Zugriff auf die Meldungen der Nachrichtenagenturen aus den letzten Monaten und können dieses Material mit Suchfragen erschließen. Wir haben Zugang zu weiteren digitalen Archiven und zu den Audiospeichern, in denen alle Korrespondentenbeiträge liegen, auch manche, die noch nicht gesendet wurden.

Die Beschreibung der früheren Zeit mag ein Bild der Beschaulichkeit in Ihrem Kopf entstehen lassen. Sollte dem so sein, dann wäre es ein falsches Bild. Eine Nachrichtenredaktion ist immer hoch getaktet. Sie war es auch vor dreißig Jahren. Damals war zwar die Veröffentlichungsfrequenz geringer, aber auch viele der heutigen Hilfsmittel waren unvorstellbar.

Allerdings verdichtete sich der Stress früher auf eine Sendung hin, also bei uns tagsüber alle dreißig Minuten. Danach war wieder etwas Ruhe. Zeit zum Planen und Nachdenken. Zeit, um Fehler zu vermeiden, die aus Hektik entstehen, aus Mangel an Prüfung oder Sorgfalt. Es war wenig Zeit, aber immerhin. Und wie es über Jahrzehnte wenig technische Veränderung gab, so war auch diese Arbeitskultur in den Nachrichten lange stabil. Das sollte sich ändern.

CNN, Internet und soziale Medien

Eines Tages kamen die Nachrichtenkanäle im Radio und im Fernsehen. Sie kamen aus den USA nach Europa, bald auch nach Deutschland. Auf *France Info* und CNN folgten *B5 aktuell*, *n-tv* und viele mehr. Diese Kanäle versprachen Neues rund um die Uhr und haben den Nachrichtenmarkt ordentlich aufgemischt. Dachten wir. Dann erschien das Internet und zeigte uns, was Veränderung wirklich ist. Das Netz bietet unvorstellbar viel Information – in Echtzeit und gleichzeitig. Das Netz hält nicht inne, es gibt dort keine Pause mehr.

Als Recherche und Veröffentlichung der Nachrichten im Internet einigermaßen in die Arbeit integriert waren, folgte das ›Web 2.0‹. Die sozialen Medien traten in unser Nachrichtenleben, so wie sie in unser privates Leben Einlass fanden. Auch Facebook, Twitter, Instagram und all die anderen Plattformen sind Quellen, die nach nachrichtlicher Auswertung rufen. Das ist gut, das ist interessant, das braucht aber auch Zeit. Die sozialen Medien sind zugleich neue Verbreitungswege mit einer viel kleineren Halbwertzeit als UKW oder Webseiten. Sie bringen zudem hohem Aufwand: Die neuen Kanäle haben die Anfragen an die Redaktion steil ansteigen lassen, und die Menschen wollen eine Antwort inzwischen sofort.

Das Schlüsselwort für die Abläufe heißt Flexibilität. Es geht nicht mehr darum, alle fünf oder zehn Jahre die journalistische Produktionsstraße auf ein neues Angebot umzustellen. Das Neue kommt jetzt alle paar Monate, bei der Verbreitung wie bei den Quellen. Das ist für jede Redaktion schwierig. Zur Belastungsprobe wird es für Nachrichtenleute, deren Arbeit rund um die Uhr und unter hohem Druck sehr auf eindeutige Abläufe und auf Absprachen in der Gruppe angewiesen ist.

Anfang der 2020er-Jahre

Gut dreißig Jahre, nachdem ich Praktikant bei den DEUTSCHLANDFUNK-Nachrichten war, ist die Redaktion kaum noch wiederzuerkennen. Den Einzug von Computern, Internet und sozialen Medien habe ich schon erwähnt. Seit über einem Jahrzehnt arbeiten wir zudem gemeinsam mit den Kolleginnen und Kollegen, die die Nachrichten für *Deutschlandfunk Nova* recherchieren, schreiben und selbst präsentieren. Alles in allem kommen wir auf etwa einhundert Hörfunksendungen pro Tag. Wir sind aber längst auch eine Online-Redaktion, die Nachrichten auf Webseiten, Apps und sozialen Medien verbreitet.

Gut dreißig Jahre nach meinem Praktikum ist sich die Redaktion in anderer Hinsicht sehr treu geblieben. Nach wie vor arbeiten wir rund um die Uhr. Unsere Redaktion gehört zu den seltenen Arbeitsplätzen, die im letzten halben Jahrhundert immer besetzt waren, an jedem Tag, zu jeder Minute. Nach wie vor gehen Nachrichtenleute nicht in die Kantine. Gegessen wird in der Regel am Schreibtisch oder in der kleinen Küche in der Redaktion.

Unverändert bestimmt der inhaltliche Kompass die Arbeit, trotz Medienvielfalt und technischem Wandel. Eine gute Nachrichtenmeldung ist aktuell, sie hat Bedeutung. Die Angaben und Aussagen müssen stimmen, natürlich. Die Meldung legt offen, auf welche Quellen sie sich stützt, und nennt auch Zweifel und Ungewissheiten. Jeder Text wird vor der Veröffentlichung gegengelesen.

Unverändert sind Nachrichten eine Teamsportart mit hohem Kommunikationsanteil. Wir diskutieren und ringen miteinander um Themen, Formulierungen und gar nicht so selten um ein einzelnes Wort. Genauso wie früher ist eine Nachrichtenredaktion nicht laut und hektisch, anders als es die Film-Klischees vermuten lassen. Für Hektik gibt es keine Zeit. Die Corona-Phase hat die Vernetzung weiter gestärkt und sie digitalisiert. Mehr als ein Jahr lang konnten wir nicht wie gewohnt als Redaktion in einem Raum zusammenarbeiten. Es ist im Mai 2021 immer noch so, da ich diese Zeilen schreibe. Die Redaktion schaltet sich stattdessen in einer immerwährenden und sehr disziplinierten Videokonferenz zusammen, ob nun aus dem Funkhaus oder von zu Hause oder unterwegs.

Im intensiven Austausch sind wir auch mit den Fachredaktionen unseres Hauses, mit Korrespondentinnen und Korrespondenten in aller Welt. Wir melden uns in der Recherche bei allen denkbaren Behörden, Verbänden und anderen Einrichtungen. Bei uns wiederum melden sich die Hörer und Nutzerinnen in einem

Ausmaß, das 1990 unvorstellbar gewesen wäre. So unvorstellbar wie damals der Gedanke war, dass es eines Tages in der gesamten Redaktion keinen einzigen Aschenbecher mehr geben würde.

Das alltägliche Ziel: Konstruktion von Wirklichkeit

> »Es ist eigenartig, dass jeden Tag gerade so viel passiert, wie in eine Zeitung passt.«

In diesem Karl Valentin zugeschriebenen Satz wird deutlich, wie sehr Auswahl und Gewichtung der Themen im Mittelpunkt des Nachrichtenalltags stehen. Wolf Schneider und Paul-Josef Raue geißeln in ihrem *Handbuch des Journalismus* »Krawalljournalisten«, »Beamtenjournalismus« und »missionarische Journalisten« und loben dann im Kontrast

> »eine ziemlich kleine Minderheit von solchen, die sich redlich plagen, das Unwichtige auszusondern und das Verworrene zu klären, so wie sie es ihren Mitbürgern schuldig sind« (SCHNEIDER/RAUE 1998: 15).

»Ein Zehntel senden«

Nachrichtenredaktionen werden also nicht zuletzt für das Weglassen bezahlt – und zwar mehr denn je. Der erste Nachrichtenchef des DEUTSCHLANDFUNKS, Hanns Gorschenek, machte in einer 1967 veröffentlichen Schrift noch folgende Rechnung auf:

> »In der Nachrichten-Zentralabteilung des DLF gehen in 24 Stunden rund 155.000 Worte an Nachrichten über Agenturen und Korrespondenten ein. In den 27 […] Nachrichtensendungen an Werktagen werden etwa 2.000 Zeilen (ohne Wetterbericht) untergebracht, das entspricht 17.000 Wörtern. Grob gerechnet muss also von der Redaktion der Stoff im Verhältnis 1:10 ausgewählt und komprimiert werden« (GORSCHENEK 1967).

Wenn wir heute ein Zehntel unseres Quellenmaterials in den Hörfunknachrichten senden wollten, dann bliebe vermutlich im Programm des DEUTSCHLANDFUNKS nicht mehr viel Zeit für anderes. Wir bekommen schon von den Nachrichtenagenturen deutlich mehr Material als 1967. Außerdem haben wir uns dazu entschieden, immer stärker auf Quellen jenseits der Agenturen zurückzugreifen und eigene Themen zu setzen. Und wir bekommen mehr denn je Themenanregungen von den Hörern und Nutzerinnen.

Miniaturwelt aus Legosteinen

Im zweiten Schritt geht es dann darum, anhand der getroffenen Auswahl ein Bild von der Wirklichkeit zu konstruieren. Es ist so, als würde man mit Legosteinen eine Miniaturwelt bauen, die kleine Ausgabe einer Bundestagsdebatte oder eines internationalen Konflikts und am Ende die eines Nachrichtentages. Mit diesen Legomodellen will der Journalismus Menschen über die Welt informieren und ihnen Voraussetzungen für eigene Einschätzungen geben, etwa als Grundlage für staatsbürgerliche Entscheidungen. Die Nachrichten sind die kürzeste journalistische Form und zugleich die entscheidende Informationsquelle der meisten. Dieses Legomodell ist also das kleinste, vielleicht aber das wichtigste. Es entsteht immer unter hohem Zeitdruck und mit allen möglichen Unwägbarkeiten, weil aktuelle Ereignisse jederzeit einen kompletten Umbau verlangen können.

Vereinfachung und Reduzierung sind kein geeigneter Vorwurf an die Nachrichten, sondern zunächst einmal ihr legitimer und sinnvoller Arbeitsauftrag. Auch der Kampfbegriff ›Lückenpresse‹ trifft weitgehend ins Leere. Denn der Mut zur Lücke ist im Informationsjournalismus Teil des beruflichen Eignungsprofils. Die Frage ist vielmehr, ob unsere Modelle halbwegs maßstabsgetreu gelingen.

Wenn das nicht glückt, dann können Nachrichten zu fiktionalen Texten werden. Schon die Erfassung der Wirklichkeit ist allerdings eine gewaltige Aufgabe. In jedem Dorf, in jeder Nachbarschaft geschieht an einem Tag mehr, als ein einzelner Mensch erfahren kann und viel mehr, als man in zehn Minuten oder auf einer Seite darstellen könnte. Zudem gibt es auf beinahe jedes Geschehen sehr unterschiedliche Sichtweisen und daher existieren meist verschiedene Vorstellungen ein und derselben Realität.

Dass die Konstruktion der Wirklichkeit den Medien überwiegend gelingt, daran werden immer wieder Zweifel laut. So schrieb der Soziologe Niklas Luhmann:

> »Was wir über unsere Gesellschaft, ja über die Welt, in der wir leben, wissen, wissen wir durch die Massenmedien. Das gilt nicht nur für unsere Kenntnis der Gesellschaft und der Geschichte, sondern auch für unsere Kenntnis der Natur. Was wir über die Stratosphäre wissen, gleicht dem, was Platon über Atlantis weiß: Man hat davon gehört. [...] Andererseits wissen wir so viel über die Massenmedien, dass wir diesen Quellen nicht trauen können« (LUHMANN 2009: 9).

Nachrichtenwert und Nachrichtenfaktoren

Es stellt sich nun die Frage: Nach welchen Kriterien wird in den Redaktionen ausgewählt und weggelassen? In Europa kamen erste Impulse der Wissenschaft aus Norwegen, und zwar aus der Perspektive der Friedensforschung: Einar Östgaard veröffentlichte Mitte der 1960er-Jahre zu den *Factors Influencing the Flow of News* (ÖSTGAARD 1965). Zur selben Zeit untersuchte Johan Galtung gemeinsam mit Mari Holmboe Ruge die Berichterstattung über verschiedene internationale Konflikte in norwegischen Zeitungen (GALTUNG/HOLMBOE RUGE 1965). Galtung gilt seitdem als Wegbereiter der Theorie des Nachrichtenwerts. Einflussreich ist auch die darauf aufbauende Arbeit von Winfried Schulz (SCHULZ 1976). Die Beiträge dieses Forschungsbereichs haben alle ein Ziel: Sie wollen eine Systematik der Eigenschaften herausarbeiten, die ein Thema in die Nachrichten bringen.

Im deutschsprachigen Raum werden die Begriffe ›Nachrichtenwert‹ und ›Nachrichtenfaktoren‹ manchmal unterschieden, manchmal aber auch synonym gebraucht. ›Zeit‹ und ›Nähe‹ gehören in jedem Fall dazu: Wie steht es um die Dauer eines Geschehens und ist es schon eingeführt? Hat es einen örtlichen, kulturellen oder auch politischen Bezug? Das Kriterium ›Status‹ spielt auf Bekanntheit und Bedeutung von Personen, Ereignissen oder auch von Ländern und Organisationen an. In Betracht gezogen werden weitere Faktoren wie etwa das Überraschende, das Negative oder Bedrohliche sowie der Grad der Identifikation, die dem Publikum mit dem Geschehen möglich ist. Die Annahme lautet, dass ein Thema desto größere Chancen hat, in die Nachrichten zu kommen, je mehr Faktoren zusammenkommen.

Hans Mathias Kepplinger hat hier mit seinem Zwei-Komponenten-Ansatz einen wichtigen Gedanken ergänzt (KEPPLINGER 1998): Ein Geschehen verfügt nicht schon an sich über einen bestimmten Nachrichtenwert. Journalistinnen und Journalisten haben vielmehr eigene Vorstellungen im Kopf, anhand derer sie einem Thema Bedeutung zuweisen. Dabei kann es um die ›Linie‹ ihres Mediums gehen, um persönliche Einstellungen oder um Annahmen zur Erwartungshaltung des Publikums. Selbst wenn man sich also auf eine gemeinsame Liste von Nachrichtenfaktoren einigen könnte, so wäre damit noch nichts über deren Gewichtung gesagt, die von Redaktion zu Redaktion stark unterschiedlich sein kann.

Die Nachrichtenwert-Forschung ist wichtig für das Verständnis der medialen Auswahlprozesse. Alle Menschen im Journalismus und möglichst viele in der Gesellschaft sollten sie kennen. Einige Aspekte jedoch werden aus meiner Sicht nicht ausreichend einbezogen. Ein Beispiel: Vermutlich sind der staatliche Druck in den vielen nicht freien Gesellschaften, wirtschaftliche Macht und die Abhängigkeit von Reichweiten faktisch die drei wichtigsten Nachrichtenfaktoren überhaupt.

TEIL ZWEI: REALISTISCHE NACHRICHTEN – NEUSTART FÜR DEN INFORMATIONSJOURNALISMUS

Nach dem Blick in den Alltag setzen wir die Reise durch die Nachrichtenwelt fort. Ich wollte Ihnen bislang zeigen, wie vielfältig der Informationsjournalismus ist, welche Bedeutung er für eine freie und demokratische Gesellschaft hat und mit welchen Problemen er zu kämpfen hat.

Daraus ergeben sich neue Überlegungen: Wie gewinnen die Nachrichten Vertrauen zurück oder gar hinzu? Wie können sie sicherstellen, dass weniger Menschen sich von ihnen übersehen und ausgeschlossen fühlen? Wie kann der Informationsjournalismus den Umgehungsstrategien der Politik und anderer Bereiche entgegentreten? Neben Antworten auf solche Fragen möchte ich Veränderungen im Nachrichtengeschäft vorschlagen. Ich glaube, dass uns die ›Konstruktion von Wirklichkeit‹ besser gelingen kann, besser gelingen muss. In dieser Ansicht fühle ich mich bestärkt durch eine Klarstellung, die der inzwischen hochbetagte Johan Galtung zu der von ihm begründeten Nachrichtenwerttheorie gemacht hat:

> »Das war nicht eine Anweisung, wie man Journalismus machen sollte, sondern eine Warnung, wie man ihn nicht machen sollte« (HIRSCHI 2019).

Worum es mir geht, möchte ich mit einem Vergleich deutlich machen. Lange haben immer mehr Menschen industriell und preiswert produzierte Lebensmittel gekauft. Geschmack und Nährwert waren nicht so wichtig. Die Umstände der Herstellung, die Lage der Beschäftigten und die Folgen für die Umwelt – all das interessierte nur wenige. Geschmacksverstärker und andere Zusatzstoffe verzerrten die Wahrnehmung und machten manchmal abhängig. Viele Menschen wussten irgendwann nicht mehr, wie echter Fruchtsaft schmeckt oder was ein gutes Brot ausmacht. Schlechte Ernährung macht krank – schlimm für die Einzelnen und nicht gut für die Gesellschaft, die die Konsequenzen mittragen muss.

Ganz ähnlich ist es im Informationsbereich. Auch hier sparen einige Hersteller schon lange bei Personal und Ressourcen. Sie haben Redaktionen verkleinert oder gar aufgelöst. Manche Nachrichtenangebote haben inzwischen nicht mehr viel Nährwert. Informationelle Geschmacksverstärker, häufig polarisierender und spaltender Art, sollen Aufmerksamkeit und Reichweiten garantieren. Viele Menschen tun sich schwer, seriöse Information noch von anderer zu unterscheiden. Das Angebot ist wie bei den Lebensmitteln unüberschaubar geworden. Billigangebote fluten den Markt.

Wie manche Produzenten von guten Lebensmitteln haben auch Anbieter hochwertiger Information Fehler gemacht. Die Branche könnte sich fragen: Waren wir zu selbstsicher oder zu teuer? Haben wir nicht genug auf die Kundschaft gehört und zu wenig Dialog angeboten? Aus Angst vor der Billigkonkurrenz haben sich auch manche Medien auf eine Angleichungsspirale nach unten eingelassen. Globalisierung, Industrialisierung, Gentechnik und andere neue Produktionsweisen haben den Lebensmittelsektor verändert. Digitalisierung sowie das Auftreten von Google, Facebook, Apple, Microsoft und andere Multis haben den Informationsmarkt revolutioniert.

Nicht nur schlechtes Essen, auch eine schlechte Nachrichtenkultur hat gravierende Konsequenzen. Für Einzelne, die anfällig werden für Fake News, unbegründete Ängste und politische Rattenfänger. Für ganze Gesellschaften, deren politisches System ins Schlingern geraten kann. Im Ernährungsbereich hat ein Umdenken eingesetzt. Eine Industrie und ihre Kunden bewegen sich, langsam, aber stetig. Die ersten positiven Effekte sind längst in der Breite zu erkennen. Ein solcher Neuanfang ist auch im Nachrichtengeschäft möglich.

Noch eine weitere Parallele bewegt mich: Mit genügend Geld ließen sich immer schon die besten Lebensmittel beschaffen. Gesundes Essen muss aber jedem und jeder zur Verfügung stehen, so wie für Orientierung und Teilhabe ausreichende Information. Insofern brauchen wir einen Neuanfang bei den Nachrichten im Sinne von ›Bio für alle‹.

Der Informationsjournalismus wird die Wende nicht allein schaffen können. Um gehaltvolle Nachrichten zu retten, braucht es die ganze Gesellschaft. Meinen Schwerpunkt lege ich allerdings auf die Anbieter der journalistischen und redaktionell verantworteten Nachrichten. Ich halte es für richtig, erst einmal vor der eigenen Haustür zu kehren. Dafür gab es in früheren, bequemen Zeiten vermutlich zu wenig Anlass und in den letzten, schwierigen Jahren fehlten wohl die Zeit und die Kraft.

KAPITEL 3
WER WIR SEIN WOLLEN – DAS SELBSTVERSTÄNDNIS DER NACHRICHTEN

Verzicht auf die Allwissenheit

Es ist eine Selbstverständlichkeit und wird doch selten ausgesprochen: Vieles Wichtige bekommen die Nachrichten nicht mit. Sie schauen oft auf die Bühne, aber selten dahinter. Sicher, vieles will, muss und soll der Informationsjournalismus gar nicht wissen, weil es Privatsphären berührt oder weil es nichts zur jeweiligen Sache tut. Doch den Nachrichten bleibt ein Großteil selbst der Informationen verborgen, die eine demokratische Öffentlichkeit auf jeden Fall etwas angehen. An all dem ändern auch die beste Redaktion und das großartigste Korrespondentennetz nichts.

Wenn wir etwas erfahren, bleiben wir trotz aller Anstrengungen häufig an der Oberfläche. Oft verstehen wir Zusammenhänge nicht richtig und verbreiten deshalb falsche Versionen des Geschehens. Es sind nicht selten Versionen, die man uns nahegelegt und untergeschoben hat. Übrigens gehen auch manche der tatsächlich spektakulären Enthüllungen nur indirekt auf den

Journalismus zurück: Von Watergate und den Panama Papers erfuhren die Medien, weil Menschen wollten, dass sie es erfuhren. All das sollten Redaktionen sich eingestehen, aber auch der Gesellschaft.

Selbst wenn Angela Merkel eines Tages ihre Erinnerungen schreiben sollte, zentrale Punkte ihrer Jahre an der Macht werden der Allgemeinheit verschlossen bleiben, auch in unserer Mediendemokratie. Das gilt generell für politische Entscheidungen, und zwar schon auf der kommunalen Ebene. Es gilt in Sachfragen und wenn es um Posten geht. So weiß die Öffentlichkeit meist wenig darüber, was hinter der Berufung von Ministerinnen, Verfassungsrichtern, Hochschulrektorinnen und Polizeipräsidenten steckt. Ich will damit nicht sagen, dass dieses Wissen die Öffentlichkeit in jedem Fall beunruhigen oder aufbringen würde und ich habe persönlich wenig Neigung zu Verschwörungstheorien. Ich will einfach festhalten, dass wir es nicht erfahren, auch die Nachrichtenredaktionen nicht.

Dieser fehlende Durchblick besteht erst recht in unfreien, autoritären Systemen, also in den meisten Staaten der Welt. Es trifft auf das Unternehmen Google zu und die Deutsche Bank, auf den Vatikan oder den FC Bayern München. Allgemein wird leicht übersehen, dass auch in demokratischen Gesellschaften bei Weitem nicht alle Bereiche binnendemokratisch geregelt und einer Kontrolle unterworfen sind, wie wir sie von der politischen Macht einfordern können. Das gilt für weite Teile des Wirtschaftslebens. Aber auch der Sport und die Kirchen haben nicht nur intransparente Zonen, sondern in Abstufungen sogar selbst gesetzte Rechtsnormen und eigene Gerichtsbarkeiten.

Nebenbei, wenn Politikerinnen, Manager und andere dann doch über ihr Handeln sprechen und schreiben, ob nun im Amt oder später, dann ist erst recht Vorsicht geboten. Denn sie wollen damit nicht nur Geld verdienen, sondern meist einige Pisten legen, um den Blick auf andere zu verstellen. Hannah Arendt nannte Memoiren »in unserem Jahrhundert die verlogenste Literaturgattung« (ARENDT 2021: 13). Wenn die Archive öffnen, wird die Geschichtswissenschaft der Zukunft zusätzliche Informationen über unsere Gegenwart haben. Doch auch ihre Erkenntnismöglichkeiten bleiben begrenzt – und für die der Jetztzeit verbundenen Nachrichten ist der Ausblick auf Einsichten in der Zukunft eh ein schwacher Trost.

Wir können von Politikern und anderen Akteuren gar nicht erwarten, alles zu sagen, was sie wissen. Wir können nicht einmal verlangen, dass sie nie lügen. Denn auch dafür gibt es manchmal gute Gründe. Es mag um den Schutz von Menschenleben gehen oder um andere Formen der Abwendung von Schaden. Oft wird jedoch aus wenig ehrbaren Motiven verheimlicht und gelogen. Medien und Gesellschaft sollen nicht erfahren, was illegal ist oder illegitim. Zusammenhänge sollen unerkannt bleiben, die peinlich sein könnten, belastend oder gleich beides. Der Gestus von Nachrichtenangeboten im Sinne eines »Alles Wichtige aus Deutschland, Europa und der Welt« ist deshalb problematisch, wie sehr man die Botschaft unter werblichem Gesichtspunkt auch verstehen kann. ›All The News That's Fit To Print‹, das versprach die *New York Times* seit Ende des 19. Jahrhunderts. Diese Zusage ist mit ziemlicher Sicherheit an keinem einzigen Tag eingehalten worden – weil sie einfach nicht einzuhalten war, ganz abgesehen von den endlos möglichen Diskussionen, was die Kategorie ›wichtig‹ denn nun bedeuten mag.

Es ist Zeit, die nicht mehr haltbare Rolle der allwissenden Heldinnen und Helden im Informationsbereich aufzugeben. Eine Kluft zwischen Anspruch und Wirklichkeit kostet immer Vertrauen. Das übergroße Versprechen, alles Wichtige zu berichten, ist besonders heikel zu einer Zeit, in der Medien und Macht mit Skepsis betrachtet werden. Wir sollten die grundsätzlichen Grenzen unserer Möglichkeiten viel öfter ansprechen. Es ist kei ne Schande. Wir können das erklären, das Publikum wird es verstehen und ein wenig mehr an Bescheidenheit sogar schätzen.

Abgesehen von dieser generellen Einschränkung müssen wir in einzelnen Nachrichtenbeiträgen offenlegen, was wir zu einem konkreten Thema nicht in Erfahrung gebracht haben und wo Zweifel bleiben. Das ist guter Journalismus und fördert Vertrauen. Es macht deutlich, was viele nicht mehr glauben wollen: Die Informationsmedien stehen auf der Seite der Bürgerinnen und Bürger, sie sitzen nicht in einem Boot mit der Macht. Die realistische Botschaft lautet: Auch die Nachrichten erfahren vieles nicht, sie bemühen sich aber darum – gegen Widerstände und für die Gesellschaft.

Dieses journalistische Grundprinzip hilft auch jedem und jeder einzelnen in den Redaktionen zu besserer Arbeit. Die Schweizer Radiokollegin Nicoletta Cimmino merkte an, »Ich weiß es nicht«, das seien »die vier Worte des Grauens« in Redaktionen. Cimmino fügte hinzu:

> »In den zwanzig Jahren, in denen ich nun Journalistin bin, habe ich realisiert: Paradoxerweise sind die Journalisten, die mit [...] Demut an die Arbeit gehen, auch die, die in der Regel sehr viel wissen. Mich dünkt, der Satz ›Ich weiß es nicht‹ ist das größte Geschenk, das wir uns selber machen können. Er ist der Freipass, um ganz viele, ganz harte Fragen zu stellen« (CIMMINO 2018).

Die Bedeutung der Demut für den Journalismus sieht auch Stephen Adler. In seiner Abschiedsbotschaft als Chefredakteur der Nachrichtenagentur *Reuters* erläuterte er das im April 2021 so:

> »[...] humility, is not a word often associated with journalists (arrogance and self-importance are used far more frequently). But humility is essential to trust. However earnestly we strive for accuracy, we all know that the first draft of history is often flawed. [...] The difficulty of getting the facts right, especially under deadline pressure, should compel us to disclose what we don't know as willingly as what we do, and to be relentless in updating, refining, or correcting what we report. It's striking that a

poll commissioned by the Reporters Committee for Freedom of the Press showed that correcting mistakes was the single attribute most likely to engender trust in media« (ADLER 2021).

Die heroische Phase von Allwissenheit und Unfehlbarkeit ist vorbei. Das sollte auch eine Chance und eine Erleichterung sein für die Menschen, die im Informationsjournalismus arbeiten.

Nachrichten und Wahrheit(en)

Die Philosophie arbeitet sich am Problem der Wahrheit seit den Anfängen der Menschheit ab und hat auf diesem Weg ganze Bibliotheken gefüllt. Wie soll das Thema also in einigen Zeilen aufgegriffen werden, ohne den berechtigten Einwand der Oberflächlichkeit auszulösen? Es hilft aber nichts, die Frage muss hier angesprochen werden. Denn die Suche nach der Wahrheit gehört zur DNA des westlichen Informationsjournalismus. Der Vorwurf wiederum, unwahr zu berichten, ist die schärfste und gefährlichste Kritik an ihm. Hier finden wir die Wurzeln der Vertrauenskrise, mit der wir uns schon beschäftigt haben.

Westliche Werkseinstellungen

Grundsätzlich ist Vorsicht geboten, wenn die Presse »die Wahrheit« verkündet. Dieser Anspruch gehört zu den Erkennungszeichen gelenkter Medien. Die *Prawda*, das Zentralorgan der Kommunistischen Partei der ehemaligen Sowjetunion, trug den Wahrheitsanspruch direkt im Namen. Allerdings ist auch unser Informationsjournalismus nicht nur an Recht und Gesetz gebunden, auch er kennt weitere Vorfestlegungen. In Deutschland sind zum Beispiel die öffentlich-rechtlichen Sender ausdrücklich als Grundgesetz-Medien gedacht, zur Verteidigung von Demokratie, Freiheit, Rechtsstaat und Menschenwürde.

Man mag die Setzung von Grundwahrheiten, die keines Beweises bedürfen, für einen logischen Trick aus politisch-moralischen Erwägungen halten. Ein berühmtes Beispiel ist der Beginn der amerikanischen Unabhängigkeitserklärung mit der Aussage, dass einige Wahrheiten als ›self evident‹, als offensichtlich, betrachtet werden. Mit diesen vorab vorgenommenen Werkseinstellungen in unserem Journalismus habe ich nicht das geringste Problem. Doch soll zumindest erwähnt sein, dass dies in Peking und Moskau anders gesehen wird. Dort und in vielen anderen Teilen der Welt werden einige unserer Prinzipien als ideologische Voreingenommenheit des westlichen Journalismus gewertet und oft in einem Atemzug mit der Forderung nach einer Universalität der Menschenrechte kritisiert. Mal ist die Rede von neuem Kolonialismus, mal von einem verbrämten Imperialismus.

Versteckte Wahrheiten

In die Nachrichten fließen zeitgebundene Ideologien und Glaubenssätze ein. Das geschieht unausgesprochen, oft auch unbemerkt. Es sind Wahrheiten mit Verfallsdatum. Die Kernkraft wurde über Jahrzehnte als fortschrittliche Energiequelle angesehen und beschrieben. Das ist in Deutschland und in seinen Medien derzeit gründlich vorbei. Doch wer weiß, wie es in dreißig Jahren aussieht? In manchen anderen Ländern stehen auch heute weite Teile von Politik und Gesellschaft hinter der Atomenergie. Man muss da nur nach Frankreich blicken oder französische Nachrichtenmedien nutzen.

In meinen ersten Berufsjahren berichteten in Deutschland ungefähr ähnlich viele Menschen über Wirtschaftspolitik von einem liberal-unternehmerischen wie von einem sozialen und gewerkschaftlichen Standpunkt aus. Dann kam die ›Standort Deutschland‹-Zeit mit der Kritik an angeblich überhöhten

Löhnen und Sozialabgaben. Auch medial war fast einheitlich der Ruf nach Einschnitten und Kürzungen zu hören. Später erklärte der Journalismus hierzulande mehrheitlich, dass die Eurokrise zu Lasten des inzwischen sanierten Standorts gehe, wogegen es sich Menschen im ›Club Med‹ des EU-Südens gut gehen ließen. Die Liste mit Themen ist lang, zu denen viele Journalistinnen und Journalisten eines Landes für eine gewisse Zeit zu einer ähnlichen Einschätzung kommen.

Interessant sind auch andere Bewertungskonjunkturen: Viele Politiker haben in ihrer Bezeichnung durch die Nachrichtenredaktionen schon den Weg vom Präsidenten über den Machthaber zum Diktator zurückgelegt. Kaum ein Akteur hat dabei solche Volten erlebt wie Muammar al-Gaddafi, der mehr als vier Jahrzehnte die Geschicke Libyens bestimmte und auf der Nachrichtenbühne stand. Als ›Revolutionsführer‹ gestartet, inszenierte er sich auch medial mit seinem ›Grünen Buch‹ als ideologischer Vordenker und versuchte sich mal als Einiger der Maghreb-Staaten, mal als gesamtafrikanische Führungsfigur. Mit den Jahren und der Verwicklung in internationalen Terror traf ihn spätestens nach dem Anschlag auf eine amerikanische Linienmaschine, die 1988 über dem schottischen Lockerbie abstürzte, weitgehende internationale Ächtung. Da war er in der Nachrichtensprache schon längst in die Diktatorenriege abgestiegen.

Doch Gaddafi gelang nach und nach die Rehabilitierung. Dabei halfen die westliche Furcht vor dem Islamismus, Europas Sorge vor einer Flüchtlingsbewegung und ein steigender Ölpreis. Er wurde so in den Augen vieler Nachrichtenredaktionen wieder zu einem normalen Staatschef, ohne dass sich für seine innenpolitischen Gegner viel verbessert hätte. Er hatte erst den britischen Premier Tony Blair zu Gast, dann Bundeskanzler Gerhard Schröder nebst Wirtschaftsdelegation. Im Dezember 2007 konnte er auf Einladung von Präsident Nicolas Sarkozy sogar mitten in Paris sein Beduinenzelt aufschlagen. Damals hätten nur wenige gedacht, dass Gaddafi vier Jahre später im libyschen Bürgerkrieg auf der Flucht sterben würde, in den Meldungen dazu als ›Ex-Diktator‹ bezeichnet, versteht sich.

Wegen einordnender und bewertender Begriffe für Akteure der Weltpolitik bekommen wir viele Reaktionen. In einem Fall mussten wir uns sogar der Klage eines Hörers auf Einstellung unserer gesamten Nachrichtensendungen erwehren, unter anderem wegen der Bezeichnung ›Machthaber‹ für einen nicht gerade lupenrein demokratischen Führer. Es ist gut für unsere Redaktion ausgegangen.

Zeitgeist, Vorurteile, Gruppendruck

Nachrichtenredaktionen sind weder gefeit vor dem Zeitgeist noch immun gegen Vorurteile und sozialen Gruppendruck. Das gilt für Themenauswahl und Bewertungen. Es kann nicht überraschen, dass die Menschen im Journalismus aus ihrer Zeit heraus denken und handeln. Sie sind zudem emotional wie wirtschaftlich angewiesen auf eine grundsätzlich gemeinsame Wellenlänge mit ihrem Publikum. Oft dürfte diese Übereinstimmung durch eine gemeinsame Sicht der Dinge entstehen, mal aber auch durch redaktionellen Opportunismus oder durch mediale Meinungsmache. Eine andere interessante Frage ist, wie viele unbequeme Wahrheiten ›gegen den Strich‹ die Nachrichten den Menschen eigentlich zumuten können, ohne Aufmerksamkeit und Gefolgschaft zu verlieren.

Nun könnte man ketzerisch fragen: Sollten sich die Nachrichten also gleich vom Wahrheitsanspruch verabschieden? Schließlich ist die Suche nach ihr fehleranfällig, in China und Indien wird manches ganz anders gesehen und selbst in der eigenen Gesellschaft einschließlich der Medien wandeln sich die Betrachtungen mit der Zeit. Die Antwort lautet: auf keinen Fall. Wenn die Nachrichten das Ziel Wahrheit streichen, können sie den

Laden auch gleich schließen. Die Mächtigen jeder Art wären der Kontrolle und Kritik enthoben. Es gäbe keinen Maßstab mehr zur Verbesserung der eigenen Arbeit.

Allerdings ist gegenüber großen Wahrheiten auch große Vorsicht geboten. Die Nachrichten müssen mitdenken, wie zeitgebunden und flüchtig manche Gewissheiten sind. Sie brauchen die dauernde Bereitschaft, vielfältige Standpunkte in die Berichterstattung einzubringen. Sie müssen die eigene Annäherung an die Wahrheit jederzeit der Diskussion stellen und begründen können. Wenn das nicht der Fall ist, wird es schwierig. Es droht gleichförmige Information, wenn sich Redaktionen zu stark an der Perspektive der jeweiligen politisch, wirtschaftlich oder kulturell Mächtigen und Tonangebenden orientieren. Nicht viel besser wäre es, einer angenommen gesellschaftlichen Mehrheitsmeinung hinterherzulaufen. 2014 schrieb der damalige ORF-Chefredakteur Fritz Dittlbacher in einem Artikel für die Wiener Zeitung *Die Presse*: »Journalismus ist ein Zeitgeist- und kein Gesinnungsberuf mehr.« Der frühere WDR-Intendant Fritz Pleitgen beklagte 2019 im Gespräch mit dem *Handelsblatt* genau das und beschrieb es so:

> »Alle marschieren in eine Richtung, nicht selten im Einklang mit der vorherrschenden Meinung in der Politik. Bedenklich! Früher gab es mehr Richtungsstreit. Zum Beispiel bei der Ostpolitik. Da hatten wir klare Fronten. Auf der einen Seite die Springer-Presse, auf der anderen Seite Augstein, Nannen und Dönhoff. In dieser Zeit war unsere Bevölkerung in einer sehr kultivierten Weise politisiert. Wie nie wieder« (PLEITGEN 2019).

Ein anderer Vorwurf lautet Herdenjournalismus. Er droht, wenn ein ganz besonderer, sektoraler Zeitgeist die Berichterstattung prägt, nämlich der von Journalistinnen und Journalisten. Es ist die Perspektive einer sozial und kulturell recht eng gewordenen beruflichen Gruppe (vgl. KREISS 2019). Es ist unabdingbar, dass sich Redaktionen immer und immer wieder mit dem Einfluss von Zeitgeist, Vorurteilen, Konformitätsdruck und Moden auf ihre Arbeit auseinandersetzen.

Die Drei-Sphären-Theorie

Bei dieser ständigen Vergewisserung kann eine Überlegung anregend sein, die der amerikanische Kommunikationswissenschaftler Daniel Hallin angestellt hat. Er hat 1986 *The Uncensored War* veröffentlicht und in diesem Buch die Berichterstattung über den Vietnam-Krieg untersucht. Dabei entwickelt er ein Modell dreier Sphären, das aus meiner Sicht zu der nachrichtlichen Behandlung vieler Themen passt (HALLIN 1989: 116ff.).

Für Hallin gibt es in der politischen Debatte zunächst einmal den großen Konsensbereich. Hier geht es um Einstellungen und Positionen, von denen Redaktionen annehmen, dass fast alle in der Gesellschaft sie teilen. Im Jahr 2021 könnte das die Bejahung des Klimaschutzes sein oder der Wunsch nach mehr Geld für Pflegekräfte. Diese Konsenspositionen färben dann ohne größere Diskussionen die journalistische Berichterstattung ein.

Der zweite Bereich ist der der legitimen Kontroverse. Hier gibt es unterschiedliche Lager, die aber alle in der Gesellschaft ausreichend akzeptiert sind. Redaktionen glauben, sich in solchen Fällen neutral verhalten zu sollen. Viele Beispiele kommen mir hier in den Sinn von der Frage nach der dauerhaften Sommerzeit bis hin zur Impfpflicht.

Die dritte Sphäre bezeichnet Hallin als die der Devianz, der nicht mehr als legitim eingeschätzten Abweichung. Nach seiner Beobachtung klammert der Informationsjournalismus diese Positionen aus oder, so würde ich Hallin ergänzen, bezieht sie nur mit klar negativer Wertung ein. Im Bereich der Devianz werden auch die Akteure verortet, die man in den Nachrichten nicht zitieren sollte. In dieser Zone dürfte sich zumindest seit Beginn des Syrien-Kriegs für viele Redaktionen Präsident Assad aufhalten und für manche deutsche Journalistinnen und Journalisten gehört Wladimir Putin dorthin. Auch das Ringen einiger Redaktionen um ihren Umgang mit der AfD lässt sich in diesem Modell erklären als ein Ringen um die Frage, in welche Sphäre die Partei gehört.

Die vielleicht interessanteste Vermutung Hallins ist, dass die Zuordnung von Themen und Personen zu den unterschiedlichen Sphären zeitgebunden ist und schlicht von der Entwicklung der öffentlichen Meinung abhängt. Auch diesen Gedanken sollten Redaktionen in ihre Prüfungen einbeziehen. Unter dem Gesichtspunkt der Transparenz ist die Überlegung reizvoll, Redaktionen könnten regelmäßig öffentlich machen, welche Haltungen und Positionen für sie in welche der drei Sphären gehören.

Justiz und Wissenschaft

Wir bleiben bei der manchmal schwierigen Entscheidung, was wahr ist und was falsch. Vielleicht helfen Anregungen aus anderen Bereichen. Wahrheit ans Licht zu bringen, das nehmen sich schließlich auch Justiz und Wissenschaft vor. Vor Gericht gibt es Urteile mit klaren Geständnissen und DNA-Belegen, manchmal aber auch heikle Indizienprozesse. Grundsätze wie ›Im Zweifel für den Angeklagten‹ gehen auf diese auch im Journalismus bekannten Schwierigkeiten bei der Wahrheitssuche zurück.

Vor Gericht besteht die Möglichkeit von Berufung und Revision bei höheren Instanzen. Dennoch kommen immer wieder Fehlurteile vor, erst recht, wenn ein Gericht unter dem Druck von Macht arbeitet oder Korruption ausgesetzt ist. Auch richterliche Entscheidungen erklären sich bisweilen vor den Hintergrund ihrer Zeit und der jeweils dominierenden gesellschaftlichen Stimmungen. Den Journalismus sollte auch die Erfahrung der Polizei nachdenklich machen, wie viele Versionen ein und desselben Geschehens die gleichlautende Befragung von fünf Augenzeugen ergeben kann.

Die Wissenschaft hat ihre Methode der Wahrheitssuche in der Corona-Krise tagein, tagaus erklärt: Erarbeitete Erkenntnisse werden unter Vorbehalt mitgeteilt. Die Einsichten werden durch weitere Forschungen bestätigt oder überholt. Bei einer komplexen Angelegenheit wie einer Pandemie wird jeden Tag dazugelernt. Virologinnen und Epidemiologen arbeiten nicht allein vor sich hin, sie nutzen kollaborativ internationale Netzwerke. Sie wissen zudem genau, dass andere Fachbereiche wie Soziologie, Psychologie oder die Volkswirtschaftslehre ebenfalls bedeutende Argumente beizusteuern haben, wenn es um eine Gesamtbeurteilung geht. Auch wenn nicht jedes Professoren-Statement und alle Instituts-Presseerklärungen dieser Beschreibung der wissenschaftlichen Methode standhalten, so kann der Informationsjournalismus bei der Wahrheitssuche doch von der Forschung lernen, wie auch von der Justiz.

Wahrhaftigkeit als Methode

Bleiben wir beim Beispiel der Corona-Zeit. Nachrichtenmedien haben die Komplexität und die Ungewissheiten nicht immer gut dargestellt, vielleicht manchmal gar nicht erst verstanden. Oft war der Wunsch zu groß, klare Verhältnisse zu schaffen, wo es sie nicht gab, beim Sachverhalt und den sich daraus ergebenden Schritten sowie in der Beurteilung der Akteure. Zwei Tage später sah dann manchmal in den Medien alles schon wieder anders aus. Andere Gewissheiten, andere Helden und Schurken traten in den Vordergrund.

Es ist nicht einfach, Erkenntnisprozesse mit allen Widersprüchlichkeiten und Zweifeln darzustellen. Doch genau das gehört zu den wichtigsten Aufgaben auch der Nachrichten. Für mich passt hier der Begriff ›Wahrhaftigkeit‹ sehr gut. Sie ist Einstellung und Methode zugleich. Ihr Ziel deckt sich mit dem, was unter anderem die Watergate-Reporter Carl Bernstein und Bob Woodward immer wieder als Ziel des Informationsjournalismus benennen: ›The best obtainable version of the truth‹.

In offener und ehrlicher Weise zu recherchieren und zu berichten, selbst wenn Teile der Arbeit erst einmal investigativ und geheim sind, das können und müssen Redaktionen leisten. Das umfasst die Bereitschaft, unablässig nach neuen Erkenntnissen zu suchen, sie zu veröffentlichen, Einschätzungen zu ändern und das eigene Vorgehen transparent zu halten. Das macht Wahrhaftigkeit aus, auch und gerade, weil sie eine absolute Wahrheit nicht erreichen kann und erst gar nicht so tun will.

Das Betriebssystem der Nachrichten sollte eine Open-Source-Software sein. Ähnlich ist es in der Wissenschaft, wenn sie gut funktioniert. Dort müssen Ergebnisse nämlich für andere überprüfbar und kritisierbar sein. Die Überprüfung kann anstrengend sein und setzt Vorkenntnisse voraus, so wie auch Medien von der Nutzerschaft Mitdenken und ein wenig Mühe verlangen dürfen. Die Überprüfung muss aber immer möglich sein, und zwar jenseits von ideologischen und subjektiven Standpunkten. In der Forschung ist auch schon einmal von den vier ›FAIR‹-Prinzipien die Rede. Daten sollen für alle auffindbar, zugänglich, interoperabel, also mit den Daten anderer Forschungsteams vergleichbar und für diese auch nutzbar sein. Im Englischen ergibt sich aus den ersten Buchstaben (findable, accessible, interoperable und re-usable) das sprechende Kürzel ›FAIR‹. Auch das ein Vorbild für den Journalismus.

Der Vergleich mit der Wissenschaft soll nichts Akademisches und Elitäres der Nachrichtenarbeit andeuten. Ich könnte genauso von gemeinsamen handwerklichen Grundsätzen von Forschung und Informationsjournalismus sprechen. Beide verhalten sich im Idealfall wie eine gute Bäckerin oder ein Konditor: Sie achten auf Qualität, sie legen die Zutaten ihres Produkts offen, genauso wie das Rezept, nach dem es zustande kam – und sie interessieren sich sehr für die Reaktion der Kundschaft und für deren allgemeines Wohlbefinden.

Tatsachen lassen sich häufig, aber nicht immer feststellen und überprüfen. (Angebliche) Wahrheiten sind meist viele im Umlauf. Wahrhaftigkeit als Methode hält die Nachrichten in diesem schwierigen Umfeld auf Kurs. Sie macht nicht mehr und nicht weniger als die Würde des gesamten Informationsjournalismus aus. Wahrhaftigkeit bewahrt vor Arroganz und schützt davor, andere Perspektiven zu unterschlagen. Sie zwingt dazu, Korrekturen vorzunehmen, wenn Berichte sich als falsch erweisen – so wie die Justiz zumindest einen Teil der erwiesenen Fehlurteile aufhebt, so wie die Wissenschaft ihren Forschungsstand fortschreibt. Und doch wird keiner dieser drei Bereiche je ohne Fehler sein, schließlich sind immer Menschen am Werk.

Abschied von der Objektivität

Daher wäre es vermessen zu behaupten, die Nachrichtenarbeit sei fehlerfrei. Genauso aber verstehen Teile der Gesellschaft einen langgedienten Glaubenssatz der Nachrichten, die Objektivität. Sie wird verstanden als das Einnehmen eines übergeordneten, unvoreingenommenen und damit sachlich wie moralisch richtigen Standpunkts. Die Leitvorstellung vom objektiven Journalismus war als Korrektur für Befangenheit und Subjektivität gedacht. Das Konzept entstand in den 1920er-Jahren in den USA auch als Reaktion auf Erfahrungen mit der Propaganda im Ersten Weltkrieg. Später wurde daraus dann ein Gegenentwurf zu den Medien im Dienst totalitärer Staaten. Es überrascht also nicht, dass der Mythos Objektivität nach 1945 in der Bundesrepublik Deutschland besonders prägend wurde. Denn Westdeutschland wollte und musste unter Anleitung der Siegermächte auch im Medienbereich Lehren aus der Katastrophe ziehen.

Das Problem dabei: Objektivität der Berichterstattung ist kaum zu erreichen und es ist daher heikel, sich auf sie zu berufen.

Kaum zu erreichen ist sie, weil Redaktionen selbst bei bestem Wissen, Können und Bemühen selten über alle nötigen Informationen zu einem Thema verfügen und weil sie noch seltener alle Sichtweisen kennen. Nicht einzulösen ist das Versprechen auch deshalb, weil der Ausgangspunkt von wichtigen journalistischen Entscheidungen beginnend mit der Themenauswahl immer etwas Subjektives hat. Das gilt auch dann, wenn die Entscheidungen nach einer Abwägung verschiedener Menschen in einer Gruppe zustande kommen.

Diese Überlegung betrifft auch scheinbar objektiv fassbare Gegenstände der Berichterstattung. Beispiel Statistiken: Sie verheißen Genauigkeit und Verlässlichkeit. *Lügen mit Zahlen*, so lautet dagegen die zu einem Buchtitel verdichtete Warnung des Statistikprofessors Gerd Bosbach (BOSBACH/KORFF 2012). Die meisten Redaktionen wissen um die hier anzutreffenden Unschärfen und das Manipulationspotenzial: Was taugt die Arbeitslosenquote ohne Hinweis auf die vielen Menschen, die ebenfalls zu den sogenannten ›Unterbeschäftigten‹ zählen? Welche Ableitungen ermöglichen Statistiken, die Armut als eine relative Größe abhängig vom Durchschnittseinkommen definieren? Wie aussagekräftig ist die jährliche Kriminalitätsstatistik? Wenige Themen sorgen für so viele Konflikte zwischen Redaktionen und Gesellschaft wie der Streit über vermeintlich objektive und oft verkürzte statistische Angaben.

Nick Davies schreibt zur Objektivität in *Flat Earth News*, seiner Auseinandersetzung mit dem (britischen) Informationsjournalismus:

> »The great blockbuster myth of modern journalism is objectivity, the idea that a good newspaper or broadcaster simply collects and reproduces the objective truth. It is a classic Flat Earth tale, widely believed and devoid of reality. It has never happened and never will happen because it cannot happen. Reality exists objectively, but any attempt to record the truth

about it always and everywhere necessarily involves selection [...] In this sense, all news is artifice« (DAVIES 2009: 111).

Weil Objektivität nicht möglich ist, sollte man sie auch nicht versprechen. Das Festhalten daran wirkt manchmal tönern und hilflos, auf Teile der Gesellschaft wirkt es provozierend. Es scheint fast, als ob der Begriff verbrannt sei. Das Beharren auf Objektivität macht Redaktionen angreifbar. Denn ihr Fehlen ist für Kritiker leicht anzuprangern. Das haben die vergangenen Jahre mit ihren immer heftigeren Diskussionen über den Nachrichtenjournalismus gezeigt. Es hilft da auch nicht viel weiter, dass die Kritiker oft selbst höchst befangen sind und sie ihrerseits äußerst subjektive und manchmal befremdliche Vorstellungen von einer objektiven Berichterstattung haben.

Ausgewogenheit, Proporz und Symmetrie

Das Schlagwort der Ausgewogenheit war in meinen frühen Jahren als Redakteur sehr verbreitet, vor allem im öffentlich-rechtlichen Rundfunk. Die Idee entsprach den Forderungen parteipolitischer Kräfte, die die Medien aufmerksam beobachteten. Ihre Forderungen erhoben diese Kräfte teils in der Öffentlichkeit, teils in Aufsichtsgremien von Sendern oder im Kontakt mit Verlegern. Die Ausgewogenheit war eine Hilfskonstruktion, mit der man das eigentliche Ziel der Objektivität erreichen wollte. Viele meinten, man müsse nur Vertreter aller Parteien einladen oder zitieren und schon sei von Zauberhand guter Informationsjournalismus erreicht. Vielleicht wollten Redaktionen sich auch nur in alle Richtungen absichern, was man ihnen in Anbetracht der aufgeheizten Zeiten der 1970er-Jahre nicht einmal verübeln könnte.

Die Vorstellung von Proporz betrifft nicht nur politische Parteien. Er konnte und kann genauso bedeuten, dass der BDI auf den DGB antwortet, dass neben der evangelischen Bischöfin der katholische Kardinal befragt wird. Extrapunkte gäbe es demnach für ein Proporz-Paket, in dem neben der Bischöfin und dem Kardinal auch noch Würdenträger verschiedener anderer Religionsgemeinschaften mit dabei sind.

Das Konzept ist schlicht und nicht einmal grundfalsch. Denn immerhin steckt das Bemühen darin, unterschiedliche Perspektiven zur Geltung kommen zu lassen. Es garantiert aber noch keine faire und umfassende Berichterstattung. So ist gar nicht gesichert, dass wirklich die angemessene Bandbreite der Perspektiven dargestellt wird. In unserer heutigen Gesellschaft mit Individualisierung und abnehmenden Bindungen an Organisationen jeder Art verliert dieses Konzept alter Lesart weiter an Kraft. Denn die meisten zumindest der etablierten Vertreter und Sprecherinnen haben eines gemeinsam: Sie sind zwar die üblichen Verdächtigen vieler Medien, sie vertreten aber immer kleinere Gruppen und sprechen für immer weniger Menschen.

Geradezu gefährlich ist die Idee, eine angeblich objektive und ausgewogene Berichterstattung durch grundsätzlich gleichwertige Berücksichtigung aller Positionen zu gewährleisten. Es sollte sich herumgesprochen haben, dass eben nicht alle Positionen gleichwertig sind. Wir wissen, dass das in der Klimadebatte nicht funktioniert. Volksverhetzung ist keine Sichtweise, sondern eine Straftat. Es hat nichts mit Fairness zu tun, Anhänger der ›Flat-Earth-Bewegung‹ zu Wort kommen zu lassen.

Anders ausgedrückt, asymmetrische Diskussionslagen lassen sich nicht symmetrisch darstellen. Eine Mindermeinung muss genannt werden können. Sie muss aber nicht als dem derzeitigen Wissenschaftskonsens gleichwertig behandelt werden. Und doch tritt dieses auch als ›falsche Ausgewogenheit‹, ›False Balance‹ oder ›Bothsideism‹ bezeichnete Phänomen immer wieder auf. Es sind schwere journalistische Fehler. Vielleicht werden diese Fehler auch nur vordergründig einer irrigen Vorstellung von Ausgewogenheit wegen begangen. Vielleicht geht es auch hier in Wirklichkeit eher darum, mit Provokation und Krawall Reichweiten und Umsatz zu erzielen.

Gefährlich ist auch die journalistische Neigung, allem und jedem mit einem ›Pro-und-Contra‹-Format zu begegnen. Viele Themen eignen sich nicht für ein solches analytisches Lagerdenken. Dennoch ist nicht nur in den Talkshows und in den sozialen Medien die Versuchung groß, in dieses Muster zu verfallen, das übersichtlich ist und hohe Aufmerksamkeit verspricht. Auch die Nachrichten sind nicht frei davon. Auch sie bereiten EU-Gipfel und Virologendebatten, gesellschaftliche Spannungen in Nigeria, die Strategieklärung großer Konzerne und vieles mehr oft als Konflikt zweier Seiten auf. Sicher ist: Dieser Zugang trägt zur Polarisierung bei und fördert weder Differenzierung noch Zwischentöne.

›He said, she said‹

Die Symmetriefrage und der ›Pro und Contra‹-Journalismus bringen uns mitten in eine lebendige journalistische Diskussion der letzten Jahre. Der auch in der europäischen Medienszene einflussreiche New Yorker Professor Jay Rosen befeuert diese Debatte regelmäßig. Schon lange hat er den Stab gebrochen über den sogenannten ›He said, she said‹-Ansatz und erhält dafür viel Zustimmung. Seine Kritik geht über die von mir gerade verworfene Gleichbehandlung des Nichtvergleichbaren hinaus. Er ist prinzipiell gegen Versuche, in neutraler Haltung und durch das Gegenüberstellen von Aussagen einen Sachverhalt zu erschließen oder einen Konflikt darzustellen. Auf seinem Blog *Press Think* meinte Rosen schon 2004, der amerikanische Journalismus habe seine Stimme verloren, indem er sich aus dem Beurteilungsgeschäft verabschiedet und diese Aufgabe an Politiker und Expertinnen abgetreten habe. Seine Forderung lautet: Um wieder eine relevante Stimme zu werden, müssten die Redaktionen sich um ›truthtelling authority‹ bemühen (ROSEN 2004).

Für mich geht eine Generalverdammung von ›He said, she said‹ zu weit. Es stimmt: Wer nur die Ansichten von verschiedenen Personen festhält, betreibt oft eher Stenografie als Journalismus. Der Rechtsgrundsatz, dass immer auch die andere Seite gehört werden muss, sollte aber auch in den Nachrichten gelten. Eine anständige Justiz veröffentlicht zudem nach der Urteilsfindung oft die abweichenden Ansichten derjenigen, die bei der Abstimmung des Gerichts in der Minderheit waren.

In den meisten Teilen der Welt sorgen Machthabende dafür, dass man über die andere Seite aus den Medien nichts erfährt. Die Gerichtsurteile fallen in diesen Ländern meist einstimmig. Selbst in freien Gesellschaften sorgt die wachsende Dominanz der sozialen Medien dafür, dass wir oft nurmehr mit einer Meinung konfrontiert werden und nicht mit einem Spektrum von Ansichten. Manche Menschen begeben sich absichtlich in mediale Räume, in denen es kaum noch Widerspruch gibt.

Nachrichten und Lügen

Im Umgang mit Lügen haben alle Redaktionen in den vergangenen Jahren von Brexit bis Trump Fehler gemacht und einiges dazu gelernt. Viel gelobt wird das ›Wahrheits-Sandwich‹, eine Erfindung des US-Kognitionswissenschaftlers George Lakoff (CLARK 2020). Die Formatidee in drei Schritten lautet wie folgt: In Berichten über Lügen sollte man mit dem korrekten Sachverhalt beginnen, um dann die in Umlauf befindliche falsche Version zu nennen und diese zum Schluss noch einmal eindeutig richtigzustellen. Ein (von mir erfundenes) Beispiel:

> »Gewichtheben hilft nicht gegen Haarausfall. Über einen solchen Zusammenhang hatte diese Woche eine auflagenstarke Zeitung berichtet. Mediziner, Biologinnen und Vertreter anderer Wissenschaften haben das aber übereinstimmend als absurd und frei erfunden zurückgewiesen.«

Das ›Wahrheits-Sandwich‹ nimmt die Lüge in die Mitte von zwei eindeutig gegen-framenden Aussagen. Das soll helfen, die ungebremste Verbreitung von ›Fake News‹ zu stoppen, ohne das Thema auszusparen und damit den Propagandisten der Unwahrheit zu überlassen.

Der Informationsjournalismus darf Lügen nicht durchgehen lassen und muss sie als solche benennen. Die Zurückweisung einer Lüge etwa mit dem ›Wahrheits-Sandwich‹ ist aber noch lange nicht die Wahrheit. Natürlich haben nicht ›die Griechen die Euro-Krise verursacht‹. Gut, wenn wir solche und andere Lügen besser einhegen. Doch wie die Krise zustande gekommen ist, das ist dann eine ganz andere und sehr komplexe Frage, die vielleicht nie eine endgültige Antwort finden wird. Ähnlich schwierig ist es bei fast allen wichtigen Nachrichtenthemen. Die Vielfalt der Sichtweisen und Argumente besser abzubilden, das haben sich derzeit alle auf die Fahnen geschrieben. Ein Mittel zu diesem Zweck heißt ›He said, she said‹.

Ein großer Teil der Nachrichten besteht aus Aussagen und Stellungnahmen der unterschiedlichsten Akteurinnen und Akteure, Behörden und Organisationen. Neben ›Er sagt, sie sagt‹ gibt es noch viel an sonstigem Mitteilungs- und Verlautbarungsjournalismus. Um den Titel eines Aufsatzes von Philomen Schönhagen zu zitieren: *Die Wiedergabe fremder Aussagen (ist) eine alltägliche Herausforderung für Journalisten* (SCHÖNHAGEN 2006).

Es kommt dabei darauf an, wen man zitiert, zu welchem Thema und in welcher Form. Insbesondere werbliche und bei genauerem Hinsehen inhaltsfreie Aussagen aller Art sind verzichtbar. Hier sind Überlegung und Handwerk gefragt. Das Prinzip der ›Wiedergabe fremder Aussagen‹ an sich hat aber aus meiner Sicht alles andere als ausgedient, auch wenn manche Hörerinnen und Nutzer mir schreiben, Nachrichten sollten ganz darauf verzichten.

Probleme der Postobjektivität

Diese Überlegungen waren schon eine Fingerübung für das nächste große Thema: Die Unzulänglichkeiten und Ermüdungserscheinungen des Objektivitätskonzepts scheinen mir offenkundig, auch die der tradierten Vorstellungen von Proporz und Ausgewogenheit in den Nachrichten. Doch, was kommt danach? Welche Perspektiven gehören zu einem vielfältigen Bild und welche nicht? Wie sollen diese Perspektiven gewichtet werden? Wie gehen Redaktionen mit der Forderung nach Diversität um? Kurz, wie kommen sie zu einem neuen Verständnis eines demokratischen, produktiven und akzeptierten Pluralismus in der Information?

Die postfaktische Gefahr

Lassen Sie uns mit dem Einfachen beginnen. Die Alternative zur Objektivität ist nicht, die Nachrichten subjektiver Beliebigkeit preiszugeben und die Information postfaktisch verkommen zu lassen. Der Nährboden dafür ist allerdings vorhanden. Auch in westlichen Gesellschaften haben auf der Grundlage von ungelösten Konflikten und Verteilungskämpfen Spannungen und Polarisierung zugenommen.

Die USA sind nur ein Beispiel, doch vielleicht das eindeutigste. Ein wichtiger Faktor dürfte hier ein Stück medienpolitischer Geschichte sein: Ende der 1940er-Jahre hatte die Aufsichtsbehörde FCC für elektronische Medien eine schon länger angewandte ›Fairness Doctrine‹ offiziell erlassen. Unter dem Eindruck dessen, was man in totalitären Staaten Europas erlebt hatte und noch erlebte, sollten das Radio und das aufkommende Fernsehen ehrlich und ausgewogen berichten, insbesondere über politisch strittige Themen. Unter Präsident Ronald Reagan wurde diese Regel geschwächt und 1987 schließlich abgeschafft. Begründet wurde das unter anderem mit dem Recht auf freie Meinungsäußerung. Extrem konservative Medien sahen ihr Ziel erreicht: Sie glaubten, radikale Positionen nun besser verbreiten zu können. Sie haben sich nicht getäuscht (KRUSE/ZELIZER 2019).

Schon 2005 hatte Stephen Colbert für Behauptungen von Präsident George W. Bush die Wortschöpfung ›Truthiness‹ berühmt gemacht. Damit ist eine ›gefühlte Wahrheit‹ gemeint, die keiner Begründung durch Tatsachen oder durch logische Herleitung mehr bedarf. Der Trumpismus hat gut zehn Jahre später die atemberaubende Vorstellung der »alternativen Fakten« eingeführt und damit gleich sämtliche Maßstäbe über Bord geworfen. Seltsam eigentlich, dass nicht auch noch die Vorstellung einer ›alternativen Logik‹ entwickelt wurde, aber vielleicht habe ich das nur nicht mitbekommen. Für den Trumpismus und seine medialen Unterstützer reichten und reichen Behauptung und Meinung. Sie haben aus dem breiten Potenzial der digitalen Medien das Schlechteste herausgeholt, wie die Vorläufer es schon aus den Möglichkeiten von Boulevardpresse, Talk-Radio und Nachrichtenfernsehen getan hatten.

Populistische Bewegungen in anderen Teilen der Welt verfolgen einen ähnlichen Kurs und sind auch in Europa schon recht weit gekommen. Ein unabhängiger Informationsjournalismus darf da auf keinen Fall mitmachen, er muss sich dem entgegenstellen. Darin sind sich die meisten im westlichen Nachrichtenjournalismus einig. Aber, wie sollen die Redaktionen genau vorgehen?

Die zweite subjektive Wende

Damit sind wir beim schwierigeren Teil, bei dem auch die Einigkeit aufhört: Für ebenfalls falsch halte ich eine zweite subjektive Wende ganz anderer Art innerhalb des Informationsjournalismus. Auch vor ihr müssen die Nachrichten aus meiner Sicht bewahrt werden. Diese Wende hat Redaktionen zunächst in den USA erreicht und nun in Europa. Sie wird nicht nur, aber oft von jüngeren Kolleginnen und Kollegen unterstützt, immer im Namen guter Ziele und in Teilen als Versuch, auf die populistische Wahrheitszersetzung zu reagieren, was ich beides anerkenne. Die Wut auf die subjektive Wende der Populisten und die Kritik am real existierenden Objektivitätsbegriff kann ich nachvollziehen, einige der Schlussfolgerungen lehne ich ab. Aus meiner Sicht kann sich eben auch ein Tor zur Hölle öffnen, wenn die Absichten die besten sind.

Bei der Entscheidung für den Journalismus ist nicht erst heute der Wunsch ein Faktor, gesellschaftliche Verhältnisse mit Mitteln des Berufs zu verbessern und für mehr Gerechtigkeit zu sorgen. Er war es schon früher, auch für mich. Ich freue mich sehr, dass dieser Wunsch wieder an Bedeutung gewinnt und dass Journalismus wieder mehr ist als ›Was mit Medien‹. Manche, oft jüngere Kolleginnen und Kollegen fragen sich nun, was der klassische, neutrale Journalismus eigentlich verbessert hat. Hat die alte Garde der Nachrichten nicht angesichts der Klimakrise ähnlich versagt wie die politisch Entscheidenden? Und hat der aufklärerische Informationsjournalismus in den USA etwa den Aufstieg von Donald Trump verhindert oder etwas gegen Rassismus und rassistische Polizeigewalt ausrichten können?

Eklatante Fälle von Rassismus, Diskriminierung und Gewalt sind auch der Hintergrund, vor dem ein Meilenstein dieser Diskussion in den Vereinigten Staaten zu sehen ist, nämlich der Streit über einen Gastbeitrag in der *New York Times*. Thema des republikanischen Senators Tom Cotton waren im Juni 2020 die Zusammenstöße nach dem Tod des von Polizisten schwer misshandelten schwarzen Amerikaners George Floyd. Cotton warb mit der Überschrift *Send In The Troops* nicht nur für den Einsatz des Militärs in Innenstädten (COTTON 2020). Der Senator konnte auf der Meinungsseite einer der liberalen Zeitungen schlechthin die Verantwortung an den Unruhen ›nihilistischen Kriminellen‹ und ›Kadern linksgerichteter Radikaler wie der Antifa‹ zuweisen.

Ebenfalls hitzige Debatten gab es in Deutschland als Echo auf die Kontroverse in den USA, aber auch mit Blick auf Rechtsextremismus innerhalb unserer Polizei und auf Diskriminierungen in unserer Gesellschaft. Ein Kulminationspunkt war die Kolumne *Abschaffung der Polizei* in der *taz*, ebenfalls aus dem Juni 2020. In dem Text wurde die Frage gestellt, wo denn nach einer Auflösung der Polizei die Beamten beschäftigt werden könnten. Die polemische Antwort lautete auf ›der Mülldeponie‹ (YAGHOOBIFARAH 2020).

Identität und Haltung

Die Debatten führten nicht nur zu Entschuldigungen und personellen Konsequenzen bei der *New York Times* und zu einer lebhaften Kontroverse im Haus der *taz*. In diesen und anderen Redaktionen wurde die Forderung lauter, man müsse an den Journalismus im Ganzen grundsätzlich anders herangehen. Im Gespräch sind eine Abkehr vom Dogma der Neutralität in der Information und die Rehabilitierung der lange im Informationsbereich verpönten Subjektivität. Dabei werden Identitätsthemen wie Migrationserfahrung und Genderfragen neu bewertet, meist werden sie aufgewertet.

Betroffenheit und Erfahrung sollen nicht mehr nur besondere Sachkompetenz verbürgen und Argumenten Gewicht geben, was unbestritten ist. Die Überlegung steht im Raum, ob vom Grad der Betroffenheit abhängen soll, wer sich zu Wort melden darf, ob Identität besondere Legitimität bei Auswahl und Bewertung von Tatsachen verleiht. Diskutiert wird, ob es in diesem Sinne eine Hierarchie der Perspektiven auf Tatsachen geben soll. Letztlich geht es nicht zum ersten Mal um die Frage, ob der Journalismus eine gesellschaftliche Avantgarde darstellt, der den anderen den Weg weisen soll.

Journalismus als Mission – ein wenig fühle ich mich da erinnert an den *Katechismus der katholischen Kirche*, der 1992 nach mehrjähriger Arbeit unter Leitung von Kardinal Joseph Ratzinger veröffentlicht wurde. Dort findet sich ein Kapitel zum ›Gebrauch der Massenmedien‹. Dem Journalismus wird dort aufgetragen, ›zur Bildung und Verbreitung richtiger öffentlicher Meinungen‹ beizutragen. Dem Publikum wird empfohlen:

> »Die Benützer sollen die Massenmedien maß- und zuchtvoll gebrauchen und sich ein klares und rechtes Gewissen bilden, um schlechten Einflüssen leichter zu widerstehen« (KATECHISMUS 1997).

Die Renaissance des Faktors Identität dockt an etwas an, das die Redaktionen schon länger bewegt. Es ist der Streit darüber, wie aktivistisch Informationsjournalismus sein kann und darf – oder vielleicht sein muss. Hier geht es nicht darum, die neutrale Rolle fallweise wegen eigener Betroffenheit und Lebenserfahrung zu verlassen. Hier soll sie grundsätzlich eingeschränkt oder aufgegeben werden, weil man aus moralischen Gründen für bestimmte Werte und Ziele einstehen will.

Sollen Journalistinnen und Journalisten also berichtend Partei ergreifen, zum Beispiel in der Klimapolitik? Wie gehen wir mit populistischen Parteien um, die in die Parlamente gewählt werden? Soll es auch in den Nachrichten den Genderstern als Statement geben und brauchen die Nachrichten generell eine ›Haltung‹, um einen ebenfalls viel benutzten Begriff der letzten Jahre zu nennen. Falls ja, wie stark soll diese Haltung ins politische Detail gehen? All das beschäftigt Medien in Deutschland und ist anderswo schon länger bekannt, etwa in einigen südeuropäischen Ländern und in Frankreich mit seiner Tradition des ›Journalisme Engagé‹.

Meinen, Glauben, Wissen

Aus meiner Sicht herrscht momentan kein Mangel an Meinung. Raum dafür war schon immer, nicht nur in Kommentaren, sondern auch in Interviews, in Features und Reportagen und in vielen anderen Bereichen, inzwischen erfreulicherweise auch stärker als früher durch das Einbeziehen des Publikums. Unter den klassischen Medien gibt es seit jeher Tendenzangebote. Von ihnen weiß man, dass sie grundsätzlich eher konservativ orientiert sind oder links, dass sie zur katholischen Kirche halten oder zur Arbeiterklasse. Die wachsende Abhängigkeit fast aller Marktteilnehmer von Reichweiten im Digitalen hat den Trend zur Zuspitzung verstärkt, sei es im Beitrag selbst, sei es in der Kurzankündigung in den konfliktprämierenden sozialen Medien.

Der digitale Raum hat darüber hinaus beinahe allen Formen des Subjektiven ungeahnte Möglichkeiten der Darstellung, Verbreitung und Diskussion verschafft. Wer ein Smartphone mit aufgeladenem Akku und Netz hat, der kann sich vor Meinungen kaum noch retten. Im Gegenzug kann er selbst dafür sorgen, dass andere sich vor seinen Ansichten kaum retten können. Hinter Überschriften, Teasern und anderen digitalen Verkürzungen treten Begründungen und Erläuterungen zurück. Sie aber machen Meinungsäußerungen meist erst produktiv und diskursfähig. Die freie Meinungsäußerung ist eines der höchsten Güter, und zwar an sich und ohne Bedingungen. Doch produktiver Streit über Ansichten braucht Qualität und nicht nur Menge.

Eine Meinung zu haben ist, folgt man dem Philosophen Immanuel Kant, die schwächste von drei Formen, etwas für wahr zu halten. Es ist eine Art Vermutung, derer man sich selbst nicht sicher ist und für die es keinen nachvollziehbaren Beweis gibt. Etwas zu glauben, bedeutet eine feste Überzeugung zu haben, die man selbst für wahrheitsgemäß hält, ohne sie beweisen zu können. Nur das Wissen verbindet nach Kant die persönliche Überzeugung und die allgemeine Beweisbarkeit, wie etwa bei den Aussagen »drei mal drei macht neun« oder »Lissabon ist die Hauptstadt von Portugal«.

›PLURV‹ gilt auch für Redaktionen

Meinen und Glauben sind wunderbar. Wenn sie aber für Wissen gehalten und/oder verkauft werden, dann kann es gefährlich werden. Darauf gründen Ideologien, so arbeitet Populismus und die sozialen Medien sind voll davon. In den Redaktionen ist das Problem bekannt und es wird laut beklagt. Mein Wunsch ist, dass Journalistinnen und Journalisten sich durchgängig an die Unterscheidung halten: Auch journalistische Überzeugungen sind nur Überzeugungen.

Journalistinnen und Journalisten legen die Tricks populistischer Rhetorik völlig zurecht offen und kritisieren sie. Recht bekannt ist die ›FLICC‹-Formel für die Bestreitung wissenschaftlicher Erkenntnisse (Fake Experts, Logical Fallacies, Impossible Expectations, Cherry Picking, Conspiracy Myths; vgl. COOK 2020). In der deutschen Übersetzung ist die ›PLURV‹-Formel daraus geworden: Pseudo-Experten, Logik-Fehler, Unerfüllbare Erwartungen, Rosinenpickerei und Verschwörungsmythen. All das und manches mehr wie das ›Whataboutism‹ genannte Ablenkungsmanöver oder die absichtliche Verwechslung von Korrelation und Kausalität prägen populistisches Argumentieren.

Nachrichtenredaktionen sollten diese Tricks niemandem durchgehen lassen, auch sich selbst nicht. Auch in den Nachrichten darf es keine Rosinenpickerei geben, also die Auswahl einer isolierten Information, einer Statistik oder eines Forschungsergebnisses ohne Hinweis auf das gesamte Bild. Genau so wenig sollten Äußerungen aus dem Zusammenhang gerissen werden, um einen bestimmten Eindruck zu begünstigen. Redaktionen sollten sehr sorgsam prüfen, welche Zusammenhänge sie als kausal darstellen, und sich viele Gedanken machen über die von ihnen zitierten Experten.

Toleranz und Grundhaltung

Während allenthalben gemeint, geglaubt und vermutet wird, fehlt es aus meiner Sicht an Toleranz. Im extrem rechten, nationalistischen Lager ist diese Intoleranz unübersehbar. Rassismus, Antisemitismus und manches andere sind nicht nur Einstellungen, sie sind Straftatbestände. Toleranz schwindet aber auch in Teilen des sogenannten progressiven Lagers. Dabei ist es in Ordnung, dass jemand die geschlechtergerechte Sprache bejaht, aber den Genderstern ablehnt. Es ist legitim, die Interessen nichtbinärer Menschen im Blick zu haben und doch die Gleichberechtigung der Frauen für wichtiger zu halten. Und müssen, wie ich es schon erlebt habe, aufrechte Demokratinnen fortgeschrittenen Alters tatsächlich aggressiv belehrt werden, weil sie noch ›Fremdenfeindlichkeit‹ kritisieren und nicht mitbekommen haben, dass das inzwischen nicht mehr als der treffende Begriff gilt?

Der Politikwissenschafler Wolfgang Merkel bringt diese Entwicklung unter anderem mit einer zunehmenden Moralisierung des Politischen in Verbindung und erläutert:

> »Moralisierung ist nicht Moral. Ohne Moral kann es keine gerechte und humane Politik geben. Moralisierung dagegen ist eine partikuläre und abwertende Form der Moraläußerung. Sie ist eine selbstgerechte Stilisierung der eigenen moralischen Position, eine Spielart des Egozentrismus, eine moralische Ostentation und Identitätsversicherung, die auf den Ausdruck der eigenen moralischen Überlegenheit verweist. Ein solcher Moralisierungsüberschuss prägt das Lager der linksliberalen Kosmopoliten. Die andere Seite laboriert an einem Überschuss von Nationalismus und Traditionalismus. Tradition und Nation versichern ihr eine gewisse Identität. Die semantischen und normativen Brücken zwischen den Lagern sind kaum mehr begehbar. Der neue binäre Code heißt: Wahrheit versus Lüge, Moral versus Unmoral, Wissenschaft versus Leugnung« (MERKEL 2021).

In Zuschriften an mich wird das Drängen lauter, dass sich auch unsere Redaktion in einzelnen Fragen klar positionieren möge. Das halte ich aber für ausgeschlossen. Nachrichten sollen mit ihren Mitteln an der Verteidigung von Grundgesetz und Grundrechten mitwirken. Sie sind nicht dazu da, zwischen Fleischessern und Veganern zu richten, zwischen Windkraftbefürworterinnen und Windkraftgegnern. Für besser geeignet halte ich eine Aufgabenbeschreibung, die mir vor einiger Zeit ein Hörer gemailt hat. Er bat darum, dass unser Sender »seiner Vermittlerrolle zwischen allen demokratischen Kräften in Deutschland nachkommt.«

Nachrichtenjournalismus, insbesondere der öffentlich-rechtliche, setzt also eine Grundhaltung voraus, er ist aber kein Haltungsjournalismus in jeder Einzelfrage. Der öffentlich-rechtliche Rundfunk ist auch als eine Art journalistischer Verfassungsschutz konzipiert. Wenn es um die Grundwerte geht, muss er abwehrbereit sein und handeln. Das ist keine Kleinigkeit, sondern eine entscheidende Verantwortung. Darüber hinaus wünscht die Gesellschaft nach meiner Einschätzung, dass sich der öffentlich-rechtliche Rundfunk unparteiisch verhält, so wie sie jenseits der Gefahrenabwehr auch vom Verfassungsschutz Zurückhaltung erwartet.

Reizthema ›Aktivismus‹

›Aktivismus‹, das Wort fiel schon ein paar Mal. Der Begriff hat eine wechselvolle Geschichte hinter sich. Er wird momentan, Mitte 2021, meist in diffuser Weise als links verstanden und ist derzeit auch in der Medienbranche emotional aufgeladen. Aktivismus in seiner ursprünglichen Bedeutung halte ich für sehr positiv, als Gegensatz zu Attentismus und im Sinne eines Engagements für Ziele im Rahmen unserer Werteordnung.

Gute Nachrichtenredaktionen ziehen politisch engagierte und meinungsfreudige Menschen an. Das ist eine Stärke, die zu

Themen und Nuancen führt, die bürokratische Verwalter der Aktualität niemals finden. Auch im Job sind die Menschen in Nachrichtenredaktionen Aktivistinnen und Aktivisten – für die bereits genannten Werte des Grundgesetzes, für die Menschenrechte, für den öffentlich-rechtlichen Auftrag oder die Interessen der Leserschaft ihrer Lokalzeitung. Nachrichtlicher Aktivismus bedeutet zudem die hartnäckige Suche nach Themen, deren begründbares Sortieren nach Wichtigkeit, die transparente Erläuterung, was wir für wahr und falsch halten und warum. Hier aber endet der Aktivismus der Nachrichten. Selbst wenn in einer Redaktion alle gegen Atomkraft wären und für die erneuerbaren Energien, wenn alle im Bioladen einkauften und Auslandseinsätze der Bundeswehr ablehnten – es dürfte sich in den Nachrichten nicht erkennbar oder gar belehrend journalistisch niederschlagen.

Jede und jeder kann außerhalb der Redaktionen im Rahmen von Recht und Verfassung engagiert sein, kann Verbands- oder Parteiämter bekleiden und vieles mehr. Das bedarf keiner Erwähnung. Geradezu erwünscht für die Nachrichtenarbeit finde ich vielfältige Vorerfahrungen. Wer nicht nur theoretisch weiß, wie Politik gemacht wird, wer hinter die Kulissen von Organisationen, Verbänden und vielem anderen blicken konnte, der bereichert eine Redaktion enorm. Dieser Hintergrund ist wertvoll wie die allgemeinen Lebenserfahrungen der Redakteurinnen und Redakteure als Eltern, als Pflegepersonen, als Kunden oder als Mieter. Nichts davon darf aber manipulativen Einfluss auf die Nachrichtenarbeit haben. Das bedeutet auch, dass Interessenkonflikte vermieden werden müssen: Wer Greenpeace-Kreisvorsitzende ist oder als freier Journalist Texte für einen Stromkonzern schreibt, sollte bei entsprechenden Nachrichtenthemen eben passen.

Politik, Bürgerinitiativen und Nichtregierungsorganisationen auf der einen und der Informationsjournalismus auf der anderen Seite, sie haben in einer Demokratie viele Themen und manche Ziele gemeinsam. Sie haben aber unterschiedliche Rollen und

Aufgaben. Wer sie vermischt, schadet beiden Sphären. So wie Politik, Organisationen und Bewegungen keinen Journalismus vortäuschen sollten, so darf auch der Journalismus keine Politik machen oder sich als eine NGO für bestimmte Themen verstehen. Niemand kann Schiedsrichter sein oder Sportkommentatorin und gleichzeitig für ein Team Tore schießen.

Informationsjournalismus beobachtet und kontrolliert Politik und Organisationen. Je genauer wir den Gegenstand der Beobachtung kennen und verstehen, umso besser. Die Versuchung ist groß, bei und mit der Arbeit auch Politik zu machen. Wer ihr erliegt, ist kein schlechter Mensch, aber in den Nachrichten fehl am Platz. Er oder sie missbraucht die Medienmacht und wird der Verantwortung nicht gerecht. Gleiches gilt jenseits des Politischen für Beeinflussungsjournalismus jeder Art, vom Religiösen und Weltanschaulichen bis hin zu Autotests, Reiseempfehlungen und Buchbesprechungen, die nicht in voller Unabhängigkeit zustande gekommen sind.

Information ist niemandes Beute

Hier könnte man mir entgegenhalten, dass es schließlich auch Tendenzmedien gibt, die Aktivismus zum Programm erheben. Ja, es stimmt: Manche privaten Medien stehen offen zu einer politischen Verortung. Diese Grundpositionen machen sich von den Kommentarstandpunkten bis zur Auswahl von Gesprächspartnern bemerkbar. Im engeren Nachrichtenbereich wünsche ich mir aber auch von diesen Angeboten Neutralität und Fairness bei Auswahl und Darstellung der Themen.

Neben dem Meinungsfilter sollte es nicht auch noch Informationsfilter geben. Dieser Wunsch wird zugegebenermaßen nicht immer erfüllt. Für Nachrichten aber, die sich an alle richten, ist es keine Frage eines Wunsches. Sie dürfen keinem Lager angehören und keine Agenda verfolgen. Ihre Aufgabe ist, der Gesellschaft einen gemeinschaftlich geteilten Informationsstand zu verschaffen als Basis für Diskussionen und akzeptierte Entscheidungen.

Früher war oft die Rede davon, der Rundfunk sei zur ›Beute der Parteien‹ geworden. Gemeint war der Einfluss auf die öffentlich-rechtlichen Sender, der sich durch Personalpolitik und eine, sagen wir, aufmerksame Begleitung der Programminhalte bemerkbar machte. Dieser Interventionismus hat erfreulicherweise nachgelassen. Ich bin sehr dagegen, dass der Informationsjournalismus wieder zu irgendjemandes Beute wird, egal ob es um Parteilinien geht oder um teilgesellschaftliche Überzeugungen. Nachrichten sollen informieren, bilden und manchmal auch unterhalten, sie sind aber nicht zur Erziehung gedacht, auch wenn der öffentlich-rechtliche Bereich nach 1945 zunächst auch einen Auftrag zur demokratischen Umerziehung hatte.

Die Macht der Unparteilichkeit

Apropos 1945: Bevor sich westliche Journalisten an die öffentlich-rechtliche Reorganisation des deutschen Rundfunks machen konnten, spielten viele von ihnen eine Rolle im Zweiten Weltkrieg. Hugh Carlton-Greene zum Beispiel, der später maßgeblich am Aufbau des *Nordwestdeutschen Rundfunks* beteiligt war, leitete den Nachrichtendienst der BBC in deutscher Sprache. Er und sein Team setzten nicht auf ›Propaganda gegen Propaganda‹, sondern auf eine ›Strategie der Wahrheit‹, deren erstes Ziel es war, Glaubwürdigkeit zu gewinnen. Jede kleine Tatsache sollte stimmen, keine alliierte Niederlage wurde verschwiegen. Dieses Konzept sollte sich damals für die BBC auszahlen (DOWARD 2017, ORF.AT 2013).

Ich glaube, Unparteilichkeit und Neutralitätsannäherung sind auch heute nicht nur gute Prinzipien für öffentlich-rechtliche Angebote. Sie versprechen auch den größten Erfolg im Einsatz für die Grundwerte, für die der öffentliche Mediensektor steht.

Sie sind die wichtigste Voraussetzung für das Vertrauen der Menschen. Immerhin hat eine Umfrage im Februar 2021 ergeben, dass in den polarisierten USA ausgerechnet das nicht-kommerzielle TV-Sendernetzwerk PBS für die vertrauenswürdigste Institution gehalten wird (PBS 2021). Das ›Tow Center‹ der New Yorker Columbia Universität wollte mehr darüber wissen. Das Ergebnis: Die Menschen schätzen die Nachrichten von PBS als »unbiased or neutral« (ALI/VAN DEN BULCK/LEE 2021). Mit anderen Worten: Wer in seiner journalistischen Arbeit fair und wahrhaftig erscheint, wer auf Indoktrination verzichtet, gerade der hat eine Chance, in die Gesellschaft einzuwirken.

Die Ökonomie der Polarisierung

Der Trend zur Subjektivität geht nicht nur auf individuelle Einstellungen und Gruppenüberzeugungen innerhalb des journalistischen Personals zurück. Es gibt auch eine gewichtige ökonomische Seite. Mehrfach wurde schon erwähnt, dass Google und soziale Medien Polarisierung prämieren, dass sie die durch Reibung und Konflikt entstehende Energie in Einnahmen umwandeln. Doch auch aus einem anderen Grund scheint es manchen Medien sinnvoll, stärker Gruppeninteressen zu bedienen. Gemeint sind die Interessen der Abonnentinnen und Abonnenten. Denn dieser Kreis ist nach dem Niedergang der Anzeigenerlöse wieder wichtiger geworden. Es mag naheliegen, den Abonnenten nach dem Mund zu reden, anstatt ihnen zu widersprechen. Dabei macht es die digitale Personalisierung von Angeboten ein und demselben Medium sogar möglich, unterschiedliche Haltungsbedürfnisse der Kundschaft parallel zu bedienen.

Serge Halimi und Pierre Rimbert haben all dies in einem Artikel für *Le Monde Diplomatique* als einen ›Kulturkampf-Journalismus‹ bezeichnet, der inzwischen mehr darauf abzielt, Streit und Zwietracht zu verkaufen, als zu informieren (HALIMI/

RIMBERT 2021). Die Autoren sehen eine Wende vom »consensus sédatif au dissensus lucratif«. Es gehe nicht mehr darum, einen die Gesellschaft ruhigstellenden Konsens herbeizuschreiben oder zu -senden, was natürlich auch problematisch ist. Nun sei es das Ziel, lukrativen Dissens zu befeuern. Das ist sicher keine gerechte Beschreibung einer gesamten Branche. Doch es wird genauso sicher niemanden im Nachrichtenjournalismus geben, der dieses Problem nicht kennt, ob nun aus der eigenen Redaktion oder aus der Marktbeobachtung.

›Hier privat unterwegs‹

Wie ist es mit den persönlichen Aktivitäten in den sozialen Medien? Sollen Menschen, die im Informationsjournalismus arbeiten, dort klare Kante zeigen und Partei ergreifen? Können die Arbeitgeber das einschränken, sollten sie es tun? In Deutschland ist das noch eine Grauzone. Journalistinnen und Journalisten sind hierzulande häufig bei Twitter aktiv. Dort bewerben sie eigene Texte und Leistungen ihrer Redaktionen, positionieren sich aber oft auch in Sach- und Personalfragen. Aus der Sicht vieler im Journalismus ist das in Ordnung und abgedeckt durch Hinweise wie ›Hier privat unterwegs‹. Doch wie privat ist dieses Verhalten bei profilierten Informationsjournalisten, die durch ihre Tätigkeit bekannt sind und dann mit einem Tweet einen Minister angreifen oder eine Entscheidung skandalisieren?

Werfen wir einen Blick in die *Social Media Guidelines for the Newsroom* der *New York Times*:

> »In social media posts, our journalists must not express partisan opinions, promote political views, endorse candidates, make offensive comments or do anything else that undercuts The Times's journalistic reputation. [...] We consider all social media activity by our journalists to come under this policy. While you may think that your Facebook page, Twitter feed, Instagram, Snapchat or other social media accounts are private zones, separate

> from your role at The Times, in fact everything we post or ›like‹ online is to some degree public. And everything we do in public is likely to be associated with The Times« (NEW YORK TIMES 2020).

Im Regelwerk der BBC heißt es ähnlich:

> »If your work requires you to maintain your impartiality, don't express a personal opinion on matters of public policy, politics, or ›controversial subjects‹« (BBC 2020).

Wer sich an diese Regeln nicht hält, der hat bei beiden Medien mit Sanktionen zu rechnen. Tim Davie, der Director General der BBC, hatte vor der Veröffentlichung der Bestimmungen klare Worte an seine Kolleginnen und Kollegen gerichtet:

> »If you want to be an opinionated columnist or a partisan campaigner on social media then that is a valid choice, but you should not be working at the BBC« (BBC NEWS 2020).

Auf der anderen Seite steht die Position, dass auch im Journalismus Bürgerinnen und Bürger arbeiten mit einem Recht auf freie Meinungsäußerung. Carolina Schwarz hat in der *taz* noch darüber hinaus argumentiert:

> [...] durch die Social-Media-Regeln der New York Times wird eine Objektivität vorgegaukelt, die es so gar nicht geben kann. Auch Journalist*innen gehen wählen, haben eine Lieblingsband und echauffieren sich (hoffentlich) über Nazis. Die wahre Kunst des Journalismus ist es ja, trotz politischer Meinung und persönlicher Vorlieben kritisch zu hinterfragen und berichten. Viele Leser*innen können nicht abstrahieren zwischen privaten Meinungen, wie einem Kommentar in der Zeitung oder einem Tweet bei Twitter, und dem Medium. Ehrlicher wäre es die Einstellung des Mediums und der Journalist*innen transparent zu machen, damit die Leser*innen die Veröffentlichung einordnen können« (SCHWARZ 2017).

Für mich ist das eine schwierige Frage, ganz abgesehen von den arbeitsrechtlichen Erwägungen. Mir scheint einleuchtend, dass es hier einen Unterschied gibt zwischen Medien, die offen bestimmte Positionen bedienen, also einen Teil des Meinungsmarktes, und denjenigen, die alle Menschen ansprechen wollen.

Ich habe mich auch eine Weile lang am Meinungstwittern beteiligt, das aber inzwischen deutlich reduziert. Als öffentlich-rechtlicher Nachrichtenjournalist gibt es für mich auch bei Twitter keine Zurückhaltung, wenn es um die Verteidigung der Grundwerte geht oder die Bewertung von Diktaturen. Aus der Alltags- und Sachpolitik halte ich mich dagegen raus.

Im Übrigen glaube ich, dass es keine auf die sozialen Medien verengte Betrachtung geben sollte. Zurückhaltung beziehungsweise Beschränkung müssten genauso für Blogs, Vorträge und andere öffentliche Auftritte gelten.

»Drucke oder sende! Punkt.«

Ich halte den Abschied von der Objektivität als Maßstab und Versprechen der Nachrichten für notwendig. Das darf aus meiner Sicht nicht die Tür zum subjektiven Informationsjournalismus öffnen – aber auch nicht zu einer pädagogischen Ausprägung des Berufs. Dazu hat Horst Pöttker festgehalten:

> »Die Grundnorm des Journalistenberufs lautet nicht: Drucke oder sende, was dem Publikum frommt und gut tut. Solche Grundgebote haben andere Berufe, etwa die Pädagogen, zu berücksichtigen. (Im ›real existierenden Sozialismus‹ wurde ein sehr pädagogischer Journalismus gepflegt, der infolgedessen auch nicht annähernd die Öffentlichkeitsaufgabe erfüllt hat.) Sondern das oberste Gebot der journalistischen Moral verlangt: Drucke oder sende! Punkt. Im Gegensatz zum Pädagogen muss der Journalist also von vorneherein Vertrauen in die Mündigkeit des Publikums haben, das er mit der ungeschminkten Wahrheit konfrontieren darf« (PÖTTKER 1999: 221).

Horst Pöttker würde heute vermutlich nicht mehr das generische Maskulinum ›der Journalist‹ benutzen. Ganz sicher würde er seinen kategorischen Imperativ des Druckens und Sendens um das digitale Veröffentlichen erweitern. Ansonsten steht die Aussage nach meiner Einschätzung noch wie vor zwanzig Jahren.

Überwältigungsverbot

Nach der Abgrenzung zur Pädagogik nun ein Blick auf die politische Bildung. Sie ist Verfassung und Grundwerten verpflichtet, soll aber ansonsten Wissen in neutraler Weise vermitteln, Menschen zur eigenständigen Meinungsbildung und zu kontroversen Debatten anregen. Überschneidungen mit dem Informationsjournalismus sind also nicht von der Hand zu weisen. In der politischen Bildung wird als kleinster gemeinsamer Nenner anerkannt, was 1976 auf einer Tagung der Baden-Württembergischen Landeszentrale im schwäbischen Beutelsbach vereinbart wurde. Der nach dem Ort benannte ›Beutelsbacher Konsens‹ nennt drei pragmatische Leitgedanken jenseits aller theoretischen und ideologischen Differenzen (WEHLING 1977).

Der erste Punkt ist ein ›Überwältigungsverbot‹: Menschen dürfen nicht im Sinne erwünschter Meinungen manipuliert und an der eigenständigen Urteilsbildung gehindert werden. Zweitens gilt: Was in Wissenschaft und Politik kontrovers ist, das muss auch in der politischen Bildung kontrovers erscheinen. Die dritte Regel besagt, dass Menschen in die Lage versetzt werden müssen, eine politische Situation und die eigene Interessenlage zu analysieren. Sie müssen befähigt werden, die Lage im Sinne ihrer Interessen zu beeinflussen. Mit diesen Grundüberlegungen kann ich mich auch aus der Perspektive eines Nachrichtenredakteurs anfreunden.

Das postobjektive Prinzip

Meinen Leitstern habe ich schon vorgestellt, indem ich für den Grundsatz der Wahrhaftigkeit geworben und ihn erläutert habe. Der US-Medientheoretiker Dan Gillmor hat vor mehr als fünfzehn Jahren in seinem Blog dazu aufgerufen, die Objektivität durch eine fast wirkungsgleiche Kombination von mehreren

Prinzipien zu ersetzen, die besser erreichbar und vermittelbar sind (GILLMOR 2005).

Inzwischen schlägt er ›fünf Pfeiler des guten Journalismus‹ vor. Es sind Gründlichkeit, Exaktheit, Fairness, Transparenz und Unabhängigkeit (GILLMOR 2007). Für mich buchstabieren diese fünf Leitgedanken die Wahrhaftigkeit gut aus und ergeben ein ebenso knappes wie nützliches postobjektives Prinzip.

›Sagen, was ist‹ reloaded

Ende der 1990er-Jahre haben sich einige hundert Kolleginnen und Kollegen in den USA intensiv mit der Frage beschäftigt, wozu der Journalismus da sein soll. Die Erkenntnisse aus dieser mehrjährigen Diskussion haben Bill Kovach und Tom Rosenstiel in ihrem empfehlenswerten Buch *The Elements of Journalism* verdichtet (2001). Würde man im deutschsprachigen Raum nach der Aufgabe des Informationsjournalismus fragen, so kämen vermutlich als Antwort häufig die drei berühmten Worte, die auch im Foyer des Hamburger Spiegel-Neubaus ins Auge fallen: ›Sagen, was ist‹. Rudolf Augstein hat diese Formel 1961 in einem Herausgeberstück seines Magazins benutzt. Zusammenhängend lautet dieses ›Mission Statement‹:

> »Einer Wahrheit ans Licht zu helfen, die unter der glatten Oberfläche der Volksmeinung schlummert, diese notwendige Wahrheit unangreifbar zu fassen und in 400.000 Exemplaren bis in den hintersten Winkel auf die Reise zu schicken, so daß niemand mehr sagen kann, sie sei ihm nicht zugänglich gewesen, eine Wahrheit, der die etablierten Führer und Meinungsmacher aus Bequemlichkeit und Eigensucht bislang ausgewichen sind – das ist die einzige Möglichkeit für den Journalisten, die Wirklichkeit zu verändern: Er kann sagen, was ist« (AUGSTEIN 1961).

Ich vermute, dass Augstein Leopold von Ranke im Sinn hatte. Der Historiker beschrieb den Auftrag seines Berufs mit »sagen, wie es eigentlich gewesen (ist)«. Später wechselte er in der Aussage zum Verb »zeigen«, um die Verbindlichkeit der Erkenntnisse zu unterstreichen (RANKE 1824).

Der Wunsch, die Welt exakt zu beschreiben, ist bei den Chronisten der Gegenwart genauso vorhanden wie bei denen der Vergangenheit. Dieser Wunsch ist nachvollziehbar, aber meist uneinlösbar. Das habe ich zu begründen versucht, wie auch meine Ansicht, dass die Behauptung gefährlich sein kann, man kenne Wirklichkeit und Wahrheit.

Ausgestattet mit dem gerade angesprochenen ›Postobjektiven Prinzip‹ kann der Informationsjournalismus aber einen neuen Anlauf nehmen, eine Art ›Sagen, was ist‹ reloaded. Das Ziel ist dann ein in transparenter Weise begründetes ›Sagen, wie es wahrscheinlich ist‹. Dieser Ansatz braucht weitere Änderungen bei den Einstellungen und der Arbeitsweise, um die es im nächsten Kapitel gehen wird.

Nachrichten und Emotionen

Fast jede und jeder im Informationsjournalismus weiß, dass es jenseits von Theorie und Handwerksregeln ein ›Gespür für Nachrichten‹ gibt. Oft ist es auch ›nur so ein Gefühl‹, dass jemanden dazu veranlasst, eine an sich plausible Geschichte erst einmal nicht zu bringen. Die Bedeutung der Intuition ist also erkannt, und doch haben die Nachrichten grundsätzlich ein Problem mit Gefühlen. Es herrscht die Vorstellung, unser Beruf sei eine weitgehend sachliche und rationale Angelegenheit. Manche Redaktionen sehen sich als Orte, die frei von emotionalen Einflüssen sind, ähnlich den sterilen Reinräumen der Halbleiterproduktion, in die kein Staubkörnchen eindringen darf.

Das war nicht immer so. Über Jahrhunderte hat der Informationsjournalismus an Gefühle appelliert und mit ihnen Geld verdient. Für den Boulevard, für andere journalistische Bereiche und die sozialen Netzwerke sind Emotionen auch heute Kerngeschäft. Die bewusste Abgrenzung zu all dem ist ein nachvollziehbares Motiv für das Mantra der gefühlsfreien Nachrichten. Noch bestimmender ist die schon angesprochene Überzeugung vom angeblich objektiven Nachrichtengeschäft. Ein weiterer Grund mag hinzukommen: In Redaktionen muss zwar nicht operiert werden und die meisten von uns waren auch nie Kriegsreporter. Dennoch beschäftigen sich die Nachrichten jahrein, jahraus ausführlich mit einer Menge ernster und trauriger Angelegenheiten. Manche ertragen das am besten durch einen extrem sachlichen Umgang mit den Themen.

Gefühle kennen, statt verdrängen

Mir schwebt alles andere vor als eine Emotionalisierung der Nachrichten. Gegen Unterhaltung als Bestandteil der Information habe ich mich schon ausgesprochen wie auch gegen Nachrichten aus subjektiver Haltung heraus. Dennoch sollten sich Redaktionen mit den Gefühlen beschäftigen, mit den eigenen und mit denen, die die Nachrichten bei anderen auslösen. Auch das sind nämlich Auswirkungen der journalistischen Arbeit. Der Schriftsteller Alain de Botton hat mit folgender Bemerkung in *The News – A User's Manual* nicht sehr übertrieben:

> »[...] the one thing the news skilfully avoids training its eye on is itself, and the predominant position it has achieved in our lives. ›Half of Humanity Daily Spellbound by the News‹ is a headline we are never likely to see from organisations otherwise devoted to the remarkable and the noteworthy, the corrupt and the shocking« (DE BOTTON 2014: 10).

Wenn der aufmerksame Blick auf sich selbst und das eigene Tun ausbliebt, dann gilt für die Nachrichten, was für jeden Menschen gilt: Wer Emotionen nur verdrängt, der ist ihnen ausgeliefert. Es war schon die Rede von Subjektivität, Vorurteilen und

Grundeinstellungen. Journalistische Individuen und redaktionelle Gruppen sollten diese Faktoren gut im Blick haben.

Was bedeuten unsere persönlichen Standpunkte zu Themen wie Migration, Klimawandel oder Steuerpolitik für die Arbeit? Was heißt es für meine Sicht der Dinge, dass ich Großstadtbewohner, Vegetarier, ehemaliger Messdiener, überzeugter Bahnreisender und manches mehr bin? Bestimmen Ängste vor einer neuen Virusvariante oder Hoffnungen auf eine bestimmte politische Entwicklung in Brasilien meine Themenauswahl, oder gar der Umstand, dass ich einen wichtigen Politiker einfach nicht mag? Über solche und andere Fragen müssen wir uns beständig Rechenschaft ablegen. Unabhängigkeit im Journalismus meint auch die Unabhängigkeit von eigenen Vorurteilen.

Confirmation Bias und Co.

Nicht nur beim Publikum, auch im Journalismus ist der ›Confirmation Bias‹, der ›Bestätigungsfehler‹ ein mächtiger Faktor. Menschen achten auf Themen, die ihnen bekannt vorkommen. Sie hören und sehen besonders gerne, was sie hören und sehen wollen, ob es nun um Informationen geht oder Argumente. Der Bestätigungsfehler betrifft vermutlich alle mehr oder weniger stark und ist etwas sehr Menschliches. Zum beruflichen Problem wird er für diejenigen, die aus zahllosen Themen wenige zur Berichterstattung auswählen müssen. Es drohen gewaltige Verzerrungseffekte. Eine journalistische Aufgabe ist es daher, die eigene Subjektivität zu vermessen und bei Bedarf korrigierend einzugreifen.

Es gibt noch andere Auslöser von Verzerrungen, hier ein paar Beispiele. Da ist die ›soziale Erwünschtheit‹. Die Forschung zeigt deutlich, wie häufig Menschen Antworten geben unter dem Eindruck angenommener sozialer Akzeptanz und aus dem Wunsch nach Konformität heraus. Gehen die Nachrichten an Themen derart unbewusst gesteuert heran und landen so in einem als erwünscht vermuteten Spektrum von Themen und Einordnungen? Oder bewirkt der ›Mitläufereffekt‹, dass Redaktionen ein Thema aufgreifen, einfach weil es Kolleginnen und Kollegen andernorts schon getan haben?

Überzeugen auch in Redaktionen manche Argumente deshalb besonders, weil man sie schon oft gehört hat? Dann hat der ›Reiterationseffekt‹ zugeschlagen, der bereits bekannte Informationen bei der Beurteilung des Wahrheitsgehalts privilegiert. Mir fallen da einige Beispiele ein, wie die frühere, jahrelange Leier, dass geringere Löhne der Volkswirtschaft nutzen oder das Mantra von der stets effizienten Privatisierung. Aber andersherum denke ich auch an die Vermutung aus den 1950er-Jahren von ewig sicheren Renten- und Lohnsteigerungen durch stabile Geburtenzahlen und Wachstumsraten. Der ›Reiterationseffekt‹ gefährdet den Informationsjournalismus besonders, weil er der Aufgabe von Kritik und Kontrolle genau entgegensteht. Er wird verstärkt durch ein unter dem Begriff ›perzeptuelle Flüssigkeit‹ erforschtes Phänomen: Unser Gehirn hält Aussagen eher für wahr, wenn wir sie leicht aufnehmen können, wie zum Beispiel schon einmal Gehörtes.

In die Theorie der ›Verlustaversion‹ fließt die Erkenntnis ein, dass Menschen etwas potenziell Negatives meistens höher bewerten als einen ähnlich großen oder größeren Gewinn. Beeinflusst das auch die Nachrichten? Ist das der Grund, weshalb wir so viel über den Abbau von 500 Arbeitsplätzen sprechen und viel seltener von 500 neu geschaffenen Stellen hören? Im Informationsjournalismus ebenfalls alles andere als unbekannt ist der ›Hindsight Bias‹, der ›Rückschaufehler‹. Dabei geht es um die Neigung, eine tatsächlich eingetretene Entwicklung im Nachhinein als zwangsläufig und vorhersehbar zu betrachten. Nein, die Wahl von Michail Gorbatschow zum Generalsekretär der Kommunistischen Partei der Sowjetunion hat weder 1985 schon die deutsche Einheit besiegelt, noch zog sie notwendigerweise den Oligarchen-Kapitalismus und den späteren Aufstieg Putins nach sich. Der Rückschaufehler behindert die Analyse der Vergangenheit und trübt eine klare Betrachtung von Gegenwart und Zukunft.

Mit dem Begriff ›Overconfidence Bias‹ wird auf gelehrsame Weise ein allgemein bekanntes Phänomen bezeichnet: Die Selbstüberschätzung spielt auch im Journalismus eine wichtige Rolle, etwa wenn wir unser Wissen als zu hoch taxieren. Sie ist auch am Werk, wenn wir nicht merken, dass wir bei der Einschätzung eines Vorgangs einem Gerücht oder dem Spin bestimmter Interessen aufsitzen. Schließlich sei noch die ›Verzerrungsblindheit‹ erwähnt. Sie krönt die anderen Verzerrungen und sichert sie zugleich ab – mit der festen Überzeugung, selbst auf keinen Fall voreingenommen zu sein.

Die gerade genannten Beispiele stammen aus der Kognitionspsychologie. Diese Wissenschaft beschäftigt sich damit, wie Menschen wahrnehmen, erkennen und verstehen. Sie untersucht, wie wir zu Überzeugungen von wahr oder falsch und zu Werturteilen kommen, auf deren Grundlage dann Haltungen, Entscheidungen und Handlungen entstehen. Nach meiner Überzeugung sollten die Erkenntnisse der Kognitionspsychologie fester Teil der Ausbildung für die Nachrichten sein und regelmäßiges Thema in den Redaktionen. Wir müssen wissen, dass wir oft in Mustern verfangen sind, wenn wir Nachrichten recherchieren und schreiben.

Wie Nachrichten wirken

Ebenso unterbelichtet ist die Frage, wie die Information bei den Zuschauern und Leserinnen, bei den Hörern und Nutzerinnen ankommt. Im Alltag nehmen verschiedene Menschen ein und dieselbe Schilderung eines Geschehens sehr unterschiedlich wahr. Jeder Roman hinterlässt bei der Leserschaft vielfältige, manchmal sehr unterschiedliche Eindrücke. Wie also können wir erwarten, dass ausgerechnet die Nachrichten einheitlich aufgefasst werden – und das auch noch im Sinne der redaktionellen Absender?

Es wird viel für Reichweitenmessung getan, schlicht weil davon Werbeerlöse, Etats, Beförderungen und andere Formen von Erfolg abhängen. Die Frage aber, wie Nachrichten inhaltlich bei den Menschen ankommen, was sie auslösen und bewirken, wird deutlich weniger untersucht. Immer wieder hat es Diskussionen über die Verständlichkeit der Nachrichten gegeben. Schon in den 1970er-Jahren etwa begannen im deutschsprachigen Bereich der Streit über die angeblich hermetische Sprache der Information und die Suche nach Verständlichkeit jenseits der Verlautbarung. Hörfunk und Fernsehen ersetzten die klassische Sprecher-Präsentation weitgehend durch die Redakteurin, den Redakteur am Mikrofon, sie bauten dialogische Formate aus. Auch das geschah in der Vermutung, Inhalte so besser an den Mann und an die Frau zu bringen. Im Print- und Online-Bereich verbindet sich dieselbe Hoffnung mit Erklärtexten, mit Infografiken und manchem mehr.

Doch wie die Botschaft ankommt, wie die Menschen auf die Inhalte reagieren, das bleibt vielfach im Dunkeln. Nach wie vor interessiert es manche Redaktionen auch nur mäßig, was aus der guten Informationsabsicht wird und was ›ihre‹ Nachrichten wirklich auslösen. Auch hier können Neurowissenschaften und Psychologie hilfreich sein. Sicher ist, dass auch weite Teile des Publikums dem ›Confirmation Bias‹ und anderen der genannten Verzerrungen unterliegen. Redaktionen können das nicht verhindern, sie können aber verstärkende Fehler vermeiden.

Wenn wir versuchen, den problematischen Mustern in der Berichterstattung selbst nicht auf den Leim zu gehen, dann wächst die Chance, dass dies auch dem Publikum gelingt. Das heißt konkret als Auftrag für Redaktionen, nicht fortwährend bestimmte Argumentationsketten unhinterfragt zu zitieren und auch darüber hinaus eine vielfältige, perspektivenreiche Berichterstattung zu sichern.

Tatsachen und der Bumerang

Zur Wirkung von Nachrichten gehört ein Aspekt, den wir aus dem Privaten und Zwischenmenschlichen gut kennen: Argumente funktionieren gegen Emotionen nicht so, wie man sich den rationalen Diskurs mit Austausch und Wettbewerb der Argumente vorstellt. Tatsachen verstärken vielmehr oft den Widerstand der anderen Seite. Man nennt das den ›Bumerangeffekt‹. Die Fakteninformation wird als emotionaler Angriff aufgenommen. Folgen sind eine Verhärtung der Position und die noch entschiedenere Zurückweisung der Kritik. Alle, die schon einmal die Facebook-Seite eines Informationsmediums moderiert haben, wissen, wovon die Rede ist.

Dan Kahan und andere an der Universität Yale haben darauf aufbauend das Konzept der ›Cultural Cognition‹ entwickelt (KAHAN 2006), manchmal ist auch von ›Tribal Cognition‹ die Rede. Auslöser für die Ablehnung sachlicher Information ist danach, dass sie kulturellen Annahmen, Werten einer Gruppe von Menschen und Identitäten entgegensteht und daher als Verunsicherung und Bedrohung empfunden wird. Ein Beispiel: Zum Klimawandel liegen eindeutige wissenschaftliche Belege vor und es herrscht ein Forschungskonsens über die Mitverantwortung der Menschheit für steigende Temperaturen. Warum gibt es dann noch so viele der sogenannten ›Klimaleugner‹? Folgt man dem Konzept der Cultural oder Tribal Cognition liegt die Antwort auf der Hand: Viele dieser Menschen bewerten die Debatte nicht anhand von Sachargumenten, sondern auf Grundlage der Werte und Gewohnheiten ihrer Gruppe. Für diese Gruppe mögen Autofahren und die Kohle-

und Stahlindustrie zur tradierten Kultur gehören, so wie Windräder als Bedrohung der heimatlichen Landschaft erscheinen. Eine diffuse Angst vor Wandel jeder Art kommt hinzu.

Natürlich gilt das Schema auch für Menschen, die liberale Positionen in erster Linie aus kulturellen Gründen und wegen einer Gruppenzugehörigkeit einnehmen. Auch in diesem Bereich der Gesellschaft gibt es unhinterfragte Einstellungsmuster, die auf Argumente mit Verhärtung reagieren.

Der kulturell-identitäre Bumerangeffekt ist in den sozialen Medien weltweit hervorragend zu beobachten. Die derzeit wachsende Betonung identitärer Attribute gegenüber dem Staatsbürgerlichen und Gemeinsamen in den gesellschaftlichen Auseinandersetzungen im Westen lässt auch für die nähere Zukunft wenig Gutes ahnen. Die Zahl der durch Tatsachen nicht zu befriedenden Konflikte dürfte nicht so rasch sinken. Der Bumerangeffekt ist dabei ein verlässlicher Partner populistischer Provokateure jeder Art, die genau wissen, wie sie das Reaktionsschema einer umworbenen Gruppe ansprechen können.

Für den Informationsjournalismus schien diese Erkenntnis überraschend zu kommen. Viele waren sicher, dass beständige sachliche Widerlegung sich quasi automatisch gegen haarsträubende Aussagen von Populisten durchsetzen werde. Zum Beispiel waren 2016 viele liberale Medien überzeugt, mit ihren Berichten über Donald Trump dessen Nominierung als republikanischen Kandidaten und später doch zumindest dessen Wahlerfolg außerhalb jeder Möglichkeit rücken zu können.

Diese Überraschung finde ich wiederum überraschend, weil wir den Bumerang-Effekt nicht nur von der zwischenmenschlichen Ebene kennen, sondern aus der Politik schon Erfahrung mit diesem Phänomen haben. Wir kennen es sogar mit umgekehrter Stoßrichtung: Den Beratern von Angela Merkel wird nachgesagt, schon einige Wahlkämpfe erfolgreich mit einer asymmetrischen Demobilisierung geführt zu haben. Diese Strategie setzt darauf, möglichst wenig Kontroversen zuzulassen, in der Hoffnung, dass ein Teil der Anhängerschaft anderer Parteien sich nicht genügend motiviert oder provoziert fühlt, um die Stimme abzugeben. Wenn dann die eigenen Leute dennoch weitgehend wählen gehen, dann geht der Plan auf, wenn auch zulasten der Wahlbeteiligung.

Auch William Davies hat in seinem Buch *Nervous States* auf die gravierenden gesellschaftlichen Folgen unterschätzter oder ausgeblendeter Gefühle hingewiesen (DAVIES 2019). Er argumentiert unter anderem, dass sich ein großer Teil der Gesellschaft von Politikern und Expertinnen abgekoppelt fühlt. Aus Sicht dieser Menschen analysiert eine Wissenselite Lebenslagen und Probleme, ohne sie zu kennen oder empathisch nachvollziehen zu können. Dies ist für Davies einer der Gründe für die Aufladung der digitalen Welt mit Emotionen und Aggressivität und erklärt, wie er im Untertitel sagt, *How Feelings Took Over the World*.

Empathische Nachrichten

Was fangen Nachrichtenredaktionen mit solchen Einsichten an? Natürlich können sie nicht auf kulturelle und gruppenbezogene Logiken einschwenken, es sei denn, sie wollten sich einem Lager anschließen. Die Redaktionen müssen die emotionalen Mechanismen aber in Betracht ziehen. Beispiel Faktenchecks: Oft trägt diese derzeit beliebte journalistische Form nicht zum erhofften Lerneffekt beim Publikum bei, sondern löst genau den gerade beschriebenen Effekt aus: Sie treibt Menschen weiter den Baum hoch, weil sie sich angegriffen fühlen.

Wichtig ist, nicht nur bei diesen Checks, dass die Darstellung heikler Themen absolut fair und korrekt ist. Hilfreich ist, wenn solche und andere Instrumente kritischer Überprüfung nicht einseitig eingesetzt werden, sondern halbwegs gleichmäßig alle Parteien und Interessen treffen. Handwerkliche Fehler oder ideologische Verengung dürfen nicht noch zusätzliche Ansatzpunkte für Ablehnung und Reflexionsverweigerung bieten.

Die Demobilisierungsstrategie wird wohl nicht als Vorbild für den Informationsjournalismus taugen. Zumindest in einer lebendigen Demokratie wird niemand seine Nachrichten absichtlich langweilig und einschläfernd gestalten. Niemand wird kontroverse Themen umschiffen, nur damit es ruhig bleibt im Land. Allerdings gebe ich zu, dass ich schon einige Male davon abgesehen habe, kontroverse Themen etwa aus dem Bereich Nahost in den sozialen Medien zur Diskussion zu stellen, weil die Kräfte zur Moderation fehlten. Generell lernen kann man zumindest, in der Darstellung gesellschaftlicher Konflikte auf Zuspitzungen und Provokationen zu verzichten, die nicht der Sache dienen, sondern einer vermuteten Reichweite.

Andere journalistische Bereiche können mehr tun, indem sie Dialoge organisieren, indem sie Befindlichkeiten in längeren Reportagen einfangen oder in Features. Doch auch die Nachrichten haben ihre Möglichkeiten, Empathie zu zeigen: Selbst wenn alle Argumente für die Stilllegung eines Kohlekraftwerks sprechen, so müssen die enttäuschten Arbeitnehmer oder ihr Betriebsrat zu Wort kommen. Solange Positionen und Emotionen sich innerhalb des Bogens von Verfassung und Grundrechten befinden, sollten sie gesehen, aufgegriffen und damit gewürdigt werden.

Diese Einstellung sollte mitbestimmend für jede Nachrichtenredaktion sein, auch wenn es in der alten Fiktion der kühlen und objektiven Information wenig Platz dafür gab. Angela Merkel fasste es 2020 in Davos am Beispiel der Diskussion über den Klimawandel in folgende Worte:

> »[...] da wir in einer Zeit leben, in der Fakten mit Emotionen konkurrieren, kann man immer versuchen, durch Emotionen eine Antifaktizität zu schaffen, die dann genauso wichtig ist. Das heißt also, wir müssen die Emotionen mit den Fakten versöhnen. Das ist vielleicht die größte gesellschaftliche Aufgabe« (MERKEL 2020).

Empathie ist auch eine gute Begleiterin bei der Themensuche und der Recherche: Einfühlungsvermögen hilft, relevante gesellschaftliche Konflikte schon in der Entstehung zu erkennen. Einfühlungsvermögen macht es möglich, die Bedeutung eines Themas frühzeitig zu sehen, auch wenn die nüchterne zahlen- und faktenbasierte Lesart vielleicht noch dagegenspricht. Insbesondere von öffentlich-rechtlichen Nachrichtenangeboten können die unterschiedlichen gesellschaftlichen Gruppen und Interessen Empathie verlangen, selbst wenn sie natürlich nicht erwarten können, dass ihnen recht gegeben wird.

Demokratie funktioniert nicht ohne Empathie, gute Nachrichtenarbeit jedoch auch nicht. Journalistinnen und Journalisten müssen in der Lage sein, sich über Zahlen und Statistiken hinaus in Menschen und in Situationen hineinversetzen zu können. Sie sollten eine Vorstellung davon haben, ob ein Geschehen oder ein Einzelschicksal Bedeutung für viele andere hat. Hier sind Gefühle gut investiert.

Die große Negativverzerrung

Wer freut sich nicht, wenn er gute Nachrichten erhält? Mehr Positives, das verlangen viele auch von den Medien. Ich spreche gerne vom ›Erich-Kästner-Problem‹. Denn in seinem Band *Ein Mann gibt Auskunft* (KÄSTNER 1930) findet sich das Gedicht *Und wo bleibt das Positive, Herr Kästner?* Diesen Wunsch, so schreibt er, trage die Leserschaft immer wieder an ihn als Schriftsteller und Journalisten heran. »Ja, weiß der Teufel, wo das bleibt«, beginnt seine Replik. Für Kästner erlaubte es der Zustand der Welt damals nicht, Optimismus und Harmonie zu verbreiten.

90 Jahre später bewegt die Frage weiter viele Menschen. Sie sind davon überzeugt, dass die Nachrichten ein zu dunkles Bild der Wirklichkeit zeichnen und so Ängste und Depressionen

schüren. Ein großer Teil des Journalismus reagiert darauf heute ähnlich wie Erich Kästner im Jahr 1930. Da ist die Sorge vor Beschönigung gesellschaftlicher Verhältnisse, da gibt es die Furcht vor Verharmlosung oder gar vor dem Übertünchen von Konflikten und Skandalen.

Eine Reihe von Medien hat mit Rubriken ausdrücklich positiver Nachrichten experimentiert oder hält es immer noch so. In den 1970er-Jahre gab es Überlegungen, im Rundfunk auch einmal die sichere Landung eines Langstreckenflugzeugs zu melden. Die Idee dahinter war zu signalisieren, dass eine normal verlaufende Flugreise die absolute Regel sei, trotz der viel größeren Beachtung für die außerordentlich seltenen Abstürze. Es gibt inzwischen einige digitale Angebote, die in eine ähnliche Richtung arbeiten. *Goodnews* zum Beispiel bündelt auf *goodnews.eu* positive Berichterstattung aus verschiedenen Medien und verbreitet sie via Webseite, App und Newsletter. In der Begründung des Projekts heißt es wenig überraschend, die meisten Medien hätten einen negativen Fokus, zeichneten ein übertrieben negatives Bild und verursachten Hoffnungslosigkeit. Auch wenn dem so sein sollte: Die vereinzelte positive Nachricht im Sinne von »Und hier noch eine Meldung aus der Kultur« verändert die grundsätzliche Perspektive nicht. Sie wirkt für mich wie ein Fremdkörper, der bemüht hinzugefügt wird. Diesen Ansatz halte ich bei allem Respekt für die Absichten für wenig sinnvoll. Dennoch sehen sich die Nachrichten mit einem Dilemma konfrontiert.

Raubtiere im Sekundentakt

Denn auf der einen Seite stehen der kritische Imperativ und das Selbstverständnis einer vierten Gewalt, die kontrolliert und nicht zu loben hat. Da ist außerdem die Vorstellung, dass das Besondere Aufmerksamkeit verdient, nicht das Gewöhnliche. ›Mann beißt Hund‹, das ist eine Nachricht, nicht das Gegenteil.

Zu dem Besonderen gehören immer wieder auch schlimme und traurige Ereignisse. ›Tote beleben jede Sendung‹, so lautete einer der ersten Leitsprüche, die ich als Berufsanfänger gehört habe. Dieser Spruch weist darauf hin, dass das Gefährliche und das Bedrohliche besonders starke Wahrnehmung garantieren.

Die Neurowissenschaften bestätigen diesen Eindruck und können ihn begründen: Wir Menschen des 21. Jahrhunderts sind noch in vielem vom Überlebenskampf der Steinzeit geprägt. Gefahr verbürgt Aufmerksamkeit und löst intensive Reize aus. Daraus ergibt sich ein weiterer mächtiger Bias: der ›Negativity Bias‹, im Deutschen die ›Negativverzerrung‹ oder ›Negativitätsverzerrung‹.

Auf der anderen Seite belegt die Forschung, dass die Standardnachrichten gerade wegen der Schlagseite ihrer Perspektive auf viele negativ wirken und auf manche gar deprimierend. Der Eindruck dieser Menschen, ihre Fehlermeldung an den Informationsjournalismus, sie sind also ebenfalls wissenschaftlich belegt. Beschleunigung und Allgegenwärtigkeit von Informationen in der Ära von Internet, sozialen Medien und Smartphones verstärken das Problem und sorgen dafür, dass Nachrichten häufiger als früher Stressfaktoren sein können. Maren Urner, Neurowissenschaftlerin und Professorin für Medienpsychologie, hat all das in einem Interview so beschrieben:

> »Die Medien haben mittlerweile eine regelrechte Perversion kreiert, weil unser Gehirn aus evolutionärer Sicht veranlagt ist, eher auf negative Nachrichten oder Ereignisse zu reagieren. Denn eine potenzielle Bedrohung ist gefährlicher als eine positive oder zukunftsorientierte Nachricht, wie damals im Steinzeitalter als der Säbelzahntiger vor der Höhle stand. Natürlich müssen wir heutzutage nicht immer Angst ums Überleben haben, aber es entsteht ein gewisser Grad an Stress mit entsprechenden körperlichen Reaktionen. Das Problem ist, dass der Säbelzahntiger der digitalen Medien nur im Sekundentakt vor der Höhle steht. Das heißt, unser ganzes System hat keine Zeit mehr, diese Stressreaktion zu verar-

beiten, die automatisch dadurch kreiert wird. Dadurch entwickelt sich chronischer Stress. Das ist nicht gesund und fördert auch dauerhaft die Entwicklung von Krankheiten« (MAGERL 2019).

Was für Informationen im Allgemeinen gilt, trifft auf visuelle Eindrücke besonders zu. Sie werden stärker und schneller wahrgenommen als Textinformationen. Das gilt auch für von Menschen gemachte Bilder seit den Zeiten der Höhlenmalerei. Nicht von ungefähr sagt das Sprichwort: »Ein Bild sagt mehr als tausend Worte«. Das Visuelle hat in allen medialen Ausprägungen eine besondere Suggestivkraft, kann Gutes bewirken und Schaden anrichten. Bei der Auswahl von Bildern ist die verantwortliche Entscheidung einer Nachrichtenredaktion daher oft nicht die, die ein Maximum an Reichweite bringen würde.

Nachrichten-Diät

Ob Text oder Bild, einige Medien setzen bewusst auf Themen aus dem Spektrum Bedrohung und Konflikt, sie zielen so auf Reichweiten und Erlöse ab. Die meisten Nachrichtenredaktionen hingegen wollen die Gesundheit ihres Publikums nicht absichtlich gefährden. Erst recht wollen sie nicht einen Teil des Publikums vertreiben.

Diese Gefahr ist real, denn ein als unproduktiv empfundener Informationsstress verursacht ›News Fatigue‹ und bewegt manche Menschen zu einer Nachrichten-Diät oder zur ›News Avoidance‹, dem weitgehenden Verzicht auf die Tagesaktualität. Als einer der Propheten dieses Trends gilt Rolf Dobelli mit seinem Buch *Die Kunst des digitalen Lebens* (DOBELLI 2019). Sein Titel deutet es schon an: Die digitale Revolution hat das Problem potenziert. Schon 1970 gab es das Schlagwort vom ›Information Overload‹. Alvin Toffler machte den Begriff in seinem Bestseller *Future Shock* über den Stress in sich rasch verändernden Gesellschaften bekannt (TOFFLER 1970). Was damals oder 1990 für Radiohörer, Zeitungsleserinnen und das TV-Publikum beim Konsum der Nachrichten unangenehm sein konnte, das wird heute durch die Dauerpräsenz von Eilmeldungen und der vielen anderen Benachrichtigungen auf dem Smartphone als unerträglich wahrgenommen.

Emotional kann ich die Erleichterung nachvollziehen, die ein Verzicht auf Nachrichten mit sich bringen kann, zumal die meisten Menschen ja bei Weitem nicht nur dem Ansturm der klassischen Informationsmedien ausgesetzt sind. Da ist die vielfältige private Digitalkommunikation. Da ist gleichzeitig der ständig wachsende berufliche Kommunikationsstress mit den vielen Kanälen: Intranet und Jobmails, arbeitsbezogene Messenger-Gruppen bei WhatsApp und anderswo, die Business-Chat-Anbieter von Slack bis Mattermost, die Videoanrufe und -konferenzen bei Skype oder MS Teams. Schließlich verlangen viele dieser Inhalte auch noch nach einem ›Gefällt mir‹ oder einer anderen Reaktion.

Der Druck steigt enorm. Der Wunsch nach Ruhepausen ist nicht nur verständlich, diese Pausen sind für die Gesundheit unverzichtbar. Eine gewisse Ironie sehe ich darin, dass ausgerechnet die großen Digitalkonzerne sich am Trend zu ›Digital Detox‹ beteiligen, unter anderem indem sie Auszeit- und Achtsamkeits-Apps anbieten. Damit verdienen sie dann wiederum Geld und Daten. Der Kapitalismus bleibt eben erfinderisch, auch in seiner Form des ›Überwachungskapitalismus‹.

Die Überlegungen von Rolf Dobelli und anderen zum Nachrichtenfasten sind allemal intellektuell anregend. Anmerken möchte ich allerdings, dass man sich das leisten können muss. Wenn ich die Augen schließe und mir einen begüterten Rückzug auf ein Anwesen in Südfrankreich ausmale, dann geht das schon in Ordnung. Wenn ich mir dagegen das Leben in einer Wirtschaftskrise vorstelle, in einer Corona-Pandemie oder gar in einem bewaffneten Konflikt, dann sehe ich das ganz anders.

Nicht jeder kann sich einen nachrichtlichen Hungerstreik erlauben und es gibt Zeiten, in denen das niemandem anzuraten wäre. Umso wichtiger, dass Redaktionen die auf Information angewiesenen Menschen nicht unnötig stressen. Die begründete Vermutung, dass sich auch Lautes und Konfliktreiches ohne Relevanz vordergründig gut verkaufen lassen, ist jedenfalls für mich kein ausreichender Grund.

Die Taktung der Nachrichten

Deutlich vor der Nachrichten-Diät-Bewegung formulierte Niklas Luhmann Ende des vergangenen Jahrhunderts seine Kritik an der Taktung der Nachrichten:

> »Am deutlichsten ist der Programmbereich Nachrichten und Berichte als Erarbeitung/Verarbeitung von Informationen erkennbar. In diesem Bereich verbreiten die Massenmedien Ignoranz in der Form von Tatsachen, die ständig erneuert werden müssen, damit man es nicht merkt. Wir sind an tägliche Nachrichten gewöhnt, aber man sollte sich trotzdem die evolutionäre Unwahrscheinlichkeit einer solchen Annahme vor Augen führen. Gerade wenn man mit Nachrichten die Vorstellung des Überraschenden, Neuen, Interessanten, Mitteilungswürdigen verbindet, liegt es ja viel näher, nicht täglich im gleichen Format darüber zu berichten, sondern darauf zu warten, dass etwas geschieht und es dann bekannt zu machen« (LUHMANN 2009: 39).

Es stimmt, Radio und Fernsehen haben inzwischen einen dichten Nachrichtentakt entwickelt. In vielen Programmen sind stündliche, wenn nicht gar halbstündliche Ausgaben vorgesehen. Auch im digitalen Bereich werden die Inhalte frenetisch erneuert. Und doch halte ich Luhmanns Kritik im Kern für verfehlt. Dabei will ich nicht in erster Linie mit den planerischen Erfordernissen bei der Gestaltung von Zeitungen und insbesondere von Hörfunk- und Fernsehangeboten argumentieren. Vielmehr besteht eine entscheidende Orientierungsleistung von Nachrichten darin, dass Menschen sie regelmäßig abrufen können, oft nur um zu erfahren, dass nichts für ihr Leben Grundstürzendes geschehen ist.

Als Luhmann seine Zeilen 1996 veröffentlichte, hatte noch niemand eine Nachrichten-App. Die Gewissheit, zur vollen Stunde Informationen zu bekommen, war damals sehr wichtig. Sie ist es auch heute noch, sofern es sich um ein journalistisches Angebot handelt, dass eine höhere Verlässlichkeit verspricht als das digitale Dauerrauschen. Luhmanns Argument mit dem »Überraschenden, Neuen, Interessanten, Mitteilungswürdigen« hingegen werde ich im nächsten Kapitel aufgreifen. Anders als der Soziologe glaube ich, dass es von all dem Tag für Tag genug gibt, nur dass vieles davon die Nachrichten noch nicht erreicht.

Slow News

Eine klare Vorstellung von einer Nachrichten-Diät, die Luhmann gefallen hätte, bietet die ›Slow News‹- beziehungsweise ›Slow Journalism‹-Bewegung. Sie setzt dem Turbo-Nachrichtengeschäft mit seinen beschriebenen Risiken und Nebenwirkungen die Idee eines entschleunigten Journalismus entgegen. Der Begriff stellt einen Zusammenhang her zu der ›Slow Food‹-Bewegung, die der hektischen und schlechten Ernährung den Kampf angesagt hat. Insofern passt die Idee gut zu meiner Metapher, nach der die Nachrichtenkultur von der Gesundung des Ernährungsbereichs lernen kann. ›Slow News‹ setzen darauf, Ereignisse nicht mit Zwischenergebnissen im Sekundentakt zu begleiten, sondern lieber mit großem Abstand eine hintergründige Einschätzung zu liefern, die dann auch länger Bestand hat. Man könnte den Ansatz in der Formel ›Echtheit statt Echtzeit‹ zusammenfassen.

Ganz früh dabei waren die Gründer des vierteljährlich erscheinenden, britischen Magazins *Delayed Gratification* mit dem psychologischen Konzept des Belohnungsaufschubs im Titel (DELAYED GRATIFICATION 2011). Geworben wird mit dem Claim »Proud to be ›Last to breaking news‹ since 2011«. Ebenfalls in

Großbritannien ist 2019 das Webportal *Tortoise Media* entstanden. Auch hier deutet schon die Schildkröte im Namen auf Entschleunigung hin. Das Projekt *Tortoise* begründet seine Arbeit unter anderem mit dem Hinweis auf »Too many newsrooms chasing the news, but missing the story« (TORTOISE MEDIA 2021).

In der deutschen Medienlandschaft gibt es eine Reihe von ähnlichen Formaten, auch wenn diese nicht das Label ›Slow News‹ tragen. Mir kommen die ›Seite-drei-Artikel‹ großer Zeitungen in den Sinn, manche Podcasts oder die tägliche DEUTSCHLANDFUNK-Sendereihe *Hintergrund*. Sie fallen allerdings eher unter den breiteren englischen ›News‹-Begriff als unter die engere deutsche Vorstellung von Nachrichten.

Die Wirkung der ›Slow News‹ ist noch nicht umfassend erforscht. Erste Ergebnisse deuten allerdings darauf hin, dass vor allem Menschen darauf eingehen, die eh schon an Nachrichten interessiert sind und zusätzlich etwas Neues ausprobieren wollen. Wo hingegen Nachrichtenüberdruss besteht, so die vom Nieman Lab der Universität Harvard zitierte Studie aus Dänemark weiter, können auch die Slow News kaum etwas ausrichten (BENTON 2020).

Factfulness

Ein weiteres Schlaglicht auf Negativverzerrungen hat der schwedische Mediziner und Statistiker Hans Rosling geworfen. Das nach seinem Tod von seinem Sohn und der Schwiegertochter abgeschlossene Buch *Factfulness* (ROSLING 2018) wurde weltweit zu einem Augenöffner, auch für den Journalismus. Der Untertitel der deutschen Übersetzung soll erklären, worum es geht: *Wie wir lernen, die Welt so zu sehen, wie sie wirklich ist.* Der Untertitel des Originals wird noch deutlicher: *Ten Reasons We're Wrong About the World – and Why Things Are Better Than You Think. Factfulness* zeigt, dass viele große Themen der Menschheit wie Armut und Gesundheit, Bildung und Gewalt eines gemeinsam haben: Wir blicken auf sie im Krisenmodus und im sicheren Gefühl, dass sich die Dinge verschlechtern.

Tatsächlich ist fast immer das Gegenteil der Fall. Das belegt Rosling anhand von Statistiken. Der Anteil der Menschen in extremer Armut hat kontinuierlich abgenommen, die Lebenserwartung steigt und für immer mehr Mädchen steht Schulbildung zur Verfügung. Das sind nur drei Trends, die in vielen Industrieländern falsch eingeschätzt werden. Rosling macht nebenbei deutlich, wie vereinfachend und herablassend der Blick auf den globalen Süden in den wohlhabenderen Ländern oft ist. Er argumentiert, dass die falsche und pessimistische Sicht auf die Welt viel Schaden anrichtet. Denn sie begünstigt nicht nur Angst und Depressionen, sondern sie verbaut Entwicklungschancen.

Factfulness hat vielen Menschen zu denken gegeben, die in der Politik, für internationale Organisationen oder Nichtregierungsorganisationen arbeiten. Nachdenklich gemacht hat das Buch aber auch einen Teil des Medienbetriebes. Kolleginnen und Kollegen fragten sich, ob es an der Dominanz negativer Berichterstattung liegt, dass die Gesellschaft die wirklichen Verhältnisse falsch einschätzt. Stärker noch als um die genannten Beispiele Roslings geht es dabei immer wieder um die überproportionale Aufmerksamkeit, die Terror im Besonderen und Kriminalität im Allgemeinen in den Medien genießen. In jedem Fall war Hans Roslings Buch Wasser auf die Mühlen derjenigen, die sich dem lösungsorientierten, beziehungsweise dem ›Konstruktiven Journalismus‹ verschrieben haben.

Solutions Journalism und Constructive News

Gegen Ende der 1990er-Jahre mehrten sich in den USA die Experimente mit dem ›Solutions Journalism‹, dem lösungsorientierten Journalismus. Die Kernidee in einfachen Worten: Es reicht nicht, nur Missstände anzuprangern und Probleme zu benennen. Journalistisch interessanter, gesellschaftlich wirkungsvoller und für die Psyche des Publikums besser ist es, regelmäßig auch über mögliche Lösungen zu berichten. Die Hoffnung ist, dass dies bürgerschaftliches Engagement ebenso stimuliert wie die Kreativität der Politik. Wenn alles gut läuft, kann es vielleicht sogar den Verkaufszahlen und Reichweiten des lösungsorientierten Mediums förderlich sein.

Die *New York Times* beteiligt sich an den Versuchen mit einer Kolumne unter dem Schlagwort *Fixes*, was man mit Reparaturen oder mit Lösungen übersetzen kann (NYT FIXES). In der Selbstbeschreibung heißt es dort: »Fixes looks at solutions to social problems and why they work.« Autoren der Kolumne sind Tina Rosenberg und David Bornstein. Die beiden stehen gemeinsam mit ihrer Kollegin Courtney Martin auch hinter dem ›Solutions Journalism Network‹ (SJN). Die gemeinnützige Organisation arbeitet inzwischen mit zahlreichen Redaktionen zusammen, vor allem in den USA. Sie wird von Einzelpersonen unterstützt, aber auch von Großspendern wie Google oder der Stiftung von Bill und Melinda Gates (SJN 2021).

Eine verwandte und in Europa deutlich bekanntere Strömung ist der ›Konstruktive Journalismus‹. Der prominenteste Vertreter ist der frühere dänische TV-Nachrichtenchef Ulrik Haagerup, dessen Buch *Constructive News* (HAAGERUP 2014) schon im Titel besonders die Nachrichten in den Blick nimmt und in der Branche für Furore sorgte. Der programmatische Untertitel lautet: *Why negativity destroys the media and democracy – and how to improve journalism of tomorrow.*

Auch Haagerup plädiert unter anderem dafür, es nicht bei der reinen Problembeschreibung zu belassen. Ein methodisches Beispiel für konstruktives Vorgehen erinnert an die betriebswirtschaftliche Methode der ›Best Practice‹-Orientierung: Wer über die Schwierigkeiten im Nahverkehr einer Großstadt berichtet, der sollte zusätzlich darstellen, wie andere Kommunen das Ganze besser in den Griff bekommen. Hier kann Kopenhagen vielleicht von Wien lernen, morgen kann dann möglicherweise bei der Abfallentsorgung oder der digitalen Verwaltung schon München von Erfahrungen aus Kopenhagen profitieren. Haagerup hat inzwischen seine Mission zum Beruf gemacht. Er leitet in Aarhus das ›Constructive Institute‹ und ist ein viel gefragter Berater und Vortragsreisender.

In Deutschland ist die schon erwähnte Neurowissenschaftlerin und Journalistin Maren Urner das bekannteste Gesicht des konstruktiven Ansatzes. Sie ist Mitgründerin des Online-Magazins *Perspective Daily* und Autorin der Bestseller *Schluss mit dem täglichen Weltuntergang* (URNER 2019) und *Raus aus der ewigen Dauerkrise* (2021). Viele Medien haben mit konstruktiver Arbeit Erfahrungen gesammelt, in manchen Fällen wurden daraus Schwerpunkte und Rubriken. Das ZDF bietet seit Jahren mit *plan b* eine Sendereihe an, die nach eigener Beschreibung »Geschichten des Gelingens« zeigen will und dabei ›*Best Practice*‹ aus europäischen Nachbarländern vermittelt (ZDF 2021). Auf der Webseite von *plan b* unterhält das ZDF auch ein Blog mit ›Guten Nachrichten‹. Die konstruktiven Ansätze sind in der journalistischen Aus- und Fortbildung sehr gefragt. Das Problem der Negativverzerrungen neu anzupacken, das hat ohne Zweifel einen Nerv getroffen, beim Publikum genauso wie in den Redaktionen.

Ich habe Respekt vor den Initiatoren der lösungsorientierten und konstruktiven Ansätze. Es ist ihnen gelungen, einen Impuls zu geben, der sich einmal nicht auf Formatideen beschränkt, sondern auf die inhaltliche DNA des Informationsjournalismus abzielt. Ungerecht erscheint mir der häufige Vorwurf, letztlich laufe es hinaus auf Wohlfühlnachrichten oder positive Stimmungsmache. Es mag Banalisierungsformen der ›Constructive News‹ im Sinne des Schönredens geben und nicht immer gelingt die kritische Distanz zu den ›Best Practice‹-Beispielen, über die berichtet wird. Doch, ob nun Tina Rosenberg, Ulrik Haagerup oder Maren Urner, ich kenne niemanden aus der Mitte der konstruktiven Bewegung, der nicht für kritischen Journalismus steht.

Zu den von mir propagierten realistischen Nachrichten gehört mehr Aufmerksamkeit für den positiven und funktionierenden Teil der Wirklichkeit. Der kritische Journalismus, an dem ich unbedingt festhalten möchte, soll kein destruktiver sein. Dennoch habe ich bei den ›Konstruktiven Nachrichten‹ ein paar Bauchschmerzen. Gehören Vergleiche von Lösungsoptionen in die Nachrichten, zum Beispiel Handlungsempfehlungen an die Politik? Ich glaube nicht. Das ist nicht unser Job.

Skeptisch bin ich auch, was Rubriken und Labels angeht, mit denen lösungsorientierte Beiträge herausgehoben und behandelt werden wie Sport, Börse oder Wetter. Die demonstrative Verkündigung, »Achtung, dies ist jetzt konstruktiver Journalismus«, wirkt wie Werbung. Manchmal erscheint sie mir auch wie ein Feigenblatt, mit dem die große Mehrheit der Standardberichterstattung bedeckt wird und engagierte Journalistinnen und Journalisten etwas für ihr Gewissen tun.

Die Negativverzerrung ist kein ausschließliches Phänomen des professionellen Journalismus, die gesamte Kommunikation wird davon bestimmt, im Netz oder analog. Medien können also einen wichtigen Beitrag zur Lösung leisten, aber nur einen von vielen. Vermutlich würde es viel bewirken, *Factfulness* und die verschiedenen Bias-Formen in der Schule zu besprechen.

Meine Befürchtung ist, dass eine Fixierung auf vieldiskutierte und -erprobte Ansätze wie den ›Konstruktiven Jounalismus‹ den Blick darauf versperrt, dass die Nachrichten noch ganz andere Probleme haben als die Negativverzerrung. Es kommt eben nicht nur auf diese Perspektive der Berichterstattung an, sondern noch auf viele andere Faktoren, die ich später ansprechen werde. Mein Eindruck ist in jedem Fall, dass der konstruktive Ansatz sich in längeren journalistischen Formaten wie Reportagen besser entfalten lässt als in der klassischen Zehn-Zeilen-Nachricht.

Transformativer Journalismus

Eine Weiterentwicklung des konstruktiven Ansatzes schlägt Uwe Krüger vor, den ich schon als kritischen Begleiter des westlichen Informationsjournalismus vorgestellt habe. Er plädiert für einen ›Transformativen Journalismus‹ und beschreibt ihn als eine

> »Berichterstattung, die sich klar zu den Werten einer ›Großen Transformation‹ in Richtung Nachhaltigkeit bekennt, in ökologischer wie auch sozialer Hinsicht. Wir brauchen Journalist/innen, die Inseln der Zukunft und Praktiken einer neuen, nachhaltig organisierten Welt bewusst suchen und für sie Öffentlichkeit herstellen, auf dass diese ökosozialen Innovationen sich verbreiten und weiterentwickelt werden können. Ein solcher ›Transformativer Journalismus‹ soll die Trennung von Bericht und Meinung nicht aufgeben und auch kein Parteijournalismus sein, aber bei der Auswahl der Themen und bei Analyse und Kommentierung den Schutz der natürlichen Lebensgrundlagen als Priorität anerkennen – ebenso wie den Schutz der Demokratie, der bereits als solche anerkannt ist« (KRÜGER 2020).

Uwe Krüger macht hier eine begriffliche Anleihe bei dem Soziologen Karl Polanyi, der vor dem Ende des Zweiten Weltkriegs mit *The Great Transformation* ein Schlüsselwerk der Kapitalismuskritik veröffentlicht hat (POLANYI 1944). Der ›Transformative Journalismus‹ kann durchaus auf Unterstützung in Redaktionen und beim Publikum rechnen. Denn sein Ziel erscheint vielen Menschen derzeit als geradezu existenziell. Für mich läuft der Vorschlag allerdings auf eine moralisch begründete Selbstbeauftragung des Journalismus hinaus, auch wenn Krüger nur ›Inseln‹ im Gesamtmarkt vorschweben und er sich zur Trennung von Nachricht und Kommentar bekennt.

Stimmte man Krüger zu, so wüsste ich nicht, wie man anderen Strömungen einen christlich oder sozialistisch letztbegründeten

Informationsjournalismus verwehren sollte. Beides hat die Welt auch schon erlebt. Sachte hinweisen möchte ich darauf, dass Ökologie und Nachhaltigkeit auch ohne die von Krüger gewünschte Setzung als Leitziele schon seit Jahren zu den wichtigsten Nachrichtenthemen schlechthin gehören.

Erweiterter Kanon der W-Fragen

Im Journalismus und insbesondere in den Nachrichten kommt schon zu Beginn der Ausbildung niemand um die berühmten W-Fragen herum. Es sind die Fragen, die man in einem Beitrag und in einer Meldung beantworten sollte, um ein Geschehen ausreichend darzustellen. »Wer, was, wo, wann und wie?« verstehen sich von selbst. Später kamen »Warum und woher?« dazu. Sie fragen nach Begründung und Erklärung beziehungsweise nach der Quelle.

Der konstruktive Ansatz möchte die Liste um das »Was jetzt?« oder »Was hilft weiter?« ergänzen. Maren Urner betont, dass »Was jetzt?« als übergeordnete Frage dafür sorgen kann, dass Journalistinnen und Journalisten eine vollständigere und damit realistischere Abbildung der Welt liefern können, weil ihre Arbeit eben nicht mehr durch den Negativity Bias dominiert wird (URNER 2021-2).

Ich schlage meinerseits zwei weitere W-Fragen vor, die in Redaktionen beständig geprüft werden sollten: »Warum wählen wir dieses Thema aus?« und »Was könnte diese Meldung beim Publikum auslösen?«.

Nachrichten und Macht

Medien und Macht – meine Einschätzung dazu lautet im Überblick: Die Nachrichten sind manchmal mächtig bis hin zum

Zerstörerischen, oft sind sie jedoch ohnmächtig und Opfer anderer Kräfte. Die Nachrichten sind den Mächtigen manchmal viel zu nah, oft aber auch zu fern.

Geschichtlich betrachtet waren und sind Medien häufig Teil oder Werkzeug herrschender Gruppen und Interessen. In Diktaturen und manchen autoritären Staaten gab und gibt es aber auch Menschen, die freien Journalismus betreiben wollen. Sie erleben Repressionen und Gewalt. Sie werden dabei meist auch Opfer von systemstabilisierenden Informationsmedien, die sich an der Verfolgung kritischer Kolleginnen und Kollegen beteiligen. ›Journalismus‹ unterdrückt dann Journalismus.

Der westliche Informationsjournalismus ist in der Theorie frei von Repression. Allerdings ist die staatliche Einflussnahme auch in manchen Demokratien auf ein bedenkliches Maß gestiegen. Ich schreibe diese Zeilen am Ostermontag 2021 und höre in den DEUTSCHLANDFUNK-Nachrichten gerade folgende Meldung:

> »Im Korruptionsprozess gegen Israels Regierungschef Netanjahu hat die Staatsanwaltschaft dem Ministerpräsidenten Machtmissbrauch vorgeworfen. Die leitende Staatsanwältin sagte vor Gericht, Netanjahu habe die Regierungsmacht dazu genutzt, die Berichterstattung großer Medien zu beeinflussen. Damit habe er seine eigenen Interessen vorantreiben wollen, unter anderem um wiedergewählt zu werden. Netanjahu [...] bestreitet die Vorwürfe.«

Ohne der Wahrheitsfindung im konkreten Fall vorgreifen zu wollen und um es klar zu sagen: Die Überraschung ist nicht, dass Macht gegenüber Medien übergriffig wird. Das Besondere ist, dass es tatsächlich zu Ermittlungen und einem Prozess kommt.

Doch nicht nur die im engeren Sinne politische Macht tritt den Medien entgegen. Nach wie vor üben auch wirtschaftliche Interessen Einfluss aus, auf direkte Weise als Eigentümer, indirekt als Anzeigenkunden oder über die Bande der Politik. Andere Teilbereiche wie die Kirchen haben dagegen mit ihrer gesellschaftlichpolitischen Macht auch weitgehend den Hebel verloren, den sie bei den Medien ansetzen konnten.

Die Pressefreiheit muss wie alle Grundrechte in jeder Generation bewahrt oder sogar neu erkämpft werden. Doch selbst dort, wo die Freiheit der Medien als gegeben gilt, stellt sich die Frage nach der Beziehung von Nachrichten und Macht. Zum Beispiel auf der lokalen Ebene, wo Medienunternehmen nicht nur durch die Abhängigkeit von Werbeaufträgen mit den politisch und wirtschaftlich Tonangebenden verflochten sind. Fragen Sie einmal in einer Lokalredaktion nach. Dort weiß man, wie solche Machtbeziehungen den Spielraum von Berichterstattung und Meinungsäußerung einengen.

Medialisierung und Symbiose

Im 20. Jahrhundert hat eine Medialisierung ungeahnten Ausmaßes eingesetzt. Alle vorstellbaren Bereiche mussten sich der Logik von Zeitung, Radio und Fernsehen anpassen. Alle Akteure versuchen, Schlagzeilen und kurze Zitate zu liefern. Sportarten haben altehrwürdige Regeln verändert, nur um ihre Wettbewerbe attraktiver für Übertragungen zu machen. Für politische Karrieren sind inzwischen Stimmtraining und das Auftreten vor der Kamera sehr wichtig. Bürgerinitiativen und Nichtregierungsorganisationen stellen viele ihrer Aktionen auf das Fernsehen und soziale Medien ab.

Ein großer Teil der von mir kritisierten enormen Bedeutung von PR und Marketing geht auf diese Medialisierung zurück. Zumindest ein beachtlicher Teil der Kurzatmigkeit der gesellschaftlichen Diskussionen hat mit den Veränderungen der medialen Formate zu tun: Würden Abgeordnete und Ministerinnen noch überall zehn Minuten lang interviewt, dürften sie mehr als drei Sätze sagen, dann wäre die Sozialisierung der politischen Klasse vermutlich anders gelaufen. Vielleicht hätten wir dann auch eine

Personalauswahl nach anderen Kriterien. Und nur noch einmal zur Erinnerung: Sahra Wagenknecht, Wolfgang Bosbach und Karl Lauterbach haben nicht die Talkshows erfunden. Das waren schon die Medien. Die Politik wiederum hat sich früher lange an den Spielregeln der Zeitungen orientiert, dann das Radio und vor allem das Fernsehen als Bezugsrahmen wahrgenommen. Nun orientieren sich viele aus dem politischen Betrieb eben an den Gepflogenheiten der sozialen Medien.

Vor dem Hintergrund dieser Medialisierung hat sich eine Symbiose entwickelt zwischen der politischen Macht und dem Informationsjournalismus. Die einen brauchen einen Verbreitungskanal, die anderen wollen möglichst exklusive Inhalte. Gerhard Schröder wird bekanntlich der Satz zugeschrieben, zum Regieren brauche er nur »Bild, BamS und Glotze«. Das dazu passende und ebenfalls berühmte Zitat von Springer-Chef Mathias Döpfner aus einem *Spiegel*-Streitgespräch mit Günter Grass wiederum lautet:

> »Für die Bild-Zeitung gilt das Prinzip: Wer mit ihr im Aufzug nach oben fährt, der fährt auch mit ihr im Aufzug nach unten. Diese Entscheidung muss jeder für sich selbst treffen« (DÖPFNER 2006).

Wenn es hier nur um Prominentenberichterstattung ginge, könnte ich das ignorieren. Wenn aber nachrichtlich bedeutsame Inhalte betroffen sind, wird das Geschäft gefährlich, gleichviel wer gerade wen ausnutzt. Nachrichtenredaktionen müssen einen wachen Blick dafür haben, dass auf sie zukommende Inhalte möglicherweise im Rahmen dieser Symbiose entstanden sein könnten. Sie sollten sich jeder Gefälligkeitsberichterstattung verweigern und auch jeder Kampagne, die gegen einzelne Akteure oder Institutionen gerichtet ist.

Ein problematisches Wir-Gefühl

Zu einer weiteren Seite der politisch-medialen Symbiose: Manchen Korrespondenten, die Parlament und Regierung begleiten, geht mit der Zeit und der Nähe die kritische Distanz verloren. Das hat viel mit menschlichen Kontakten zu tun, aber nicht nur. Der schon erwähnte Medienwissenschaftler Uwe Krüger beschäftigt sich seit langem mit solchen Verflechtungen und spricht von »Verantwortungsverschwörungen mit den Trägern politischer Macht« (KRÜGER 2016: 144). Doch die Gefahr besteht auch für diejenigen, die sich nicht als Teil einer herrschenden Kaste fühlen und komplizenhafte Denkstrukturen ausgebildet haben. Mit den Jahren wird es selbst für die Umsichtigen und Bewussten schwierig, die Perspektiven der Bevölkerung einzunehmen, also des demokratischen Souveräns mit seiner Lebenswirklichkeit weit weg von Bannmeile und Botschaftsempfängen.

Es ist ein Dilemma: Für eine kritische Begleitung der Macht sind Einblicke und das Wissen um Zusammenhänge wichtig. Irgendwann können aber die Nachteile des Lebens als Insider die unbestreitbaren Vorteile des Kundigen überwiegen. Aus diesem Grund sehen viele Medien eine Rotation auf den Korrespondentenplätzen vor.

Das Wir-Gefühl hat noch eine andere Ausprägung, eine subtilere. Ich meine die sozio-kulturelle Konvergenz zwischen Nachrichten und Macht. Zunehmende Gemeinsamkeiten bei Herkunft und Ausbildung, bei Lebensführung, Einstellungen und Interessen der auf beiden Seiten Handelnden sind problematisch (vgl. KRÜGER 2013). Das kann ein Nährboden sein für Funktionsschwierigkeiten einer parlamentarischen Demokratie und für die schon angesprochene Elitenablehnung, die Macht und Medien gemeinsam entgegenschlägt, so als wären sie ein Komplex.

Die Herausbildung eines Wir-Gefühls mit dem Gegenstand der Beobachtung und Kontrolle ist kein exklusives Problem des hauptstädtischen Politikjournalismus. Manche Ausprägungen des Sportjournalismus als Fan-Dasein sind uns allen präsent. Da ist aber auch der Wirtschaftsjournalismus, in dem einige eine große Nähe zur Macht haben, nämlich zu der ökonomischen, oder zumindest eine innere Nähe zu den gerade dominierenden volkswirtschaftlichen Lehren. Die Liste der Beispiele ließe sich erweitern.

Für den Journalismus lohnt vielleicht ein Blick auf die Erfahrungen der Ethnologie: Das Konzept der ›teilnehmenden Beobachtung‹ soll die Distanz in der Nähe bewahren. Auch die ›10 Gebote der Feldforschung‹ von Roland Girtler (2002) könnten dabei helfen, Wichtiges zu erfahren, ohne zu missionieren, aber auch ohne belogen zu werden. Es gibt allerdings auch Bereiche von Macht, die der journalistischen Feldforschung entzogen sind und erst recht der Kontrolle. Mit diesen Bereichen werden wir uns noch beschäftigen.

Lippmann und Chomsky

Zunächst sollen uns aber zwei US-Amerikaner dabei unterstützen, den Blick auf das Thema Nachrichten und Macht weiter zu schärfen. Walter Lippmann hat als Journalist und Medienwissenschaftler Pionierarbeit geleistet und prägenden Einfluss auf die westlichen Gesellschaften des 20. Jahrhunderts genommen. In seinem 1922 erschienenen Buch *Public Opinion* befürwortet er die Lenkung der öffentlichen Meinung durch Massenmedien. Seine demokratieskeptische Begründung lautet, dass den meisten Menschen keine rationale, über die eigenen Interessen hinausgehende Entscheidungsfindung zuzutrauen sei, zumal ihnen die Zeit für eine intensive Beschäftigung mit komplexen Themen fehle. Daher solle der Journalismus entscheiden, welche Informationen im allgemeinen Interesse verbreitet und welche der Öffentlichkeit vorenthalten werden. Für diese Rolle führte er den Begriff des ›Gatekeepers‹ ein, der im Deutschen als ›Schleusenwächter‹ geläufig wurde.

Diese Rollenvorstellung war jahrzehntelang in fast allen Redaktionen bekannt und akzeptiert. Auch ich wurde mit diesem

Schlagwort ausgebildet. Ob wohl alle journalistischen ›Gatekeeper‹ gewusst haben, dass zumindest der Urheber den Begriff mit einer politisch-elitären Mission verbunden hat? Lippmann verlangt ein professionelles Handeln dieser Schleusenwächter und entwickelt dabei Grundzüge des schon angesprochenen Prinzips der Objektivität. Medien prägen für ihn den Blick auf die Welt, indem sie bestimmte ›Bilder im Kopf‹ entstehen lassen, die nicht unbedingt etwas mit der Wirklichkeit zu tun haben müssen. Damit ist Lippmann auch ein Vorläufer der ›Agenda Setting‹-Theorie, die beschreibt, wie Journalismus die gesellschaftliche Tagesordnung bestimmen kann. Als Aufgabe des Informationsjournalismus nennt er in *Public Opinion* die Herstellung von Zustimmung, ›Manufacturing Consent‹.

Nachrichten als Konsensmaschine

Genau diesen Begriff hat gut 65 Jahre später ein Mann aufgegriffen, der weltweit als Linguist ähnlich bekannt ist wie als linksintellektueller Kritiker des Kapitalismus und der US-Außenpolitik. Noam Chomsky veröffentlichte 1988 gemeinsam mit dem Ökonomen Edward S. Herman *Manufacturing Consent: The Political Economy of the Mass Media*. Ihre These: Massenmedien arbeiten im Dienst einer politisch-ökonomischen Elite, betreiben systemerhaltende Propaganda und organisieren damit ausreichende Zustimmung zu den herrschenden Verhältnissen. Dazu sei kein Druck auf den Informationsjournalismus nötig, finden Chomsky und Herman. Sie gehen nämlich davon aus, dass die Redaktionen die offizielle Linie verinnerlicht haben und den Rest mit der Schere im Kopf selbst passend machen. 1992 erschien die Kino-Dokumentation *Manufacturing Consent: Noam Chomsky and the Media*. Dieser Film, in dem die Kritik an einer Propagandafunktion von Medien und Kulturindustrie erneuert wird, kann jederzeit bei YouTube gesehen werden.

Mein Wunsch ist, dass sich Nachrichtenredaktionen mit Lippmann und Chomsky/Herman auseinandersetzen. Die Beschäftigung mit Lippmann macht deutlich, dass unser westliches Standardmodell des Informationsjournalismus auf ideologischen Prämissen beruht. Das ›Herstellen von Zustimmung‹ ist nicht an sich verwerflich, schließlich brauchen Demokratien gemeinsam getragene Entscheidungen. Die heutige Grundannahme ist, dass die Nachrichten ihren Beitrag zu einer demokratischen Öffentlichkeit leisten. Sie sollen allen einen guten Informationsstand verschaffen. Sie sollen einen Beitrag leisten zur Kommunikation zwischen der auf Zeit gewählten Macht und der Bürgerschaft – und zwar in beide Richtungen.

Es ist aber nicht von der Hand zu weisen, dass Demokratieskepsis und eine Beeinflussungsabsicht an der Wiege unseres bis heute gültigen Nachrichtenmythos gestanden haben. Das sollte uns nachdenklich und vorsichtig machen. Chomsky setzt genau an diesen Stellen an. Er kritisiert weniger Lippmans Theorie von 1922, sondern deren Umsetzung in den Jahrzehnten danach. Chomskys Abrechnung mit dem klassischen westlichen Informationsjournalismus ist nicht unumstritten. Sie ist aber in jedem Fall härter und treffender als alles, was die Lügenpresse-Fraktion je veröffentlicht hat. In Chomskys Sinn kritisiert im deutschsprachigen Bereich etwa Marcus B. Klöckner in *Sabotierte Wirklichkeit*:

> »Die Wachhunde der Demokratie sind zu den Lordsiegelbewahrern unserer Zeit mutiert. Ein Journalismus ist entstanden, der sich wie ein Schutzmantel um die politischen Weichensteller legt. Medien haben den von ihnen erzeugten legitimen öffentlichen Diskursraum so weit verkleinert, dass Stimmen, die sich darin im Sinne einer kritischen Öffentlichkeit zu Wort melden wollen, faktisch nahezu ausgeschaltet sind« (KLÖCKNER 2019: 9).

Nachrichten und Macht werden immer in Beziehung zueinanderstehen. Ein Nichtverhältnis oder ein Nebeneinander ist undenkbar. Die Beziehung wird immer in einer von Interessen geprägten Realität verortet sein und nicht in einer philosophischen oder kommunikationswissenschaftlichen Idealwelt. Daher sollte sich der Informationsjournalismus einerseits unbedingt weiter an Aufklärung und Kontrolle der Herrschenden orientieren. Andererseits darf er sich aber nicht davon beirren lassen, dass es auch in Zukunft bei der Recherche hauptsächlich Niederlagen und halbe Erfolge geben wird. Das Nachdenken über die eigene Rolle ist dabei unverzichtbar. Wer weiß, wie er mit der Kritik von Chomsky umgehen kann, der ist vorbereitet für die Vertrauenskrise unserer Tage.

Politikverachtung und Medienskepsis

Macht und Nachrichten verbindet eine Versuchung, der beide Seiten oft nicht widerstehen können. Im Informationsjournalismus ist es bei komplexen Themen das einfachste, Akteure in den Fokus zu nehmen, und ja, auch an den Pranger zu stellen. Das Streben nach Quote und Reichweiten zieht Redaktionen in Richtung Personalisierung und lässt Schilderungen von Sachauseinandersetzungen zur Konflikterzählung werden. Das Muster braucht bekannte Personen, die als Gegenspieler funktionieren. Es braucht Heldinnen und Schurken, deren Rollen innerhalb kurzer Zeit getauscht werden können. Im schlimmsten Fall werden so nicht nur Karrieren zerstört, sondern die Leben von Menschen ruiniert, die sich von ungerechtfertigten Anschuldigungen nicht mehr erholen.

Verantwortliche der Politik und aus anderen Bereichen kennen einen anderen Impuls. Sie zeigen gerne mit dem Finger auf die Medien, weisen ihnen die Schuld an allem Möglichen zu, weil die Berichterstattung falsch gewesen sein soll. Nicht nur in Deutschland haben Teile der Politik darüber hinaus die öffentlich-rechtlichen Medien als Blitzableiter und Sündenbock entdeckt. Diese Sender anzugreifen, das bringt einfache Punkte in manchen gesellschaftlichen Kreisen und Unterstützung von der Konkurrenz der Privatmedien. Die Gefahr bei diesem Spiel liegt darin, Politikverachtung gleichermaßen zu schüren wie Medienskepsis. Bei diesem Spiel gewinnt dann am Ende niemand mehr und das Vertrauen in die Demokratie verliert am stärksten.

Medien und Militär

Aufmerksamkeit verdient auch das Verhältnis des Informationsjournalismus zu einem besonderen Bereich der Macht, dem Militär. In Diktaturen jeder Art ist dieses Verhältnis klar geregelt – zu Ungunsten der journalistischen Freiheit. Doch in Demokratien ist dieses Themengebiet für die Medien ebenfalls schwierig. Das gilt insbesondere für den Fall von Konflikten. In Kriegen, so sagt man, ist die Wahrheit stets das erste Opfer. Auf allen Seiten möchte die Macht die Berichterstattung im Griff haben und versucht außerdem, über die Medien die eigenen, meist nationalen Reihen zu schließen.

Zu allen Zeiten wollte und will jede Konfliktpartei, dass Reporter das ihr Genehme sehen und berichten. Falls kein Druck ausgeübt wird, so soll diesem Ziel doch ein gelenkter und begrenzter Informationszugang dienen. Vordergründig legitimiert wird das mal mit militärtaktischen Argumenten, mal mit dem Schutz der Truppen oder mit der Sicherheit des eigenen Landes.

Ein dafür eingesetztes Mittel ist die Zensur. Ich habe immer noch Hochachtung vor den Kollegen der Nachrichtenagentur *Reuters*, die am 16. Mai 1999 einen Bericht zu Äußerungen der NATO im sogenannten ›Kosovo-Krieg‹ mit dem Satz überschrieben: »Diese Meldung wurde vom US-Militär zensiert«. Der Ausdruck liegt bis heute in einer kleinen Mappe mit besonderen Erinnerungen aus meinem Berufsleben.

Die Instrumentalisierung des Wissens über Kriege reicht von Julius Cäsars Erfolgsberichten über den *Gallischen Krieg* an die

Öffentlichkeit in Rom bis zu den Bildern der modernen High-Tech-Konflikte, die Redaktionen zur Verfügung gestellt werden. In den Jahrhunderten dazwischen werden Historiker kaum eine bewaffnete Auseinandersetzung ohne massive Propaganda-anstrengungen finden. Beim Irakkrieg 2003 versuchten es die US-Streitkräfte mit dem Modell des ›Embedded Journalism‹, des eingebetteten Journalismus. Vereinfacht ausgedrückt konnten Reporter innerhalb bestimmter Einheiten mit in den Krieg, waren aber Spielregeln, Inszenierung und Deutungshoheit der US-Armee unterworfen. Darüber ist damals zurecht heftig gestritten worden.

Inzwischen können Militär und Regierungen Bilder und Informationen jeder Art am Journalismus vorbei veröffentlichen. Hier gilt alles, was ich zu den angeblichen ›Newsrooms‹ und dem Unterlaufen der Nachrichten bereits angemerkt habe.

Die stärksten Kritiker meinen, das eigentliche Problem sei eine mentale Einbettung von Journalistinnen und Journalisten, von denen viele sich in Konfliktzeiten dem Freund-Feind-Muster nicht entziehen könnten oder wollten. Unter anderem hier setzen die Befürworter eines ›Friedensjournalismus‹ an, die sich für einen redaktionellen Perspektivenwechsel stark machen. Im nächsten Kapitel komme ich darauf beim Blick auf die Auslandsberichterstattung zurück.

KAPITEL 4
WAS SICH ÄNDERN MUSS: MEHR NACHRICHTEN WAGEN

Veränderung beginnt mit einer Neubetrachtung der Prinzipien. Mit solchen Leitvorstellungen, die ich das ›Selbstverständnis realistischer Nachrichten‹ nenne, haben wir uns gerade beschäftigt. Damit ist aber nur ein Anfang gemacht. Es müssen konkrete Schritte im Handwerk und im Alltag folgen. Das ist der schwierigere Teil, wie so oft im Leben. Es ist nicht einfach, Routinen und Strukturen infrage zu stellen. Es ist nicht leicht, sich von gewohnten Abläufen zu verabschieden. Einige dieser Abläufe beherrschen Nachrichtenprofis noch im Schlaf automatisch. Sie geben ihnen ein berechtigtes Gefühl von Professionalität und Sicherheit. Und da ist bei Veränderungen immer die sorgenvolle Überlegung, ob die neuen Aufgaben nicht letztlich wieder Arbeitsverdichtung bedeuten.

Für eine realistische Nachrichtenpraxis möchte ich erneut die Analogie zur Ernährungswende bemühen: Es geht auch hier nur zum Teil um einen Bruch mit Traditionen. Genauso wichtig ist die Rückkehr zu dem, was eigentlich Sinn und Zweck unseres Berufs sein soll. Daher trägt das Kapitel auch nicht die Überschrift »Nachrichten verändern«, sondern »Mehr Nachrichten wagen«.

Lange Jahre hat sich der Informationsjournalismus mit anderem beschäftigt. Neben den Folgen zerfallender Geschäftsmodelle ging es darum, die Ware Nachricht plattformkompatibel zu machen. Wenn wir ehrlich sind, bestand diese Arbeit oft darin, unsere Inhalte fieberhaft auf Verbreitungswege zuzuschneiden, die von Dritten entwickelt wurden, von kleinen und großen Unternehmen, von Start Ups und Technologiekonzernen.

Google, Facebook, Spotify und viele mehr haben mit ihren Innovationen Anpassungsstrategien in den Informationsmedien ausgelöst. Sie haben Strukturen und Organigramme von außen derart stark verändert, wie es Verlegern und Intendanten kaum je gelungen ist. Sie haben neue Berufsbilder geschaffen und Dienstpläne umgeschrieben.

Erwarten Sie von mir keine grundsätzliche Kritik daran. An der Organisation dieses Medienwandels habe ich mich intensiv beteiligt. Doch langsam wird es wieder Zeit für eine Überprüfung unseres Kernprodukts. Für einen Moment des Innehaltens muss unabhängig von Verbreitungswegen und Nutzungsgewohnheiten zu fragen erlaubt sein: Welche Nachrichten wollen wir eigentlich und welche Information tut der Gesellschaft gut?

Ein neues Verständnis von Aktualität und Relevanz

Ist eine Nachricht neu und ist sie wichtig? Hinter diesen Fragen verbergen sich die beiden Fixsterne des Nachrichtenjournalismus: die Aktualität und die Relevanz. Sie prägen theoretische Überlegungen, ihnen wird in der Praxis gefolgt bei der Entscheidung, ob ein Thema angepackt wird oder nicht. Aktualität und Relevanz sind zurecht Orientierungspunkte. Das ist sachgerecht und es entspricht auch der Erwartungshaltung des Publikums. Doch bei jedem Prinzip kann Übertreibung schaden. Das gilt auch für Aktualität und Relevanz. Werden sie verengt betrachtet, müssen sie unter Zeitdruck unreflektiert angewendet werden, dann stehen sie einer guten Informationskultur im Weg.

Das Monopol des klassischen Aktualitätsbegriffs muss ein Ende haben. Er regelt in einfachen Worten, dass nur das in die Nachrichten gehört, was heute irgendwo passiert, was heute von irgendjemandem getan oder gesagt wird. Inzwischen kommt noch eine weitere, ›neoklassische‹ Dimension der Aktualität hinzu: In die Nachrichten gehört, was heute für Aufregung in den sozialen Medien sorgt. Der Schriftsteller Alain de Botton hat das Ganze erschreckend anschaulich beschrieben:

> »The pace oft he news cycle is relentless. [...] The news hub has the institutional amnesia of a hospital's accident and emergency department: nightly the bloodstains are wiped away and the memories of the dead erased« (DE BOTTON 2014: 252).

Ein Leben im Heute reicht nicht

Für Menschen ist es manchmal angenehm, einfach nur im Heute zu leben. Doch auf Dauer geht das selten gut. Auch die Nachrichten sollten sich von der Fixierung auf die Gegenwart in der knappen Form eines Kalendertags emanzipieren. In meiner Anfängerzeit in den frühen 1990er-Jahren wurde genau das beim Radio teils in absurder Weise betrieben: Im Sinne der Vermutung von de Botton wechselten einige Kollegen um Mitternacht regelmäßig die komplette Weltlage aus. Wo um 23 Uhr noch das Geschehen in seiner ganzen bunten Lebendigkeit abgebildet worden war, gab es eine Stunde später vor allem Ankündigungen für den gerade begonnenen Tag wie »Der Bundestag will sich heute mit der Steuerreform beschäftigen« oder »UNO-Generalsekretär Boutros-Ghali wird am Nachmittag zu Konsultationen in Paris erwartet«. Die Sendungen wurden, wie man sagte, ›geheutet‹. Ich erinnere mich noch gut, wie wir jüngeren KollegInnen und Kollegen uns irgendwann in diesem Punkt mit unseren Vorstellungen von Aktualität in Kontinuität durchgesetzt haben. Nun wird es Zeit für einen größeren Schritt.

Ein Infragestellen des Aktualitätsbegriffs klingt zunächst schwierig und paradox. Es kommt nicht von ungefähr, dass so viele Sendungen und Zeitungen weltweit den Tagesbezug im Namen tragen, von der *Tagesschau* bis zur *heute*-Sendung, vom Schweizer *Tagesanzeiger* bis zum *Diário de Noticias* aus Portugal. Le jour, der Tag, ist die sprachliche Wurzel des Journalismus. Bei den Nachrichten geht es sogar um Minuten und Sekunden.

Natürlich muss es weiter hochaktuelle Berichterstattung geben bis hin zu den Eilmeldungen. Da ist eine Vielzahl von Ereignissen von einer vorhersehbaren Wahl bis zu einem über Menschen hereinbrechenden Erdbeben. Da sind wichtige Entscheidungen und Stellungnahmen, die zu einem Tag gehören.

Der Schnitt soll bei der konstruierten Scheinaktualität erfolgen. Wir haben im ersten Teil des Buches diskutiert, wie meisterhaft fast alle Akteure und Interessengruppen das Spiel auf dieser PR-Klaviatur verstehen, wie gekonnt sie als Piraten das Schiff der Information entern und kapern. Sie setzen dabei auf Pressekonferenzen, Interviews, Ministertreffen, NGO-Aktionen und viele andere Triggerfaktoren, die reflexartig Berichterstattung auch dann auslösen, wenn es dafür keinen oder nur mäßigen journalistischen Grund gibt. Diese Pseudonachrichten können weg. Diese Fremdbestimmung der Nachrichten muss aufhören.

Latente Aktualität

Wo etwas wegfällt, kann etwas Neues Einzug halten, und der Raum dafür in den Nachrichten wird dringend gebraucht. Meine nächste Forderung ist die Öffnung für das, was ich ›latente Aktualität‹ nenne. Der Begriff hört sich erst einmal widersprüchlich an und bedarf der Erläuterung. Die Tagesvorschauen der Nachrichtenagenturen kündigen an, dass in Brüssel um 14:00 Uhr ein EU-Gipfel beginnt und dass in Frankfurt gegen Mittag eine Leitzinsentscheidung der EZB kommuniziert wird. Sie lassen uns wissen, wann diverse Verbände ihre Studien, Prognosen oder Umfragen vorstellen und wann der Auftakt der bundesweiten Sternsingeraktion sein wird.

In diesem Koordinatensystem, das die Nachrichten bestimmt wie die Gezeiten das Meer, erfahren wir einmal im Jahr etwas über Verkehrstote und über die Folgen von Alkoholmissbrauch – nämlich genau an dem Tag, an dem die entsprechende Statistik veröffentlicht wird. Das muss nicht per se falsch sein. Da aber nach Angaben der WHO weltweit jährlich 1,35 Millionen Menschen im Straßenverkehr sterben und drei Millionen an den Folgen des Alkoholkonsums mag man fragen: Warum sind solche Themen genau einmal im Jahr aktuell? Vielleicht hätten einige der ritualisierten Themen öfter als einmal in zwölf Monaten Beachtung in den Nachrichten verdient und andere möglicherweise gar keine.

Zum ›Evangelium nach *dpa*‹, das viele Redaktionen nachbeten, gehören unverrückbar die Ostermärsche, das Pfingsttreffen der Sudetendeutschen, verschiedene Industriemessen, die Eröffnung des Münchner Oktoberfests, der 11.11. in Köln und manches mehr – selbst dann, wenn andere Ereignisse wichtiger sind. Vergleichsweise wenig erfährt die Gesellschaft von international vernetzter organisierter Kriminalität oder von den Folgen der Wüstenbildung. Wie oft sind Armut und Einsamkeit älterer Menschen Nachrichtenthemen. Hand aufs Herz: Wie viel wäre 2020/21 ohne Corona von der Situation im Pflegebereich und den Arbeitsbedingungen in der Fleischindustrie die Rede gewesen?

Und wie steht es mit dem Verfall der Infrastruktur in vielen Teilen Deutschlands oder der Situation in den Krankenhäusern, die unter ökonomischem Effizienzdiktat stehen? Warum taucht das Thema Krankenhauskeime jedes Jahr höchstens einmal kurz auf? Nach Angaben des Robert Koch-Instituts von Ende 2019 gibt es jährlich allein in Deutschland bis zu 600.000 Infektionen, bis zu 20.000 Menschen sterben daran (RKI 2019), von den Todeszahlen her eine jährliche Corona-Welle. Ich selbst bin fixiert auf Politik und Aktualität. Dennoch frage ich mich als Nachrichtenmensch selbstkritisch, warum wohl Polit- und Skandalgeschichten wie die von Minister Scheuers Pkw-Maut die Republik mehr in Atem halten als viele gravierende soziale Probleme.

Ein neues Verständnis von Relevanz

Aktualität und Relevanz gehen in der Nachrichtenarbeit Hand in Hand. Daher habe ich schon kritisiert, dass schematische Aktualitätsvorstellungen unseren Blick für die Bedeutung von Themen stark prägen. Meine These ist, dass die Aktualität oft die Oberhand über die Relevanz gewonnen hat. Mein nächster Wunsch ist daher eine Neuvermessung des Nachrichtenfaktors Bedeutung. Es ist deutlich geworden, dass ich mit den Mitteln der PR konstruierte Scheinereignisse nicht für relevant halte. Das gilt auch für die im ersten Teil des Buches beschriebenen Nachrichtoiden von den Junk News bis zum Infotainment.

Aufwertung verdient haben dagegen wichtige Themen, die kaum Berichterstattungsanlässe nach traditionellem Verständnis kennen und keine lautstarke Interessenvertretung. Manche dieser Themen gelangen irgendwann doch in die Nachrichten – aber erst, wenn es brennt, wenn Notlagen beim besten Willen nicht mehr übersehbar sind oder manchmal sogar in gewaltsame Proteste umschlagen.

Dabei muss man nach vielen dieser Themen nicht groß suchen. Ihre Aktualität und ihre Bedeutung sind in der Bevölkerung Allgemeingut. Die Menschen wissen, wie es in den Schulen, den Krankenhäusern und Pflegeeinrichtungen aussieht. Sie kennen die Altersarmut und die Lage von Straßen, Brücken, Bahn und sonstiger Infrastruktur in Deutschland. Sie hatten schon vor Corona ein klares Bild vom tatsächlichen Stand der Digitalisierung unserer Verwaltung.

Doch solange Themen dieser Art nur selten die eingeführten Nachrichtenkriterien erfüllen, haben sie keine Chance auf angemessene Beachtung. Nachrichten können so nicht realistisch sein. So verfehlen sie nicht nur ihren Auftrag, sie verlieren auch Vertrauen in der Bevölkerung. Viel weniger noch bekommen wir mit von strukturellen Trends und Veränderungen, die sich international abspielen. Das gilt auch für Konflikte weltweit, von denen die Menschen manchmal erst erfahren, wenn die Bundeswehr in einen Einsatz geschickt wird.

In meiner Vorstellung haben Redaktionen das Recht und die Pflicht, wichtige Themen auch ohne herkömmlichen Aufhänger in die Nachrichten zu bringen. Aber Vorsicht: Ich plädiere nicht für Beliebigkeit und ganz sicher nicht dafür, dass einzelne Journalistinnen und Journalisten als eine Ich-NGO Aufmerksamkeit für das schaffen, was ihnen persönlich am Herzen liegt. Die Entscheidung für latent aktuelle Themen muss am allgemeinen Interesse ausgerichtet sein und nach gründlicher redaktioneller Diskussion fallen. Auch der Input von Leserinnen, Zuschauern, Hörern und Nutzerinnen kann hier sehr wertvoll sein.

Nach meiner Erfahrung ist dies weniger kompliziert, als man vermuten könnte. Viele Redaktionen, die ich kenne, haben schon eine ungefähre Vorstellung davon, was in den Nachrichten fehlt. Vielleicht haben sie nur noch nicht den Mut, Scheinaktuelles wegzulassen. Vielleicht haben sie nur nicht die Zeit, auf Themensuche zu gehen.

Lokal- und Regionaljournalismus

Ich predige hier nicht die Revolution. Eher soll es zurück zu den Wurzeln gehen. An dieser Stelle erlaube ich mir, kurz abzuschweifen: In diesem Buch behandle ich das überregionale Nachrichtengeschäft, mein berufliches Zuhause. Eine vermutlich wichtigere Säule der Demokratie ist in vielen Staaten der

Lokaljournalismus. Im Lokalen und im Regionalen entscheidet sich wesentlich die Lebensqualität der Menschen und damit auch ihre Zufriedenheit mit dem politischen System. Hier zeigt sich, was die Weichenstellungen der großen Politik wert sind. In den Gemeinden und Kreisen werden von Nord nach Süd kreative Ideen entwickelt und ausprobiert. Hier werden von West nach Ost Entscheidungen getroffen und kostspielige Aufträge vergeben, die kontrolliert und diskutiert gehören.

Die über Jahre zu beobachtende Ausdünnung der Lokalredaktionen besorgt mich daher sehr, genauso wie der Druck, dem die Kolleginnen und Kollegen dort ausgesetzt sind. Einer, der sich damit auskennt, ist Dieter Golombek. Er hat 1975 das Lokaljournalismus-Programm der Bundeszentrale für politische Bildung gegründet. Beinahe vier Jahrzehnte später hielt Golombek fest:

> »Die freie Presse ist im lokalen Bereich besonderen Belastungen ausgesetzt. Gerade hier treten Störfälle im System der Machtbalance zu Tage. [...]. In den Gemeinden begegnen sich Redakteure und Politiker manchmal täglich. Nachrichten trotz Nachbarschaft zu liefern, ist das schwere Brot für Lokaljournalisten. Es erfordert Mut, Missstände und Versäumnisse öffentlich zu machen, es erfordert Mut und Augenmaß, das Wächteramt auszufüllen« (GOLOMBEK 2012).

Eigentlich sollte man Bücher über die Zukunft des Lokaljournalismus schreiben (vgl. NIELSEN 2015). In meinem Fall mangelt es an Erfahrung und Kenntnis. Eines weiß ich aber seit meinem Praktikum 1984 bei der Ausgabe des *Kölner Stadt Anzeigers* für das Bergische Land: In der Lokalredaktion helfen keine Nachrichtenagenturen. Auch dort gibt es Presseerklärungen, PR und Beeinflussungsversuche. Die Themen aber müssen weitgehend selbst gesucht werden.

Außerdem gibt es deutlich intensivere Rückmeldungen derjenigen, über die berichtet wird. Schreiben Sie einmal in einem Artikel über ein Stadtteilfest den Namen eines Organisators falsch oder den der Straße, in der gefeiert wurde. Sie werden ein enormes Echo bekommen. In dieser Hinsicht ist der lokale Journalismus deutlich anspruchsvoller als der überregionale. Der französische Präsident oder die russische Regierung haben sich noch nie bei uns gemeldet, wenn sich in die Berichterstattung über sie Fehler eingeschlichen hatten. Der große, überregionale Journalismus kann sich von den Lokalredaktionen also die eine oder andere Scheibe abschneiden und sollte sich auch sonst mehr für Kommunen und Kreise interessieren.

Nachhaltige Nachrichten

Der folgende Wunsch ergänzt die Idee der latenten Aktualität und der neubetrachteten Relevanz, er gilt mehr Nachhaltigkeit im Informationsjournalismus. Nachrichtenthemen haben Konjunkturen, die wichtigen und die anderen. Sie werden ›entdeckt‹, etablieren sich und verschwinden dann früher oder später wieder. Manchmal für immer, manchmal gibt es ein Comeback. Das ist ungefähr so wie mit Hits. Auch sie kommen oft durch tatkräftige Unterstützung einer Werbeabteilung in die Charts, so wie am Aufstieg mancher Nachrichtenthemen Spin-Doktorinnen und -Doktoren mitarbeiten. Irgendwann verschwinden Songs aus dem Radio und Themen aus den Nachrichten, selbst wenn sich ein kleiner Kreis von Fans oder engagierten Menschen weiter für sie interessiert.

Menschen werden selbst der größten Hits irgendwann einmal überdrüssig, und die Branche arbeitet daran, neue Produkte nach vorne zu bringen. Mindestens so hart ist der Wettbewerb um den Platz in den Nachrichten. Menschen verlieren irgendwann das Interesse an Themen. Hier endet die Analogie dann. Denn in der Musik kann ich das Abwechslungsbedürfnis gut akzeptieren. Außerdem sind wir mit Playlists auf dem Smartphone nicht auf öffentliche Angebote angewiesen.

Auch im Informationsjournalismus verlassen zwar erledigte Themen zurecht die Nachrichten, die ständig Platz für das neue

Wichtige brauchen. Aber, erklärt das ausreichend, warum über die Lage in Syrien oder in Libyen auf einmal nicht mehr berichtet wird, obwohl sich nichts gebessert hat? Wiederum andere Inhalte können kaum aus den Nachrichten verschwinden – einfach, weil sie es selten bis dahin schaffen.

Der Syrienkrieg weist noch viele der beschriebenen Triggerfaktoren auf, von militärischen und diplomatischen Aktionen bis zu Gipfeltreffen, Konferenzen und UNO-Beschlüssen. Der Schutz der Artenvielfalt steht ganz anders da. Zwar gibt es auch dazu internationale Treffen und andere Ankerpunkte für die Nachrichten, wie den von der UNO vermutlich genau deshalb ausgerufenen ›Internationalen Tag der Biodiversität‹. Letztlich bleibt die Artenvielfalt aber ein strukturelles, ein latentes Thema. Große Querschnittsthemen, das können wir festhalten, lassen sich mit Terminjournalismus kaum erfassen. Das gilt erst recht, wenn diese Themen nicht vorwiegend mit einzelstaatlicher Gesetzgebung zu bearbeiten sind. Sie können dann nicht mit der eingeübten medialen Begleitung nationaler Politik rechnen.

Raum für Querschnittsthemen

Mit dem Klimawandel hat es in unserer Zeit ein solches Querschnittsthema geschafft, medial als hochdringlich anerkannt zu werden. Dies liegt an vielen Jahren der Lobbyanstrengungen und an einer Jugendbewegung, die jeweils ihres Gleichen suchen und sich der Möglichkeiten der digitalen Vernetzung bedienen. Es liegt aber vor allem daran, dass die Bedrohung und bereits eingetretener Schaden inzwischen überall zu spüren sind, auch in den Industrieländern. Unübersehbare allgemeine Betroffenheit schafft dann eben doch Aufmerksamkeit und Relevanz. Die Corona-Krise hat denselben Effekt in Rekordzeit ausgelöst. Wie nachhaltig das für die Pandemievorsorge sein wird, bleibt abzuwarten.

Viele andere Themen profitieren nicht von einem solchen Relevanz-Turbo, weder die schon angesprochenen sozialen Probleme, die vielleicht nur einen Teil der Gesellschaft bedrängen, noch die Konflikte fernab vom eigenen Land. Bisher liefen die Versuche, solche Anliegen zur Geltung zu bringen, stets innerhalb einer Logik von auf Nachrichtenfaktoren abzielenden PR ab: Eine Pressekonferenz wird abgehalten oder ein Preis wird vergeben, um Aufmerksamkeit zu erzeugen. Das ist Kerngeschäft der UNO, von Hilfsorganisationen und anderen NGOs.

Ich finde, Redaktionen haben das Recht und die Pflicht, ihre Berichterstattung auch ohne diese Hilfskonstruktionen nachhaltig zu gestalten. Wenn nach Jahren auf einmal nicht mehr von Syrien die Rede ist – wer hält uns vom Nachhaken ab? Wenn eine Redaktion begründet zum Schluss kommt, Probleme im ländlichen Raum kämen zu kurz – warum sollten wir dem nicht aus eigener Initiative nachgehen? Und warum sollten wir es nicht offenlegen, wenn ein Vorstandsvorsitzender oder eine Ministerin heute das Gegenteil von dem fordert, für das er oder sie sich gestern ausgesprochen hat? Die Wiedervorlage kann ein gutes Instrument der Nachrichtenarbeit sein. Sie im Sinne eines nachhaltigen Themenmanagements zu nutzen ist auf jeden Fall besser, als auf das nächste Thema zu warten, das Interessengruppen für uns nach allen Regeln der Kunst aufbereitet haben.

Vergessene Nachrichten

In Deutschland sucht die gemeinnützige Initiative Nachrichtenaufklärung nach den ›Vergessenen Nachrichten‹. Auf der Grundlage studentischer Vorarbeiten an verschiedenen Universitäten stellt eine akademisch-journalistische Fachjury Jahr für Jahr eine Liste der wichtigsten vernachlässigten Themen zusammen. Die DEUTSCHLANDFUNK-Nachrichtenredaktion beteiligt sich an diesem Projekt und veröffentlicht die Liste gemeinsam mit der

Initiative. Wir sind bei dieser Sache aus voller Überzeugung dabei, wissen aber auch: Die Suche nach vergessenen Nachrichten ist keine Aufgabe, die sich einmal im Jahr stellt. Sie sollte jeden Tag stattfinden. Besonders groß ist der Bedarf in Zeiten monothematischer Nachrichtenlagen. Die Corona-Zeit war in den vergangenen Jahrzehnten das Beispiel schlechthin dafür, wie beinahe alles andere von einem Megathema überlagert und verdrängt wird.

Für mehr latente Aktualität und Nachhaltigkeit in den Nachrichten spricht noch ein anderer Grund: Viele wichtige Fragen verschwinden aus der öffentlichen Diskussion, bevor das damit verbundene Problem geklärt ist. Das verschleppt und verhindert Lösungen. Daraus können gesellschaftliche Spannungen erwachsen, aber auch Unzufriedenheit mit der Leistungsfähigkeit des Journalismus. Das Phänomen hat mit der Kurzatmigkeit des politischen Betriebs zu tun. Für die Nachrichten kann das aber keine Ausrede sein. Im Gegenteil, zu den Aufgaben einer vierten Gewalt sollte es gehören, wichtige Themen auf der Agenda zu halten.

Ohne die Stärkung des Faktors Nachhaltigkeit nähern wir uns einem rasenden Stillstand. Der Informationsjournalismus wird zu einem sich immer schneller drehenden Hamsterrad, in dem wirkliche Erkenntnisse und Einsichten rar werden. Für die Medienkonsumenten mag dies ein Grund sein, sich abzuwenden. Die Gesellschaft nimmt davon vermutlich noch größeren Schaden als der Journalismus. Von Roger Willemsen stammt ein passendes Bonmot mit ernstem Hintergrund: »Die Tagespolitik ist dazu da, von den Jahrhundertveränderungen abzulenken« (WILLEMSEN 2010).

Ausweitung der Beobachtungszone

Unwuchten gibt es auch bei den Themen, die unbestritten als aktuell und relevant gelten. Auch hier muss sich viel tun, wenn wir realistische Nachrichten haben wollen. Bleiben wir zunächst bei der klassischen Politik. Warum berichten Redaktionen dramatisch mehr über den Bundestag als über das Europäische Parlament, obwohl in Straßburg und Brüssel mindestens ähnlich viele für Deutschland relevante Entscheidungen fallen wie in Berlin? Die Frage ist nicht originell, aber für mich nach wie vor unbeantwortet.

Nationale Politik und Europa

Es ist zweifellos in jedem Land wichtig, Arbeit und Entscheidungen des eigenen Parlaments und der Regierung abzubilden. Von dieser Berichterstattung will ich eher mehr als weniger. Sie sollte auch für die Bundesländer ausgeweitet werden und in den Kommunen, sie sollte auch die medial oft wenig begleiteten Zwischenebenen in manchen Bundesländern einbeziehen, die Regierungsbezirke. Ich respektiere in Sachen Europa Hinweise auf gefühlt mangelnde Nähe der EU und die Schwierigkeit unterschiedlicher Sprachräume. Ich weiß auch, dass die EU-Kompetenzen nicht alle Politikfelder gleichermaßen betreffen. Darüber müssen wir also nicht streiten.

Aber warum ist das Gefälle Berlin-Brüssel (oder Paris-Brüssel, Rom-Brüssel etc.) derart gewaltig, sowohl bei der Zahl der akkreditierten Korrespondentinnen und Korrespondenten als auch beim Umfang der Berichterstattung? Eine immer noch lesenswerte Problembeschreibung des »geringen Medialisierungsgrads des politischen Prozesses in Brüssel« hat Claudia Kristine Huber schon vor fünfzehn Jahren geschrieben. Ihr Aufsatz für *epd-Medien* trägt den Titel *Black Box Brüssel* (HUBER 2007).

Für deutlich unterbelichtet halte ich unsere europäische Umwelt auch jenseits der Brüsseler Institutionen: Wir teilen mit allen EU-Staaten einen obersten Gerichtshof und mit den meisten unsere Währung. Viele sind unsere direkten Nachbarn. Sollte eines der EU-Länder angegriffen werden, sind wir in der militärischen Beistandspflicht. Unser Reichtum hängt vom Wirtschaftsaustausch mit diesen Staaten ab. Vielleicht das Wichtigste: Historisch und kulturell sind wir eine Art Familie. Erst seit wenigen Jahrzehnten haben wir innerhalb dieser Familie Frieden statt vieler furchtbarer Auseinandersetzungen. Spricht nicht eigentlich alles dafür, dass wir möglichst umfassend über unsere Nachbarländer informiert werden?

Selbstverständlich stimmen die Regierungen dieser Länder im Rat mit ab, wenn in Brüssel entschieden wird, womit wir wieder auf der EU-Ebene sind. Warum lesen, hören und sehen wir in den Medien so gut wie nichts davon, dass Gesetze häufig schlicht auf der Umsetzung einer EU-Richtlinie beruhen und nicht auf eigenschöpferische Akte eines nationalen Parlaments zurückgehen? Weshalb spielen die Nachrichten der Mitgliedsstaaten oft mit, wenn die nationale Politik immer dann auf die EU als Urheberin verweist, wenn sich Probleme auftun, wenn sich ein Gesetz als unpopulär erweist?

Mich stört, dass die Spuren der Gesetzgebung verwischt werden. Mich ärgert, dass die Berichterstattung es kaum möglich macht, Entscheidungen den wirklichen Entscheidungsträgern zuzurechnen und diese in der Rechenschaftspflicht zu halten. Nationaler Hauptstadtjournalismus, nicht nur in Deutschland, nicht nur in Berlin, läuft teils noch so ab wie 1970. Technisch, sprachlich und kulturell hat sich in den fünf Jahrzehnten viel verändert. Unerschüttert bleibt aber die Annahme, man beobachte und kontrolliere die wirklich Mächtigen.

Es kommt hinzu, dass der Informationsjournalismus die nationale Politikelite oft nicht an den tatsächlich bestehenden Aufgaben misst, die für sein Publikum entscheidend sind. Stattdessen spielen die Medien das politische Spiel mit. Der Soziologe Harald Welzer hat es hart formuliert:

> »Die Fixiertheit auf die parteiinternen und -externen Macht- und Ohnmachtkonstellationen wird zunehmend mit Politik verwechselt, sie wird in

Talkshows unablässig reproduziert und liefert überzeugenden Grund für Parteienverdrossenheit und sinkendes Systemvertrauen« (WELZER 2018).

Das aufklärerische Licht der Nachrichten sollte sich auf die Räume richten, in denen die politischen Entscheidungen tatsächlich fallen. In Wirklichkeit werden wir aber beinahe ausschließlich über den Plenarbetrieb informiert mit seinen Reden, Ankündigungen und Beschlüssen. Das gilt für Berlin wie früher für Bonn, das gilt für Brüssel und Straßburg.

Parlamentarismus teilbelichtet

Schon diese Plenarberichterstattung hat sich verändert. Sie ist in Deutschland über die Jahrzehnte etwas geringer geworden, abgesehen von den Übertragungen unter anderem bei PHOENIX, die wichtig und verdienstvoll sind, die vielleicht doch auch als Feigenblatt herhalten müssen. Vor allem hat die Berichterstattung ihren Charakter verändert. Hier kommt einiges von dem zum Tragen, was ich im ersten Teil des Buches beschrieben habe: Die Abgeordneten erörtern weniger und versuchen häufiger, zwei, drei griffige Sätze unterzubringen. Damit wollen sie in die Nachrichten kommen und Reichweite in den sozialen Medien erzielen. Einige Politikerinnen und Politiker erwecken den Eindruck, dass der Bundestag für sie inzwischen ein Nebenschauplatz ist und sie lieber in Talkshows brillieren. Die Berichterstattung wiederum ist jenseits der Liveübertragungen oft karg, sie ist personalisiert und auf Konflikte gebürstet.

Ein Beispiel: Als im Herbst 2020 in Deutschland debattiert wurde, ob der Bundestag zu wenig in die Corona-Entscheidungen eingebunden worden war, meldete sich der CDU-Abgeordnete Rudolf Henke im DEUTSCHLANDFUNK zu Wort. Er betonte, das Parlament habe über alle Facetten des Themas diskutiert, gestritten und mitentschieden. Es habe aber die Wahrnehmung seiner Arbeit nicht in der Hand (HENKE 2020). Henke stellte völlig richtig fest, der Bundestag könne nur debattieren, nicht aber beeinflussen, ob die Medien ihm zumindest so viel Aufmerksamkeit zukommen ließen wie einem Podcast der Bundeskanzlerin oder einer Ministerpräsidentenkonferenz. Die offene Frage ist, wo diese Deparlamentarisierung der Berichterstattung im Dreieck Politik, Medien, Publikum begonnen hat und wer hier auf wen reagiert.

Doch immerhin genießt der Plenarbetrieb weiter eine gewisse Aufmerksamkeit. Seltener erfahren Leserinnen, Hörer, Nutzerinnen und Zuschauer etwas aus den Ausschüssen, in denen ein großer Teil der parlamentarischen Arbeit stattfindet. So gut wie gar nichts bekommen sie mit aus den Ministerialbüros und Parteistuben, in denen Vorarbeit für Gesetze geleistet wird, ja in denen ganze Passagen geschrieben werden. Es stimmt, ohne ein gewisses Maß an Vertraulichkeit kann Politik nicht gelingen. Es ist wahr, zu manchen Orten bekommen Medien nur bedingt Zutritt oder gar nicht. Aber bemühen sie sich genug darum? Sicher ist hingegen, dass der Journalismus Informationen begierig aufgreift, die gezielt und absichtsvoll aus Ausschüssen oder Vorstandssitzungen lanciert werden.

Die Gratwanderung wurde schon angesprochen: Diese Informationen kann man nicht übergehen, aber sie sind mit Interessen verbunden. Die Gefahr für die Nachrichten ist auch hier groß, das Spiel anderer zu spielen. Die wahren Wege der Macht werden jedenfalls so nicht ohne Weiteres ausgeleuchtet.

Lobbyismus außer Kontrolle

Diese ernüchternde Aussage gilt erst recht für die Einflüsse, die von außen auf die politische Entscheidungsfindung ausgeübt werden, wenn man hier überhaupt noch von ›außen‹ sprechen kann. Lobbyismus ist nicht an sich verwerflich. Es ist legitim, Argumenten Gehör und Interessen Geltung verschaffen zu wollen. Genau das machen Bürgerinnen oder Bürger, wenn sie in die

Sprechstunden ihrer Abgeordneten gehen, wenn sie sich zu einer Gruppe zusammenschließen und Druck auf den Stadtrat ausüben. Das ist Teil einer lebendigen Demokratie.

Wichtig ist, dass die jeweils Entscheidenden den Blick auf das Gemeinwohl nicht verlieren, keine materiellen oder geldwerten Gegenleistungen bekommen und aus nachrichtlicher Sicht vor allem, dass die Versuche der Einflussnahme transparent sind. Das gilt besonders für Unternehmen und Verbände, die ihre Interessen machtvoller vertreten können als Einzelne oder kleinere Initiativen. Der Bankensektor hat nun einmal in dieser Hinsicht andere Möglichkeiten als die Freunde bedrohter Wildpflanzen in der Südpfalz. Dies ist kein Buch über Lobbyismus, von denen es schon viele gibt. Mich bewegen die Auswirkungen auf die Nachrichten, auf ihre Möglichkeiten, über politische Entscheidungsprozesse zu berichten.

Nehmen wir ein Beispiel für viele andere, die Finanzlobby. Die Nichtregierungsorganisation ›Bürgerinitiative Finanzwende‹ um den früheren Grünen-Finanzexperten Gerhard Schick hat dazu im Dezember 2020 einen Bericht veröffentlicht. Danach sind allein in diesem Bereich in Deutschland ungefähr 1.500 bezahlte Lobbyisten für die unternehmerische Seite aktiv (FINANZWENDE 2020). Selbst wenn die Berechnung übertrieben wäre, worauf ich keinen Hinweis habe: Der Finanzbereich stellt deutlich mehr Lobbyisten, als es Fachpolitikerinnen und Fachjournalisten gibt. Sie sind auch klar in der Überzahl gegenüber Lobbyisten, die aus anderer Perspektive Einfluss nehmen wollen, zum Beispiel für Gewerkschaften, Kirchen und NGOs.

Das Problem ist alles andere als unbekannt. Im Januar 2006 meinte der damalige Bundesfinanzminister Peer Steinbrück beim Neujahrsempfang der Industrie- und Handelskammer Frankfurt am Main:

> »In Anlehnung an die Bürgerrechtler in der damaligen DDR müsste ich an dieser Stelle eigentlich die Forderung erheben: Lobbyisten in die Produk-

tion. Ich will aber nur deutlich machen, dass eine zukunftsfähige Haushalts- und Finanzpolitik ein robustes Immunsystem entwickeln muss gegen die Attacken organisierter Einzelinteressen. Ich habe nichts gegen seriösen Lobbyismus als Teil der politischen Entscheidungsfindung, aber maßlose Drohungen und penetrante Scheinheiligkeiten aller Art werden wir beim Namen nennen und immer dann in die Schranken weisen, wenn Einzelinteressen für Gemeinwohlinteressen ausgegeben werden! Allein um das Berliner Gesundheitsministerium meiner Kollegin Ulla Schmidt haben sich 430 Lobby-Verbände angesiedelt« (STEINBRÜCK 2006).

Das war 2006. Steinbrück würde wohl heute ähnlich Bilanz ziehen. Und mit dem Gesundheitsbereich hat er ein weiteres wichtiges Feld genannt, in dem sich Lobbykräfte stark entfalten und auf Medien und Gesellschaft einwirken.

Legislative Black Box

Die Lobbyarbeit wird von Verbänden ausgeübt, von einzelnen Unternehmen und von beauftragten Agenturen oder Anwaltskanzleien. Das ist keine Besonderheit des Finanz- oder Gesundheitssektors, sondern eine häufig anzutreffende Struktur. Diese Kräfte wirken permanent auf die Gesetzgebung ein. Das medial-öffentliche Interesse gilt aber meist nur einer recht frühen und einer späten Phase: Berichtet wird, wenn die Politik aufgrund einer Problemlage oder als Reaktion auf eine gesellschaftliche Debatte ankündigt, tätig zu werden. Berichtet wird auch, wenn der Gesetzentwurf dann irgendwann im Plenum beraten wird.

Dazwischen liegt eine legislative Black Box, in der die entscheidenden Aushandlungen ausgetragen und die wichtigen Einflussnahmen ausgeübt werden – dann allerdings meist ohne nachrichtliche Begleitung. Diese Aufmerksamkeitskurve hängt stark mit der klassischen tages- und ereignisbezogenen Berichterstattung zusammen, aber auch damit, dass sich die Lobbykräfte diskret in nicht beobachteten Räumen entfalten.

Eigentlich wollte ich schreiben, dass die Interessenvertretungen die mächtigste APO sind, die unser Land je gesehen hat. Es ist ja wahr, keine außerparlamentarische Opposition, auch nicht die 68er-Bewegung, hat je so viel Einfluss besessen wie Verbände, Organisationen und die von ihnen beauftragten Kanzleien und Agenturen. Die Aussage stimmt aber dennoch nicht: Denn erstens opponieren die Interessenvertretungen nicht nur gegen ungeliebte Gesetzesvorhaben. Sie sind vielmehr selbst höchst erfolgreiche außerparlamentarische Gesetzgeber. Zweitens befinden sich auch unter den gewählten Abgeordneten Menschen, die nicht (nur) Lobbyismus betreiben für die Interessen ihrer Wählerschaft daheim oder für die Werte ihrer Partei. Es sind Abgeordnete, die Unternehmen, Verbänden oder anderen Interessenvertretungen verbunden und verpflichtet sind.

Im zweiten Corona-Frühling hat es Anfang 2021 viel Aufregung über Politiker gegeben, die an Geschäften mit Atemschutzmasken verdient haben. Das waren skandalöse Fälle, die zurecht Aufmerksamkeit gefunden und dadurch Regeländerungen angestoßen haben. Diese Vorkommnisse haben aber wenig mit dem eigentlichen Lobbying zu tun, bei dem es meist um größere Fragen und um größere Summen geht.

Einen Eindruck vom Ausmaß des Phänomens gewähren die von Lobbycontrol veranstalteten Rundgänge durch Berlin und Brüssel. Hier bekommt man die Repräsentanzen der Finanzwelt und der Gesundheitslobby zu sehen, die Niederlassungen der Auto- und der Energielobby und manche andere interessante Adresse mehr. Auch falls Sie nicht nach Berlin oder Brüssel kommen, sind die beiden Reiseführer der besonderen Art mit dem schönen Titel *LobbyPlanet* (LOBBYCONTROL 2015 bzw. 2017) lesenswert.

Beim Lobbyismus sollte man aber nicht nur an die nationale und die EU-Ebene denken. Auch in den Bundesländern und im kommunalen Bereich fallen wichtige Entscheidungen, wird Geld verteilt – und Einfluss genommen. Die Lobbyregelungen in den Bundesländern sind dabei nach einem Ranking der Nichtregierungsorganisation ›Transparency International Deutschland‹ aus dem März 2021 im Durchschnitt noch schlechter als auf Bundesebene (TRANSPARENCY 2021).

Vergessen sollte man auch nicht, dass nicht nur die klassischen Interessen aus der Wirtschaft auf Politik und Medien Einfluss nehmen wollen. Der amerikanische Soziologe Herbert Gans sprach schon vor fast zwanzig Jahren von einer neuen Kraft neben ›Big Government‹, ›Big Business‹ und ›Big Union‹: Er meinte die ›Big NGOs‹ (GANS 2003: 3). Die Nichtregierungsorganisationen sind auch beim Lobbying ein zunehmend wichtiger Faktor.

Die vierte Gewalt und die fünfte

Es wird in Deutschland nicht genügend Journalisten geben, um ständig alle Restaurants in Berlin, Brüssel und in den Landeshauptstädten beobachten zu können. Sie werden nicht tagein, tagaus vor den Parteizentralen, den Ministerien, Behörden und Parlamenten Besucherbewegungen registrieren. Und wie könnte man die inzwischen wichtiger gewordenen Zoom-Meetings überwachen?

All das wäre auch nicht der richtige Weg. Vereine wie Lobbycontrol, den ich als Mitglied unterstütze, und Transparency International, aber auch der Verbraucherzentrale Bundesverband machen sich für einen echten legislativen und einen exekutiven ›Fußabdruck‹ stark. Dadurch sollen im Gesetzgebungsprozess die wesentlichen Kontakte und Interventionen im Entstehungsprozess bei Parlament und Regierung transparent nachvollziehbar werden. Dagegen wird oft argumentiert, die Freiheit der Abgeordneten dürfe nicht eingeschränkt werden und Politik brauche externe Expertise. Auch das stimmt, sollte aber mit dem Transparenzgedanken eigentlich zu verbinden sein.

Die Bundeszentrale für politische Bildung hat bereits vor fünfzehn Jahren ein Buch mit dem Titel veröffentlicht *Die fünfte Gewalt – Lobbyismus in Deutschland* (LEIF/SPETH 2006). Mein Eindruck ist, dass sich der Informationsjournalismus als vierte Gewalt auch heute noch nicht genug um die fünfte Gewalt kümmert. Nichts spricht gegen die Einbeziehung unterschiedlicher Perspektiven aus Wirtschaft und Gesellschaft in parlamentarische Entscheidungsprozesse. Doch alles spricht dagegen, dass dies weitgehend im Dunklen geschieht, außerhalb der Nachrichten und der öffentlichen Kontrollmechanismen. Es kann nicht richtig sein, unter allen Teilnehmerinnen und Teilnehmern eines komplexen legislativen Prozesses nur Abgeordnete, Minister und vielleicht noch eine Handvoll Spitzenverbände zu beobachten.

Realistische Nachrichten nehmen die Wirklichkeit in den Blick, so wie sie ist. Sie schauen nicht nur auf die erste und die letzte parlamentarische Etappe eines Gesetzes, ob nun auf nationaler oder auf europäischer Ebene. Die Ausweitung der Beobachtungszone ist für die Kontrollfunktion der Medien richtig und für das Vertrauen in sie wichtig. Letztlich stärkt sie nach meiner Überzeugung die demokratischen Institutionen, auch wenn dies noch nicht alle Beteiligten so sehen können.

Den ehemaligen Finanzminister Steinbrück haben wir schon zitiert. Erhellend auch, wie sich im Dezember 2020 einer seiner Nachfolger äußerte. Olaf Scholz, der selbst auch immer wieder Gespräche mit Interessenvertretern geführt hat, wurde von DEUTSCHLANDFUNK-Redakteurin Silvia Engels zu anstehenden gesetzlichen Kontrollverschärfungen nach dem Wirecard-Skandal befragt. Scholz meinte:

> »Ich habe ja die Erfahrung gemacht, dass, wenn man mit solchen Gesetzesreformen zu lange wartet, die Lobbyisten irgendwann so viel Druck aufbauen und versuchen, überall Einfluss zu nehmen, dass nichts geschieht, dass man dann nicht mehr durchkommt. Jetzt gibt es noch Öffentlichkeit. Jetzt fragen Sie mich noch, was in einem solchen Gesetz

steht, das ja normalerweise für viele Bürgerinnen und Bürger viel zu kompliziert ist, um es sich jeden Tag anzuschauen. Das, finde ich, muss man jetzt nutzen, damit die Reform auch klappt« (SCHOLZ 2020).

Scholz verweist hier auf die Kurzlebigkeit des öffentlichen und medialen Interesses, auf die damit verbundene Begrenzung politischer Spielräume, aber auch auf die Komplexität vieler rechtlicher Fragen. Er hat in allem Recht. Allerdings ist es oft die Politik, die das Vergessen einkalkuliert und darauf hinarbeitet, dass Themen aus dem Arbeitsspeicher der Gesellschaft verschwinden. Dennoch kann man nun auch mit Olaf Scholz fragen, warum über den alltäglichen Lobbyismus so zurückhaltend berichtet wird und warum viele Themen nicht einfach auf die nachrichtliche Wiedervorlage kommen. Dafür braucht es nicht nur einen Perspektivwechsel, sondern auch Ressourcen und neue Formen der Organisation.

Eingeschränkte Informationsfreiheit

Auch jenseits des Lobbyismus ist staatliches Handeln von der Gemeinde aufwärts für Bürgerschaft und Journalismus in vielen Fällen intransparent. Das 2006 verabschiedete Informationsfreiheitsgesetz regelt die Auskunftspflicht von Regierung und Behörden auf Bundesebene. Die meisten Bundesländer haben für ihre Behörden in ähnlicher Weise eine Auskunftspflicht festgelegt. Das deutsche Bundesgesetz wird international nicht gut bewertet: Das kanadische ›Centre for Law and Democracy‹, nach eigenen Angaben gefördert unter anderem von der EU, der UNESCO und der ›Deutschen Gesellschaft für Internationale Zusammenarbeit‹, veröffentlicht ein ›Global Right to Information‹-Ranking. Darin erreichte Deutschland mit seinem Bundesgesetz 2020 nur einen Platz unter den letzten zehn von 128 Ländern (CENTRE FOR LAW AND DEMOCRACY 2020). Das ist nicht ermutigend, selbst wenn sich diese Nichtregierungsorganisation nur die Bestimmungen anschaut, nicht deren praktische Umsetzung.

Allerdings bekommt nur eine Antwort, wer fragt. 2019 wurden den Bundesbehörden etwa 10.000 Anfragen auf Basis des Informationsfreiheitsgesetzes gestellt. In den USA waren es im selben Jahr rund eine Million. Diese Zahlen nennt Arne Semsrott, Projektleiter von ›FragDenStaat‹ (SEMSROTT 2020). Diese Internetplattform wird von der gemeinnützigen ›Open Knowledge Foundation Deutschland‹ getragen. Sie wurde geschaffen, um Bürgerinnen und Bürgern Anfragen bei Behörden zu erleichtern.

Zu denjenigen, die sich ein transparenzfreundlicheres Gesetz wünschen, gehört auch Christian Mihr, Geschäftsführer der deutschen Sektion von ›Reporter ohne Grenzen‹. Vor allem kritisiert er, dass es in Deutschland noch kein gesondertes Presseauskunftsrecht auf Bundesebene gibt, das dem Journalismus gezielt helfen würde (MIHR 2019).

Verschanzt sich der Staat hinter Amtsgeheimnissen oder fragen Redaktionen zu selten, vielleicht weil der Raum für Recherche immer kleiner wird? Gut möglich, dass beides der Fall ist. Und neben der demokratisch verfassten Exekutive mit öffentlicher Rechtfertigungspflicht stehen andere gesellschaftliche Bereiche wie die Welt der Unternehmen, die Sportverbände und Kirchen. An deren Auskünfte jenseits von PR zu gelangen, ist oft noch um einiges steiniger für die schrumpfende Schar überarbeiteter Journalistinnen und Journalisten.

Blinder Fleck Globalisierung

Es ist schon nicht einfach, die zwischen verschiedenen staatlichen Ebenen verschränkten und verwinkelten Entscheidungsverfahren in Deutschland und erst recht innerhalb der Europäischen Union zu begreifen, geschweige denn, darüber verständlich zu berichten. Wie mag es dann erst Redaktionen ergehen, wenn sie dem Mega-Themenfeld ›Globalisierung‹ gegenüberstehen?

In den Nachrichten sind immer wieder einmal die sogenannten ›Ortsmarken‹ in Mode. Eine Meldung oder ein Beitrag beginnt dann mit »Washington: Der US-Senat hat...« oder »Paris: Der französische Präsident will...«. Wie soll man Berichte über globalisierte Finanzströme und Lieferketten verorten, wie den Weg des Plastikmülls aus dem Norden in den Süden beschreiben oder die vielfältigen Verbindungen der kalabrischen `Ndrangheta und der Kriegsparteien im Jemen? Gäbe es hier Ortsmarken, man brauchte manchmal mehr Platz für die vielen Städte auf mehreren Kontinenten als für die Meldung selbst.

Dieses Gedankenspiel soll veranschaulichen, wie stark die Vernetzungen zugenommen haben und wie schwer die Zuordnung von Entscheidungen und Verantwortungen ist, nicht nur örtlich. Deutlich wird, vor welch gewaltiger Aufgabe der Informationsjournalismus hier steht. Es ist beinahe eine Mission Impossible. Auch wenn Nachrichtenagenturen und andere große Medien es immer wieder einmal versuchen – die klassischen Korrespondentennetze sind zumindest derzeit nicht so ausgelegt, dass sie gut und schnell zu einer Geschichte aus Deutschland, Monaco, Dubai, Vietnam und Sierra Leone kollaborativ agieren können. Unter den zahlreichen Orten auf der Weltkarte, um die es gleichzeitig geht, sind fast immer einige, an denen Redaktionen gar nicht erst vertreten sind.

Es sind auch Schauplätze beteiligt, an denen journalistische Arbeit schwierig und gefährlich ist. Die verschlungenen Wege der Globalisierungsfragen berühren zudem Bereiche unterschiedlichsten Fachwissens, über die nicht alle Redaktionen verfügen, und die sie, falls doch vorhanden, nicht immer schlagkräftig zusammenbringen können. Auch für die Politik gilt, dass sie der Komplexität der Globalisierung noch nicht viel entgegenzusetzen hat und dass sie strukturell nicht vorbereitet ist. Es gibt eben keine Stelle, sagen wir bei der UNO in New York, an der die Fäden zusammenlaufen und von der aus ein gut ausgestattetes Korrespondentenbüro über wesentliche Fragen der Globalisierung berichten könnte.

Neue Seidenstraße und Panama Papers

Journalistinnen und Journalisten wissen um diese Probleme. Sie behelfen sich manchmal, indem sie anhand von Beispielen berichten. Der Einsturz einer Fabrik in Bangladesch im Jahr 2013 mit mehr als eintausend Toten war der bislang schwerwiegendste Unfall in der globalisierten Textilindustrie. In seiner Folge haben Redaktionen auch in Deutschland eine Vielzahl von damit zusammenhängenden Themen recherchiert. Die Politik musste sich interessieren und das Bewusstsein zumindest einiger Konsumenten hat sich geändert. Aber wäre es dazu und später auch zu einem deutschen Lieferkettengesetz ohne den Tod so vieler Menschen gekommen?

Ansätze von komplexer Berichterstattung auf Augenhöhe mit der Globalisierung gibt es von den Qualitätszeitungen bis hin zu ARTE durchaus, aber nicht oft. Der dafür nötige Aufwand unterschiedlicher Ressourcen wie Zeit, Geld und Wissen ist immens. Ein gutes, noch zu selten angewandtes Mittel ist die internationale Kooperation von Redaktionen. Zu den wenigen großen Globalisierungsthemen, die in den vergangenen Jahren in ihrer internationalen Komplexität in den Nachrichten angekommen sind, zählt das Projekt der ›Neuen Seidenstraße‹. Meine Vermutung ist, dass die wachsende Angst des Westens vor der Weltmacht China Treiber dieser Aufmerksamkeit ist.

Rare und wertvolle Einblicke in den Maschinenraum der Globalisierung verdanken wir punktuell Veröffentlichungen, die auf Leaks und anschließende multiredaktionelle Recherchen zurückgehen. Immer wieder zurecht genannt werden hier die ›Panama Papers‹, die 2016 weltweit Aufsehen erregten. Auch mit einigen anderen Enthüllungen hat das journalistische Netzwerk ›International Consortium of Investigative Journalists‹ (ICIJ) auf sich aufmerksam gemacht, das unter anderem von George Soros' ›Open Society Foundation‹ unterstützt wird, aber auch von Einzelspenderinnen wie Meryl Streep und Barbra Streisand. Neben einer gewissen thematischen Zufälligkeit der Leaks sind sie bisher zwar mehr als ein Tropfen, aber dann doch nur ein Glas Wasser auf den heißen Stein. Unbedingt positiv hervorzuheben ist, dass solche Veröffentlichungen den Blick der Öffentlichkeit auf globale Zusammenhänge lenken und dass die Teamarbeit von Redaktionen über Grenzen hinweg eingeübt wird.

Machtzuwachs nicht staatlicher Akteure

Wie die Globalisierung, so stellt auch der Machtzuwachs von nicht staatlichen Akteuren mit Partikularinteressen die Nachrichten vor große Herausforderungen. Beide Faktoren treten häufig gemeinsam auf, was die Sache noch schwieriger macht. Dazu ein Rückblick in die 1980er-Jahre: Die britische Premierministerin Margaret Thatcher und US-Präsident Ronald Reagan setzten sich damals stark für Deregulierungen verschiedenster Art ein. Beide waren offen für die Lehren von liberalen US-Ökonomen wie Milton Friedman, der zuvor schon den chilenischen Diktator Augusto Pinochet beraten hatte.

Friedmans Mantra war, dass die wirtschaftliche und soziale Entwicklung umso besser gelingen werde, je kleiner der Einfluss des Staates sei. Dieser Glaube erreichte im Westen eine beachtliche Popularität, übrigens auch in den westlichen Medien. Das erkläre ich mir unter anderem durch den Systemwettbewerb mit dem kommunistischen Lager, aber auch durch die Unzufriedenheit vieler mit damals weitgehend staatlich geführten und hoch verschuldeten Dienstleistern in Bereichen wie Bahn, Post und Telefon. Dass Friedmans Rechnung in vielem nicht aufging, zeigt nicht nur der Blick auf die erbarmungswürdige Entwicklung des liberalisierten britischen Bahnsystems. Weltweit lassen sich heute verfallende Infrastrukturen als Denkmäler eines Neoliberalismus besichtigen, der seinen Zenit überschritten hat.

In den 1990er-Jahren nahm diese Lehre aber erst einmal global an Fahrt auf. Dazu gehörten immer neue Anlageformen, Wetten auf Renditen und auf das Gegenteil, beinahe ausschließliche Orientierung an den Anlegerinteressen, kaum greifbare Verantwortlichkeiten, Geldwäsche, Briefkastenfirmen und Steueroasen. Edward Luttwak prägte den Begriff vom ›Turbo-Kapitalismus‹ (LUTTWAK 1999).

McMafia und Schatten-Elite

Der Zerfall der Sowjetunion und ihrer Satellitendiktaturen war eine weitere Zäsur. Sie brachte dem ehemals sozialistischen Block abenteuerliche Privatisierungen. Sie öffnete einen großen und rohstoffreichen Teil der Welt für einen Kapitalismus, der mit sozialer Marktwirtschaft wenig zu tun hat. Die Deregulierung der globalen Finanzmärkte, die Auflösung des Ostblocks und das aufkommende Internet mit seinen digitalen Grenzüberschreitungen jedweder Art fielen zusammen und das löste enorme Veränderungen aus. Der Wilde Osten traf auf den Wilden Westen – und dazu kamen digitale Brandbeschleuniger. *McMafia* nannte Misha Glenny sein Buch, in dem er ein Porträt dieser Jahre unter dem Gesichtspunkt der organisierten Kriminalität zeichnet (GLENNY 2008).

Für die Nachrichten wurde es kompliziert, oft zu kompliziert. Wer sollte noch herausfinden, wie die Aktivitäten von Oligarchen jenseits des Urals mit osteuropäischer Unterwelt, italienischer Mafia, feinen Büroadressen in London und der Politik zusammenhingen? Die Nachrichten konnten und können aber nicht nur Kriminellen und Halbkriminellen kaum folgen. Auch mit den grenzüberschreitend tätigen Akteuren in teuren Anzügen und mit guten Manieren tut sich der Journalismus schwer. Auch sie bewegen sich in einem Ambiente mit unscharfen Grenzen zwischen dem politisch-staatlichen Bereich auf der einen Seite und Industrie, Kanzleien, Agenturen, Beratungsfirmen, Think Tanks, Stiftungen auf der anderen.

Janine Wedel beschreibt solche Organisationen, die sich als ›Intermediaries‹ zwischen diesen Welten bewegen. Sie beobachtet Einzelpersonen, die als äußerst bewegliche ›Flexians‹ mal in einem Bankvorstand agieren, mal in einem politischen oder militärischen Stab, um dann als Berater oder vordergründig unabhängige Experten aufzutreten. Wedel hat sich dieser neuen Elite und ihrer Netzwerke in *Shadow Elite* (WEDEL 2009) angenommen. In *Unaccountable* (WEDEL 2014) machte sie dann ebenfalls schon in der Überschrift deutlich, worin das Problem besteht, nicht nur für die Nachrichten: Diese neue Schatten-Elite kann kaum zur Rechenschaft gezogen werden. Mediale Beobachtung und Kontrolle machen da keine Ausnahme.

Die faktische Macht kontrollieren

Für dieses Problem des Informationsjournalismus kenne ich kein Patentrezept. Gebraucht wird ein Perspektivwechsel, das immerhin steht fest. Das Licht von Recherche, Aufklärung und Rechenschaftspflicht muss nach und nach auf alle gelenkt werden, die faktisch Macht haben, nicht nur auf diejenigen, die sie in der Theorie besitzen. Auch das nenne ich realistische Nachrichten. Die Recherche jenseits der Meldungen der Nachrichtenagenturen und der Verlautbarungen verschiedenster Art sollte die Regel sein, nicht die Ausnahme. Der Journalist Peter Welchering hat das in folgendem Gedanken zugespitzt:

> »Wir müssen den Modebegriff eines ›investigativen Journalismus‹ bereits als ein Krisenzeichen verstehen. Denn sein Entstehen ist ein deutliches Zeichen, dass Recherche als journalistische Methode es schwer hat im deutschen Journalismus« (WELCHERING 2018).

Wenn es um die Globalisierung geht, ist die bereits angesprochene internationale Zusammenarbeit zwingend ein Mittel.

In Teilbereichen gelingen Recherchen auch schon gut, Beispiel IOC und FIFA: Eine Gruppe von Journalistinnen und Journalisten weltweit, zu denen auch die DEUTSCHLANDFUNK-Sportredaktion zählt, haben diese milliardenschweren Weltorganisationen in vielen Jahren hartnäckiger Arbeit zwar nicht reformiert. Das ist auch nicht ihre Aufgabe. Aber sie haben die Strukturen transparenter gemacht und Bewegung ausgelöst.

Das ist beim Weltsport schwierig genug, aber immer noch einfacher als bei den globalen Verflechtungen im Kern wirtschaftlicher und politischer Art. Und doch brauchen wir auch hier mehr Transparenz. Die Aufmerksamkeit auf die Eliten im Schatten zu richten, das Licht auf Waffenschmuggler, Menschenhändler, Finanzbetrüger, Rohstoffkriminelle und viele andere zu lenken, das wäre ein doppelter Gewinn – für die Gesellschaften, aber auch für das Vertrauen in die Medien.

Ein entscheidender Schritt wäre allerdings schon, wenn sich die Redaktionen diese dunklen Zonen täglich bewusst machten. Ein Fortschritt wäre, wenn wir in Berichten über die übliche parlamentarische oder diplomatische Bühne deutlich machten, dass hinter den Kulissen noch sehr viel geschieht – selbst wenn wir es oft nicht genau schildern können. Anders ausgedrückt, es ist vertretbar, erst einmal nur über die Hälfte zu berichten, die den Redaktionen halbwegs bekannt ist. Wir dürfen aber nicht verschweigen, dass es nur die Hälfte ist.

Gesellschaftliche Perspektiven

Der Informationsjournalismus soll der Gesellschaft einen möglichst klaren Blick auf die tatsächlichen Zustände, Abläufe und Entscheidungsprozesse verschaffen. Dazu passt die schon mehrfach berührte Frage, welche Perspektiven die Nachrichten vermitteln. Das Thema hat in den vergangenen Jahren an Bedeutung gewonnen. Das begrüße ich und zugleich überrascht es mich. Hätte Vielfalt nicht immer schon ein wichtiges Qualitätskriterium für den Informationsjournalismus sein sollen? Nun melden die Gesellschaft und verschiedene Interessengruppen das Thema machtvoll an und viele Medien reagieren. Einer der Gründe dafür ist die Öffentlichkeit, wie sie die sozialen Medien verändert und geschaffen haben. Hier kommen nun alle denkbaren Perspektiven zu Wort.

Diversität scheint in den westlichen Gesellschaften und durchaus im Gegensatz zu anderen Teilen der Welt den Status von Frieden und Gerechtigkeit erreicht zu haben: Fast alle sind dafür, kaum jemand ist dagegen, jedenfalls solange es abstrakt bleibt. Ich habe schon dafür plädiert, dass Redaktionen und die dort arbeitenden Menschen ihre Einstellungen und Vorurteile im Blick und diese Filter im Griff haben müssen. Im ersten Teil des Buchs haben wir uns damit befasst, dass sich Teile der Gesellschaft in den Nachrichten nicht mehr wiedererkennen. Sie finden, dass ihre Interessen und Sichtweisen kaum Beachtung finden, ja dass sie selbst kaum vorkommen. Hier gibt es Veränderungsbedarf, weit über die Zusammensetzung von Talkshow-Runden hinaus. Ziel realistischer Nachrichten ist eine Annäherung an die gesellschaftliche Wirklichkeit auch beim Personal in den Meldungen und Berichten.

Diversität ist selbst divers

Beginnen wir mit der Betrachtung, wer eigentlich üblicherweise auf der Nachrichtenbühne auftaucht. Dabei gibt es immer noch eine Diskrepanz im Verhältnis von Frauen und Männern, die als Handelnde dargestellt oder zitiert werden. Diversität berührt aber auch die verschiedenen Generationen und Herkünfte, Ausbildungswege und Lebensorientierungen, die nach Wohlstand und Entwicklungsmöglichkeiten getrennten Gruppen. Vielfalt berücksichtigt die Repräsentation des Föderalen und Regionalen. Ministerpräsidentinnen haben meist kein Problem, Aufmerksamkeit zu bekommen. Doch auch Bürgermeister haben zur Debatte viel beizutragen, einschließlich Praxiserfahrung und politischer Erdung. Genauso interessant sind die Stimmen von Landrätinnen. Denn unsere Republik besteht nicht nur aus Metropolen, auch wenn das nicht alle in den Millionen- und Medienstädten Köln, Hamburg, München und Berlin so sehen.

Die Regionen wiederum sind selbstverständlich alles andere als gleich. Mit der Wahrnehmung Ostdeutschlands und der Wahrnehmung in Ostdeutschland haben wir uns schon auseinandergesetzt. Auch an der österreichischen Grenze sieht jedoch vieles anders aus als in Aachen oder Flensburg, wo Belgien und die Niederlande beziehungsweise die dänischen Nachbarn nah sind. Das gilt – ein Vorgriff auf das Thema Auslandsberichterstattung – auch international: Bozen ist eben nicht mit Neapel gleichzusetzen, Barcelona und Madrid trennen Welten. Beides mag sich herumgesprochen haben, doch in vielen anderen Fällen ist die mediale Länderkunde doch recht pauschal. Wie häufig erfahren wir in den Nachrichten etwas über die Vielfalt der Regionen in China und Indien? Es sind immerhin Länder mit hoher weltpolitischer Bedeutung, in denen zusammengenommen bald drei Milliarden Menschen leben werden.

Weitere drängende Fragen werden nicht nur in Deutschland diskutiert. Da ist die Überlegung, ob wir in allen möglichen Bereichen zu viel über Täter und zu wenig über Opfer berichten. Die Liste der Beispiele ließe sich beliebig verlängern.

Das Ziel der vielfältigen Berichterstattung ist also selbst sehr divers und nicht anhand von zwei oder drei Stellschrauben zu erreichen. Es ist an sich wichtig, dass alle Teile und Gruppen einer Gesellschaft gesehen werden und in der medial vermittelten Debatte zu Wort kommen. Jenseits dieser Repräsentationsleistung macht eine Vielfalt an Perspektiven es auch wahrscheinlicher, dass die Debatten sachkundig, fair und gerecht verlaufen. So wächst die Aussicht, dass sie mit breit akzeptierten Entscheidungen abgeschlossen werden können.

Das Kleingedruckte der Vielfalt

Das Bemühen um Perspektivenvielfalt ist journalistische Pflicht, nicht Kür. Dabei gibt es einige Details zu beachten: Redaktionen müssen im Sinne realistischer Nachrichten bedenken, dass die verschiedenen Interessen und Gruppen unterschiedlich laut und nicht gleich geschickt vertreten werden. Auch in Sachen Diversität ist also Vorsicht vor PR und Marketing angeraten. Weder Moden noch eigene Anliegen und persönliche Vorstellungen dürfen zum Maßstab redaktioneller Arbeit werden, auch nicht im Namen der Diversität.

Perspektivenreiche Darstellung ist nicht allein eine quantitative Frage. Es geht um mehr als die Überlegung, wie oft welche Gruppen als Handelnde in Erscheinung treten. Ähnlich interessant finde ich, wie sie in den Nachrichten dargestellt werden. Zu der unterschiedlichen Rollen für Frauen und Männern im fiktionalen Bereich oder der nach Geschlechtern verschiedenen Behandlung in der Sportberichterstattung gibt es Untersuchungen. Mehr davon wünsche ich mir auch für den Kern des Informationsjournalismus.

Dabei geht es nicht nur um Frauen und Männer. Ich vermute zum Beispiel stark, dass sich in der Darstellung verschiedener Akteure je nach Status Unterschiede bei den zugeordneten Adjektiven und Adverbien finden lassen. Das dürfte selbst für die Verben gelten, mit denen Handeln und Sprechen beschrieben werden, je nachdem ob es um einen Minister geht oder eine Oppositionspolitikerin, um den Präsidenten der USA oder den Regierungschef eines afrikanischen Landes. Es macht eben etwas aus, ob ein Politiker in der Sprache der Nachrichten etwas »klarstellt« oder (nur) etwas »behauptet«. Es ist nicht das gleiche, ob eine Politikerin einen Plan vorlegt oder einen »wichtigen Plan«, ob sie etwas sagt oder »in einer Grundsatzrede betont«.

Nebenbei, an den Adjektiven, Adverbien und Verben lässt sich gut ablesen, ob eine Redakteurin oder ein Redakteur eigene politisch-weltanschauliche Einstellungen zum Gegenstand der Nachrichten auslebt oder sie zu beherrschen weiß. Wenn es nach mir ginge, würden wir in den Nachrichten auf die meisten Adjektive und Adverbien verzichten. Wie umstritten der Minister ist, wie heftig die Kritik, das sollte aus dem Inhalt der Meldung ausreichend deutlich werden und letztlich der Beurteilung des Publikums obliegen.

Experten und Denkfabriken

Eine genauere Darstellung der tatsächlichen Entscheidungswege und Verantwortlichkeiten habe ich bereits gefordert. Dabei spielt auch der Umgang mit den Akteuren eine Rolle. Ist es so abwegig, eine Beratungsfirma zu ihrer Rolle in einem Gesetzgebungsverfahren zu befragen? Ist es nicht zumindest möglich, ihre Mitwirkung zu erwähnen? Ich denke, das sollte machbar sein, so wie es sinnvoll ist, Verbandstätigkeiten, Aufsichtsratsmandate, NGO-Verbindungen von Abgeordneten bei Interviews oder Zitaten nicht zu unterschlagen.

Eine wachsende Rolle im Informationsjournalismus spielen Expertinnen und Experten. Sie kommen von Hochschulen und Stiftungen, sie arbeiten an politikberatenden Instituten, für die sich im Deutschen der Begriff ›Denkfabriken‹ eingebürgert hat. Diese Ausweitung der Teilnehmer des medialen Gesprächs finde ich grundsätzlich gut. Sie bringt neben Fachwissen zusätzliche Blickwinkel ein und oft auch eine zivilgesellschaftliche Komponente. Allerdings sind viele dieser Stimmen mit Interessen verbunden.

Wir haben uns schon angeschaut, dass Experten Lobbyisten sein können, dass manches Institut nicht zuletzt deshalb unterstützt oder sogar gegründet wird, um Einfluss in eine bestimmte Richtung auszuüben. Die Öffentlichkeit sollte Hinweise darauf erhalten, sie sollte wissen wer eine Denkfabrik finanziert und von wo Drittmittel in die Forschung geflossen sind, wenn deren Ergebnisse präsentiert werden. Regelmäßig werden auch Nichtregierungsorganisationen gegründet und finanziert, um einen Propagandazweck zu erfüllen, der sich nicht auf den ersten Blick erschließt. Solche trojanischen Pferde der Information dürfen in den Nachrichten nicht an ihr Ziel gelangen.

Internationale Sichtweisen

Größere Vielfalt und mehr Sichtweisen brauchen wir auch in der internationalen Berichterstattung. Ein offener Blick über Grenzen hinaus ist schon deshalb notwendig, weil eine Abgrenzung einst klar getrennter nationaler, europäischer und weltweiter Themen vielfach nicht mehr funktioniert. Und selbst wenn man es sich nur in Deutschland gemütlich machen wollte, so müsste man dafür angesichts der Interdependenzen mehr denn je wissen, was um uns herum los ist. Die Erwartung, dass das globale Internet beinahe von selbst für ein hohes Niveau an Wissen über die jeweils anderen sorgt, hat sich nicht erfüllt. Die technischen Möglichkeiten erlauben ungeahnte Vernetzung, schaffen aber nicht automatisch Verständnis oder Verständigung.

Wie die Globalisierung habe ich die Europäische Union schon als unter-, beziehungsweise teilbelichtetes Themenfeld vorgestellt und Probleme der Berichterstattung angesprochen. Dennoch möchte ich auf die EU unter dem Aspekt der Perspektiven noch einmal zurückkommen. Sofern die Union weitgehend aus nationaler Betrachtung begleitet wird, was quer durch Europa in vielen Medien geschieht, bleibt sie für die Menschen ein Nullsummenspiel: Man gewinnt dann, wenn andere verlieren. Dieser Blickwinkel eines ständigen Wettbewerbs der Nationen ist nicht günstig für ein Gemeinschaftsprojekt.

Die ›europäische Öffentlichkeit‹ wird noch lange ein Traum bleiben, schon wegen der Sprachenvielfalt. Wichtig ist, nicht an diesem großen Wurf zu verzweifeln, sondern kleine, machbare Schritte zu gehen. Beispiele wären der Austausch von Meldungen und Artikeln zwischen europäischen Nachrichtenmedien und die Begegnung von Redaktionen. Warum schaffen wir nicht ein Erasmus-Programm für den Medienbereich? Großartig wären gemeinsame europäische Nachrichtenprojekte, vielleicht sogar eine europäische Nachrichtenagentur.

Deutlich gemacht habe ich schon, dass alle Formen internationaler Kooperation willkommen sind, um die bis ins letzte Dorf spürbar werdenden Globalisierungsfolgen beschreiben zu können und um die mediale Kontrollfunktion zumindest halbwegs auszuüben. Unterstützt wird all dies am besten durch länderübergreifendes Lernen und Weiterlernen, wie es heute schon das ›European Journalism Centre‹ in Maastricht anbietet und auf Ebene der öffentlich-rechtlichen Sender die Akademie der Europäischen Rundfunkunion, der EBU.

Völkerverständigung ist keine Folklore

Für lokale und regionale Medien ist die Auslandsberichterstattung kein Schwerpunkt. Überregionale Medien dagegen sollten darauf einen stärkeren Akzent legen. Korrespondentenarbeit und Recherchereisen verursachen Kosten, aber es geht vielleicht gar nicht in erster Linie um das Geld. In der digitalen Zeit ist der Blick über den Tellerrand potenziell einfacher geworden. Man muss es aber wollen, man muss den Menschen auch anderes zutrauen als Promi- und Junk-News aus Hollywood und dem Rest der Welt.

Dafür spricht zunächst einmal der Wunsch nach Völkerverständigung. Der wird bisweilen als Folklore aus vergangenen Zeiten abgetan – ein Fehler. Zu oft in der Geschichte haben Informationsmedien nicht im Sinne der Völkerverständigung berichtet und sich stattdessen an der Ausgestaltung von Feindschaft und an der Vorbereitung von Kriegen beteiligt. Weltweit, auch in Europa, ist das Identitäre auf dem Vormarsch, auch in seiner nationalistischen Ausprägung. In schwierigen Zeiten wie der Euro-Krise haben wir beobachtet, wie leicht die ›Wir-gegen-die‹-Reflexe zu reanimieren sind. Die Instrumente der zweiten Hälfte des 20. Jahrhunderts wie Städtepartnerschaften und Schüleraustausch haben an Kraft verloren. Wie schnell ein Virus dann auch noch die Menschen und Länder verbindende Reisetätigkeit beenden kann, wie schnell Grenzen wieder schließen können, wie rasch wieder Ängste vor ›den Asiaten‹ oder ›den Engländern‹ auftauchen – all das hat uns die Corona-Zeit gelehrt.

Die Auslandsberichterstattung ist aus meiner Sicht ein besonders geeignetes Beispiel für die Bedeutung perspektivischer Vielfalt. Es geht darum, andere Gesellschaften und Kulturen zu verstehen und die Angst vor dem und den Fremden zu verlieren. Wir lernen überdies durch den Blick der anderen viel über uns selbst. Die *Internationale Presseschau* des DEUTSCHLANDFUNKS hat mir schon mehr als einmal in dieser Hinsicht die Augen geöffnet. Wir können draußen in der Welt im Sinne des Best-Practice-Ansatzes der Konstruktiven Nachrichten Lösungen für kleine und große Probleme daheim finden.

Nachrichtengeografie, Agenturkartell und Weltinformationsordnung

Wie aber sieht die Auslandsberichterstattung (nicht nur) in den Nachrichten noch oft aus? Zunächst einmal sehr asymmetrisch. Wir erfahren in den Nachrichten über wenige Länder viel und über viele Länder wenig. Hier kommen die angesprochenen Nachrichtenfaktoren zum Tragen: Die räumliche Nähe spricht in Deutschland für Frankreich-Themen. Die kulturelle Nähe verbindet uns auch mit den fernen USA. Die politisch-wirtschaftliche Bedeutung wiederum trifft auf Länder wie Frankreich und die USA gleichermaßen zu. Diese Gesetze der Nachrichtengeografie bedeuten dann aber auch, dass am Ende eines normalen Jahres Sylt und Mallorca in deutschen Nachrichten häufiger vorgekommen sind als halb Afrika.

Zwei weitere Stichworte sind hier interessant: das Nachrichtenkartell und die Weltinformationsordnung. 1870 haben die drei wichtigsten europäischen Nachrichtenagenturen die Welt unter sich aufgeteilt, fast so wie Portugal und Spanien es im Zeitalter der Entdeckungen versucht hatten. Die britische *Reuters*, die AFP-Vorläuferin *Havas* und das *Wolff'sche Telegraphen-Bureau* aus Deutschland hatten schon länger im Sinne der Abwehr von Konkurrenz kooperiert. Nun trafen sie eine Einigung, der sich später auch die *Associated Press* aus den USA anschloss und die zur damaligen weltpolitischen Machtverteilung passte.

Reuters und Havas waren danach für den globalen Nachrichtenmarkt zuständig, die deutsche und die US-Agentur bekamen eine starke Stellung in Europa beziehungsweise in Nordamerika zugesichert (ZSCHUNKE 2000: 30ff.). Auch wenn es dieses Kartell nicht mehr gibt, so merkt man immer noch eine informelle Aufteilung, die Einflussgebiete, Sprachräume und insbesondere ehemalige Kolonialbeziehungen erkennen lässt. Reuters, AFP und AP bestimmen überdies als dominierende Agenturen weiter den allgemeinen Blick westlicher Medien auf die Welt. Kooperationen und Austausch internationaler Meldungen zwischen einigen Agenturen sind aus praktischen und ökonomischen Gründen verständlich, sie verengen den Blickwinkel allerdings zusätzlich (SEGBERS 2007: 177ff.).

In den 1970er- und 1980er-Jahren waren die Benachteiligung von Nachrichten aus den Entwicklungsländern und deren Fremdbestimmung ein wichtiger Teil des Rufs nach einer neuen Weltinformationsordnung. Die UNESCO war der zentrale Schauplatz dieser auch im Zeichen des Kalten Krieges ausgetragenen Debatte, in der auch schon mal über ›medialen Imperialismus‹ gestritten wurde. Auch wenn die Diskussion heute nicht mehr so lautstark geführt wird, an der Dominanz westlicher Medien hat sich nicht viel geändert. Vielleicht ist mit Blick auf die Vormacht der US-Digitalkonzerne sogar das Gegenteil der Fall. Russland ist trotz moderner Auslandspropaganda nicht mehr so einflussreich, wie es die Sowjetunion und der gesamte Ostblock waren. Dafür tritt China stärker in Erscheinung, wie in fast jeder anderen Hinsicht auch.

Russland und China verstehen

Zurück zur Berichterstattung im Westen. Was bleibt vom Rest der Welt außer den Nachrichten über Kriege und Krönungen, Putschversuche und Prominente, Wahlen und Wirbelstürme? Beispiel China: Den Nachrichten entnehmen die Menschen in Deutschland, dass die Volksrepublik das bevölkerungsreichste Land der Erde ist, dass sie wirtschaftlich und politisch zur Weltmacht aufsteigt und für uns nicht akzeptable Menschenrechtsvorstellungen praktiziert. Das ist schon einmal nicht schlecht, aber es reicht nicht.

Wir sollten mehr erfahren. Wir sollten dabei nicht nur mitbekommen, wie der Westen die Volksrepublik beurteilt, sondern auch wie sich die Dinge aus chinesischer Sicht darstellen. Genauer gesagt, wie die chinesischen Sichtweisen sind. Denn wichtig sind auch Unterschiede und Nuancen, etwa zwischen der Staats- und Parteielite und der Bevölkerung, zwischen den Regionen, Generationen oder Klassen.

Niemand muss Worte und Taten der Führung in Peking gutheißen. Das gilt auch für die Putins, Erdogans, Maduros, Bolsonaros und Assads dieser Welt. Doch auch ihre Perspektiven gehören in die Nachrichten. Wir sollten sie kennen und wenn es nur dazu gut ist, sie besser kritisieren zu können. Wir sollten verstehen, auf welcher Grundlage die Macht dieser und anderer Regime und Regierungen besteht, und wie die Menschen leben, die dieser Macht ausgesetzt sind. Natürlich wissen wir auch, dass die Putins, Erdogans, Maduros, Bolsonaros und Assads dieser Welt genauso wie Peking ständig Propaganda betreiben – deutlich häufiger vermutlich als westliche Regierungen, die EU und die NATO, die das durchaus auch können. Wir vergessen nicht, dass die chinesische und die russische Regierung den Nachrichtenstrom der Welt mit News-TV-Sendern, digitalen Angeboten und regelrechten Desinformationskampagnen beeinflussen – wobei natürlich auch die westlichen Staaten auf ein globales Publikum ausgerichtete Medien unterhalten.

Nachrichten aus 1001 Nacht?

Und wie steht es mit der Berichterstattung über den globalen Süden? Korrupte Despoten, Überbevölkerung und hungernde Kinder prägen das medial vermittelte Bild von Afrika. Ein wenig an Rohstoffreichtum und Safari-Romantik kommen hinzu. Diktatoren, Drogenbosse, Fußballspieler, so könnte man die Klischees über Lateinamerika zusammenfassen. Daneben gibt es noch eine Prise Karneval in Rio und indigene Kultur. Soweit die zugegebenermaßen polemische Zuspitzung.

Von den Unwuchten der Weltinformationsordnung war schon die Rede. Nach wie vor ist der mediale Weltblick aus Europa und den USA bis hin zu den Disney-Produktionen von etwas geprägt, das Edward Said für den Nahen Osten und die arabische Welt mit dem Schlagwort gewordenen Buchtitel *Orientalism* beschrieben hat (SAID 2003). Es geht um eine Konstruktion des anderen als Kontrast und vielleicht auch zur Absicherung einer positiven Selbsteinschätzung. Mit Said gesprochen hat sich für den Orient ein Muster von Terroristen und religiösen Fanatikern eingeprägt, nebst allerhand Exotischem zwischen Bauchtanz und Markthändlern. Auch Afrika und Lateinamerika erscheinen in vielen westlichen Medien noch stark in kolonialer Perspektive: ›das Zivilisierte‹ gegen ›die Barbaren‹, hier die Vernunft, dort unberechenbare Emotionen.

So ist die Struktur der Wahrnehmung oft auch gegenüber anderen Teilen der Welt, etwa wenn es um Indien geht. In der China-Berichterstattung hingegen hat sich langsam der Respekt oder gar die Furcht vor dem mächtigen Systemrivalen durchgesetzt. Immerhin. Nebenbei: Manches von dem, was Said in *Orientalism* anprangert, passt zu Elementen der deutschen (und wohl auch dänischen, schwedischen, niederländischen etc.) Wahrnehmung des südlichen Teils von Europa.

Ich gebe zu: Auch in Rio, Manila oder Windhoek wird man aus den Medien nicht immer ein differenziertes Deutschland-Bild vermittelt bekommen. Eine Reihe von Redaktionen im Westen ist sehr engagiert, was internationale Themen und entwicklungspolitische Fragen angeht. Weniger reichweitenorientierte Medien bringen zudem oft erstaunlich kenntnisreiche und aufwendige Reportagen und Einschätzungen, manchmal sogar vor Mitternacht.

Wir brauchen mehr davon, und zwar nicht nur aus Gründen von Moral und Gerechtigkeit. Diese Gründe gibt es allerdings nach wie vor, auch wenn der klassische Kolonialismus weitgehend vorbei ist und viele vom Westen unterstützten Regime von Pinochet bis Apartheid Geschichte sind. Doch unsere Demokratien arrangieren sich weiter mit fragwürdigen Machteliten in aller Welt. Solche ›Realpolitik‹ gehört medial begleitet und ausgeleuchtet. Zum anderen wirtschaften wir immer noch nicht unbeträchtlich auf Kosten des globalen Südens. *Neben uns die Sintflut*, so hat der Soziologe Stephan Lessenich 2016 sein Buch über die ›Externalisierungsgesellschaft‹ anschaulich genannt. In solch einer Gesellschaft leben Menschen nicht über die eigenen Verhältnisse, sondern über die Verhältnisse anderer.

Abgesehen von diesen moralischen Überlegungen schneiden wir uns mit einer ungenügenden Auslandsberichterstattung ins eigene Fleisch. Wir verpassen einen realistischen Blick auf andere Teile der Welt, der für politische, wirtschaftliche, kulturelle und sonstige Einschätzungen und Entscheidungen für unsere Zukunft enorm hilfreich wäre. Mehr noch, wir kommen ohne eine realistische Einschätzung der anderen gar nicht aus, um globale Themen von der Klimafrage und den Pandemien bis zur Rohstoffversorgung und den Lieferketten erfassen und angehen können. Letztlich ist gute Auslandsberichterstattung auch Konfliktprävention.

Krieg und Frieden

Zu den Sollbruchstellen der Auslandsberichterstattung fallen mir zwei Bücher ein. Den Titel *If No News, Send Rumours* habe ich mir als abschreckende Mahnung gemerkt. Das heikle Klischee über Auslandsberichterstattung wird in dieser Anekdotensammlung aus dem US-Journalismus direkt im Namen transportiert (BATES 1991). Ungleich substanzieller ist *Von Bildern und Lügen in Zeiten des Krieges* (LUYENDIJK 2015). Joris Luyendijk beschreibt darin seine Zeit als Nahostkorrespondent niederländischer Medien zwischen 1998 und 2003. Er ruft dazu auf, Nachrichten aus Konfliktgebieten mit Skepsis zu begegnen. Oft seien insbesondere Fernsehbilder inszeniert, kritisiert er. Der Tenor der Berichterstattung entspreche häufig mehr der Erwartung einer Heimatredaktion als der Stimmung im Gebiet der Berichterstattung.

Luyendijks Erfahrung mögen einige Korrespondenten westlicher Medien teilen und andere nicht. Das gilt sicher auch für den Vorwurf, Auslandsberichterstattung orientiere sich zu stark an den wirtschaftlichen und politischen Interessen des eigenen Landes. ›Investoren- und Exportreporter‹ oder ›NATO-Journalismus‹ sind Begriffe, die da schon einmal fallen. Sehr oft erlebt man überall auf der Welt, dass ein Geschehen jenseits der Grenzen im Modus eines patriotischen Journalismus behandelt wird. Sachfragen und Konflikte werden begleitet, wie ein Spiel der eigenen Nationalmannschaft bei einer Fußball-WM. Das gilt ausdrücklich auch für Konflikte, an denen die eigene Nation nicht direkt beteiligt ist.

Als Kritik an einem Teil dieses Phänomens haben Forschung und Journalismus über Jahrzehnte ein alternatives Konzept entwickelt, den Friedensjournalismus. Silvia de Michelis von der Universität im britischen Bradford fasst den Ansatz so zusammen:

> »In peace journalism studies [...] war journalism is seen as a profession that predominantly reports violence and detaches conflict from its wider context, both in time (that is, it fails to report all the causes that historically might have led to the conflict formation) and space (its geography, namely it fails to report on all the parties that might be affected by the conflict). In this fashion, conflict is portrayed as a zero-sum game, where the narrative ›us‹ vs. ›them‹ is the predominant frame. This situation nurtures the conviction that victory resides in the predominance of one party over the other, and that peace is merely achievable by the work of institutions and treaties only after the war is over« (DE MICHELIS 2018).

Weitere Kritikpunkte am ›Kriegsjournalismus‹ berühren das Handwerk der Nachrichten noch direkter:

> »Furthermore, war journalism relies on the overwhelming use of élites as sources of information (i.e. diplomats, policy makers, military officials, etc.), at the expense of the people that are more directly involved in the conflict. Finally, war journalism is considered close to propaganda be-

cause of its inclination to expose the lies of ›the other‹, whilst covering or omitting those of its ›own‹ (i.e. that of a particular coalition)« (DE MICHELIS 2018).

Branchenbekannt ist auch die Unzufriedenheit mit einigen der sogenannten ›Fallschirmkorrespondenten‹, die im Krisenfall an Orte entsandt werden, über die sie so gut wie nichts aus erster Hand wissen. Diese Krise muss kein Krieg sein, es kann sich um ein Erdbeben handeln, einen Regierungsumsturz und manches mehr.

»Deutsche waren nicht unter den Opfern«

Diskutiert wird immer wieder über das Verhältnis von Auslandsbüros und Redaktionszentralen bei der Einschätzung von Themen. Manchmal hilft Korrespondenten tatsächlich der Umweg über die Kollegen der Nachrichtenagenturen: Wenn diese ein Thema aufgreifen und so auf die Agenda setzen, dann können die Büros der anderen Medien bald auch mit einem Anruf oder einer E-Mail rechnen. Von allgemeinen Bewertungen halte ich mich hier fern. Oft haben Heimatredaktion und Entsandte jeweils gute Gründe für ihre Perspektive. Hervorheben möchte ich auch, dass die Arbeit der Auslandskorrespondenten mit romantischen Vorstellungen nicht mehr viel zu tun hat und angesichts der Verdichtung der Anforderungen auch in Friedenszeiten meist ein Knochenjob geworden ist.

Es ist wahr, der globale Blick passt nicht gut zum Impuls vieler Medien, möglichst alles national, regional oder gar lokal ›herunterzubrechen‹. So entstehen Nachrichtenfloskeln wie »Deutsche waren nicht unter den Opfern« oder Überschriften im Sinne von »Erbeben im Iran: Auch ein 47-jähriger Oldenburger verletzt«.

Es ist auch wahr, dass der Blick auf Ereignisse in der Welt von eigenen Interessen geprägt wird. Ein Beispiel: Mit Blick auf die Flüchtlingssituation auf Lesbos sagte der Bürgermeister der

Inselhauptstadt Mytilene, Stratis Kytelis, dem DEUTSCHLANDFUNK im Mai 2021:

> »Uns haben religiöse Oberhäupter, führende Politiker und große Künstler besucht. Leider hat sich herausgestellt, dass sie alle ihre eigene Agenda hatten« (KYTELIS 2021).

Diese eigene Agenda vermittelt sich dann über Pressekonferenzen, Interviews, mitgereiste Journalistinnen und Journalisten dann auch medial, sicher bei Weitem nicht nur, wenn es um Lesbos geht. Für die Nachrichten ist der möglichst differenzierte Blick in die Welt aber ein Muss.

Und er lohnt auch, und zwar nicht nur, weil viele Menschen das sehr schätzen. Im ersten Teil des Buches haben wir den Vertrauensverlust untersucht, mit dem sich die Nachrichten konfrontiert sehen. Die Auslandsberichterstattung spielt dabei eine wichtige Rolle. Beiträge und Berichte ob nun zu Nahost oder zum Russland-Ukraine-Konflikt sind immer wieder Stein teilgesellschaftlichen Anstoßes. Je umsichtiger wir vorgehen, je weniger wir mit Stereotypen operieren oder unreflektiert die Haltung einer Regierung reproduzieren, und sei es die eigene, umso besser.

Komplexität und Vertiefung

Nicht nur das internationale Geschehen, beinahe alles, mit dem sich Nachrichten auseinandersetzen, ist komplex. Den Weg in Richtung Überschaubarkeit und Verständlichkeit zu bahnen, ist eine wichtige Anforderung an den Informationsjournalismus. So ist die ›Komplexitätsreduktion‹ zu einem Schlüsselbegriff in den Medien geworden. Das damit verbundene Risiko ist auch bekannt: Vereinfachung kann übertrieben werden und in Verzerrung oder Verfälschung abgleiten. Das wollen alle Redaktionen vermeiden, zumindest sagen sie das.

Mut zur Komplexität

In den vergangenen Jahren ist diese Gefahr größer geworden. Die Ursachen habe ich bereits angesprochen: Da sind die Trends zu Personalisierung, zu Infotainment und Junk News. Da ist die neue digitale Informationswelt mit ihren Kurznachrichten und Teasern. Oft entsprechen diese Teaser vor lauter Zuspitzung und Werben um Aufmerksamkeit nicht mehr dem Inhalt des eigentlichen Berichts. Das ist dann wie ein Trailer, den der Film nicht einlösen kann. Damit kommt man ein paar Mal durch, aber irgendwann wendet sich das Publikum ab.

Vielerorts hat sich das Gefühl eingeschlichen, man könne dem Publikum nicht mehr viel an harter Kost zumuten. Das halte ich für fatal und mit Verlaub auch für ein wenig arrogant. Auch beim Umbau der Ernährungsbranche hat sich gezeigt, dass viele Menschen anständiges Essen mit Nährwert wollen, auch wenn man Zeit für die Zubereitung braucht und etwas länger kauen muss.

»Mehr Nachrichten wagen« heißt das gesamte Kapitel und dazu gehört hier mein Plädoyer dafür, mehr Komplexität zu wagen. Beinahe jede Generation behauptet für sich, die Dinge seien komplizierter geworden. Unsere Zeit kann das auch mit gewissem Recht so sehen. Zwei wichtige Gründe sind Globalisierung und Digitalisierung mit den angesprochenen Folgen für praktisch alle Lebensbereiche. Diese Veränderungen sind dramatisch, sie laufen in großem Tempo mit geringer Halbwertzeit ab, und ein Ende des Wandels ist nicht absehbar.

Wenn nun die Welt komplexer wird, wenn die Gesellschaften unübersichtlicher werden, dann kann Vereinfachung nicht das Gebot der Stunde sein. Im Gegenteil. Wer informieren will und Orientierung geben möchte, der muss heute mehr Komplexität aushalten und dem Publikum zutrauen, zumindest in einem Teil der Nachrichten. Die Tatsache, dass viele Menschen ausführliche Podcasts hören oder ›Long Reads‹ schätzen, sollte Ermutigung dafür sein. Gerne erinnere ich hier an Kurt Tucholsky mit seinem vor 90 Jahren entstandenen Text *An das Publikum* (1931):

> »O hochverehrtes Publikum, sag mal: bist du wirklich so dumm, wie uns das an allen Tagen alle Unternehmer sagen? Jeder Direktor mit dickem Popo spricht: »Das Publikum will es so!« Jeder Filmfritze sagt: »Was soll ich machen? Das Publikum wünscht diese zuckrigen Sachen!« Jeder Verleger zuckt die Achseln und spricht: »Gute Bücher gehn eben nicht!« Sag mal, verehrtes Publikum: bist du wirklich so dumm?«

Erklären und gezieltes Aufbereiten

Nicht nur im Journalismus existiert das Missverständnis, dass Komplexität an sich das Verständnis erschwert. Wenn Menschen nicht folgen können, dann ist vielmehr in den meisten Fällen die Erklärung unzureichend oder die Darstellungsweise zu kompliziert. Zu den Trends der letzten Jahre gehört der ›Explanatory Journalism‹, der Erklärjournalismus. Vielleicht werden Sie sich die Augen reiben und fragen: Sachverhalte nachvollziehbar zu vermitteln, sollte das nicht ein selbstverständlicher Bestandteil journalistischer Arbeit sein? Wie manch anderer angeblich neuer Ansatz ruft der ›Explanatory Journalism‹ eher Bekanntes und Bewährtes in Erinnerung. Schon das kann aber verdienstvoll sein. Denn, Hand aufs Herz, man konnte tatsächlich den Eindruck haben, dass nicht jede und jeder im Journalismus es wirklich darauf anlegt, verstanden zu werden. Reaktionen aus der Gesellschaft, Umfragen und Studien bestätigen diesen Eindruck.

Es ist daher wunderbar, dass sich inzwischen die meisten Medien auch in Deutschland bemühen, öfter und besser zu erklären. Es ist wohl auch eine Reaktion auf die Vertrauenskrise. Viel wird mit Infografiken gearbeitet oder mit anderen visuellen und multimedialen Elementen, die sich auch für die sozialen Medien eignen. Auch darüber hinaus wird im ganzen Land von ›Was ist eigentlich…‹-Rubriken in der Lokalzeitung über *Corona in fünf*

Minuten beim WDR bis zur Instagram-*News*-WG des BAYERISCHEN RUNDFUNKS mit Formaten experimentiert, die gut angenommen werden.

Wie alles im Journalismus funktioniert auch das Erklären nicht mehr nach dem Motto ›One size fits all‹. Das ist keine Neuigkeit, denn die Aufbereitung von Information für unterschiedliche Gruppen und Bedürfnisse ist längst etabliert. Denken Sie an die Nachrichten für Kinder und die Nachrichten in Radioprogrammen, die sich an jüngere Menschen richten. Oft überzeugen solche Angebote auch den älteren Teil der Gesellschaft. Dass viele Eltern und Großeltern nicht nur wegen der Kinder und Enkel auf die *Sendung mit der Maus* schwören, dürfte anderen Redaktionen zu denken geben.

Angedeutet habe ich es schon: Erklären und gruppengerechtes Aufbereiten darf nicht bedeuten, dass die Sachverhalte sinnentstellend vereinfacht werden. Zu den mir bekannten leuchtenden Beispielen zählen die *Wissensnachrichten* von *Deutschlandfunk Nova*. Die Redaktion setzt jede vorstellbare Forschungsthematik ohne Banalisierung um, wohl aber mit einem jüngeren Publikum im Sinn.

Relevanzrabatte sollten auch nicht der Preis für den derzeit vielbeschworenen nutzerzentrierten Journalismus sein. Nutzerorientierung heißt für mich, allgemein und gruppenbezogen als wichtig ermittelte Inhalte verständlich an die Frau und an den Mann zu bringen, und zwar auf dem Weg, den sie oder er bevorzugen. Nutzerorientierung heißt für mich nicht, als erstes und letztes auf Aufmerksamkeit und Reichweite zu schauen.

Barrierefreie Information

Ein besonderes ausgeprägtes Beispiel für Nutzerorientierung ist *Nachrichtenleicht*, das DEUTSCHLANDFUNK Informationsangebot in einfacher Sprache. Unsere Redaktion hat das Angebot 2013 in einem Projekt mit der TH Köln entwickelt. Neben der Webseite mit den langsam eingesprochenen Audios gibt es inzwischen auch eine wöchentliche Nachrichtensendung in einfacher Sprache im Hauptprogramm des DEUTSCHLANDFUNKS. Es ist schon ein Statement: Einfache Sprache in der Radio-Kathedrale des Seriösen und Komplexen.

Neben viel Zuspruch bekommen wir auch Reaktionen von Menschen, die sich an der einfachen Sprache stören. Wir antworten ihnen, dass jeder und jede das Recht und den Anspruch hat, informiert zu werden. Allein in Deutschland können aber Millionen Bürgerinnen und Bürger den klassischen Nachrichten nicht folgen, ob nun auf Papier oder im Netz, im Fernsehen oder im Radio. Wie wir, so sind auch andere Medien auf dem Feld der barrierefreien Information aktiv. Nach meinem Dafürhalten können alle Medien aber hier noch mehr tun.

Ein Hinderungsgrund mag sein, dass diese und andere Formen der Vermittlung von Nachrichten jenseits der Standardwege und der Agentursprache deutlich mehr Zeit brauchen als die übliche Berichterstattung. Man könnte auch sagen, es ist der journalistisch anspruchsvollere Job.

Nachrichtliche Vertiefung

Zeit ist generell knapp in Nachrichtenredaktionen. Sie darf aber nicht fehlen für die Recherche und die durchdachte Formulierung von Hintergrundinformationen. Nachrichten sind und bleiben das journalistische Schnellboot, aber auch sie kommen weniger denn je ohne Tiefgang aus. Die steigende Komplexität der Themen und die Erwartungshaltung des Publikums erfordern das. Mit jedem Jahr erlebe ich unsere Hörerinnen und Nutzer anspruchsvoller, kritischer bis in die letzten Details.

Noch etwas spricht für die Dringlichkeit von mehr Hintergrund in den Nachrichten: Information über Web-Suchen oder soziale Medien bedeutet, dass häufig nur noch einzelne Meldungen oder Beiträge wahrgenommen werden. Der ergänzende Kontext einer Sendung oder einer gesamten Zeitung wurde zwar auch früher nicht immer genutzt, aber er stand immerhin zur Verfügung und viele machten davon Gebrauch.

Die Aufgabenverteilung kann also weniger denn je so aussehen, dass die Nachrichten das Kurze, Schnelle, Oberflächliche übernehmen, während journalistische Rollen wie Korrespondenten oder Formen wie große Reportagen und Features Hintergrund und Differenzierung liefern. Ich halte diese Unterscheidung zudem tendenziell für ausschließend und elitär. Nicht jeder hat einen Zugang zu ARTE oder 3SAT oder kann noch nach 23 Uhr in Ruhe fernsehen, wenn die Massenprogramme entsprechende Angebote senden. Nicht alle können gut mit Mediatheken umgehen und haben eine hochwertige Ausstattung an digitalen Geräten. Wiederum andere können sich keine Abos der Qualitätspresse leisten oder Fachzeitschriften kaufen. Sollen all diese Menschen ohne Hintergrund und Einordnung bleiben?

Eine Zwei-Klassen-Information gab es immer schon. Wir sollten sie nicht noch verstärken. Die normale Nachrichtennutzung muss als informationelle Grundversorgung für das Verständnis der wichtigsten Themen ausreichen. Über Ergänzungen können dann alle nach Interesse und Bedarf entscheiden – und manchmal leider auch nach dem Geldbeutel. Was in der *Tagesschau* fehlt, kann der Hinweis auf den *Weltspiegel* nicht wett machen. Was in den Nachrichten für alle fehlt, kann das große Investigativstück für wenige nicht ausgleichen, zumal wenn es hinter der Bezahlsperre steht.

Der informationelle Dreiklang

Die Anforderungen an die Nachrichten wachsen also. Oft trägt bei der Einordnung eines aktuellen Geschehens ein einziger abschließender Satz die Last, den Hintergrund zu beschreiben oder den von mir geforderten Blick auf andere Länder und Kulturen zu werfen. Zwölf Wörter für die Genese des Kriegs in Syrien, vielleicht vierzehn, um den Konflikt zwischen Sunniten und Schiiten zu erklären oder den Streit über die Anleihekäufe der Europäischen Zentralbank – diese Erklärsätze gehören zum Anspruchsvollsten im Medienbereich. Wenn es nach mir ginge, würden dafür Journalismuspreise verliehen.

Längere Nachrichtenbeiträge zählen ebenso zum Aufgabenspektrum der Nachrichten. Sie stehen im informationellen Dreiklang in der Mitte zwischen der kurzen Meldung und dem ausführlichen, manchmal rückblickenden und abschließenden Hintergrundbeitrag. Insbesondere in der digitalen Nutzung sind diese Hybridprodukte sehr gefragt. Für sie ist etwas mehr Zeit da als für die Meldung in der informationellen Erstversorgung. Doch auch sie müssen oft anlassbezogen rasch auf dem Markt sein. Das weist sie als typisches Nachrichtenprodukt aus.

Fachredaktionen und Korrespondenten können dies angesichts ganz anders strukturierter Planungsrhythmen zumeist nicht leisten. In unserer Redaktion haben wir aus dieser Überlegung heraus vor einigen Jahren in einem Semesterprojekt mit Studierenden der Katholischen Universität Eichstätt das Format *Nachrichten vertieft* entwickelt.

Für eine neue Sachlichkeit

In diesem Kapitel über das ›Wie‹ der Aufbereitung nachrichtlicher Inhalte ist mir ein weiterer Punkt wichtig: Der Informationsjournalismus hat sich stark für erzählerische Formen geöffnet. Elemente des ›Story Telling‹ haben in die Nachrichten Einzug gehalten. In Seminaren wird unterrichtet, dass man auch in der Bundestagsberichterstattung Atmosphäre schaffen und die handelnden Personen als Charaktere erkennbar machen müsse.

In diesen Fortbildungen heißt es, Themen sollten auch in den Nachrichten ›angefeatured‹ werden.

Eine ganze Reihe von Faktoren hat diese Entwicklung befeuert. Da ist das immer härtere Ringen um Aufmerksamkeit, da sind die vermuteten Erwartungen des an TV und soziale Medien gewöhnten Publikums. Da ist die mächtige Werbe- und Marketingbranche, die uns im Alltagsleben begleitet: Keine Versicherung und kein Autohersteller wirbt mehr, ohne Geschichten zu erzählen. Hinter all dem steht die Auskunft der Psychologie, dass Botschaften Menschen stärker erreichen, wenn Gefühle angesprochen werden.

Für den Informationsjournalismus lauern hier mehrere Gefahren. Dazu zählt das Abgleiten ins Fiktionale. Das belegen einige Fälschungsfälle bei Reportagen in der jüngsten Zeit. Dazu gehört, dass sich die Unterscheidbarkeit der Nachrichten gegenüber anderen journalistischen Formen verlieren kann, auch im Vergleich zu Marketingprodukten. Schließlich bestärkt der Trend eine ungute Konditionierung vieler Akteure: Wer weiß, dass über den Bundestag für die Nachrichten eine ›Story‹ gebraucht wird, der wird sich als MdB am Rednerpult vermutlich entsprechend verhalten. Am Ende geht es aus meiner Sicht der Wahrhaftigkeit der Nachrichten an den Kragen.

Mein Wunsch ist, dass im Informationsjournalismus eine neue Sachlichkeit Einzug hält. Sachlich und informativ, das muss nicht trocken und langweilig sein. Ein gutes Nachrichtenstück ansprechend zu schreiben, das ist oft sogar schwieriger, als zum selben Thema ›eine Geschichte zu erzählen‹. Florian Harms, der Chefredakteur von *t-online.de*, hat 2019 aus Anlass des Fälschungs-Falls Relotius einen Text geschrieben. Die Überschrift *Schluss mit der Featureritis, her mit den Fakten!* macht seinen Standpunkt klar, so wie auch das folgende Zitat:

»›Menschen wollen von Menschen lesen‹, heißt der reflexhafte Satz, der landauf, landab in Journalistenschulen gepredigt und in Redaktionskonferenzen verkündet wird. Er hängt mir zu den Ohren heraus. Ich glaube, die meisten Leser und Nutzer erwarten von uns Journalisten in erster Linie nicht, dass wir tolle Geschichten erzählen, sondern dass wir sie vor allem präzise und differenziert über das Geschehen in Deutschland und der Welt informieren. Sie wollen erst die verfügbaren Fakten. Dann gern Hintergründe und Zusammenhänge. Und dann (vielleicht) noch eine Meinung dazu – aber letztere bitte klar als solche erkennbar« (HARMS 2019).

Das A und O: Die Quellen der Nachrichten

Von Besuchergruppen werde ich oft gefragt, wie wir eigentlich mit so wenigen Menschen in der Redaktion rund um die Uhr das Neueste und Wichtige in Erfahrung bringen und senden können. Oft antworte ich dann: »Wir haben tausende Kolleginnen und Kollegen in der ganzen Welt. Es sind die Redakteurinnen und Korrespondenten der Nachrichtenagenturen.« Diese Agenturen sind für den Informationsjournalismus unverzichtbar. Gäbe es sie nicht, man müsste sie sofort erfinden.

Allerdings meine ich damit die Nachrichtenagenturen, die weitgehend frei operieren können, und das ist leider nur ein geringer Teil von ihnen. Die meisten Agenturen, darunter sehr große wie die chinesische Xinhua oder die russische Tass, stehen mehr oder weder unter staatlichem Einfluss. Unvergessen ist, dass die Tass 2019 ein Abkommen mit der staatlichen nordkoreanischen KCNA abgeschlossen hat – um gemeinsam Desinformation und ›Fake News‹ zu bekämpfen (TASS 2019). In einer von Clemens Pig, dem Chef der Vereinigung unabhängiger Nachrichtenagenturen, herausgegebenen Festschrift wird der Markt so beschrieben:

»Angesichts des hohen Anteils von Nachrichtenagentur-Inhalten am gesamten Medienangebot ist die Zahl der tatsächlich vom Staat unabhängigen Nachrichtenagenturen vergleichsweise gering. Von weltweit rund 140 Nachrichtenagenturen sind lediglich rund 20 frei von staatlichem

Einfluss. Der große Rest ist staatlich oder halbstaatlich organisiert, speist seine Budgets in hohem Ausmaß oder teilweise zur Gänze aus Regierungsgeldern und die Führung in Verwaltung und Redaktion wird direkt oder indirekt vom Parlament oder der Regierung bestimmt« (PIG 2019: 6). Zu den wenigen freien Großhändlern der Information gehören Unternehmen wie die Deutsche Presse-Agentur oder die Associated Press, die genossenschaftlich organisiert sind und ihren Medienkunden gehören. Doch auch über die Unabhängigkeit von Agenturen in demokratischen Ländern gibt es immer wieder Diskussionen. Paradebeispiel ist die Agence France-Presse: Die Finanzierung der AFP beruht auch auf Abonnements staatlicher und öffentlicher Einrichtungen.

Das Prinzip der Nachrichtenagenturen ist einfach und genial: Es gibt mehrere große Angebote für alle, die einzelne Medien unmöglich selbst auf die Beine stellen könnten. Jede Redaktion wählt aus dem Speiseplan aus und passt das Menü für ihre Bedürfnisse an. Ergänzt wird das Ganze durch eigenrecherchierte Inhalte, sozusagen à la carte.

›Super-Gatekeeper‹ Nachrichtenagenturen

Doch einige Prämissen dieses Prinzips funktionieren nicht mehr. Wenn die Redaktionen als ›Gatekeeper‹ bezeichnet wurden, dann waren die Nachrichtenagenturen eine Art von ›Super Gatekeepern‹ der Information. Das war immer schon bedenklich. Was an ihnen nicht vorbeikam, das wurde und wird meist erst gar nicht Gegenstand redaktioneller Auswahlprozesse. Insofern beeinflussen sie massiv das Bild, das andere Medien verbreiten, von Ereignissen, Entwicklungen und letztlich von der Welt. Diese enorme Machtposition hat Roger Blum einmal mit dem Wortspiel ausgedrückt, die Nachrichtenagenturen seien »AktualiTäter« (BLUM 1995).

Ich erwähnte schon die globale Bedeutung von Reuters, AP und AFP. Es gibt aber auch Unternehmen mit regionaler oder nationaler Vormachtstellung, eines davon ist die DEUTSCHE PRESSE-AGENTUR, die DPA. Das liegt auch daran, dass der deutsche Agenturmarkt Konzentrationsschritte erlebt hat, er ist kleiner geworden. Schon lange gibt es keine Meldungen mehr vom ddp, dem Deutschen Depeschendienst, der in der Nachfolge des deutschsprachigen *UPI*-Dienstes in Bonn gegründet worden war. Ähnlich gut erinnere ich mich an den deutschen Dienst der amerikanischen AP mit seinem Sitz im Frankfurter Bahnhofsviertel. Und auch das auf ddp und deutsche AP aufbauenden Projekt dapd habe ich nicht vergessen, genausowenig wie die Kolleginnen und Kollegen, die in der kurzen und turbulenten Zeit ihrer Agentur bis zur Erschöpfung gegen die Insolvenz angearbeitet haben.

Manche Nachrichtenredaktionen können sich von den verbliebenen Anbietern nur noch einen leisten und nicht mehr vergleichen. Außerdem haben viele Redaktionen nicht mehr die Zeit, um Agenturinhalte, oft selbst unter Zeitdruck entstanden, zu prüfen und ihnen eine besondere Note zu geben. Im Ergebnis finden sich regelmäßig ganze Absätze wortgleich in den unterschiedlichsten Zeitungen wieder, im Radio und im Fernsehen.

Man trifft diese Texte selbstverständlich auch im Internet an und in den sozialen Medien. Das sind allerdings auch die Orte, an denen das Ganze transparent wird. Früher hat niemand die Mittags-Nachrichten von drei Radiosendern gleichzeitig gehört und die wenigsten haben Textvergleiche zwischen vier oder fünf Tageszeitungen betrieben. Heute stoßen Menschen bei einer Google-Suche zum Thema ›EU-Gipfel‹ oder bei vier Instagram-Storys zum ›Zwischenfall im Hebron‹ häufig bei verschiedenen Absendern auf denselben kurzen Artikel.

Viele Nachrichteninhalte erreichen die Kundschaft über einen der zahlreichen ›Newsticker‹, zum Beispiel auf den Webseiten von Medien oder im Infobereich der Portale großer Maildienstleister. Dann ist der Text in der Regel direkt als Material einer Nachrichtenagentur ausgewiesen. Auch außerhalb dieser Ticker werden viele Inhalte der Agenturen eins-zu-eins übernommen. Nicht alle Webseiten sind dabei so vorbildlich transparent wie *Focus.de*, wo man über der Meldung dann folgenden Satz liest: »Inhalt bereitgestellt von dpa. Er wurde von FOCUS *Online* nicht geprüft oder bearbeitet«. Das Problem bei alldem sind nicht nur gleichlautende Formulierungen. Damit verbunden sind zwangsläufig gleiche Perspektiven auf ein Geschehen.

Alptraum Monokultur

Nicht gut ist auch die Entwicklung bei den schon erwähnten Eigenleistungen, die neben dem Agenturangebot stehen. Aus internationaler Perspektive erscheint die deutsche Zeitungslandschaft immer noch vielfältig, auch wenn es inzwischen viele Regionen gibt, die keinen Zeitungspluralismus mehr kennen. Der Konzentrationsprozess in der Verlagsbranche hat länger schon zu mehreren großen Netzwerken geführt, die gemeinsame Zentralredaktionen unterhalten. Das zeigt sich jeden Abend spät, wenn wir unsere *Deutschlandfunk-Presseschauen* für den nächsten Tag zusammenstellen. Dann merken wir häufig, dass ein und derselbe Kommentar unter verschiedenen Flaggen veröffentlicht wird. Die Zentralredaktionen prägen nicht nur die Meinungsartikel, sondern auch die überregionale Berichterstattung. So entsteht dieser Teil der Information in vielen Medien als eine Mischung aus zwei Komponenten, die beide alles andere als individuell sind: Deutschlandweit verbreitetes Agenturmaterial wird kombiniert mit Zentralinhalten einer redaktionellen Kooperationsgemeinschaft.

Ich kann die vielfältigen wirtschaftlichen und logistischen Gründe dieser Entwicklung gut nachvollziehen. Bei manchen Bürgerinnen und Bürgern macht sich allerdings das Gefühl breit, es mit nationalen Einheitsnachrichten zu tun zu haben. Für einige weniger gefestigte Gemüter unter ihnen ist es dann nicht mehr weit bis zu Verschwörungstheorien. Wir brauchen daher ein vielfältiges Angebot an Nachrichtenagenturen im Wettbewerb. Wir brauchen Redaktionen, die deren Dienste angemessen bezahlen können, aber auch noch Zeit für Eigenrecherchen haben.

Eine Monokultur bei den Grossisten der Information, das ist ein Alptraum für Nachrichtenredaktionen. Wir wollen Themenvielfalt, wir wollen Tatsachenschilderungen anhand mehrerer Quellen vergleichen können, wir brauchen unterschiedliche Sichtweisen verschiedener Beobachter eines Ereignisses. Agenturen, die auf ihrem Markt Monopole bilden, sind nicht gut für die Informationsgesellschaft, vielleicht haben sie langfristig auch sich selbst zu Tode gesiegt.

Ähnlich bedenklich wäre es, wenn sich der Trend zu Zentralredaktionen zu Lasten eigenständiger und unabhängiger Redaktionen überall im Land weiter fortsetzte. Diese Fragen gehören in eine überfällige gesellschaftliche Debatte über die Bewahrung und Förderung von Medienvielfalt. In dem 2009 veröffentlichten deutschen ›Internet-Manifest‹, nachzulesen unter anderem bei *Netzpolitik.org*, hat es mir Punkt sechzehn besonders angetan:

> »Qualität bleibt die wichtigste Qualität. Das Internet entlarvt gleichförmige Massenware. Ein Publikum gewinnt auf Dauer nur, wer herausragend, glaubwürdig und besonders ist. Die Ansprüche der Nutzer sind gestiegen. Der Journalismus muss sie erfüllen und seinen oft formulierten Grundsätzen treu bleiben« (BECKEDAHL 2009).

Mein Aufruf an die Redaktionen, souverän neue Wege der Themenfindung zu gehen, hat also mehr als einen Grund. Er soll den von mir geforderten realistischen Nachrichten dienen, einer besseren Abbildung der Wirklichkeit. Es geht auch darum, durch vielfältige Berichterstattung den Pluralismus auf der Ebene des Gesamtmarkts zu stärken und so dem Eindruck eines Informationskartells vorzubeugen. Ganz nebenbei kann man so auch noch die eigene Marke von anderen absetzen. Mehr ›Win-Win‹ geht eigentlich kaum.

Redaktionen sind keine Paketdienste

Wer bisher nicht überzeugt ist, für den habe ich noch ein Zitat aus den 1920er-Jahren. Es stammt von Josef Räuscher, dem Chef der Drahtloser Dienst AG. Die *Dradag* war in gewisser Hinsicht die erste Hörfunk-Nachrichtenredaktion in Deutschland. Unter Räuschers Stilregeln, die auf Plakaten in den Büros für alle sichtbar hingen, findet sich der Satz:

> »Wer am Wortlaut der Rohdepesche klebt, ist Briefträger, nicht Redakteur!« (SCHWIESAU 2011).

Ich würde einhundert Jahre später ergänzen, Briefträger oder Amazon-Lieferanten sind auch diejenigen, die an der Themenauswahl des Depeschendienstes kleben, also an der Themenvorgabe der Nachrichtenagenturen.

Jenseits einer durch die Agenturen vorstrukturierten Wirklichkeit stehen als Quellen zunächst einmal zahllose Medien weltweit zur Verfügung. Auch sie bieten nach journalistischen Regeln aufbereitete Inhalte an, kennen ihr Berichtsgebiet erstklassig und bringen die eigene Perspektive ein. In meinen ersten Berufsjahren hatten wir nach meiner Erinnerung aus dem Ausland nur zwei oder drei Zeitungen in der Redaktion, die uns mit ein- oder mehrtägiger Verspätung erreichten. Heute steht uns potenziell im Internet die ganze (Medien-)Welt offen. Einschränkende Faktoren sind Zeitaufwand, Bezahlsperren und Sprachkenntnisse. In manchen Fällen kann man auch ein unbekanntes Medium nicht sofort einschätzen. Zumindest bei der Fremdsprachenproblematik bewegt sich etwas, dank der Fortschritte bei den auf Künstlicher Intelligenz basierenden Übersetzungsangeboten.

Auf dem Markt sind inzwischen auch Softwarelösungen, die die Aktivitäten in den sozialen Medien regional, national oder weltweit beobachten und je nach Wunsch auf besondere Ereignisse oder beliebig auswählbare Themen aufmerksam machen. Grundsätzlich ist das ein interessantes Instrument. Mein Eindruck ist, dass die Arbeit damit noch recht aufwendig ist. Meine Sorge ist, dass eine Folge auch hier wie im sonstigen Umgang mit den sozialen Medien die Orientierung an sogenannten ›Trending Topics‹ sein könnte. Ergebnis wäre eine Verengung des Spektrums anstatt der gewünschten Ausweitung.

Primärquellen nutzen

›Ad fontes‹, so lautete im 16. Jahrhundert die Forderung von Erasmus und anderen Humanisten. Es ging um die Rückbesinnung auf die Originaltexte griechischer Autoren, die nicht mehr verfremdet und verstellt über lateinische Übersetzungen gelesen werden sollten. Auch Nachrichtenredaktionen können sich neben den genannten medialen Vermittlungslösungen stärker direkt den Primärquellen zuwenden. Akteure aus allen gesellschaftlichen und zivilgesellschaftlichen Bereichen sorgen für ein reichhaltiges und jederzeit verfügbares Angebot in allen Sprachen dieser Erde.

Sicher wird vieles davon mehr oder weniger in werblicher Absicht verbreitet und gehört daher mit Vorsicht angefasst. Doch es gibt immer wieder Wertvolles zu entdecken und so öffnet sich auch der Raum für Anfragen, Interviews und die ganze Bandbreite der journalistischen Recherchemöglichkeiten. Auf diesem Weg lässt sich viel dafür tun, die Berichterstattung besser und reichhaltiger zu machen, etwa durch zusätzliche Informationen vom Ort eines Geschehens, durch Beiträge der Wissenschaft oder andere für ein Thema relevante Stimmen, die im Angebot der Nachrichtenagenturen fehlen.

Vielerorts hat sich bereits ein guter Austausch zwischen einer Nachrichtenredaktion und einer besonderen Expertengruppe eingespielt. Ich meine die Fachredakteure und Korrespondentinnen des eigenen Mediums, sofern diese noch vorhanden sind. In dieser Zusammenarbeit liegt ein enormes Potenzial. Wenn es gut läuft, zielt dieses Miteinander nicht in erster Linie auf eine werbliche Berücksichtigung hauseigener Inhalte ab, sondern auf wirklich relevante und exklusive Eigenware. Im Idealfall bringen Korrespondenten und Fachredaktionen ihre Expertise zur Unterstützung der Nachrichten ein und beraten auch bei der Auswahl und Gewichtung von Themen.

Organisation, Ressourcen und Verbreitung der Nachrichten

Jede Redaktion arbeitet auf der Grundlage von Idealen, die ich unter dem Oberbegriff ›Selbstverständnis‹ diskutiert habe. Es gibt für den Alltag wichtige Leitlinien, von denen wir uns zuletzt einige angeschaut haben. Vermutlich ist es Ihnen dabei aufgefallen: Immer wieder einmal befand sich ein Elefant im Raum. Er steht für die Frage nach der Organisation der Nachrichtenarbeit und nach den Ressourcen.

Die konkrete nachrichtliche Arbeit findet nicht im luftleeren Raum statt. Sie wird bestimmt vom technologischen Wandel in Herstellung und in der Verbreitung. Sie ist abhängig von den wirtschaftlichen Umständen, denen des eigenen Mediums und denen der Branche. Sie folgt regulatorischen Vorgaben eines Unternehmens, Verlags oder Senders und vielen anderen, die von außen kommen. Diese Faktoren können jeweils in einem Spannungsverhältnis zu den journalistischen Idealen stehen. Das ist nun das Thema, und der erste Blick gilt der Binnenorganisation, also den Menschen, die Nachrichten recherchieren, schreiben, präsentieren und auf anderen Wegen verbreiten.

Vielfältige Redaktionen

Weit über den Nachrichtenbereich hinaus gibt es die bereits angesprochene Forderung, die Medien sollten diverser werden.

Weniger heterogene Rekrutierung, so das Argument, ist an sich gerecht und sorgt für eine vielfältigere Repräsentanz gesellschaftlicher Gruppen und Sichtweisen. Außerdem, so die Erwartung, kann eine größere Diversität des Personals in einem zweiten Schritt das Spektrum der Themen erweitern, Sprache und Herangehensweise verändern sowie die Redaktionen grundsätzlich offener und sensibler machen.

Für mich ist der Diversitätsansatz eine Selbstverständlichkeit, ich teile die genannten Hoffnungen auf positive Effekte und arbeite seit Jahren bei den ›Neuen deutschen Medienmacher*innen‹ mit. Vielfalt sollte nebenbei nicht nur Redaktionen, sondern auch Verlagsvorstände, Aufsichtsgremien und andere relevante Foren der Medien auszeichnen. Diversität ist selbst sehr divers und geht über die derzeit intensiv diskutierten Fragen wie Migrationserfahrung und Genderidentität hinaus.

Redaktionen sind auch nach Kriterien wie sozialer Herkunft, Ausbildung und inzwischen häufig auch nach Alter nicht besonders vielfältig. Oft teilen sie ungeachtet ihrer sonstigen Herkunftsunterschiede einen gemeinsamen Blick auf die Welt und sind im städtischen, ja großstädtischen Leben verhaftet. Menschen mit Behinderungen fehlen weitgehend. All das ist zu bedenken, wenn wir von Diversität sprechen, sonst ist für Produkte und Publikum nicht viel gewonnen.

Ein wichtiger erster Schritt zu einer so verstandenen Vielfalt wäre, Menschen ohne Studium wieder den Weg in den Beruf zu öffnen. Warum sollen fünf akademische Jahre in Göttingen, oder heute eher in Göttingen, Aix-en-Provence, Salamanca und Recife, besser auf eine journalistische Ausbildung vorbereiten als eine Lehre und zwei Jahre Sozialarbeit in Deutschland oder Entwicklungsarbeit im Osten Afrikas? Ein weiterer, dringend wichtiger Schritt ist die Öffnung der Redaktionen für Menschen, die nicht aus den üblichen sozialen Verhältnissen der Mittel- und Oberschicht kommen.

Mein Ziel sind realistische Nachrichten, die die Wirklichkeit so gut es geht beschreiben. Diversität ist einer von mehreren Schlüsseln dazu, aber keine Garantie. Jede Redaktion wird immer wieder auf Themen treffen, zu denen niemand in ihren Reihen Erfahrungen mitbringt. Das gilt erst recht für die Berichterstattung über andere Länder und Gesellschaften. Nachrichtenredaktionen müssen daher an sich den Anspruch haben, jedes Thema professionell und fair zu behandeln, ganz egal, welche Bezüge die Gruppe oder Einzelne dazu haben.

Zenit der Industrialisierung überschritten

Bleiben wir bei den Menschen hinter den Nachrichten. Überall in der Welt werden derzeit Nachrichtenredaktionen umgebaut, wegen der neuen digitalen Medienwelt, unter ökonomischem Druck und oft aus beiden Gründen. Klassische Nachrichtenanbieter stehen unter gewaltigem Stress. Sie bedienen meistens ein Herkunftsmedium mit immer noch vielen Hörern, Zuschauerinnen oder Lesern, sie müssen aber genauso in der digitalen Welt vertreten sein. Die Redaktionen sind herausgefordert, alte und neue Verbreitungswege gleichzeitig zu bedienen, stärker denn je mit ihrer Nutzerschaft zu kommunizieren und immer wieder neue Kanäle zu erproben. Das ist eine gewaltige Belastung für Kopf und Seele, wegen des schieren Arbeitsdrucks, aber auch wegen der vielen Veränderungen.

Über die Jahre habe auch ich einiges an Reorganisation vorangetrieben im Sinne von Effizienz und der Integration neuer Aufgaben in die Alltagsabläufe. Meine Überzeugung ist inzwischen, dass die Industrialisierung der Nachrichtenarbeit ihre Grenzen erreicht hat, und zwar in verschiedener Hinsicht. Nachrichtenredaktionen arbeiten im Schichtdienst, teils rund um die Uhr. Wenn die Belastungsschraube überdreht wird, dann leiden Gesundheit, Kreativität und Motivation der Menschen. Irgendwann leiden zwangsläufig auch die journalistischen Ergebnisse. Die neuen Fabrikhallen, die mittlerweile von allen denkbaren Kommunikationsabteilungen nachgeahmten ›Newsrooms‹, sind in einigen Fällen zu groß geraten. Konzentrierte, den Menschen angemessene Arbeit ist nicht mehr immer möglich.

Was wird wohl nach der Pandemieerfahrung aus solchen Orten mit hoher Auslastung und wenig Abstand? Meine Vermutung, während ich diese Zeilen im Mai 2021 schreibe, ist, dass der Zenit überschritten ist. Die Corona-Phase hat nicht nur gezeigt, dass es notwendig sein kann, auf die Versammlung möglichst vieler kreativer Menschen in einem Großraum zu verzichten. Sie hat auch bestätigt, dass der Übergang zur Arbeit im Netzwerk Vorteile bietet, für Redaktionen, ihre Menschen und für die journalistischen Ergebnisse. Alles andere wäre auch eigenartig: Weshalb sollte man gerade bei Tätigkeiten, die gerne mit 2.0, 3.0 oder gar 4.0 als modern gekennzeichnet werden, für immer auf industriellen Strukturen des 19. Jahrhunderts bestehen?

Zonen unterschiedlicher Geschwindigkeit und Verfügbarkeit

Den Zenit könnten auch andere Formen der Verdichtung erreicht haben. Ebenfalls gegen den Trend zur Nachrichtenfabrik steht der unabweisbare Bedarf an Zeit. Redaktionen stehen grundsätzlich unter dauernder Belastung. Nachrichtenjournalismus ist nur bedingt planbar und muss jederzeit auf plötzliche Ereignisse reagieren können. Schon das ultraschnelle Arbeiten zwischen Ticker, Twitter und Sendung, mit dem Steuern einer Webseite und einer App benötigt dringend Momente des Innehaltens. Sie werden genutzt für aufmerksames Gegenlesen im Sinne des Vier-Augen-Prinzips und für das Nachdenken über Sprache. Sie werden investiert in kurze Gespräche, die redaktionelle Entscheidungen verbessern und Kreativität erlauben.

Wir wollen aber mehr, nämlich auch Recherchen aller Art, besondere Erklärungsleistungen oder Hintergrundberichterstattung. Wir wollen die von mir genannte Ausweitung der Beobachtungszone, eine aufwendigere Suche und Bearbeitung von Quellen jenseits der Nachrichtenagenturen sowie Raum für Versuch und Irrtum. All das bringt noch einmal ganz andere Anforderungen als die Hochaktualität. Nachrichtenredaktionen benötigen deshalb Zonen unterschiedlicher Geschwindigkeiten und Verfügbarkeit, zwischen denen sich die Menschen in verschiedenen Rollen hin und her bewegen können. Sie brauchen darüber hinaus Zeit für verschiedenste Elemente der Qualitätssicherung und für regelmäßige Fortbildungen (vgl. HERMES 2006).

Zeitmangel führt zu Massenware

Es mag sein, dass die Ressourcen nicht immer ausreichen, um diese Spielräume zu gewähren. Dann werden Leitung und Management allerdings nicht auf redaktionelle Produkte hoffen können, die sich von der Verwaltung von Agenturmaterial abheben. Es wird für Redaktionen im Zeitnotstand auch kaum möglich sein, dem ständigen Hagelsturm der PR-Meldungen Stand zu halten. Wenn ich vor der Wahl stünde, würde ich wie im Ernährungsbereich lieber weniger herstellen, aber dafür mit Nährwert, anstatt den Weg der reinen Massenfertigung zu gehen.

In manchen Köpfen herrscht noch die Idee vor, Zeit werde für Features, Reportagen und Leitartikel gebraucht, wogegen für die Nachrichten zwei Menschen am Agenturticker ausreichten. Das ist eine irrige Vorstellung. Man sollte dabei nicht vergessen, dass die Allermeisten ihre Informationen zur Meinungsbildung, ja fast ihr gesamtes medial vermitteltes Weltbild aus dem Nachrichtenüberblick beziehen und nicht aus Features und Reportagen.

Den in Großbritannien vielfach ausgezeichneten Journalisten Nick Davies habe ich schon erwähnt. Er hat die Branche 2008 mit einem Buch wachgerüttelt, das den provozierenden Titel *Flat Earth News* trägt. Er beobachtete im britischen Informationsjournalismus einen stetig wachsenden, kommerziell-betriebswirtschaftlichen Druck: Die Menschen in den ›Newsrooms‹ wurden weniger, die Arbeit dagegen mehr. Die Redaktionen hatten nicht mehr die Luft, ihr Handwerk nach den Regeln auszuüben und behalfen sich damit, Agenturmeldungen und Pressemitteilungen zu recyclen. Beinahe fünfzehn Jahre später hat sich der Druck verändert und erweitert. Die Anforderungen der sozialen Medien haben sich mit Macht in den Redaktionen gemeldet. Nach wie vor gültig ist die Mahnung von Nick Davies:

> »Journalists who are denied the time to work effectively can survive by taking the easy, sexy stories which everybody else is running; reducing them to simplified events; framing them with safe ideas and safe facts; neutralising them with balance; and churning them out fast« (DAVIES 2009: 147).

»When MBAs Rule the Newsroom«

Die Transformation der Mediennutzung treibt seit Jahren einen gewaltigen Umbau voran, nicht nur auf dem Nachrichtenmarkt im Ganzen, sondern in jeder einzelnen Redaktion. Ich bin sehr froh über viele dieser Veränderungen, die Zukunft sichern sollen und von denen einige eher zu langsam als zu schnell begonnen haben. Mit Skepsis betrachte ich allerdings bestimmte Auswüchse von Ökonomisierung und BWLisierung redaktioneller Arbeit. Einige der Folgen hat Doug Underwood schon vor mehr als 25 Jahren in *When MBAs Rule the Newsroom* beschrieben (UNDERWOOD 1993). Mit diesem Hinweis will ich nicht gegen Sparsamkeit oder intelligente Abläufe argumentieren. Es gibt aber schlicht journalistische Bereiche, in denen der Transfer von betriebswirtschaftlichen Ideen weniger sinnvoll ist als in anderen.

Ein wenig Sorge macht mir auch das Tempo, mit dem die jeweils neuesten, oft US-importierten Thesen und Theorien zum digitalen Wandel hektisch übernommen werden, vielleicht weil die Chefinnen und Chefs gerade einen Artikel aus Kalifornien gelesen haben. Manche dieser Aufsätze und Ansätze werden dann schon bald wieder verworfen. Etwas weniger Atemlosigkeit wäre gut. Außerdem sind die Medienmärkte, auch die digitalen, weiter sehr unterschiedlich. Nicht alles, was in den USA funktioniert, passt in Deutschland. Was wiederum bei uns gut läuft, kann schon auf der anderen Rheinseite in Frankreich ein Ladenhüter sein.

So unterschiedlich wie die Kulturen sind auch die einzelnen Medien. Eine Regionalzeitung im Emsland kann von einer Erfolgsgeschichte der *New York Times* nur bedingt lernen. Die unterschiedlichen Medien werden auch in der digitalen Welt eigene Wege finden müssen, wenn wir einen vielfältigen Markt haben wollen. Wenn am Ende alle Instagram-Kacheln gleich aussehen, ist nichts gewonnen und niemandem geholfen.

»Move fast and break things«, der Aufruf von Facebook-Gründer Mark Zuckerberg ist zu einem Motto des disruptiven Wandels in vielen Bereichen geworden. Erneuerung geht nie ohne den Abschied von tradierten Abläufen und Angeboten einher. Zurecht, denn Strukturen sind nicht selten verfestigte Gewissheiten und Erfolge von gestern.

Im Nachrichtenbereich gibt es aber einiges, dass wir bewahren sollten. »Move fast, but keep the essentials«, wäre also ein besseres Motto. Bewahrt werden müssen die journalistische Qualität und das Ziel, mit der Information einen Beitrag zur demokratischen Gesellschaft zu leisten. Selbstverständlich dürfen in der Disruption nicht die Beschäftigten unter die Räder kommen. Das mag sich banal oder pathetisch anhören. Es ist aber keine Selbstverständlichkeit auf einem Markt, der zunehmend von Unternehmen dominiert wird, die an Börsen und Investoren orientiert sind.

Inhalt und Verbreitung

Im Journalismus entstehen kontinuierlich neue Rollen, die mit der Aufbereitung und Verbreitung von Inhalten in der digitalen Welt zu tun haben. Der Umbau ist noch lange nicht vorbei, vielleicht wird er nie mehr aufhören. In den Redaktionen löst das neben Verunsicherungen auch Rivalitäten und Verteilungskämpfe aus. Fast immer schwelt die Frage, wie ein Medium in der digitalen Welt erkennbar bleiben will, welche Teilmarken sich anderen unterordnen müssen, wie überhaupt journalistische Überlegungen und Marketinglogiken zueinanderstehen.

Häufig geht es in Redaktionen um das Verhältnis zweier Gruppen: Es sind schematisch betrachtet die einen, die sich als Trägerinnen und Träger fachjournalistischer Expertise sehen und als die eigentlichen Produzenten von Inhalten, und die anderen, deren Expertise oder Rollen einen Schwerpunkt auf Verbreitungswege und plattformgerechte Gestaltungsformen haben. Dieser Konflikt berührt Arbeitsplätze, publizistische Macht und journalistische Identitäten. Wenn daraus Lagerbildungen und Grabenkämpfe erwachsen, wird es schwierig. Das war bei vielen Medien zu beobachten.

Die nächsten Jahre dürften uns eher noch mehr Arbeitsteilung und neue Rollen bringen. In jedem Fall sollte das Handlungsfeld der Verbreitung, derzeit ist hier von ›Channel‹- und ›Plattform-Managern‹ die Rede, nicht von denjenigen getrennt werden, die den dahinterliegenden journalistischen Inhalten näher sind. Beide Bereiche sind wichtig und gehören zusammen.

Innovation und Qualität von Formaten und Produkten, beides werden notwendige Bedingungen für Erfolg sein. Oft werden sich nach meiner Vermutung die besonderen Inhalte dann letztlich doch als die entscheidende, als die hinreichende Bedingung herausstellen. Das gilt insbesondere auf einem Markt, der von gleichförmigen Digitalangeboten geflutet wird. Anders ausgedrückt: Es wäre ein Fehler, die ›Was-Kompetenz‹ der Inhalte und ›Wie-Kompetenz‹ der Verbreitung auseinanderzudividieren. Nach meiner Beobachtung sind Medien recht erfolgreich, wenn beides zusammenwachsen kann. Der Begriff ›Konvergenz‹ ist in manchen Unternehmen und Redaktionen arg strapaziert worden, aber er ist weiterhin eine treffende Zielbeschreibung.

Der Nachrichtenalltag ist längst digital

Aus nachrichtlicher Sicht liegen die Dinge eindeutiger und einfacher als in anderen journalistischen Bereichen. Zum einen verträgt die besondere Aktualität weder komplizierte Organigramme der Entscheidungsfindung noch langwierige Verbreitungsketten. Zum anderen ist der digitale Bereich eine weitere Etappe einer längst begonnenen Ausdifferenzierung der Nachrichten: Wenn eine Redaktion Informationen für unterschiedlichste Zielgruppen und in verschiedenen Formaten herstellen kann, wenn sie themenbezogene Spezialnachrichten anbietet, warum sollte diese Redaktion nicht auch auf Instagram erfolgreich informieren können?

In diesem Zusammenhang finde ich die Frage interessant, wie produktiv das Konzept eines separaten Online-Journalismus heute noch ist. Für vergangene Jahrzehnte kann ich die Unterscheidung gut nachvollziehen, wie auch den Aufbau eigenständiger Online-Redaktionen innerhalb traditioneller Medien. Neben unterschiedlichen technischen Anforderungen stand eine neue journalistische Herangehensweise: Ein Text für das Radio oder die Zeitung ist eben nicht automatisch für das Netz geeignet und das Schreiben eines Teasers für die sozialen Medien war anfangs für viele ein Buch mit sieben Siegeln.

Hinzu kamen Vorbehalte und Vorurteile, Abwehrreflexe und Arroganz innerhalb der etablierten Redaktionen. Von daher sprach viel für geschützte Räume und eine Taktik der digitaljournalistischen Avantgarde. Inzwischen scheinen mir die Nachteile der Trennung die Vorteile zu überwiegen. Zumindest im Nachrichtenjournalismus bringt die jüngere Generation Qualifikation und Gestaltungswillen für das Digitale selbstverständlich mit. Noch mehr: Die talentiertesten jungen Frauen und Männer im Informationsjournalismus wird man nach meiner Erfahrung nicht mehr nur damit gewinnen und halten können, dass sie für eine Hörfunk- oder Fernsehsendung zuarbeiten, während ihre Inhalte für den digitalen Raum von anderen aufbereitet werden.

Produkte und Inhalte

Im Spannungsfeld zwischen Inhalt und Verbreitung geht es jenseits der Alltagsarbeit in den Redaktionen um eine weitere wichtige Frage: Was hat für den Ressourceneinsatz in der Entwicklung Vorrang? Derzeit hat sich, wie so oft ausgehend von den USA, eine gewisse Hegemonie des Denkens in Produkten ergeben. Dafür habe ich mit Blick auf das Tempo des Wandels auf dem Markt Verständnis. Mir ist jedoch wichtig, dass Produkte nicht allein um ihrer selbst willen eingeführt werden. Wenn es um Nachrichten gehen soll, muss Information enthalten sein und nicht Unterhaltung oder etwas anderes.

Facebook, Google, Amazon und Co. haben sich durchgesetzt, weil sie einfach zu bedienen und sehr nützlich sind. Es ist gut, wenn die Nutzung von Nachrichteninhalten, etwa über eine App, ebenfalls denkbar einfach ist. Es ist umso besser, wenn Technik und Design den Menschen dabei auch noch Freude bereiten. Information und Aufklärung müssen aber als eigentlicher Sinn der Nachrichten fest im Blick bleiben, hier muss sich ihr Wert erweisen und auch hier besteht Modernisierungsbedarf.

Energie und Ressourcen sollten daher nicht nur in Produkte gesteckt werden, sondern auch in die inhaltliche Entwicklung des Informationsjournalismus. Ob ›Konstruktiver Journalismus‹, neue erklärende Formen oder andere konzeptionelle Veränderungen – all das fällt nicht vom Himmel und ist nicht zum Nulltarif zu haben. Das gilt auch für die von mir angeregten Neuorientierungen bei Aktualität und Relevanz, die Ausweitung von Berichterstattungsgegenständen und Quellenbasis, die internationale Nachrichtenzusammenarbeit oder die stärkere Einbeziehung von Publikum und Gesellschaft.

Journalismus und Marketing

Vom Zusammenwachsen getrennt entstandener Medienformen im Zeichen des Digitalen war schon die Rede. Es gibt aber noch eine andere Konvergenz, und die ist aus meiner Sicht bedenklich: Ich habe beschrieben, wie stark sich Politik, Unternehmen und andere Akteure journalistischer Mittel bedienen, wie sie Marketing und PR betreiben, die kaum mehr von journalistischen Produkten unterscheidbar sind. So werden die Nachrichten unterlaufen.

Gleichzeitig wächst nun in den klassischen Medien die Neigung, Konzepte aus der BWL- und vor allem der Marketing-Welt zu übernehmen. Diese Welt spricht meist Englisch mit uns, denn viele Vorstellungen kommen aus den USA. Das gilt auch für die angesprochenen neuen Rollen. Die ›Channel Manager‹, ›Audience Developer‹, und ›Content Producer‹, der ›Social Media Manager‹, dem wieder eine oder ein ›Head of Social‹ vorgesetzt ist – die meisten dieser Aufgaben und Namen sind nicht exklusiv im Journalismus anzutreffen. Dass einige Hochschulen die Ausbildungen von Journalismus einerseits und PR sowie Marketing andererseits parallel anbieten, dürfte zu dieser Konvergenz beitragen.

Vermutlich haben Sie schon einmal den Satz *Content is King* gehört. Es ist der Titel eines Essays, den Bill Gates vor gut 25 Jahren auf der Webseite von Microsoft zu Perspektiven des Internets veröffentlicht hat. Gates beginnt mit einer Analogie aus der TV-Welt:

»The television revolution that began half a century ago spawned a number of industries, including the manufacturing of TV sets, but the long-term winners were those who used the medium to deliver information and entertainment« (GATES 1996).

Die Aussage »Content is King« wird seitdem benutzt, um eine langfristige Überlegenheit der Inhaltslieferanten zu behaupten, gerne auch im Journalismus. Doch schon bei Gates ging es in Wirklichkeit um genau eine Qualität des ›Contents‹, nämlich dass man damit Geld verdienen kann, zum Beispiel über Werbeeinnahmen. Der kommerzielle Hintergrund begleitet auch die vielen Konstruktionen, die inzwischen mit dem Satz des Microsoft-Gründers entstanden sind. »Content is king, but distribution is queen«; »… but distribution is ›King Kong.‹«, »but context is god« oder »but engagement rules«. Auch diese Diskussionen, ob denn die Verbreitung, der Kontext oder die Nutzerbindung wichtiger seien als die Inhalte, werden im journalistischen Umfeld geführt. Sie kommen aber, und das ist wichtig zu sehen, aus der Marketing- und Verkaufswelt, in der auch viele inzwischen journalistische Anwendungen der sozialen Medien zu Hause sind, samt der derzeit viel angeführten Kategorien wie ›Nutzererlebnis‹ und ›Anwendungserfahrung‹.

Während also das Marketing allenthalben die ›Newsroom‹-Idee kopiert und auf dem Journalismus ähnelndes ›Content Marketing‹ setzt, läuft gleichzeitig die Übernahme von Begriffen, Konzepten und Strukturen in die andere Richtung auf Hochtouren. Darüber kann man zumindest einmal nachdenken. Für den Journalismus und für die Verbreitung von Nachrichten sollte man sich alles abschauen, was funktioniert. Doch aus meiner Sicht besteht in der Journalismus-Marketing-Konvergenz die Gefahr, mit den Begriffen und Konzepten gleich auch Teile der Logik, der Ziele und der Wertvorstellungen zu übernehmen. Auch wenn das Marketing zweifellos ein innovativer Treiber der

Nutzung und Entwicklung digitaler Medien ist, so bleibt der Informationsjournalismus im Kern doch etwas anderes.

Freuen würde ich mich, wenn ein ebenfalls aus dem Marketing kommender Gedanke stärkere Beachtung fände. Für den Erfolg eines Produkts, auch eines Medienangebots, ist ohne Zweifel das Besondere wichtig, das Unterscheidende. Den Lehrsatz *When everybody zigs, zag!*, in etwa »Wenn alle in die eine Richtung gehen, gehe in die andere«, hat US-Markenexperte Marty Neumeier schon vor Jahren als Titel eines Buches gewählt (NEUMEIER 2006). Ich möchte diesen Satz nicht als Aufruf zur Beliebigkeit weitergeben, sondern als Ermutigung zu wohlüberlegten eigenen Schritten empfehlen, selbst wenn diese Schritte manchmal gegen den Strom führen. Es wäre in niemandes Interesse, sollte den Informationsjournalismus die Gleichförmigkeit unserer Innenstädte und Fußgängerzonen ereilen, in denen Formatiertes und Austauschbares das Besondere immer weiter verdrängen.

›The Tyranny of Metrics‹

Bedenken möchte ich auch in der Frage der Erfolgsmessung anmelden. Der amerikanische Historiker Jarry Muller hat sich mit der mathematisch-statistisch-betriebswirtschaftlichen Verobjektivierung unseres Lebens beschäftigt. Viele Bereiche der Gesellschaft haben sich seit einigen Jahrzehnten an dieser Logik ausgerichtet, mit der der Erfolg von Schulen und Krankenhäusern, von Kultur und Entwicklungshilfe und vielem mehr quantifiziert wird. Daraus entstehen Zielvereinbarungen und ›Benchmarks‹, anhand derer über Personal und Finanzmittel entschieden wird und gewaltige Strukturentscheidungen getroffen werden. Muller kritisiert diese Entwicklung, die sich in unserer Zeit von ›Big Data‹ auf schier unendliches Zahlenmaterial stützen kann, als eine *Tyranny of Metrics* (MULLER 2018).

Man denkt hier sofort an die Auswirkungen der Fallpauschalen im deutschen Gesundheitswesen und manches andere. Dieser Kritik würde die Mathematikerin Cathy O'Neil wohl zustimmen. Sie hat sich damit auseinandergesetzt, welche Folgen der Einsatz von Algorithmen in verschiedenen gesellschaftlichen Bereichen hat. Ihr Buch mit dem ebenso originellen wie unübersetzbaren Titel *Weapons of Math Destruction* (2017) ergänzt die Argumentation von Muller. Der Titel der deutschen Ausgabe, *Angriff der Algorithmen: Wie sie Wahlen manipulieren, Berufschancen zerstören und unsere Gesundheit gefährden*, deutet den Inhalt gut an. Unter anderem berichtet uns O'Neil, wie erstklassige Lehrkräfte wegen eingebauter Fehler des algorithmischen Controllings ihre Stelle verlieren, wie andere Menschen aus denselben Gründen auf dem Arbeitsmarkt zu kurz kommen oder keinen Kredit erhalten. Gesellschaftlich beklagt O'Neil »the merging of politics and consumer marketing« (2017: 187), das in den USA nach ihrer Beobachtung schon in den 1960er-Jahren begonnen hat und in der digitalen Ära nun ungeahnte Möglichkeiten nutzen kann. An die Mathematikerin anschließend ist mein Kritikpunkt dann »the merging of news journalism and consumer marketing«.

Damit zurück zu unserem Thema, dem Informationsjournalismus. Die US-Journalistin Ariana Pekary hat im Sommer 2020 den Nachrichtensender *MSNBC* verlassen. Wenig später hielt sie als ihre Erfahrung fest:

> »The television news producers I know are whip-smart and want to do the right thing. The problem is the job itself, which forces them to muffle ideas of substance and moderation. The biggest roadblocks, as I observed, are not ideological bias or outside influence from corporate interests. Those things are juicy narratives. But they aren't what really drive the decisions. The largest obstacle to reliable news and information is this: hardly any programming decision is made without considering how it will ›rate‹ (i.e., how it will appeal to the largest audience possible). No one is immune, not US senators, not presidential candidates. Election coverage. Will

it rate? Pandemic. Will it rate? Civil rights crisis. Will it rate? It's the only metric that matters« (PEKARY 2020).

Pekary begleitet inzwischen die Arbeit des Senders CNN als ›Public Editor‹ des *Columbia Journalism Review* und schreibt in ihrem Artikel weiter:

»To be clear, my intention here isn't to criticize the people working at CNN. Their industry has been shrinking and in crisis for years. They don't have much choice, however they feel privately. But the system they are stuck in uses staff, contributors, and viewers as tools. We're merely there to sow conflict and make the numbers go up, to sell more ads. They deserve better. We all deserve better« (PEKARY 2020).

Die starke Reichweitenorientierung (auch) des Informationsjournalismus ist eine Frage des wirtschaftlichen Erfolgs, ja des Überlebens. Sie führt unter den Bedingungen der Aufmerksamkeitsökonomie zu einer immer lauter werdenden, immer stärker polarisierenden Berichterstattung. Marketing und soziale Medien sind verstärkende Faktoren. Die Mechanismen dieses Teufelskreises und die gesellschaftlichen Folgen der Polarisierung sind umfassend bekannt. Sie wurden auch in diesem Buch schon ausreichend beschrieben und beklagt. Lassen Sie uns stattdessen einen Blick auf die Prämissen werfen.

Für die Massenmedien waren Verkaufszahlen und Reichweiten immer zentrale Kriterien, wenn nicht der Staat oder ein Geldgeber mit bestimmten Interessen im Hintergrund stand. Die Auflage einer Zeitung war entscheidend für den Preis, der für Werbung und Anzeigen verlangt werden konnte. Auch deshalb hat mancher Verlag überproduziert und ›großzügig‹ Freiexemplare in der Bahn, in Flugzeugen oder an Universitäten verschenkt. Die täglich erhobenen Einschaltquoten im Fernsehen und die in Deutschland zweimal im Jahr per Befragung ermittelten Reichweiten der Radiosender wurzeln ebenfalls in dieser kommerziellen Erwägung, bei der es um den Preis der Werbung geht. Auch diese Messungen waren und sind nur bedingt exakt.

Ihre Ergebnisse sind aber die härteste Währung, die elektronische Medien kennen: Sie können innerhalb von Stunden zur Absetzung von Sendungen führen.

›Das dunkle Herz des Internets‹

In der digitalen Zeit bekommen wir nun dank der technischen Erfassung der Nutzung scheinbar endlich eindeutige Zahlen. So sind die modernen Newsrooms voll von Monitoren, wie ein Flugkontrollzentrum oder eine Intensivstation. Angezeigt werden die Bewegungen im digitalen Traffic und die lebenswichtigen Werte der journalistischen Beiträge. Journalistinnen und Journalisten verfolgen auf diesen ›Dashboards‹ in Echtzeit Besuche, Klicks und Verweildauer, genauso wie Interaktionen in den sozialen Medien. Darauf basieren kurzfristige publizistische Entscheidungen genauso wie langfristige Veränderungen in einzelnen Redaktionen, in gesamten Verlagen und Sendern.

Ein wichtiger Teil dieses Zahlenmaterials kommt von den großen Digitalplattformen. Sie haben längst auch den Großteil des Werbegeschäfts übernommen und lassen sich bei der Nutzungsanalyse nur bedingt in die Karten schauen. Ihre Informationen stellen sie daher nur ausgewählt zur Verfügung.

Was passiert eigentlich, wenn jemand eine Webseite besucht, in die Werbung eingebaut ist? Auf diese Frage der *Süddeutschen Zeitung* hat Tim Hwang, der unter anderem an der Georgetown Universität in Washington D.C. forscht, so geantwortet:

> »Dann geht ein Signal raus auf den globalen Anzeigenmarkt, zum Beispiel: ›Hier ist eine männliche Person zwischen 25 und 35 aus New York City.‹ Das setzt in Sekundenbruchteilen eine Blitzauktion in Gang, an der Algorithmen teilnehmen. Einer von ihnen gewinnt für einen Anzeigenkäufer das Recht, mir eine Anzeige vorzusetzen, wenn die Seite geladen hat. Alles passiert zwischen meinem Klick auf die Webseite und dem Moment, in dem sie sich auf meinem Schirm aufgebaut hat – jeden Tag

Milliarden Mal. Algorithmen kaufen und verkaufen unsere Aufmerksamkeit« (HWANG 2021).

Hwang glaubt, dass dieser Markt auf Sand gebaut ist. Das ist ein Thema seines Buchs *Subprime Attention Crisis* (2020). Er bezeichnet die digitale Werbung als »the dark beating heart of he Internet« und betont:

> »Digital advertising – the highly automated, data-driven ecosystem [...] – is the money machine that has fueled the meteoric rise of the most prominent tech giants and content creators of the modern era. In 2020 the business of the internet is, by and large, an advertising business« (HWANG 2020: 3).

Hwang sieht Parallelen zum US-Immobilienmarkt, dessen Zusammenbruch 2008 eine globale Finanzkrise ausgelöst hat. Denn, davon ist er überzeugt, viele der Daten sind nicht genau oder gar manipuliert.

Reichweiten und andere Maßstäbe

Es sind also zumindest Zweifel daran erlaubt, wie aussagekräftig das Zahlenmaterial ist, dass die Medien von den Digitalkonzernen zur Verfügung gestellt bekommen. Ob es nun um diese Plattformen geht oder eigene digitale Produkte: Hinweisen möchte ich auch auf den Datenschutz. Wollen wir wirklich Nutzungsprofile von Menschen genau erfassen, selbst in anonymisierter Form? Und was bleibt von der bisherigen Praxis, wenn nationale und europäische Regelungen die Datenerhebung immer stärker an die ausdrückliche Zustimmung der Nutzerinnen und Nutzer binden?

Im Gesundheitswesen, in der öffentlichen Verwaltung oder im Informationsjournalismus – nie würde ich dafür plädieren, ohne Erfolgsbewertung vorzugehen und eine Botschaft des ›Macht einfach, was Euch [illegible] zu senden. Schließlich wird überall viel Geld anderer Menschen ausgegeben. Qualitätskontrolle und Rechenschaftspflicht sind mehr als angebracht. Auch liefern manche Daten tatsächlich publizistisch wichtige Einsichten. Für entscheidend dabei halte ich aber die Frage, wie es uns gelingt, auch qualitativ zu messen. Dafür brauchen wir andere Wege als die rein mengenorientierten. Das wird selbst in unseren heutigen, effizienzorientierten Bildungsvermittlungszentren anerkannt, also den Schulen und Universitäten. Dort wird eine Arbeit im Fach Geschichte oder Deutsch in anderer Weise bewertet als eine an ›richtig oder falsch‹ zu messende Mathematikklausur.

Was ich für Qualitätsmaßstäbe der Nachrichten halte, sollte in diesem Buch deutlich geworden sein. Es ist auf eine kurze Formel gebracht die Vermittlung relevanter und aktueller Information, ausgerichtet am Prinzip der Wahrhaftigkeit, also in exakter, gründlicher, vielfältiger, fairer und transparenter Weise. Ob dies einer Redaktion gelingt, das kann und soll nicht allein von ihr selbst beurteilt werden. Alle Redaktionen stehen in Aufsichtszusammenhängen, etwa durch Geschäftsführungen oder Kontrollgremien. Mein Wunsch wäre, dass dort wieder verstärkt qualitative Bewertung stattfindet.

Von der Idee der Reichweite möchte ich mich nicht verabschieden, keineswegs. Ich will sie nur von der teils fragwürdigen Fixierung auf Klicks und Wischbewegungen auf Smartphones befreien, die oberflächliche Formen der Aufmerksamkeit messen. Ich möchte sie erweitern und die Bewertung der Wirkung einbeziehen, also das, was im englischsprachigen Raum mit ›Impact‹ bezeichnet wird. Ein erster Hinweis darauf ist, wenn Beiträge ganz gelesen, gehört oder gesehen werden.

Die Impact-Messung ist keine einfache Sache, wie auch die Wissenschaft weiß. Kann man die Forschungsleistung einer Professorin daran festmachen, wie viel sie veröffentlicht und wie oft ein Aufsatz von ihr in anderen Publikationen zitiert wird? Setzt dieser Maßstab nicht falsche Anreize? Ähnlich sieht es aus, wenn man Interviews oder journalistische Recherchen nur nach ihrer Zahl bewerten würde und danach, wie oft sie zitiert werden. Nobelpreise werden oft erst Jahrzehnte nach einer Innovation vergeben, wenn die Auswirkungen deutlich geworden sind.

So viel Zeit hat der Nachrichtenjournalismus nicht. Aber auch in unserem Metier lassen sich Recherchen danach unterscheiden, ob sie relevante Probleme aufzeigen und gesellschaftliche Veränderung auslösen, oder ob sie nur kurzzeitige Aufregung zur Folge haben. Auch unsere Branche braucht eine Betrachtung der mittelfristigen und langfristigen Konsequenzen der Arbeit, die über die Klicks von heute und morgen hinausgeht.

Qualitative Elemente braucht auch die Bemessung von Interaktionen, des ›Engagements‹, wie es in den sozialen Medien heißt. Es ist ansonsten eine problematische Angelegenheit, und zwar nicht nur, weil die ›Like-Buttons‹ vor allem erfunden wurden, um möglichst viel über potenzielle Werbekunden herauszufinden. Der Psychologe Daniel Kahneman unterscheidet zwei Systeme der menschlichen Wahrnehmung: Ein schnelles und instinktives System, das allerdings fehleranfälliger ist. Das zweite ist langsamer, dafür aber abwägend (KAHNEMAN 2011). Auf Kahneman aufbauend problematisiert Wael Ghonim algorithmische Nutzerzentrierung und Personalisierung. Der in die USA übergesiedelte ägyptische Internetaktivist und Wissenschaftler schreibt:

> »Engagement-driven algorithms prey on System One thinking. The content that a distribution algorithm identifies as engaging is likely to attract the user's interest regardless of how, upon reflection, the user might generally want to use the platform. Distribution algorithms aim to keep the user on the platform for as long as possible, which is not necessarily how long the user, upon reflection, would want to use it. In other words, there is a difference between providing a user what they reflectively want and what they can be tempted to consume« (GHONIM 2018).

Schon heute ist allen klar, dass echte Interaktion wertvoller ist als solche, die durch Werbung und Beeinflussung durch Algorithmen zustande gekommene ›Likes‹. Klar ist auch, dass ein Beitrag mit zahlreichen differenzierten Kommentaren einen anderen Wert hat als einer, der nur viele schnelle ›Likes‹ erhält. Ich bemesse Engagement und Interaktionen einer Nachrichtenredaktion aber auch danach, wie viele Menschen sich die Mühe machen, sich grundsätzlich mit Kritik, Lob oder Fragen an sie zu wenden, auch per E-Mail und selbst noch per Anruf und Brief. Ich halte es für ein weiteres wichtiges Kriterium, wie schnell und verlässlich diesen Menschen dann geantwortet wird.

Gemeinwohl und Integration

Messung und Bewertung des Informationsjournalismus sind vielschichtig und kompliziert. Ich konnte das Thema hier nur andeuten. Gemeinwohl, Information als öffentliches Gut und Vertrauen sind aus meiner Sicht entscheidende, aber derzeit unterschätzte Bemessungsgrößen. Das gleiche gilt für den Faktor der gesellschaftlichen Integration.

Es scheint mir eine ernsthafte Debatte darüber fällig, wie stark die nutzerzentrierte Fokussierung noch gehen soll. Es stimmt, sie dürfte für manche Medien nach Jahren geringen Interesses am Publikum erst einmal heilsam sein. Doch insbesondere die inzwischen personalisierte Orientierung auf vermeintliche Bedürfnisse jedes und jeder Einzelnen ist auch eine enorm spaltende Kraft. Ich glaube, dass die gesellschafts- oder gemeinwohlzentrierte Perspektive genauso wichtig ist. Vielleicht ist sie bei ausgewählten Themen oder für öffentlich-rechtliche Medien in aller Welt noch wichtiger. Schließlich machen sich (hoffentlich) auch Stromversorger und Wasserwerke Gedanken um jeden einzelnen Kunden. Und doch müssen sie immer die Versorgung im

Ganzen im Blick haben und all das, was gesellschaftlich, wirtschaftlich und politisch davon abhängt.

Eine Trennung von Quantität und Qualität ist falsch und gefährlich. Nicht nur die alten Reichweitenkonzepte der klassischen Medien sind am Werbemarkt ausgerichtet und weniger exakt, als sie vorgeben. Die Messgrößen der Social-Media-Plattformen sind es auch und dienen zu allem Überfluss letztlich niemand anderem als den Plattformen selbst. Informationsmedien, insbesondere die mit öffentlichem Auftrag, sollten Distanz dazu wahren.

Sie sollten selbstbewusst und im Dialog mit der Gesellschaft andere, breit akzeptierte Kriterien zumindest ergänzend entwickeln und diesen dann folgen. Die Zeit ist günstig dafür. Nach meiner Vermutung sind die Tage der von Jarry Muller kritisierten *Tyranny of Metrics* in der Bildung, im Gesundheitssystem und in anderen Bereichen gezählt. Die Fehlsteuerung ist zu offensichtlich, die Folgen sind auch dort zu gravierend. Diese Tyrannei sollte von einer demokratischen Herrschaft sinnvollerer Messgrößen abgelöst werden.

Der amerikanische Jurist Tim Wu, Professor an der Columbia-Universität in New York, gilt als Erfinder des Begriffs ›Network Neutrality‹ (WU 2003) und als Pionier dieser Bewegung. Bei der Netzneutralität geht es um die faire und gleiche Behandlung von Daten bei der Übertragung, aber auch um einen allgemeinen, diskriminierungsfreien Zugang zu ihnen. Tim Wu hat sich inzwischen in *The Attention Merchants* (2016) mit der Aufmerksamkeitsökonomie beschäftigt und daran entlang eine Mediengeschichte geschrieben. Deutlich wird, dass die heutigen Digitalkonzerne in Sachen Erregung und Verkauf unserer Aufmerksamkeit ›nur‹ an eine lange geübte Praxis von Verlagen und TV-Stationen anknüpfen, wenngleich sie das Ganze radikalisiert und perfektioniert haben.

Tim Wu ruft zu einem ›Human Reclamation Project‹ auf. Er möchte, dass die Menschen die Souveränität über ihre Aufmerksamkeit und letztlich ihre Lebenszeit zurückverlangen und wiedererobern. Er argumentiert unter anderem:

> »If we desire a future that avoids the enslavement of the propaganda state as well as the narcosis of the consumer and celebrity culture, we must first acknowledge the preciousness of our attention and resolve not to part with it as cheaply or unthinkingly as we so often have. And then we must act, individually and collectively, to make our attention our own again, and so reclaim ownership of the very experience of living« (WU 2016: 353).

Aus meiner Sicht sollten die Nachrichten die Gesellschaft dabei unterstützen, indem sie diese Fragen als relevant einstufen und immer wieder darüber berichten. Fast noch wichtiger finde ich, dass der Informationsjournalismus darauf verzichtet, die Menschen so anzusprechen, als ob er nur ein Aufmerksamkeitshändler unter all den anderen wäre.

Gesellschaftliche Vernetzung

Eine immer bedeutendere Organisationsfrage ist die nach der Vernetzung von Nachrichtenredaktionen und Gesellschaft. In den alten Zeiten der festungsähnlichen Massenmedien habe ich gehört, wie Kollegen Anrufern sagten: »Beschweren Sie sich ruhig, das kommt sowieso auf meinen Tisch«. Diese Haltung gibt es heute glücklicherweise nicht mehr.

Egal wie fachkundig eine Redaktion ist, unter den Nutzerinnen und Nutzern wird es zu jedem Thema Menschen geben, die nicht nur glauben, es besser zu wissen, denen Fehler und Fehleinschätzungen auffallen. Es wird Menschen geben, die einen Hinweis auf ein unterschätztes Thema haben. Redaktionen, die diese Kompetenz abrufen, dürfen sich auf bessere Produkte freuen. Sie dürfen genauso auf zufriedenere, loyalere Leser, Hörerinnen Zuschauer und Nutzerinnen hoffen.

Die Bandbreite dieser Vernetzung kann mit regelmäßigen Aufrufen beginnen, Themen vorzuschlagen. Bei kollaborativen

Projekten wie einem Wiki, in dem Nutzer eines Mediums gemeinsam Beiträge verbessern, muss sie noch nicht enden. Der regelmäßige Austausch mit dem Publikum über das Nachrichtenhandwerk hilft den Redaktionen nicht nur in der Arbeit. Dieser Dialog schafft Transparenz und Vertrauen, er ist ein Wert an sich. Das alles ist inzwischen unstrittig.

Doch wie weit reichen mediale Mitwirkung und Mitverantwortung der Gesellschaft, wie weit sollen sie gehen? Herbert Gans hat schon 1979 als Fazit einer Analyse verschiedener Nachrichtenangebote erklärt:

> »It is proper to ask who should be responsible for story selection and production. The news may be too important to leave to the journalists alone« (GANS 1979: 322).

Mit den ›Prosumenten‹ haben wir uns schon beschäftigt. Jay Rosen hat ›The people formerly known as the audience‹ ausgerufen. Nach der Jahrtausendwende kamen Konzepte auf wie der ›Bürgerjournalismus‹, der ›öffentliche‹ oder ›demokratische‹ Journalismus. John Hartley beschrieb die inzwischen lebendig diskutierte Vision von einer ›Kommunikativen Demokratie in einer redaktionellen Gesellschaft‹ (HARTLEY 2000). Wie weit wird diese Entwicklung gehen?

Ein neues Miteinander

Meine Vermutung ist, dass die Bürgerinnen und Bürger grundsätzlich weder Zeit noch Interesse haben, den Bereich des Informationsjournalismus zu vergesellschaften und auch diese Arbeit noch Tag für Tag selbst zu erledigen. Nachrichtensendungen müssen auch nicht per Volksentscheid oder elektronischer Abstimmung zusammengestellt werden, um demokratischen Prinzipien zu genügen. Und zumindest die öffentlich-rechtlichen Sender sind schon ›volkseigene‹ Betriebe und stehen unter gesellschaftlicher Aufsicht und Begleitung.

Nachrichtenredaktionen werden also weiter eine arbeitsteilige Spezialaufgabe wahrnehmen. Sie sollen auch künftig auf der Grundlage von Ausbildung und Erfahrung Themen anbieten, die sie für relevant halten, und nicht einfach den Menschen nach dem Mund schreiben oder senden. Demokratische Medien definieren sich eben nicht dadurch, dass sie oft zufällig zustande gekommenen ›Trending Topics‹ hinterherlaufen. Charlie Beckett, Journalist und Professor an der ›London School of Economics‹, hat 2010 den ›Netzwerk-Journalismus‹ so beschrieben:

> »By ›Networked Journalism‹ I mean a synthesis of traditional news journalism and the emerging forms of participatory media enabled by Web 2.0 technologies such as mobile phones, email, websites, blogs, micro-blogging, and social networks. Networked Journalism allows the public to be involved in every aspect of journalism production through crowd-sourcing, interactivity, hyper-linking, user generated content and forums. It changes the creation of news from being linear and top-down to a collaborative process. Not all news production will be particularly networked. Not many citizens want to be journalists for much of their time. But the principles of networking are increasingly practiced in all forms of news media« (BECKETT 2010).

Selbst Dan Gillmor, dessen *We the Media* zu einer Art Bibel des Graswurzel-Journalismus geworden ist, stellt klar:

> »I don't mean to suggest that amateurs will eliminate the professionals. I don't want that to happen. We need a thriving ecosystem of both« (GILLMOR 2006: xviii).

Dieses neue Miteinander halte ich für vielversprechend, es ist vermutlich die beste Zukunftschance für einen weiter lebendigen und demokratischen Informationsjournalismus. Alle Seiten müssen dafür allerdings umdenken. Zum Beispiel müssen die Menschen im Nachrichtenjournalismus den Anspruch des Frontalunterrichts aufgeben, ich würde es eher als ein ›dürfen‹ beschreiben. Sie sollten den Austausch als eine Selbstverständlichkeit in ihr Berufsbild integrieren.

Aufseiten der Gesellschaft darf nicht der Eindruck entstehen, dass die bürgerschaftliche Beteiligung auf einen Mangel der Redaktionen hinweist, die es ›alleine nicht mehr können‹. Auch sollte klar sein, dass Fehler in den Nachrichten immer wieder vorkommen. Geschieht das nicht zu häufig, werden die Fehler transparent korrigiert, ist dies eher eine Stärke denn ein Problem. Diese Botschaft übermitteln mir Hörerinnen und Nutzer jahrein, jahraus hunderte Male, zum Beispiel gerade im Mai 2021 mit folgenden Worten:

> »Für Ihre Erwiderung auf meine Zuschrift danke ich Ihnen vielmals. Ich erachte sie als vertrauensbildende Massnahme.«

Liquid News

In meiner Vision treffen ›The people formerly known as the audience‹ dann auf Organisationen, die man früher die Massenmedien genannt hat. Es wird abgestufte Formen der Vernetzung geben mit unterschiedlich starken Ausprägungen der Mitarbeit aus der Gesellschaft heraus. Befürworter der ›Liquid Democracy‹ setzen auf mehr direktdemokratische Beteiligung in repräsentativen Systemen. Ihre Hoffnung lautet: mehr Teilhabe, weniger Politikverdrossenheit und Populismus. In einem ähnlichen Sinne könnte man sich ›Liquid News‹ vorstellen als eine weiterhin redaktionelle Leistung, die sich intensiv um Beteiligung und Feedback bemüht. Meine Hoffnung ist, dass sich auf diese Weise Menschen mit unterschiedlichen Rollen zu einem Informationsjournalismus der Zukunft zusammenfinden. Gemeinsam können sie eine Übermacht der algorithmisch entstandenen und interessengeleiteten Nachrichten verhindern, die derzeit an Bedeutung und Einfluss gewinnen.

Klar ist, dass die Partizipation im Hochgeschwindigkeitsbereich der Nachrichten anders ausfallen wird als bei einer Wochenzeitung. Doch wie kann so etwas konkret aussehen? Nutzerinnen und Nutzer sollten stärker in die Themenfindung, aber auch in die Absicherung der journalistischen Qualität einbezogen werden. Die Möglichkeiten dafür sind vielfältig. Individuelle Anregungen per E-Mail oder in den sozialen Medien gibt es schon lange. Sie können intensiviert und öffentlich beantwortet werden, in Texten, Podcasts etc. Einen Schritt weiter geht man mit der Einladung von Nutzerinnen, Hörern, Zuschauern und Leserinnen zu Redaktionssitzungen. Denkbar ist auch die konstante Begleitung einer Redaktion durch eine Publikums-Gruppe, die sich an die inzwischen auch in Deutschland angekommene Idee der Bürgerräte anlehnt.

Generell scheint mir der journalistische Kern des Miteinanders der entscheidende Unterschied zu sein zu vielen anderen und beliebigen Aktivitäten, mit denen Organisationen, Institutionen, Medien ›nur‹ emotionale Bindung zu bestimmten Gruppen mit dem Ziel der Markenabsicherung verfolgen. So wird es auch mit einem in die sozialen Medien Hineinhören, dem ›Social Listening‹, nicht getan sein. Dieses aus dem Marketing kommende Konzept ist bei vielen Redaktionen beliebt, und führt oft zum Aufgreifen und Verstärken trendiger, bunter Themen. Statt ›Social Listening‹ empfehle ich ein etwas aufwendigeres ›Listening to the Society‹, bei dem auch die Anliegen der stilleren Gruppen und komplexere Fragen entdeckt werden können.

Ich finde aber auch ältere Ansätze weiter interessant: Alle denkbaren journalistischen Formate zeigen sich schon einmal ›draußen‹ vor Publikum – ausgerechnet die Nachrichten nicht, für die es doch besonders auf Vertrauen ankommt. Warum nicht einmal ein *heute journal* aus der Mainzer Rheingoldhalle mit Vorprogramm, Erklärungen und Diskussionen über das Produkt? Warum senden wir nicht einmal in diesem Format Hörfunk-Nachrichten vom Kirchentag? All das und vieles mehr ist möglich.

TEIL DREI:
DIE NACHRICHTEN RETTEN:
EINE GEMEINSCHAFTSAUFGABE

KAPITEL 5
REALISTISCHE NACHRICHTEN: EINE ZUSAMMENFASSUNG IN ZEHN PUNKTEN

Abschließend möchte ich zunächst die Herausforderungen für die Redaktionen bilanzieren. Die folgenden Punkte sind eine Zusammenfassung meiner Vorstellungen und beschreiben in Vielem, was schon in der einen oder anderen Nachrichtenredaktion praktiziert wird.

1. Redaktionen im Sinne ›Realistischer Nachrichten‹ bemühen sich um eine breite Quellenbasis, weit über die Nachrichtenagenturen hinaus. Sie finden so auch Themen, die in anderen Medien nicht oder kaum aufgegriffen werden, die aber zur Abbildung von Wirklichkeit gehören. Dabei hilft ihnen eine stärkere Vernetzung mit der Gesellschaft, bei der Formen der Zusammenarbeit im Sinne des Netzwerkjournalismus erprobt werden.
2. Die Redaktionen sind hellwach gegenüber jeder Form von PR, Marketing und Lobbyismus. Sie nehmen auch in dieser Hinsicht ihre Aufgabe wahr, die ich mal als ›Kläranlagen‹ und mal als ›Virenscanner‹ der Information beschreibe. Sie werden neue, realistische Vorstellungen von Aktualität

und Relevanz entwickeln und anwenden. Das hilft ihnen, künstliche Themenkonjunkturen zu vermeiden und wichtige Querschnittsthemen angemessen darzustellen.

3. Die Redaktionen haben ihre aufklärerische und kontrollierende Aufgabe immer vor Augen. Sie werden diejenigen beobachten und kontrollieren, die tatsächlich mächtig sind, nicht nur die, deren Macht auf dem Papier steht. Sie werden national und weltweit nach bestem Wissen und Gewissen die tatsächlichen Entscheidungswege ausleuchten, nicht nur die aus den Regelbüchern. Sie versuchen, möglichst viele Aspekte der Globalisierung zu verstehen und zu vermitteln.
4. Die Redaktionen werden sich darum bemühen, Leben, Gesellschaft und Welt so vielfältig zu beschreiben, wie sie sind. Eine empathische Grundhaltung ermöglicht ihnen Verständnis für Gruppen und Akteure. Sie werden allen relevanten Stimmen zu Gehör verhelfen, nicht nur den lauten. Sie werden bestimmt von den Zielen Gemeinwohl, Aufbau von Sozialkapital und Integration. Ihr Blick in die Welt ist weder naiv noch schematisch, aber stets auf gute Nachbarschaft und Völkerverständigung ausgerichtet.
5. Die Redaktionen sind an Gesetze und Grundrechte gebunden, sie achten die Menschenwürde und die Persönlichkeitsrechte. Sie sind nicht dazu da, politischen oder anderen Partikularinteressen zu dienen, auch nicht den eigenen. Die Nachrichten indoktrinieren nicht. Sie haben einen Auftrag zur Information und zur Bildung, nicht zur Erziehung. Interessenkonflikte mit Rollen und Funktionen außerhalb der journalistischen Arbeit sind zu vermeiden.
6. Die Redaktionen beschäftigen sich beständig mit den eigenen Emotionen und Vorurteilen, in der Absicht, deren Einwirkung so gering wie möglich zu halten. Sie beschäftigen sich genauso intensiv mit der Wirkung ihrer Nach-

richtenarbeit auf das Publikum und versuchen, Negativverzerrungen und andere Fehlsteuerungen zu vermeiden. Sie verzichten in aller Regel auf Personalisierung, Zuspitzung, Konflikterzählung und andere verfremdenden Formen des ›Story Telling‹.

7. Die Redaktionen verschanzen sich nicht mehr hinter einem Anspruch der Allwissenheit und einem uneinlösbaren Objektivitätsversprechen. Sie folgen dem Prinzip der Wahrhaftigkeit. Dazu gehören Gründlichkeit, Exaktheit, Fairness, Transparenz und Unabhängigkeit. In transparenter Weise werden auch Fehler korrigiert.
8. Im Sinne realistischer Nachrichten entwickeln die Redaktionen auch eine realistische Vorstellung ihrer veränderten Aufgabe. Lange verstanden sich die Zwischenhändler der Information als ›Gatekeeper‹. In diesem nicht unproblematischen Bild deckten sich Selbstwahrnehmung und Funktionszuweisung von außen. In der digitalen Welt haben nun potenziell alle einen Zugang zu den frei verfügbaren Informationen. Der damit einhergehende Bedeutungsverlust war und ist für Redakteurinnen und Redakteure beruflich bedrohlich und psychologisch nicht einfach.
   Die Herstellung von Öffentlichkeit bleibt eine entscheidende Aufgabe der Nachrichten. Sie hat sich nur gewandelt: Für die ›neuen Gatekeeper‹ geht es nicht mehr nur um die Auswahl dessen, was Menschen erfahren sollen. Es geht genauso um eine Gewichtung und Einordnung all dessen, von dem Menschen aus anderen Quellen erfahren oder längst erfahren haben.
9. Entscheidend für Erfolg und Legitimation der Nachrichten ist es, komplexe Sachverhalte zu erklären und zu vermitteln, anstatt das Schwierige zu übergehen oder zu banalisieren. Dafür werden immer wieder zeitgemäße Formate erprobt. Das immer noch auswählende, aber auch

gewichtende, einordnende und erklärende Angebot der Nachrichten sollte auf allen zu einer Zeit relevanten Wegen verbreitet werden.

10. Nachrichtenredaktionen werden das Wichtigste aus den zahlreicher werdenden journalistischen Angeboten mit Bezahlsperren in kurzer Form der Allgemeinheit zugänglich machen. Das ist ein bedeutender Beitrag gegen eine Verschärfung der Zwei-Klassen-Informationsgesellschaft.

Journalistische Nachrichten befinden sich in ihrer neuen Rolle in Konkurrenz zu den Digitalplattformen. Ich bin zuversichtlich, dass Redaktionen oder einzelne Kolleginnen und Kollegen in informationellen Teilmärkten auf Grundlage der genannten Prinzipien im Wettbewerb mit den Algorithmen um die beste Orientierung bestehen können.

KAPITEL 6
WAS DIE GESELLSCHAFT TUN SOLLTE: EINE WUNSCHLISTE MIT ACHT PUNKTEN

Nun möchte ich den Blick auf die gesamte Gesellschaft weiten. Denn die Bewahrung und Weiterentwicklung einer hochwertigen Informationsversorgung können nicht vom Journalismus allein geleistet werden. Regulierung, Zerschlagung und Besteuerung von Digitalkonzernen, ein ›europäisches Google‹ oder ein ›nicht kommerzielles Facebook‹ – diese und viele andere Themen betreffen das gesellschaftlich-politische Umfeld des Informationsjournalismus. Ich beschränke mich hier auf acht Punkte, die mir für die Nachrichten am wichtigsten sind.

1. *Weniger PR: Abrüstung in der gesellschaftlichen Kommunikation*

Wir brauchen einen Abrüstungsvertrag für die gesellschaftliche Kommunikation. Es darf nicht mehr in erster Linie um das ›Verkaufen‹ gehen. Wenn Politik, Wirtschaft, Wissenschaft und andere sich an die Öffentlichkeit richten, sollten sie sich auf Inhalte und Argumente konzentrieren und Komplexität zulassen. Wie bei jeder Abrüstung mit Aussicht auf Erfolg muss hier schrittweise vorgegangen werden, damit Vertrauen entstehen kann. Es braucht aber auch Symmetrie: Man kann nicht von der CDU, von den Biobauern und Greenpeace verlangen, auf PR zu verzichten, wenn es die anderen Parteien, die konventionelle Landwirtschaft und die Stromkonzerne nicht tun.

Redaktionen müssen diese Wende unterstützen und von ihnen ausgelöste Fehlkonditionierungen beenden, einschließlich der Nachfrage nach möglichst zugespitzten Zehn-Sekunden-Statements. Redaktionen müssen den in der Gesellschaft Kommunizierenden die Zuversicht vermitteln, dass sich ein hohes Maß an Wahrhaftigkeit lohnt, dass Aussagen nicht aus dem Zusammenhang gerissen werden, dass die Qualität des Arguments prämiert wird und nicht dessen Lautstärke. Redaktionen müssen in diesem Prozess der Rekonditionierung wenn nötig auch Lügen und Halbwahrheiten als solche kenntlich machen und so den Nachweis erbringen, dass sich das nicht mehr lohnt. In der internationalen Politik wird Abrüstung verhandelt und kontrolliert. Auf nationaler Ebene, zum Beispiel in Deutschland, könnte man das in Sachen PR ähnlich halten. Die Verhandlungen könnten unter der Schirmherrschaft des Bundespräsidenten beginnen. Ich weiß, das hört sich unrealistisch an oder gar pathetisch. Aber warum sollten wir bei einer derart wichtigen Angelegenheit nicht offen und mutig überlegen? Eine unabhängige Einrichtung wäre dann die richtige Adresse für die Kontrollen. Wie wäre es mit einer ›Stiftung Informationstest‹ die sich in Anlehnung an die ›Stiftung Warentest‹ regelmäßig die Kommunikation von Universitäten und Parteien, von Firmen und Vereinen anschaut? Es stimmt: All das würde weder in anderen Staaten noch in der Welt von Facebook und Co. unmittelbar Entscheidendes bewegen. Ich bin aber sicher, dass ein derartiger Versuch in Deutschland weltweit Aufmerksamkeit und Nachahmung auslösen würde.

Auf die militärische Abrüstung folgt die Konversion. Einst militärisch genutzte Ressourcen wie Geld, Liegenschaften und Technik werden in den Dienst ziviler Aufgaben gestellt. Die Beschäftigten sollen ebenfalls eine neue Perspektive bekommen. Warum nehmen wir das Motto ›Schwerter zu Pflugscharen‹ nicht auf, im Sinne von ›PR zu sachlicher Information‹? Warum nehmen wir den Beschäftigten in allen denkbaren Bereichen nicht den Druck, als Ergebnis ihrer Arbeit Medien und Öffentlichkeit ein stark vereinfachtes oder verfälschtes Bild in Hochglanz präsentieren zu müssen? Warum stärken wir nicht den Journalismus, damit wir zumindest wieder eine Parität zwischen PR und Journalismus erreichen?

2. *Schluss mit den Grenzüberschreitungen: Respekt für die journalistische Sphäre*

Politik, Verbände, Unternehmen, NGOs und viele mehr sollten ihre pseudojournalistischen Aktivitäten begrenzen und am besten einstellen. Sie alle haben das Recht, nach Herzenslust zu kommunizieren und ihre Botschaften zu verbreiten. Es darf aber nicht täuschend unter einem Deckmantel geschehen. Aus meiner Sicht ist das Simulieren von unabhängigem Journalismus vergleichbar mit dem Manipulieren unabhängiger wissenschaftlicher Studien. Es ist vergleichbar mit dem Vortäuschen einer Bürgerinitiative, die interessengeleitet und fremdfinanziert nur so tut, als ob sie als Basisbewegung zivilgesellschaftliche Ziele verfolgt.

Das Verschwinden der Bezeichnung ›Newsrooms‹ für Orte der Unternehmenskommunikation und des Marketings wäre ein erster Schritt zu mehr Klarheit. Die Bürgerinnen und Bürger sollten wissen, womit sie es zu tun haben. Ist es ein Angebot, das nach Handwerk und überprüfbaren Regeln des Journalismus transparent und unabhängig zustande gekommen ist? Oder handelt es sich um Werbung und Interessenvertretung, wenn auch oft erarbeitet von bestens ausgebildeten Journalistinnen und Journalisten? Ein solcher Respekt für die journalistische Sphäre stabilisiert die demokratische Öffentlichkeit und ist so langfristig im Interesse aller Beteiligten.

3. *Informationsversorgung ist Infrastruktur: erstklassige Nachrichten für alle*

Die Information der Gesellschaft ist eine kritische Infrastruktur. Die unabhängige und verlässliche Versorgung mit Nachrichten und Hintergrund steht in einer Reihe mit Bildung, Gesundheit oder dem Zugang zu sauberem Wasser. Seit den Anfängen der Geschichte gibt es ein Ringen darum, ob diese Aufgaben staatlich oder privat-unternehmerisch geleistet werden sollen. Gegen die staatsnahe Lösung sprechen unter anderem die Sorgen vor Machtmissbrauch, Korruption und schlechter Leistung für die Bürgerinnen und Bürger. Bei näherer Betrachtung sind es am Ende ziemlich genau dieselben Befürchtungen, die gegen eine privatwirtschaftliche Organisation sprechen. In beiden Fällen sind lediglich die Interessen andere, die hinter einem Missbrauch stehen könnten.

Historisch gesehen haben sich beide Negativszenarien vielfach bewahrheitet. Mit der Infrastruktur ist oft von staatlicher wie von privater Seite Schindluder getrieben worden. Zuletzt haben viele westliche Gesellschaften schlechte Erfahrungen mit neoliberal inspirierten Privatisierungswellen gemacht. Die modernen, liberalen und rechtsstaatlichen Demokratien haben Mittel entwickelt, um aus diesem Dilemma herauszukommen. Zu diesen Mitteln gehören die parlamentarische, juristische und zivilgesellschaftliche Kontrolle staatlichen Handelns genauso wie die Kontrolle und Regulierung unternehmerischer Tätigkeit. Mit diesen Möglichkeiten kann man einer Entscheidung zwischen Staatsdirigismus mit Fünf-Jahres-Plänen auf der einen und entfesseltem Turbokapitalismus auf der anderen Seite entgehen, auch im Bereich der Information. Ich habe argumentiert, dass Nachrichten auch heute nicht kostenlos sind, unter anderem weil wir für die vermeintlichen digitalen Gratisangebote mit unseren Daten zahlen. Lassen Sie uns dennoch einmal die Frage zu Ende denken: Was wäre, wenn man eines Tages wirklich kein Geld mehr mit hochwertigen Nachrichten verdienen könnte? Was wäre, wenn es tatsächlich kein Geschäftsmodell mehr dafür gäbe? Selbst dann täte die Gesellschaft gut daran, für alle Menschen ein ausreichendes und vielfältiges Informationsangebot zu ermöglichen.

Wenn Kindergärten, Schulen und Universitäten allein von erwirtschafteten Einkünften leben müssten, könnte sich nur ein Teil der Gesellschaft gute Bildung leisten. Das wollen die meisten entwickelten Gesellschaften nicht. Auch Information ist im Kern keine Ware.

»Die erste Freiheit der Presse besteht darin, kein Gewerbe zu sein«, schrieb Karl Marx (1842). Ganz so weit muss man nicht gehen und sollte es aus meiner Sicht auch nicht. Für richtig halte ich aber die Feststellung, dass unabhängige Information ein Gut ist, das allen in angemessener Weise zugänglich sein muss.

4. *Keine Ware, keine Kundschaft: gegen die Kommodifizierung der Nachrichten*

Wenn Nachrichten also im Kern keine kommerzielle Ware sind, warum sprechen wir fast nur noch von Kunden oder Nutzerinnen? Nachrichtenredaktionen arbeiten nicht für eine Kundschaft. Sie arbeiten für und mit Leserinnen, Hörern und Zuschauern. Sie sind im Dienst von und im Dialog mit Bürgern und Wählerinnen. Zumindest öffentlich-rechtliche Redaktionen wollen Nachrichten auch nicht verkaufen.

Mir ist bewusst, dass mit der Vorstellung von Kunden Rechte einhergehen und ein Anspruch auf pünktliche, professionelle und individuell zufriedenstellende Dienstleistung. Der Perspektivwechsel dahin war in der zweiten Hälfte des vergangenen Jahrhunderts hilfreich, um erstarrte Verwalter der Infrastruktur leistungsfähiger und servicewilliger zu machen – von der Post und der Bahn, über Strom und Wasser manchmal eben auch hin bis zu Medien.

Die Leistungszusagen und Rechenschaftspflichten der Informationsanbieter will ich nicht schmälern. Im Gegenteil. Sie gehören erweitert, zum Beispiel bei der Transparenz und bei den Mitwirkungsrechten. Ich verkenne auch nicht die enorme Kraft des marktwirtschaftlichen Prinzips, durch Wettbewerb gute und bessere Lösungen möglich zu machen. Und doch glaube ich, dass die Vorstellung von einem Firmen-Kunden-Verhältnis bei den Nachrichten in den Hintergrund treten sollte.

Denn dieses Konzept hat zu Übertreibungen geführt, die nicht auszudenken waren, als Information noch durch den Verkauf von TV-Werbung und Kleinanzeigen in Zeitungen finanziert wurde. In der digitalen Aufmerksamkeitsökonomie geht es weitaus übergriffiger zu, für einzelne und die Gesellschaft deutlich gefährlicher. Das Bundesamt für die Sicherheit in der Informationstechnik warnt, eigentlich in anderer Sache:

> »Beim Social Engineering werden menschliche Eigenschaften wie Hilfsbereitschaft, Vertrauen, Angst oder Respekt vor Autorität ausgenutzt, um Personen geschickt zu manipulieren. Cyber-Kriminelle verleiten das Opfer auf diese Weise beispielsweise dazu, vertrauliche Informationen preiszugeben, Sicherheitsfunktionen auszuhebeln, Überweisungen zu tätigen oder Schadsoftware […] zu installieren« (BSI 2021).

Manches von dem lässt sich aus meiner Sicht auf den digitalen Informationsmarkt übertragen. Auch dort werden Menschen manipuliert und dazu bewegt, Daten preiszugeben. Ähnlich dem ›Phishing‹ oder dem ›Social Engineering‹ wird schädliche Information infiltriert, und zwar auch in die Köpfe der Menschen, in die Vorstellungen einer Gesellschaft.

Wir lernen gerade wieder, dass Schülerinnen und Eltern, nicht in erster Linie Kunden sind, sondern Menschen, die Erziehung und Bildung benötigen. Wir lernen wieder, dass Patienten und Stadtbewohner auch nicht in erster Linie Nutzer sind, sondern Menschen, die eine gute Gesundheitsversorgung brauchen oder ein lebenswertes Umfeld in ihrem Viertel mit sauberer Luft, angemessenem Wohnraum, Sicherheit vor Kriminalität und vielem mehr.

Diese Abkehr vom neoliberalen Muster sollten wir uns leisten und wir können es auch. Denn die westlichen Gesellschaften werden zumindest derzeit nicht hauptsächlich von überbordender Infrastruktur und öffentlicher Regelungswut bedroht. Die deutlich größere Gefahr geht aus meiner Sicht momentan von einem Verlust an Gemeinwohl und Zusammenhalt aus. Insofern entspräche der neuerliche Perspektivenwechsel einer von der Gesellschaft vorgenommenen, klassisch ökonomischen Kosten-Nutzen-Abwägung.

In Großbritannien steht die BBC seit Jahren unter wachsendem Druck und hat sicher auch eigene Fehler zu verantworten. Das ist ein kompliziertes Thema, gut für gleich mehrere Bücher, von denen Patrick Barwise and Peter York mit *The War against the* BBC schon eines geschrieben haben. (2020) Auch Steve Barnett and Jean Seaton von der Westminster Universität verteidigen den britischen ›Public Service‹. Sie haben in einer Denkschrift im Jahr 2010 herausgearbeitet, warum ein öffentlich-rechtliches Angebot keine Ware ist:

> »[...] the BBC space cannot be commodified: its communication is not contingent on giving potential recipients a commercial value and does not treat them as consumers whose demographics and wallets must be attractive to potential advertisers« (BARNETT/SEATON 2010).

Für den Nachrichtenbereich wünsche ich mir allgemein ein Zurückschrauben der publizistischen Orientierung an betriebswirtschaftlichen Marketingkategorien, die mikroökonomische Erfolge sichern sollen, aber makrosoziale Folgen außer Acht lassen. Dies bedeutet auch ein Ende der Unterwerfung gegenüber den digitalen Plattformen und ihren Regeln. Eine solche Unabhängigkeitserklärung ist leichter ausgesprochen als umgesetzt. Sie erfordert Mut und Umsicht im Vorgehen, weil für alle klassischen Medien viel auf dem Spiel steht, bis hin zum Überleben.

Diese gemeinwohlzentrierte Ausrichtung kann nur begleitet von einen den Markt regulierenden Willen von Gesellschaft und Politik gelingen. Vor allem liegt die Neuorientierung aber in der Hand der Einzelnen: Sie können mit ihrer Nachfragemacht deutlich machen, dass sie von Medien und Plattformen zumindest im Bereich der Information nicht vornehmlich als Kunden und Nutzerinnen mit dem Bedürfnis nach kurzfristiger Aufmerksamkeit und emotionaler Ansprache gesehen werden wollen. Wenn es gut läuft, besteht der Informationsjournalismus bald weniger aus Frontalunterricht und mehr aus verschiedenen Formen von Austausch und Zusammenarbeit. Das verlangt nicht nur den Redaktionen Umdenken und Neuorganisation ab, sondern setzt auch Engagement und Einsatz in der Gesellschaft voraus.

5. *Wenn schon, denn schon: duales Mediensystem auch im Netz*

Es gibt viele Modelle, freie Medien zu unterstützen, ohne ihre Freiheit durch Abhängigkeiten einzuschränken. Die Gesellschaft sollte sie nicht erst erproben, wenn sich der Informationsjournalismus unter Marktbedingungen zu Tode gespart oder banalisiert haben sollte.

Eines dieser Modelle ist schon lange bekannt: Der Rundfunk in Europa war nach dem Zweiten Weltkrieg weitgehend von öffentlich-rechtlichen Anbietern geprägt. Mit der Zeit hat sich daraus in fast allen Staaten ein duales System entwickelt. In Deutschland war es Mitte der 1980er-Jahre so weit. Ziele waren ein Gleichgewicht der Interessen und eine Art mediale Gewaltenteilung, mit der dem Zugriff von Parteien und staatlicher Macht vorgebeugt werden sollte. Diese Ziele haben meine volle Unterstützung.

Es wäre damals in dieser Systematik logisch gewesen, zumindest einige öffentlich-rechtliche Zeitungen und Zeitschriften auf den Markt zu bringen. Darüber wurde aber nicht einmal diskutiert, was ich gar nicht als Lobbyerfolg der Verlage kritisieren möchte, sondern eher mit der seinerzeit äußerst lebendigen und vielfältigen Presselandschaft in Verbindung bringe.

Die Umstände haben sich inzwischen dramatisch geändert, das Nutzungsverhalten der Menschen genauso wie der Medienmarkt: Dessen dominierende Teilnehmer sind inzwischen internationale Digitalkonzerne. Eine Fixierung auf die Konkurrenz zwischen öffentlich-rechtlichen Sendern und privaten Medienunternehmen hierzulande geht daher mehr und mehr am Kern des Problems vorbei. Die *Süddeutsche Zeitung* und die *Frankfurter Allgemeine* haben, so meine These, mehr mit dem MDR oder dem DEUTSCHLANDFUNK gemeinsam als mit Boulevardzeitungen und deren digitalen Angeboten. Alle Genannten wiederum sollte der Gedanke einen, dass Konkurrenz und durchaus auch Bedrohung von den großen Plattformen kommt und nicht von anderen aus der Riege der klassischen Medien.

Die Zeit ist reif für ein Ende des Kulturkampfs und für neue Formen der Zusammenarbeit. Vielleicht auch für neue hybride Formen der Medienfinanzierung, wie sie zum Beispiel die französische Ökonomin Julia Cagé in *Sauver les médias* diskutiert (2015).

Die Zeit ist sicher reif für einen komplementären Ergänzungswettbewerb im Bereich der digitalen Information. Ich möchte dafür plädieren, mit der Idee eines dualen Mediensystems endlich umfassend ernst zu machen. Ich meine damit auch heute nicht zusätzliche Printangebote von ARD oder ZDF. Ich meine vollständige nicht-kommerzielle Bewegungsfreiheit für die öffentlich-rechtlichen Anbieter im Internet und in den sozialen Medien. Es scheint mir offenkundig: Wir brauchen einen starken und unabhängigen öffentlich-rechtlichen Bereich im Internet neben einem starken privaten Mediensektor.

Manche Menschen haben Angst vor staatlicher Medienkontrolle. Dazu gehöre auch ich. Diese Angst muss aber einem lebendigen ›Public-Service-Sektor‹ nicht im Weg stehen. Was alles zu beachten ist, damit aus einem öffentlichen Teil der Finanzierung keine Staatskontrolle wird, das hat Marius Dragomir beschrieben in *Control the money, control the media: How government uses funding to keep media in line* (2017). In seiner Arbeit wird deutlich, dass die Unabhängigkeit und Qualität öffentlich-rechtlicher Sender letztlich von der Integrität des politischen Systems abhängen, in dem sie existieren.

6. *Nachrichtenkompetenz aufbauen: eine demokratische Schlüsselinvestition*

Bei den nächsten Punkten geht es um die Menschen, die für das Gelingen einer Gesellschaft am wichtigsten sind. Es sind wir alle, jede und jeder einzelne von uns.

> »[...] the most important office, and the one which all of us can and should fill, is that of private citizen. The duties of the office of private citizen cannot under a republican form of government be neglected without serious injury to the public« (MASON 1946: 122).

»Die Bürger haben das wichtigste Amt in einer Republik«. Dieser Satz ist schon mehr als einhundert Jahre alt und ich mag ihn sehr. Er stammt von dem US-Juristen und späteren Verfassungsrichter Louis Brandeis. Nicht anders ist es mit unserer Informationsgesellschaft. Auch hier haben die Einzelnen eine zentrale

Rolle und eine große Verantwortung. Das gilt erst recht in der digitalen Ära, in der alle längst nicht mehr bloße Konsumenten von Information sind, sondern die Öffentlichkeit mit einem bloßen Smartphone in der Hand kräftig mitgestalten können.

Schon allein deshalb muss stärker denn je Nachrichtenkompetenz erlernt und vermittelt werden. Desinformation und allgegenwärtige digitale PR machen den Bedarf noch dringlicher. Viele Menschen glauben, der Informationsjournalismus sei von Behörden oder Regierungen abhängig. Viele tun sich schwer, Nachrichten von Meinung und Werbung zu unterscheiden. Kritische Medienkompetenz muss deutlich mehr als bisher an den Schulen unterrichtet werden. Alain de Botton wundert sich zurecht, dass dies noch nicht ausreichend geschieht:

> »From an early age, we are educated to appreciate the power of images and words. We are led to museums and solemnly informed that certain pictures by long-dead artists could transform our perspectives. We are introduced to poems and stories that might change our lives. Yet, oddly, people seldom attempt to educate us about the words and images proffered to us every hour by the news« (DE BOTTON 2014: 11f.).

Medienkompetenz sollte jenseits der Schulen auch stärker in das Zentrum der Erwachsenenbildung rücken. Um es klar zu sagen: Das ist kein schönes Projekt für irgendwann einmal, das ist überlebenswichtig für die Nachrichtenkultur und für die Demokratie. Es muss jetzt in Angriff genommen werden.

Die Medien können hier einen Beitrag leisten. Sie sind dringend aufgerufen, nicht nur an ihren Angeboten zu arbeiten, sondern sich auch um die Nachfrageseite zu kümmern. Eine Haltung des ›Hier sind die Nachrichten, ansonsten lasst uns bitte in Ruhe‹, reicht nicht mehr aus.

Redaktionen müssen die eigene Arbeit transparent machen und immer wieder erklären. Ein großer Teil der Gesellschaft weiß nicht, wie Journalismus funktioniert. Medien, aber auch einzelne Journalistinnen und Journalisten können darüber hinaus bei den verschiedenen Programmen mitwirken, die der Vermittlung von Medienkompetenz dienen. Einige meiner Kolleginnen und Kollegen beteiligen sich an der europäischen Initiative der ›Lie Detectors‹ und gehen an die Schulen zu den 10- bis 15-Jährigen. Auf der Webseite der ›Lie Detectors‹ findet sich folgender Satz, der genauso wahr ist wie das Zitat von Louis Brandeis:

> »Auf der ganzen Welt bringt man Kindern bei, keine Süßigkeiten von Fremden anzunehmen. In Zeiten der Informationsflut benötigen sie eine entsprechende Nachrichtenkompetenz, damit sie nicht alles ›schlucken‹, was man ihnen vorsetzt« (LIE DETECTORS 2021).

7. *Wir alle sind gefordert: bessere Information fängt bei den Einzelnen an*

Bleiben wir bei der Ernährungsmetapher. Die Qualität unserer Mediendiät hat eine ähnlich große Bedeutung für uns wie das Essen. Die US-Wissenschaftlerin Danah Boyd, die für eine Microsoft-Forschungseinrichtung arbeitet, hat es einmal so beschrieben:

> »Our bodies are programmed to consume fat and sugars because they're rare in nature. [...] In the same way, we're biologically programmed to be attentive to things that stimulate: content that is gross, violent, or sexual and that gossip which is humiliating, embarrassing, or offensive. If we're not careful, we're going to develop the psychological equivalent of obesity. We'll find ourselves consuming content that is least beneficial for ourselves or society as a whole« (BOYD 2009).

Die britische Autorin Jodie Jackson hat aus dem Satz »You are, what you eat« in einem Wortspiel *You are, what you read* gemacht. In ihrem gleichnamigen Buch wartet sie mit sechs Vorschlägen für eine gesündere Mediendiät auf:

> »1. Become a conscious consumer. 2. Read/watch good-quality journalism. 3. Burst your filter bubble. 4. Be prepared to pay for content. 5. Read beyond the news. 6. Read solutions-focused news« (JACKSON 2019: 134).

Bei Punkt sechs merkt man, dass Jackson eine Vertreterin des ›Konstruktiven Journalismus‹ ist. Doch selbst diejenigen, die da nicht mitgehen wollen, sollten zumindest die anderen Punkte bedenken. Der vierte, »Sei bereit für Inhalte zu bezahlen«, mag einige irritieren, denn nicht jede und jeder kann für journalistische Inhalte Geld aufwenden. Die Aufforderung steht in meinen Augen für die Einsicht, dass kostenfreie Inhalte auf anderem Weg bezahlt werden, durch Preisgabe von Daten. Sie steht für die Tatsache, dass viele dieser Informationen in Wirklichkeit Werbung oder ›Junk News‹ sind. Die Aufforderung kann aber auch anderen Finanzierungsmodellen gelten wie einem Rundfunkbeitrag.

Jacksons Appell, dem ich mich anschließe, mag sich nach Pädagogik des erhobenen Zeigefingers anhören. Doch bei der Information verhält es sich wie bei der Ernährungswende, deren Neuausrichtung nur mit den Konsumenten gelingen kann. Die großen Plattformen und Digitalkonzerne haben von sich aus keinerlei Veranlassung, ihr Vorgehen infrage zu stellen und die Algorithmen zu entgiften. Der entscheidende Impuls dazu muss in unseren westlichen, kapitalistischen Gesellschaften von den Einzelnen kommen.

Nur wenn viele Menschen Verhalten und Nachfrage zu ihrem eigenen Nutzen ändern wollen, hat die Informationswende eine Chance. Die Zuschauer, Hörerinnen, Leser und Nutzerinnen haben die Macht, durch Neuverteilung ihrer Aufmerksamkeit deutlich zu machen, dass sie etwas anderes wollen. Wer sich selbst informationell gesund ernährt, der wird auch eher Information mit Nährwert liken, empfehlen und teilen. Auch das ist in der Welt digitaler Prosumenten und der sozialen Medien von enormer Bedeutung.

Die Aussichten dafür werden umso günstiger, je besser sich die schon erwähnte Nachrichtenkompetenz entwickelt. Die Medien sollten auch hier helfen: Zum einen, indem sie intensiv und im Austausch mit den Menschen darüber aufklären, was gute Information ist. Zum anderen, und das ist der vermutlich schwierige Teil, indem sie sich nicht mehr mit Inhalten ohne informationellen Nährwert am Wettbewerb um Aufmerksamkeit beteiligen, obwohl diese Klicks und Reichweiten versprechen.

8. *Untrennbar: Demokratie und freie Information*

Abschließend möchte ich auf den einfachsten und zugleich schwierigsten Weg aufmerksam machen, die Nachrichten zu stärken: Es ist die Stärkung einer freien und lebendigen Demokratie. Das Vertrauen der Menschen in den Informationsjournalismus hängt von ihrem Vertrauen in das gerechte Funktionieren des politischen Systems ab. Untersuchungen, die ich am Anfang des Buchs erwähnt habe, belegen das deutlich.

Es ist wichtig, sich immer vor Augen zu halten, dass Demokratie und freie Medien in der Regel nur gemeinsam existieren und dass sie ziemliche Ausnahmeerscheinungen sind. Wenn es schlecht läuft, werden sie in ferner Zukunft als eine Episode in Erinnerung sein, als Projekt einiger Generationen.

Wir haben uns angeschaut, wie die Pressefreiheit in den vergangenen Jahren weltweit zurückgegangen ist. In Sachen Demokratie und Freiheit sieht es nicht besser aus. Der britische *Economist* veröffentlicht jährlich einen Demokratie-Index und hat das im Februar 2021 mit folgendem Hinweis verbunden:

> »Global democracy continued its decline in 2020, according to the latest edition of the Democracy Index […]. The annual survey, which rates the state of democracy across 167 countries based on five measures – electoral process and pluralism, the functioning of government, political participation, democratic political culture and civil liberties – finds that just 8.4% of the world's population live in a full democracy while more than a third live under authoritarian rule« (THE ECONOMIST 2021).

Der zweite einschlägige Bericht kommt ebenfalls jährlich heraus und stammt von der in Washington ansässigen internationalen Nichtregierungsorganisation ›Freedom House‹. Auch hier war der Ausblick Anfang 2021 düster:

> »As a lethal pandemic, economic and physical insecurity, and violent conflict ravaged the world in 2020, democracy's defenders sustained heavy new losses in their struggle against authoritarian foes, shifting the international balance in favor of tyranny. Incumbent leaders increasingly used force to crush opponents and settle scores, sometimes in the name of public health, while beleaguered activists – lacking effective international support – faced heavy jail sentences, torture, or murder in many settings. The impact of the long-term democratic decline has become increasingly global in nature, broad enough to be felt by those living under the cruelest dictatorships, as well as by citizens of long-standing democracies. Nearly 75 percent of the world's population lived in a country that faced deterioration last year« (REPUCCI/SLIPOWITZ 2021).

Demokratien werden nicht nur durch Staatsstreiche ausgelöscht. Das langsame Sterben kann im regelhaften politischen Prozess und durch Wahlen geschehen. Das wissen wir aus der Geschichte, etwa durch das Beispiel der Weimarer Republik. Steven Levitsky und Daniel Ziblatt haben diese Erkenntnis für die Jetztzeit aktualisiert. Ihr Bestseller *How democracies die* (2018) handelt von der Erosion von Demokratien und ist stark auf die USA bezogen. Das Buch entstand aus der Besorgnis heraus, die der Wahlsieg Donald Trumps im November 2016 bei den beiden Politikwissenschaftlern ausgelöst hatte.

Krisenzeichen zeigen aber auch andere westlich-demokratische Gesellschaften. Von der Polarisierung, von sozialen und kulturellen Konflikten sowie vom Problemverstärker Globalisierung war die Rede. Die Folgen sind allenthalben zu besichtigen bis hin zu Beschädigungen der Rechtsstaatlichkeit in Ländern der Europäischen Union. Armin Schäfer und Michael Zürn schreiben in ihrem Buch über die *Demokratische Regression* unter anderem:

> »War der Verfall der Demokratie lange Zeit etwas, das aus der Perspektive von Westeuropäerinnen nur in fernen Ländern stattfand, kommen die Einschläge nun näher. Nicht allein in Venezuela oder Brasilien, sondern auch in den USA und Polen hat sich die Demokratie in den letzten zehn Jahren deutlich verschlechtert. [...] Der gegenwärtige Rückzug der Demokratie scheint mehr als nur eine vorübergehende Delle. Die optimistische Erzählung, wonach sich die Demokratie in Wellen ausbreitet, zwischen denen lediglich kurze Perioden partieller Rückschritte liegen, deckt sich kaum mit der tatsächlichen Entwicklung« (SCHÄFER/ZÜRN 2021: 12).

Damit verbunden ist auch der Systemwettbewerb wieder voll entbrannt. Nach dem Ende des ›Kalten Kriegs‹ dachten viele in den liberalen, marktwirtschaftlich ausgerichteten Demokratien noch, ihr Modell habe sich endgültig durchgesetzt. Es kam anders. Aus Sicht (bei weitem nicht nur) des Ökonomen Clemens Fuest stecken die Demokratien mitten in einer neuen Konkurrenz, und zwar mit einem autoritären Staatskapitalismus, vor allem in China, in Teilen auch in Russland und kleineren Staaten wie Vietnam. Dabei ist es alles andere als ausgemacht, dass der Westen im Ganzen leistungsfähiger ist. Für den Chef des Ifo-Instituts geht es neben militärischer Dominanz um diese Fragen:

> »Wird der chinesische Staatskapitalismus die westlichen Marktwirtschaften in Wissenschaft, Technik und letztlich in wirtschaftlicher Dynamik und Effizienz übertreffen? Wird die Rolle Chinas in Entwicklungs- und Schwellenländern, vor allem in Afrika, wachsen und den Einfluss des Westens zurückdrängen? Kommt es so weit, dass die globale Wirtschafts- und Handelsordnung sich zunehmend an chinesischen Interessen orientieren wird? Damit verbunden ist die Frage, ob westliche Werte wie individuelle Freiheit, Rechtsstaatlichkeit und Meinungsfreiheit Zukunft haben« (FUEST 2018).

Auch im Westen selbst ist bei Weitem nicht mehr jede und jeder davon überzeugt, dass das eigene Modell überlegen ist. In der Corona-Zeit hat der Vergleich mit der Effizienz autoritärer Gesellschaften in der Pandemiebekämpfung manche Zweifler bestärkt.

Zu den Erscheinungsformen der Krise des liberalen Ordnungsmodells arbeitet das internationale Exzellenzcluster ›Contestation of the Liberal Script‹. Im Blog des an der Freien Universität Berlin koordinierten Netzwerks heißt es unter anderem:

> »Liberal ideas and institutions for organizing societies have constantly been under pressure and successfully overcome threats in the past. Yet, the attraction of other models is growing. Liberal scripts have to compete increasingly with alternative scripts and agendas for organizing societies – be they run by authoritarian, populist, fundamentalist or cleptocratic regimes. Are liberal democracies confident, flexible and creative enough to respond to the challenges posed by alternative or competing political systems?« (SCRIPTS 2021).

Die Herausforderungen für die liberalen Demokratien sind vielfältig und ernst. Nur lebendige und intakte Gesellschaften werden sie bestehen. Eine Wiederbelebung der repräsentativen Demokratie durch neue Beteiligungsformen kann dabei helfen, genauso wie eine stärkere Ausrichtung politischen Handelns auf Gemeinwohl und den Aufbau von Sozialkapital.

Dabei kommt es auf jede und jeden Einzelnen an. Die Soziologin Zeynep Tufekci hat die Entwicklung des vergangenen Jahrzehnts in *How social media took us from Tahrir Square to Donald Trump* bilanziert. Ihr Fazit lautet:

> »The way forward is not to cultivate nostalgia for the old-world information gatekeepers or for the idealism of the Arab Spring. It's to figure out how our institutions, our checks and balances, and our societal safeguards should function in the 21st century – not just for digital technologies but for politics and the economy in general. This responsibility isn't on Russia, or solely on Facebook or Google or Twitter. It's on us« (TUFEKCI 2018).

Einen Teil dieser Verantwortung trägt der westliche Informationsjournalismus. Er muss wie die liberale Demokratie sein Grundmuster, sein Skript, überprüfen. Die von mir beschriebenen Bausteine ›Realistischer Nachrichten‹ sind als Vorschlag für die Diskussion darüber gedacht.

Dieses Buch ruft im Titel zur Rettung der freien und unabhängigen Nachrichten auf. Aus sich selbst heraus können das die Nachrichten nicht schaffen. Sie sind auf demokratische und rechtsstaatliche Verhältnisse angewiesen. Allerdings besteht hier nicht nur eine Abhängigkeit, sondern eine Wechselwirkung. Deshalb schließt dieser Text über Nachrichten mit einer wirklich guten Nachricht: Ein erneuerter Informationsjournalismus kann einen entscheidenden Beitrag für die demokratische Gesellschaft leisten – und damit zugleich die Grundlagen für die eigene Zukunft legen.

SCHLUSSBEMERKUNG UND DANK

»Wir müssen uns um die Nachrichten kümmern. Sie, ich, wir alle.« Die ersten Worte dieses Buches waren eine eindringliche, fast schon eine aufdringliche Bitte. Wenn Sie bis zum Schluss durchgehalten haben, oder wenn Sie nach der Lektüre des einen oder anderen Kapitels hier angelangt sind, dann werden Sie es bemerkt haben: Auch dieser Text ist keine umfassende Auseinandersetzung mit dem Thema ›Nachrichten‹. Manches mir Wichtige habe ich auslassen müssen: Über die Sprache der Nachrichten könnte man mühelos ein eigenes Buch schreiben wie über die verschiedenen Formen und Formate des Informationsjournalismus oder über die Qualitätssicherung in den Redaktionen. Es gibt sicher auch noch Leerstellen, die mir nicht bewusst sind.

Ich kann nicht erwarten, dass nur eine Leserin oder ein Leser mir in allen Punkten folgt. Meine Hoffnung ist, zur Diskussion über die Nachrichten und den Informationsjournalismus angeregt zu haben. Es würde mich freuen, wenn Sie sich an dieser wichtigen Debatte beteiligen. Gerne stehe ich für Fragen und Anregungen bereit oder für Hinweise auf Gedankenfehler, die Sie möglicherweise entdeckt haben. In jedem Fall danke ich Ihnen für die Aufmerksamkeit und für die Zeit, die Sie meinen Überlegungen haben zuteilwerden lassen.

Dank möchte ich noch in einige andere Richtungen aussprechen. »It takes a village to raise a child«. Auch dieses Buch gibt es nur, weil ich mich über eine lange Zeit mit vielen Menschen immer wieder über ganz verschiedene Aspekte austauschen konnte. Ich denke zunächst an meine Kolleginnen und Kollegen beim DEUTSCHLANDFUNK: an die, die mich ausgebildet haben, und an die, die in den vergangenen fast dreißig Jahren mit mir zusammengearbeitet, mit mir über unser gemeinsames Thema, unsere gemeinsame Aufgabe gesprochen und gerungen haben. Wir alle wissen, wie viel Freude die Nachrichtenarbeit bereiten kann, zumal Nachrichtenredaktionen ein Ort sind, an dem man alles sehr wichtig nimmt, nur nicht sich selbst.

Danken möchte ich auch den Kolleginnen und Kollegen zahlreicher anderer Medien. Die Community der Hörfunknachrichten in Deutschland ist sehr lebendig und denkt schon lange über die Radiogrenzen hinaus. Viele weitere Redaktionen im In- und Ausland haben mir über die Jahre ebenfalls ihre Türen für Besuche und Gespräche geöffnet, haben ihre Erfahrungen und Anregungen mit mir geteilt.

Sehr wichtig für dieses Projekt war eine zweimonatige Auszeit, die ich Anfang 2020 als Stipendiat am Wissenschaftszentrum Berlin für Sozialforschung verbringen durfte. Es dürfte kaum jemanden am WZB geben, der mir nicht zu den gesellschaftlichen Hintergründen meines Themas Auskunft gegeben hat. Ein weiterer Dank geht nach Hamburg an das Leibniz-Institut für Medienforschung, das Hans-Bredow-Institut. Dort hat sich ein kleines Team noch kurz vor der Corona-Phase die Zeit genommen, mir zu meinem ersten, vagen Konzept Rückmeldung und Orientierung zu geben. Maren Urner und Johannes Hillje haben mir ebenfalls bei einigen Fragen ausführlich Auskunft gegeben. Sollte ich im Ergebnis mit ihren Hinweisen oder mit dem Rat vieler anderer nicht gut umgegangen sein, so ist dies allein meine Verantwortung und ich bitte um Nachsicht.

Das Buch würde es nicht geben ohne das Interesse und die Unterstützung des Verlegers, Herbert von Halem, und des Herausgebers der Reihe, Stephan Russ-Mohl. Danken möchte ich auch Rabea Wolf und Rüdiger Steiner für das Lektorat und allen Beteiligten des Verlages für die Geduld mit ihrem Autor im Nebenberuf und für eine gewisse Nachsicht in Sachen Abgabetermin.

Ein besonderer Dank gilt denjenigen, die das ganze Manuskript gegengelesen haben. Katja Artsiomenka, Silvia Engels, Lorenz Lorenz-Meyer und Francisca Zecher haben das auf sich genommen und mir wertvolle Rückmeldungen gegeben. All das hat auch meine Frau Cristina gemacht und noch viel mehr: Sie hat das Projekt vom ersten Gedanken bis zur Abgabe begleitet und unterstützt, sie hat dafür mehr Verständnis und Geduld aufgebracht, als man verlangen kann.

LITERATUR UND ANDERE ZITIERTE QUELLEN

247GRAD LABS: *Best Practice: Die besten Corporate Newsrooms in D-A-CH.* https://dirico.io/blog/corporate-newsrooms-deutschland/ [22.4.2021]. Zitiert als »247GRAD Labs 2021«

ADLER, STEPHEN J.: *Trusted journalism: A final note.* https://www.reutersagency.com/en/media-center/trusted-journalism-a-final-note/ 26.4.2021. [27.4.2021]

ALI, CHRISTOPHER; HILDE VAN DEN BULCK; BO LEE: PBS could help rebuild trust in US media. In: *Columbia Journalism Review*, 9.3.2021. https://www.cjr.org/tow_center/pbs-could-help-rebuild-trust-in-us-media.php [22.4.2021]

ALT, CHRISTIAN; CHRISTIAN SCHIFFER: *Angela Merkel ist Hitlers Tochter. Im Land der Verschwörungstheorien.* Berlin [Hanser Berlin] 2018

ANDERSON, BONNIE: *Newsflash.* New York [John Wiley & Sons] 2008

ANSA: *Il coronavirus è l'Ebola dei ricchi.* 27.3.2020 https://www.ansa.it/lombardia/notizie/2020/03/27/coronavirus-e-lebola-dei-ricchi_6cdb6a47-d6e6-48ae-b2ab-028dd6b9a28a.html [20.4.2021]

ARENDT, HANNAH: *Wahrheit und Lüge in der Politik: Zwei Essays.* München [Piper] 2021

AUGSTEIN, RUDOLF: Editorial »Lieber Spiegel-Leser!«. In: *Der Spiegel*, 16/1961. https://www.spiegel.de/politik/lieber-spiegel-leser-a-[illegible]-0002-0001-0000-000043160735?context=issue [11.5.2021]

BARNETT, STEVE; JEAN SEATON: Why the BBC Matters: Memo to the New Parliament about a Unique British Institution. In: *University Political Quarterly*, 3/2010, S. 327-332

BARWISE, PATRICK; PETER YORK: *The War Against The BBC*. London [Penguin] 2020

BATES, STEPHEN: *If No News, Send Rumours*. New York [Henry Holt] 1991

BBC: *Editorial Guidelines: Guidance note – Individual Use of Social Media*. 29.10.2020. https://www.bbc.co.uk/editorialguidelines/guidance/individual-use-of-social-media#1introductionandprinciples [24.4.2021]

BBC NEWS: *New BBC director general Tim Davie against switch to subscription*. 3.9.2020. https://www.bbc.com/news/entertainment-arts-54014210 [12.2.2021]

BECK, ULRICH: *Europa braucht einen neuen Traum. Essay für die Bundeszentrale für politische Bildung*. 11.3.2014. https://www.bpb.de/apuz/180364/europa-braucht-einen-neuen-traum?p=all [11.5.2021]

BECKEDAHL, MARKUS et al.: *Internet-Manifest: Wie Journalismus heute funktioniert. 17 Behauptungen*. https://netzpolitik.org/2009/internet-manifest-wie-journalismus-heute-funktioniert-17-behauptungen/ [22.3.2021]

BECKETT, CHARLIE: *The Value of Networked Journalism. Blogeintrag auf der Webseite der ›London School of Economics and Political Science‹*, 6.6.2010. https://blogs.lse.ac.uk/polis/2010/06/06/2932/ [30.4.2021]

BENTON, JOSHUA: *Who's interested in ›slow journalism‹?* Nieman Lab, 15.9.2020. https://www.niemanlab.org/2020/09/whos-interested-in-slow-journalism-turns-out-mostly-the-same-people-who-are-into-regular-ol-fast-journalism/ [26.3.2021]

BETHEA, CHARLES: *What happens, when the news is gone? New Yorker*, 27.1.2020. https://www.newyorker.com/news/the-future-of-democracy/what-happens-when-the-news-is-gone [2.2.2021]

BLUM, ROGER: *Lautsprecher und Widersprecher. Ein Ansatz zum Vergleich der Mediensysteme*. Köln [Herbert von Halem] 2014.

BLUM, ROGER; KATRIN HEMMER; DANIEL PERRIN: *Die AktualiTäter. Nachrichtenagenturen in der Schweiz*. Bern [Paul Haupt] 1995

BOSBACH, GERD; JENS J. KORFF: *Lügen mit Zahlen*. München [Heyne] 2012

BOYD, DANAH: *Rede auf der Web 2.0 Expo 2009*, San Francisco. https://www.danah.org/papers/talks/Web2Expo.html [10.9.2021]

BRIN, SERGEY, LAWRENCE PAGE: *The Anatomy of a Large-Scale Hypertextual Web Search Engine*. 1998. http://infolab.stanford.edu/~backrub/google.html [18.5.2021]

BSI: *Social Engineering – der Mensch als Schwachstelle*. 2021. https://www.bsi.bund.de/DE/Themen/Verbraucherinnen-und-Verbraucher/Cyber-Sicherheitslage/Methoden-der-Cyber-Kriminalitaet/Social-Engineering/social-engineering_node.html [25.5.2021]

BUNDESPRESSEKONFERENZ: *Satzung*. Stand 2020. https://www.bundespressekonferenz.de/verein/satzung [15.4.2021]

BUNDESVERFASSUNGSGERICHT (BVERFG): *Urteil des Ersten Senats vom 25. März 2014* – 1 BvF 1/11, Rn. 1-135

CAGÉ, JULIA: *Sauver les médias*. Montrouge [Seuil] 2015

CENTRE FOR LAW AND DEMOCRACY: *Global Right to Information Rating*. 2020. https://www.rti-rating.org/ [10.2.2021]

CIMMINO, NICOLETTA: Die vier Worte des Grauens. In: *Edito*, 12.3.2018. https://www.edito.ch/die-vier-worte-des-grauens/ [22.3.2021]

CLARK, ROY PETER: How to serve up a tasty ›truth sandwich?‹. In: *Poynter*, 18.8.2020. https://www.poynter.org/reporting-editing/2020/how-to-serve-up-a-tasty-truth-sandwich/ [22.4.2021]

COLE, TIM: *Wild Wild Web. Was uns die Geschichte des Wilden Westens über die Zukunft der digitalen Gesellschaft lehrt*. München [Vahlen] 2018

CONSILIUM RECHTSKOMMUNIKATION: *Webseite, Unterseite ›Litigation-PR‹*. Copyright 2021. https://consilium-rechtskommunikation.de/litigation-pr.html?gclid=CjoKCQjwsqmEBhDiARIsANV8H3ZcqqegLpSMMZmmRwneo1H2t5uL_1WB-NRjRtQih7JXFzceoUHrLwgaAivlEALw_wcB [30.4.2021]

COOK, JOHN: *A history of FLICC: the 5 techniques of science denial Skeptical Science*. 31.3.2020. https://skepticalscience.com/history-FLICC-5-techniques-science-denial.html [28.4.2021]

COTTON, TOM: Send In the Troops. In: *New York Times*, 3.6.2020. https://www.nytimes.com/2020/06/03/opinion/tom-cotton-protests-military.html [4.3.2021]

CUSHION, STEPHEN: *The Democratic Value of News*. London [Palgrave Macmillan] 2012

DAVIES, NICK: *Flat Earth News*. London [Vintage] 2009

DAVIES, WILLIAM: *Nervous states. How Feelings Took over the world.* London [Penguin] 2019

DE BOTTON, ALAIN: *The News. A User's Manual*. London [Hamish Hamilton] 2014

DE MICHELIS, SILVIA: *Peace Journalism in Theory and Practice. Veröffentlicht auf der Webseite E-International Relation*, 23.12.2018. https://www.e-ir.info/2018/12/23/peace-journalism-in-theory-and-practice/ [12.5.2021]

DELAYED GRATIFICATION: Webseite https://www.slow-journalism.com/ 2021 [14.3.2021]

DEUTSCHER PRESSERAT: *Pressekodex*. Stand vom 11.9.2019. https://www.presserat.de/pressekodex.html [21.4.2021]

DIAKOPOULOS, NICHOLAS: *Automating the News. How Algorithms Are Rewriting the Media.* Cambridge [Harvard University Press] 2019

DITTLBACHER, FRITZ: Politiker und Journalisten – ziemlich beste Feinde. In: *Die Presse*, 29.3.2014. https://amp.diepresse.com/1583790? [20.5.2021]

DOBELLI, ROLF: *Die Kunst des digitalen Lebens: Wie Sie auf News verzichten und die Informationsflut meistern*. München [Piper] 2019

DÖPFNER, MATHIAS: Streitgespräch mit Günter Grass. In: *Der Spiegel*. 18.06.2006. https://www.spiegel.de/politik/wir-deutschen-sind-unberechenbar-a-7c46fd1f-0002-0001-0000-000047282197?context=issue Angerufen am 20.3.2021

DOWARD, JAMIE: How the BBC's truth offensive beat Hitler's propaganda machine. In: *The Guardian*, 15.4.2017. https://www.theguardian.com/world/2017/apr/15/bbc-truth-offensive-beat-hitler-propaganda-machine [4.3.2021]

DRAGOMIR, MARIUS: ›Control the Money, Control the Media: How Government Uses Funding to Keep Media in Line.‹ *2017*. In: *Journalism*, 19, S. 1131-1148

DUDEN: *Bedeutung von ›Nachricht‹*. https://www.duden.de/rechtschreibung/Nachricht [4.2.2021]

THE ECONOMIST: *Global democracy has a very bad year*. 2.2.2021. https://www.economist.com/graphic-detail/2021/02/02/global-democracy-has-a-very-bad-year [14.5.2021]

EDELMAN: *Edelman Trust Barometer 2021*. https://www.edelman.com/sites/g/files/aatuss191/files/2021-01/2021-edelman-trust-barometer.pdf [27.4.2021]

ERIBOND, DIDIER: Retour à Reims. Paris [Fayard] 2009

ERZBISTUM KÖLN: *Webseite des Newsdesks*. https://www.erzbistum-koeln.de/presse_und_medien/pressebereich/newsdesk/ [20.4.2021]. Zitiert als »ERZBISTUM KÖLN 2021«

FENTON, NATALIE (Hrsg.): *New Media, Old News. Journalism and Democracy in the Digital Age*. London [Sage] 2010

FENTON, TOM: *Junk News*. Golden/Colorado [Fulcrum Publishing] 2009

FINANZWENDE: *Ungleiches Terrain. Eine Studie zu Größe und Einfluss der Finanzlobby in Deutschland*. 9.12.2020. https://www.finanzwende.de/themen/finanzlobbyismus/studie-ungleiches-terrain/ [2.3.2021]

FITZPATRICK, JASMIN: Potenziale sozialer Medien zwischen Wunsch und Wirklichkeit. Welche Chancen bieten soziale Medien für politische Akteure und ihre Erforschung? In: HOFMANN, J.; N. KERSTING; C. RITZI; W.J. SCHÜNEMANN (Hrsg.): *Politik in der digitalen Gesellschaft – Zentrale Problemfelder und Forschungsperspektiven*. Bielefeld [transcript] 2019

FLETCHER, RICHARD: *The truth behind filter bubbles: Bursting some myths*. Vortrag am 22.1.2020. https://reutersinstitute.politics.ox.ac.uk/risj-review/truth-behind-filter-bubbles-bursting-some-myths [24.4.2021]

FLETCHER, RICHARD; NIC NEWMAN; ANNE SCHULZ: *A Mile Wide, an Inch Deep: Online News and Media Use in the 2019 UK General Election*. Oxford [Reuters Institute] 2020. https://reutersinstitute.politics.ox.ac.uk/sites/default/files/2020-02/Fletcher_News_Use_During_the_Election_FINAL.pdf [25.3.2021]

FORSCHUNGSZENTRUM ÖFFENTLICHKEIT UND GESELLSCHAFT (FÖG): *Qualität der Medien – Jahrbuch*. Zürich [Schwabe Verlag] 2020

FRANCESCHINI, AGNESE: *Von ›Fünf Sterne‹ bis ›Aufstehen‹. Sind digitale Bewegungen die Zukunft der Politik?* Feature gesendet von WDR5, 19.5.2019, 11:04 Uhr

FRANZEN, AXEL; MARKUS FREITAG (Hrsg.): *Sozialkapital. Kölner Zeitschrift für Soziologie und Sozialpsychologie,* Sonderheft, 47, 2007. Als Buch: Wiesbaden [Springer VS] 2008

FREYTAG, GUSTAV: *Die Journalisten*. Stuttgart [Reclam] 1977

FRITZSCHE, HANS: Die Grenzen des Rundfunknachrichtendienstes. In: *Welt-Rundfunk*, 1, 1937, S. 155

FUEST, CLEMENS: Der dritte Systemwettbewerb. In: *Frankfurter Allgemeinen‹*, 27.7.2018 https://www.faz.net/aktuell/wirtschaft/chinas-einfluss-waechst-der-dritte-systemwettbewerb-15709591.html?premium [14.5.2021]

GABRIEL, MARKUS: *›Digitales Proletariat‹. Vortrag auf dem LPR Forum Medienzukunft,* 4. April 2019, Frankfurt/M. Dokumentiert in *epd-Medien* 22/31.5.2019. http://www.lpr-forum-medienzukunft.de/files/epd_medien_22_dokumentation_lpr-forum_2019_05_31.pdf [10.4.2021]

GALTUNG, JOHAN; MARI HOLMBOE RUGE: The Structure of Foreign News. In: *Journal of Peace Research*, 2, 1965, S. 64-91

GANS, HERBERT J.: *Deciding What's News: A study of CBS evening news, NBC nightly news, Newsweek, and Time*. New York [Vintage] 1979

GANS, HERBERT J.: *Democracy and the News*. Oxford [Oxford University Press] 2003

GATES, BILL: *Content is King. Artikel auf der Microsoft-Webseite*. 3.1.1996. http://web.archive.org/web/20010126005200/http://www.microsoft.com/billgates/columns/1996essay/essay960103.asp [30.4.2021]

GAULHOFER, KARL: Für Pessimismus ist es zu spät. In: *Die Presse*, 29.8.2017. https://www.diepresse.com/5276323/fur-pessimismus-ist-es-zu-spat. [6.4.2021]

GHONIM, WAEL; JAKE RASHBASS: *Transparency: What's Gone Wrong with Social Media and What Can We Do About It?* 27.3.2018. Webseite des ›Shorenstein Centre‹ der Harvard Universität. https://shorensteincenter.org/transparency-social-media-wael-ghonim/ [7.5.2021]

GIL DE ZÚÑIGA, HOMERO; TREVOR DIEHL: News finds me perception and democracy: Effects on political knowledge, political interest, and voting. In: *New Media & Society*, 21 (6), 2019, S. 1253-1271

GILLMOR, DAN: *The end of objectivity*. Blogeintrag 20.1.2005 https://dangillmor.typepad.com/dan_gillmor_on_grassroots/2005/01/the_end_of_obje.html?cid=8786342 [8.3.2021]

GILLMOR, DAN: *We The Media. Grassroots Journalism by the People and for the People*. Sebastopol/CA [O'Reilly] 2006

GILLMOR, DAN: *Transparency is a necessary principle for all media types*. 19.8.2007. https://www.prweek.com/article/1256417/transparency-necessary-principle-media-types [8.3.2021]

GIRTLER, ROLAND: *Zehn Gebote der Feldforschung*. Wien [Böhlau] 2002

GLENNY, MISHA: *McMafia. A Journey Through the Global Criminal Underworld*. New York [Knopf Books] 2008

GOEBBELS, JOSEPH: *Ansprache an die Intendanten und Direktoren der Rundfunkgesellschaften*, 25. März 1933. https://ghdi.ghi-dc.org/docpage.cfm?docpage_id=2431&language=german [20.5.2021]

GOLOMBEK, DIETER: *Mit Öffentlichkeit dienen. Der Demokratieauftrag der Lokalredaktion. Beitrag für das Internetangebot der Bundeszentrale für politische Bildung*. 20.12.2012. https://www.bpb.de/gesellschaft/medien-und-sport/lokaljournalismus/151167/mit-oeffentlichkeit-dienen [14.5.2021]

GOODHART, DAVID: *The Road to Somewhere: The Populist Revolt and the Future of Politics*. London [C. Hurst & Co.] 2017

GORSCHENEK, HANNS: *Nachrichten im Deutschlandfunk*. Köln [Deutschlandfunk] 1967

GOSTOMZYK, TOBIAS; DANIEL MOSSBRUCKER: *Wenn Sie das schreiben, verklage ich Sie! Studie zu präventiven Anwaltsstrategien gegenüber Medien*. Frankfurt/M. [OBS-Arbeitsheft 99] 2019

GRIMM, JACOB; WILHELM GRIMM: *Deutsches Wörterbuch*. Leipzig 1854-1961. Zitiert nach https://woerterbuchnetz.de [12.3.2021]

GRUNDMANN, THOMAS: *Philosophische Wahrheitstheorien*. Ditzingen [Reclam] 2018

HAAGERUP, ULRIK: *Constructive News*. Zürich [InnoVatio] 2014

HALIMI, SERGE; PIERRE RIMBERT: Un journalisme des guerres culturelles. In: *Le Monde diplomatique*, 3/2021, S. 20-21

HALLIN, DANIEL C.: *The uncensored war. The media and Vietnam*. Berkeley [University of California Press] 1989

HAMILTON, JAMES: All the news that's fit to sell. Princeton [University Press Group] 2006

HARMS, FLORIAN: Schluss mit der Featureritis, her mit den Fakten! In: *Journalist*, 21.2.2019. https://www.journalist.de/

startseite/detail/article/schluss-mit-der-featureritis-her-mit-den-fakten [12.5.2021]

HARSIN JAYSON: A Critical Guide to Fake News: From Comedy to Tragedy. In: *Pouvoirs,* 2018/1 (No. 164), S. 99-119

HARTLEY, JOHN: Communicative democracy in a redactional society: The future of journalism studies. In: *Journalism*. 2000/1 (1), S. 39-48

HENKE, RUDOLF: Mehr Macht für das Parlament in der Corona-Bekämpfung? Interview von Sandra Schulz. In: *Deutschlandfunk,* 21.10.2020. https://ondemand-mp3.dradio.de/file/dradio/2020/10/21/mehr_macht_fuers_parlament_in_der_corona_bekaempfung_dlf_20201021_0811_e2d9d22a.mp3 [1.12.2020]

HERMES, SANDRA: *Qualitätsmanagement in Nachrichtenredaktionen.* Köln [Herbert von Halem] 2006

HEIDELBERGER BEOBACHTER, 17.10.1931, ›*Brecht den Roten Rundfunkterror*‹. Zitiert nach https://digi.ub.uni-heidelberg.de/diglit/heidelberger_beobachter1931b/0310. [9.4.2021]

HILLJE, JOHANNES: *Rückkehr zu den politisch Verlassenen.* Berlin [Das Progressive Zentrum e.V.] 2018

HIRSCHI, EVA: Johan Galtung: ›Meine Theorie war nicht als Anleitung für die Berichterstattung gedacht!‹ In: *Medienwoche,* 22.1.2019. https://medienwoche.ch/2019/01/22/meine-theorie-war-nicht-als-anleitung-fuer-die-berichterstattung-gedacht/ [25.4.2021]

HOCHSCHILD, ARLIE RUSSEL: *Strangers in Their Own Land: Anger and Mourning on the American Right*. New York [The New Press] 2016

HÖLIG, SASCHA; UWE HASEBRINK: Reuters Institute Digital News Report 2020 – Ergebnisse für Deutschland. Unter Mitarbeit von Julia Behre. Hamburg [Hans-Bredow-Institut] (Arbeitspapier des HBI Nr. 50) 2020

HUBER, CLAUDIA KRISTINE: Black Box Brüssel. EU-Journalismus zwischen Affirmation und Kontrolle. In: *epd Medien*, 5.12.2007

HUTH, KATARINA; JEAN PETERS: Die Heartland-Lobby. In: *Correctiv,* 4.2.2020. https://correctiv.org/top-stories/2020/02/04/die-heartland-lobby-2/ [20.4.2021]

HUXLEY, ALDOUS: *Brave new world.* London [Chatto and Windus] 1932

HUXLEY, ALDOUS: *Letter to George Orwell.* 21.10.1949. Dokumentiert auf der Webseite https://www.openculture.com/2018/08/aldous-huxley-george-orwell-hellish-vision-future-better-1949.html [1.3.2021]

HWANG, TIM: *Subprime Attention Crisis: Advertising and the Time Bomb at the Heart of the Internet.* New York [FSG Originals x Logic] 2020

HWANG, TIM: Das dunkle Herz des Internets. Interview von Jannis Brühl. In: *Süddeutsche Zeitung*, 25.2.2021. https://www.sueddeutsche.de/digital/werbung-online-adtech-anzeigen-1.5185573 [20.5.2021]

INSTINCTIF PARTNERS: *Webseite, Thema »Agenda Cutting«.* https://www.instinctif.de/expertise/krise-wandel/agenda-cutting.html [10.4.2021]. Zitiert als »INSTINCTIF 2021«

JACKOB, NIKOLAUS; TANJEV SCHULTZ; ILKA JAKOBS; MARC ZIEGELE; OLIVER QUIRING; CHRISTIAN SCHEMER: Medienvertrauen im Zeitalter der Polarisierung. In: *Media Perspektiven* 5/2019, S. 210-220

JACKSON, JODIE: *You are what you read. Why changing your media diet can change the world.* London [Unbound] 2019

JAKOBS, ILKA; TANJEV SCHULTZ; CHRISTINA VIEHMANN; OLIVER QUIRING; NIKOLAUS JACKOB; MARC ZIEGELE; CHRISTIAN SCHEMER: Mainzer Langzeitstudie Medienvertrauen 2020 Medienvertrauen in Krisenzeiten. In: *Media Perspektiven,* 3/2021, S. 152-162

JANDURA, OLAF; RAPHAEL KÖSTERS; LENA WILMS: Mediales Repräsentationsgefühl in der Bevölkerung. Analyse nach politisch-kommunikativen Milieus. In: *Media Perspektiven,* 3/2018, S. 118-127

JANKOWICZ, NINA: *How to lose the information war*. London [I.B. Tauris] 2020

KÄSTNER, ERICH: *Ein Mann gibt Auskunft*. Stuttgart/Berlin [Deutsche Verlagsanstalt] 1930

KAHAN, DAN; DONALD BRAMAN: Cultural Cognition and Public Policy. In: *Yale Law & Policy Review,* Vol. 24, 2006, S. 147-170

KAHNEMAN, DANIEL: *Thinking, Fast and Slow*. London [Penguin] 2011

KATECHISMUS DER KATHOLISCHEN KIRCHE, *3. Teil, 2. Abschnitt, 2., Artikel 8/5: Gebrauch der Massenmedien*. Rom 1997 http://www.vatican.va/archive/DEU0035/_P8S.HTM [24.3.2021]

KENDALL-TAYLOR, ANDREA; ERICA FRANTZ; JOSEPH WRIGHT: T*he Digital Dictators, How Technology Strengthens Autocracy.* Foreign Affairs, March/April 2020

KEPPLINGER, HANS MATHIAS: Der Nachrichtenwert der Nachrichtenfaktoren. In: HOLTZ-BACHA, CHRISTINA; HELMUT SCHERER; NORBERT WALDMANN (Hrsg.): *Wie die Medien die Welt erschaffen und wie wir darin leben.* Opladen [Westdeutscher Verlag] 1998, S. 19-38

KIRKPATRICK, DAVID: *The Facebook Effect. The Inside Story of the Company That Is Connecting the World.* London [Virgin] 2011

KLÖCKNER, MARCUS B.: *Sabotierte Wirklichkeit. Oder: Wenn Journalismus zur Glaubenslehre wird.* Frankfurt/M. [Westend] 2019

KOVACH, BILL; TOM ROSENSTIEL: *The Elements of Journalism*. New York [Crown]2001

KRAMP, LEIF; WEICHERT STEPHAN: *Nachrichten mit Perspektive. Lösungsorientierter und konstruktiver Journalismus in Deutschland.* Frankfurt/M. [OBS-Arbeitsheft 101] 2020

KREISS, DANIEL: The Social Identity of Journalists. In: *Journalism*, 20(1), 2019, S. 27-31

KRÜGER, UWE: *Meinungsmacht. Der Einfluss von Eliten auf Leitmedien und Alpha-Journalisten eine kritische Netzwerkanalyse.* Köln [Herbert von Halem] 2013

KRÜGER, UWE: *Mainstream. Warum wir Medien nicht mehr trauen*. München [C.H. Beck] 2016

KRÜGER, UWE: Journalismus und Regierungspolitik – Hand in Hand? In: *Neue Gesellschaft/Frankfurter Hefte*, 6/2020. https://www.frankfurter-hefte.de/artikel/hand-in-hand-2975/ [25.3.2021]

KRUSE, KEVIN M.; JULIAN ZELIZER: How policy decisions spawned today's hyperpolarized media. In: *Washington Post*, 17.1.2019. https://www.washingtonpost.com/outlook/2019/01/17/how-policy-decisions-spawned-todays-hyperpolarized-media/ [14.5.2021]

KYTELIS, STRATIS: Aussage im Beitrag ›Besuch im Flüchtlingslager Kara Tepe – Linkenchefin Wissler auf Lesbos‹. In: *Deutschlandfunk*, 29.5.2021. Audiolink: https://srv.deutschlandradio.de/themes/dradio/script/aod/index.html?audioMode=2&audioID=4&audio=929346

LAFRANCE, ADRIENNE: The Mark Zuckerberg Manifesto Is a Blueprint for Destroying Journalism. In: *The Atlantic*. 17.2.2017. https://www.theatlantic.com/technology/archive/2017/02/the-mark-zuckerberg-manifesto-is-a-blueprint-for-destroying-journalism/517113/ [18.4.2021]

LEIF, THOMAS: *In der Lobby brennt noch Licht. Lobbyismus als Schatten-Management in Politik und Medien*. Wiesbaden [Netzwerk Recherche Werkstatt 12] 2008

LEIF, THOMAS; RUDOLF SPETH: *Die fünfte Gewalt. Lobbyismus in Deutschland*. Bonn [Bundeszentrale für politische Bildung] 2006

LESSENICH, STEPHAN: *Neben uns die Sintflut: Die Externalisierungsgesellschaft und ihr Preis*. München [Hanser] 2016

LEVITSKY, STEVEN; DANIEL ZIBLATT: *How democracies die*. New York [Crown] 2018

LIE DETECTORS: *Webseite, Abschnitt ›Der Sinn dahinter‹*. 2021. https://lie-detectors.org/de/ [8.5.2021]

LOBBYCONTROL: *LobbyPlanet Berlin. Der Reiseführer durch den Lobbydschungel*. Köln [Lobbycontrol] 2015

LOBBYCONTROL: *LobbyPlanet Brüssel. Der lobbykritische Reiseführer durch das EU-Viertel*. Köln [Lobbycontrol] 2017

LUHMANN, NIKLAS: *Die Realität der Massenmedien*. Wiesbaden [VS-Verlag] 2009

LUTTWAK, EDWARD: *Turbo-Capitalism: Winners and Losers in the Global Economy*. New York [Harper Collins] 1999

LUYENDIJK, JORIS: *Von Bildern und Lügen in Zeiten des Krieges. Aus dem Leben eines Kriegsberichterstatters*. Stuttgart [Tropen] 2015

MAGERL, MILENA: *Wie können wir uns vor digitaler Vermüllung schützen? Ein Gespräch mit Maren Urner. Capital*. 30.6.2019. https://www.capital.de/wirtschaft-politik/wie-koennen-wir-uns-vor-digitaler-vermuellung-schuetzen [8.4.2019]

MARCINKOWSKI, FRANK; CHRISTOPHER STARKE: Wann ist Künstliche Intelligenz (un)fair? Ein sozialwissenschaftliches Konzept von KI-Fairness. In: HOFMANN, J.; N. KERSTING; C. RITZI; W.J. SCHÜNEMANN (Hrsg.): *Politik in der digitalen Gesellschaft: Zentrale Problemfelder und Forschungsperspektiven*. Bielefeld [transcript] 2019

MARGETTS, HELEN: Rethinking Democracy with Social Media. In: *The Political Quarterly* 90, 2019, S. 107-123

MARX, KARL: Debatten über Preßfreiheit und Publikation der Landständischen Verhandlungen. In: *Rheinische Zeitung*, 19. Mai 1842. http://www.mlwerke.de/me/me01/me01_066.htm [20.5.2021]

MASON, ALPHEUS THOMAS: *Brandeis: A Free Man's Life*. New York [Viking Press] 1946, S. 122

MCKINSEY GLOBAL INSTITUTE: *The social contract in the 21st century*, 5.2.2020. https://www.mckinsey.com/industries/public-and-social-sector/our-insights/the-social-contract-in-the-21st-century# [20.4.2021]

MENASSE, EVA: *Dankesrede zur Verleihung des Ludwig-Börne-Preises,* gehalten am 26.5.2019. Zitiert nach dem daraus entstandenen Deutschlandfunk-Radioessay. https://www.deutschlandfunk.de/gesellschaftsdebatte-vom-verschwinden-der-oeffentlichkeit.1184.de.html?dram:article_id=453426 [18.3.2021]

MERKEL, ANGELA: *Rede beim 50. Jahrestreffen des Weltwirtschaftsforums am 23. Januar 2020 in Davos.* https://www.bundeskanzlerin.de/bkin-de/aktuelles/rede-von-bundeskanzlerin-merkel-beim-50-jahrestreffen-des-weltwirtschaftsforums-am-23-januar-2020-in-davos-1715534 [26.3.2021]

MERKEL, WOLFGANG: Wenn das Moralisieren die Moral verdrängt. In: *Der Tagesspiegel,* 13.6.2021 https://www.tagesspiegel.de/politik/von-klima-bis-coronakrise-wenn-das-moralisieren-die-moral-verdraengt/27262262.html [14.6.2021]

MERZ, FRIEDRICH: *AKV Rittertalk mit Ritter Friedrich Merz.* 21.1.2020. https://www.youtube.com/watch?v=DR7yTERXi8Q [10.3.2021]

MESSMER, ANNA KATHARINA; ALEXANDER SÄNGERLAUB; LEONIE SCHULZ: *Quelle Internet? – Digitale Nachrichten- und Informationskompetenzen der deutschen Bevölkerung im Test.* Berlin [Stiftung Neue Verantwortung] 2021

METZINGER, THOMAS: ›Facebook und Tiktok sind für mich systemgefährdende Hochrisiko-Technologie‹. In: *Süddeutsche Zeitung,* 22.4.2021 https://www.sueddeutsche.de/digital/kuenstliche-intelligenz-eu-1.5272037 [7.5.2021]

MIHR, CHRISTIAN: *›Obama war ganz sicher kein Waisenknabe‹. Interview der ›Süddeutschen Zeitung‹.* 12.9.2019. https://www.sueddeutsche.de/medien/pressefreiheit-deutschland-reporter-1.4596872 [24.3.2021]

MOLYNEUX, LOGAN: Mobile News Consumption: A habit of snacking. In: *Digital Journalism* 6, 5/2018, S. 634-650

MÜKKE, LUTZ: *30 Jahre staatliche Einheit – 30 Jahre mediale Spaltung?* Frankfurt/M. [OBS-Arbeitspapier 45] 2021

MÜLLER, ALBRECHT: *Meinungsmache. Wie Wirtschaft, Politik und Medien uns das Denken abgewöhnen wollen*. [Knaur] 2009

MÜLLER, MAREN; VOLKER BRÄUTIGAM; FRIEDHELM KLINKHAMMER: *Zwischen Feindbild und Wetterbericht*. Köln [Papyrossa] 2019

MULLER, JERRY Z.: *The Tyranny of Metrics*. Princeton [Princeton University Press] 2018

NAUGHTON, JOHN: The goal is to automate us: welcome to the age of surveillance capitalism. In: *The Observer*, 20.1.2019. https://www.theguardian.com/technology/2019/jan/20/shoshana-zuboff-age-of-surveillance-capitalism-google-facebook [10.1.2021]

NEFF, BENEDICT: Alice Weidel: ›Unser ambitioniertes Fernziel ist es, dass die Deutschen irgendwann AfD und nicht ARD schauen‹. In: *Neue Zürcher Zeitung*, 9.5.2018. https://www.nzz.ch/international/jedes-afd-mitglied-ist-ein-social-media-soldat-ld.1384297 [20.4.2021]

NEGROPONTE, NICHOLAS: *Being Digital*. New York [Knopf] 1995

NEUMEIER, MARTY: *Zag. The No 1 Strategy of High-Performance Brands.* San Francisco [New Riders] 2006

NEW YORK TIMES: *The Times Issues Social Media Guidelines for the Newsroom*. 13.10.2017, aktualisiert am 3.11.2020 https://www.nytimes.com/2017/10/13/reader-center/social-media-guidelines.html [24.4.2021]

NEWMAN, NIC: *Reuters Institute: Digital News Report 2020 – Executive Summary and Key Findings*. https://www.digitalnewsreport.org/survey/2020/overview-key-findings-2020/ [21.4.2021]

NEWS AKTUELL: *Vorstellung auf den Seiten der Deutschen Presse-Agentur*. https://www.dpa.com/de/unternehmen/dpa-gruppe/news-aktuell/ [20.4.2021]

NEW YORK TIMES FIXES: *Webportal der Kolumne*. https://www.nytimes.com/column/fixes [24.2021]. Zitiert als »NYT Fixes 2021«

NIELSEN, RASMUS KLEIS (Hrsg.): *Local Journalism. The decline of newspapers and the rise of digital media*. London [I.B. Tauris] 2015

NORSKE SKOG: *›Norske Skog to enter the European packaging markets‹*. Press Release. 17.6.2020. https://www.norskeskog.com/Home-1/Norske-Skog-to-enter-the-European-packaging-markets?PID=3359&M=NewsV2&Action=1 [14.4.2021]

OBAMA, BARACK: *Commencement address at Hampton University on May 9*, 2010 in Hampton, VA. Zitiert nach https://time.com/4340815/obama-commencement-speech-transcript-hampton-university/ [17.4.2021]

O'KEEFE, JAMES: *American Pravda: My Fight for Truth in the Era of Fake News*. New York [St. Martin's Press] 2018

O'HARA, KIERON; WENDY HALL: *Four Internets: Data, Geopolitics, and the Governance of Cyberspace*. Oxford [Oxford University Press] 2021

O'NEIL, CATHY: *Weapons of Math Destruction: How Big Data Increases Inequality and Threatens Democracy*. London [Penguin] 2017

OPPONG, MARVIN: *Wenn Politik Presse macht. Gastbeiträge von Politiker*innen in ausgewählten Tageszeitungen*. Frankfurt/M. [OBS Arbeitspapier 46] 2021

ORF.AT: *Als BBC-Hören lebensgefährlich war*. 27.9.2013. https://orf.at/v2/stories/2198996/2198995/ [4.3.2021]

ORWELL, GEORGE: *1984*. London [Secker and Warburg] 1949

ÖSTGAARD, EINAR: Factors Influencing the Flow of News. In: *Journal of Peace Research*, 2 (1), 1965, S. 39-63

OVADYA, AVIV: What's worse than fake news? The distortion of reality itself. In: *Washington Post*, 22.2.2018. https://www.washingtonpost.com/news/theworldpost/wp/2018/02/22/digital-reality/ [20.3.2021]

PARISER, ELI: When the Internet Thinks It Knows You. In: *New York Times*, 22.5.2011. https://www.nytimes.com/2011/05/23/opinion/23pariser.html?_r=1& [20.4.2021]

PARISER, ELI: *The Filter Bubble: What the Internet Is Hiding from You.* London [Penguin] 2012

PBS: *PBS and Member Stations Voted ›Most Trusted‹ Institution for 18 Consecutive Years.* 2.2.2021 https://www.pbs.org/about/about-pbs/blogs/news/pbs-and-member-stations-voted-most-trusted-institution-for-18-consecutive-years/ [24.4.2021]

PEKARY, ARIANA: The only question in news is ›Will it rate?‹. In: *Columbia Journalism Review,* 2.9.2020. https://www.cjr.org/public_editor/cnn-public-editor-the-only-question-in-news-is-will-it-rate.php

PIG, CLEMENS (Hrsg.): Nachrichtenagenturen als demokratische Infrastruktur. In: *Hidden Champions im Nachrichtengeschäft*. Wien [Print Alliance HAV Produktions] 2019, S. 5-11

PLEITGEN, FRITZ: *Die Meinungsvielfalt gerät in Gefahr*. Interview im ›Handelsblatt‹, 11.7.2019. https://www.handelsblatt.com/unternehmen/it-medien/ehemaliger-wdr-intendant-im-interview-fritz-pleitgen-die-meinungsvielfalt-geraet-in-gefahr/24578112.html [20.3.2021]

POLANYI, KARL: *The great transformation*. New York/Toronto [Farrar and Rinehart] 1944

POSTMAN, NEIL: *Amusing Ourselves to Death*. London [Penguin] 1985

POSTMAN, NEIL: *Informing Ourselves to Death. Speech to the German Informatics Society,* Stuttgart, 11.10.1990. https://web.williams.edu/HistSci/curriculum/101/informing.html [4.2.2021]

PÖTTKER, HORST: Öffentlichkeit als gesellschaftlicher Auftrag. Zum Verhältnis von Berufsethos und universaler Moral im Journalismus. In: FUNIOK, RÜDIGER; UDO SCHMÄLZLE; CHRISTOPH WERTH (Hrsg.): *Medienethik – die Frage der Verantwortung*. Bonn [Bundeszentrale für politische Bildung], S. 215-232

PRIOR, MARKUS: News vs. Entertainment: How Increasing Media Choice Widens Gaps in Political Knowledge and Turnout. In: *American Journal of Political Science*, 49, 3, July 2005. S. 577-592

PUTNAM, ROBERT D.: *Bowling Alone: The Collapse and Revival of American Community*. London [Simon & Schuster] 2000

QUOTEINVESTIGATOR: *Zur Herkunft von ›News Is What Somebody Does Not Want You To Print. All the Rest Is Advertising‹*. Stand 12.1.2015. https://quoteinvestigator.com/2013/01/20/news-suppress/ [20.4.2021]. Zitiert als »Quoteinvestigator 2015«.

RANKE, LEOPOLD VON: *Vorrede zu Geschichten der romanischen und germanischen Völker*. 1824/1874. https://ghdi.ghi-dc.org/sub_document.cfm?document_id=358&language=german [11.5.2021]

REBBE, THOMAS: *Ihre Mails – Ihre News: So sieht unser redaktionelles Leitbild aus*. Aktualisiert am 11.5.2020. https://web.de/magazine/in-eigener-sache/einblick/mails-news-34463152 [10.2.2021]

REINEMANN, CARSTEN; SEBASTIAN SCHERR: *Was ist ›hard‹, was ist ›soft‹? Eine Analyse eines der erfolgreichsten Konzepte der Journalismusforschung*. In: SPRINGER, NINA et al.: *Medien und Journalismus im 21. Jahrhundert*. Konstanz [UVK] 2012

REPORTER OHNE GRENZEN: *Rangliste 2021*. https://www.reporter-ohne-grenzen.de/rangliste/rangliste-2021 [20.4.2021]

REPORTER OHNE GRENZEN: *Nahaufnahme Deutschland 2020*. https://www.reporter-ohne-grenzen.de/nahaufnahme/2020 [10.2.2021]

REPUCCI, SARAH; AMY SLIPOWITZ: *Democracy under Siege. Freedom in the World 2021*. https://freedomhouse.org/report/freedom-world/2021/democracy-under-siege

REQUATE, JÖRG: *Journalismus als Beruf: Entstehung und Entwicklung des Journalistenberufs im 19. Jahrhundert*. Göttingen [Vandenhoeck & Ruprecht] 1995

REUTERS INSTITUTE: *Digital News Report 2016. Distinctions between Hard and Soft News.* https://www.digitalnewsreport.org/survey/2016/hard-soft-news-2016/[22.4.2021]. Zitiert als »Reuters Institute 2016«

RKI: *Neue Schätzung zur Krankheitslast durch Krankenhaus-Infektionen.* Pressemitteilung des Robert Koch-Instituts. 15.11.2019. https://www.rki.de/DE/Content/Service/Presse/Pressemitteilungen/2019/14_2019.html. [26.4.2021]

ROSEN, JAY: He Said, She Said, We Said. In: *PressThink,* 4.6.2004. archive.pressthink.org/2004/06/04/ruten_milbank.html [10.3.2021]

ROSLING, HANS: *Factfulness*. London [Hodder & Stoughton] 2019

RUHRMANN, GEORG; ROLAND GÖBBEL: *Veränderung der Nachrichtenfaktoren und Auswirkungen auf die journalistische Praxis in Deutschland.* Mainz/Jena [Publikation des Netzwerks Recherche] 2007

RUSBRIDGER, ALAN: *Breaking News. The remaking of journalism and why it matters now.* Edinburgh [Canongate] 2018

SAID, EDWARD: *Orientalism.* London [Penguin] 2003

SCHÄFER, ARMIN; MICHAEL ZÜRN: *Die demokratische Regression. Die politischen Ursachen des autoritären Populismus*. Frankfurt/M. [Suhrkamp] 2021

SCHIMMECK, TOM: *Am besten nichts Neues. Medien, Macht und Meinungsmache.* Frankfurt/M. [Westend] 2010

SCHOLZ, OLAF: *Scholz (SPD) will BaFin mehr Kontrollmöglichkeiten geben*. Interview von Silvia Engels. Deutschlandfunk, 16.12.2020. https://www.deutschlandfunk.de/bundesfinanzminister-zum-wirecard-skandal-scholz-spd-will.694.de.html?dram:article_id=489360 [2.2.2021]

SCHÖNHAGEN, PHILOMEN: Die Wiedergabe fremder Aussagen – eine alltägliche Herausforderung für den Journalismus. In: *Publizistik,* 2006, Heft 4, S. 498–512

SCHNEIDER, WOLF; RAUE, PAUL-JOSEF: *Handbuch des Journalismus*. Reinbek b. Hamburg [Rowohlt] 1998

SCHULTZ, TANJEV; MARC ZIEGELE; ILKA JAKOBS; NIKOLAUS JACKOB; OLIVER QUIRING; CHRISTIAN SCHEMER: Mainzer Langzeitstudie Medienvertrauen 2019. Medienzynismus weiterhin verbreitet, aber mehr Menschen widersprechen. In: *Media Perspektiven* 6/2020, S. 322-330

SCHULZ, WINFRIED: *Die Konstruktion von Realität in den Nachrichtenmedien. Analyse der aktuellen Berichterstattung.* 2. Auflage. Freiburg/München [Karl Alber] 1976

SCHULZE, INGO: *Simple Storys*. München [dtv]1999

SCHÜNEMANN, WOLF J.; STEFAN STEIGER; FRITZ KLICHE: *Die Angst vor Echokammern ist übertrieben*. Beitrag für Netzpolitik.org, 20.4.2019. https://netzpolitik.org/2019/die-angst-vor-echokammern-ist-uebertrieben-ein-rueckblick-auf-den-wahlkampf-2017-im-netz/ [24.4.2021]

SCHWARZ, CAROLINA: Journalisten auf Twitter und Facebook: Ab jetzt nur noch neutral. In: *taz*, 16.10.2017. https://taz.de/Journalisten-auf-Twitter-und-Facebook/!5455303/ [24.4.2021]

SCHWIESAU, DIETZ; JOSEF OHLER: *Nachrichten - klassisch und multimedial.* Wiesbaden [Springer VS] 2016

SCHWIESAU, DIETZ: Ein Rundfunkredakteur mit Lust, Liebe und Begeisterung. Erinnerungen an den ersten Nachrichtenchef des deutschen Rundfunks, Josef Räuscher. In: INES BOSE; DIETZ SCHWIESAU (Hrsg.): *Nachrichten schreiben, sprechen, hören. Forschungen zur Hörverständlichkeit von Radionachrichten*. Berlin [Frank & Timme] 2011, S. 245-282

SCRIPTS: *Cluster of Excellence »Contestations of the Liberal Script«*. Blog. 2021. https://www.scripts-berlin.eu/blog/index.html [25.5.2021]

SEEMANN, MICHAEL: *Das Regime der demokratischen Wahrheit (Teil II) – Die Deregulierung des Wahrheitsmarktes.* Blog ctrl-verlust. 27.2.2017 https://www.ctrl-verlust.net/das-regimeder-demokratischen-wahrheit-teil-ii-die-deregulierung-des-wahrheitsmarktes/ [4.4.2021]

SEGBERS, MICHAEL: *Die Ware Nachricht. Wie Nachrichtenagenturen ticken.* Konstanz [UVK] 2007

SEIFFERT-BROCKMANN JENS; SABINE EINWILLER: Content-Strategien in der Unternehmenskommunikation: Themensetzung, Storytelling und Newsrooms. In: ZERFASS A.; M. PIWINGER; U. RÖTTGER (Hrsg.): *Handbuch Unternehmenskommunikation*. Wiesbaden [Springer Gabler] 2020. Zitiert nach https://link.springer.com/referenceworkentry/10.1007%2F978-3-658-03894-6_24-1

SEMSROTT, ARNE: *Journalisten, nutzt endlich die Auskunftsrechte!* Heise Online, 25.4.2020. https://www.heise.de/newsticker/meldung/Best-of-Informationsfreiheit-Journalisten-nutzt-endlich-die-Auskunftsrechte-4709827.html

SHIRKY, CLAY: *Here Comes Everybody.* London [Penguin] 2008

SOLUTIONS JOURNALISM NETWORK (SJN): Webseite. 2021. https://www.solutionsjournalism.org [1.3.2021]

STATISTA: *Anzahl der monatlich aktiven Facebook Nutzer weltweit vom 1. Quartal 2009 bis zum 1. Quartal 2021.* https://de.statista.com/statistik/daten/studie/37545/umfrage/anzahl-der-aktiven-nutzer-von-facebook/ [30.5.2021]. Zitiert als »Statista 2021 1«

STATISTA: *Marktanteile der Suchmaschinen weltweit nach mobiler und stationärer Nutzung im April 2021.* https://de.statista.com/statistik/daten/studie/222849/umfrage/marktanteile-der-suchmaschinen-weltweit/ [30.5.2021]. Zitiert als »Statista 2021 2«

STEINBRÜCK, PEER: Rede auf dem Neujahrsempfang der Industrie- und Handelskammer Frankfurt am Main, 10.1.2006. Dokumentiert auf der Webseite: https://politische-reden.eu/BR/t/884.html [17.4.2021]

STEPHENS, MITCHELL: *A History of News*. New York [Viking Press] 1988

STOCKING, GALEN; PATRICK VAN KESSEL; MICHAEL BARTHEL; KATERINA EVA MATSA; MAYA KHUZAM: Many Americans Get News on YouTube, Where News Organizations and Independent Producers Thrive Side by Side. In: *Pew Research*, 28.9.2020. https://www.journalism.org/2020/09/28/many-americans-get-news-on-youtube-where-news-organizations-and-independent-producers-thrive-side-by-side/ [4.3.2021]

TASS: Agenturbericht *»TASS, KCNA news agencies sign new cooperation agreement«*. 8.10.2019. https://tass.com/society/1082121?c=1570611719564 [5.3.2021]

TEUSCH, ULRICH: *Lückenpresse. Das Ende des Journalismus, wie wir ihn kannten.* Frankfurt/M. [Westend] 2018

TOFF, BENJAMIN; SUMITRA BADRINATHAN; CAMILA MONT'ALVERNE; AMY ROSS ARGUEDAS; RICHARD FLETCHER; RASMUS KLEIS NIELSEN: Reuters Institute: The Trust in News Project 2020. In: *First Report.* 3.12.2020 https://reutersinstitute.politics.ox.ac.uk/what-we-think-we-know-and-what-we-want-know-perspectives-trust-news-changing-world [12.3.2021]

TOFFLER, ALVIN: *Future Shock*. New York [Random House] 1970

TOFFLER, ALVIN: *The Third Wave.* New York [Bantam Books] 1980

TORTOISE MEDIA: *About us*. 2021. https://www.tortoisemedia.com/about-us/our-story/ [15.3.2021]

TRANSPARENCY INTERNATIONAL DEUTSCHLAND: *Korruption im Journalismus – Wahrnehmung, Meinung, Lösung.* Berlin [Transparency International] 2016

TRANSPARENCY INTERNATIONAL DEUTSCHLAND: *Lobbyranking der Bundesländer,* vorgestellt. 11.3.2021. https://www.transparency.de/aktuelles/detail/article/lobbyranking-der-bundeslaender-vorgestellt/

TSCHIRNE, AXEL: *Denken wie ein Journalist – die Stärke im Native Advertising*. Beitrag auf der Seite von ›Airmotion Media‹, 16.7.2018. https://www.airmotion-media.de/denken-wie-ein-journalist-die-staerke-im-native-advertising/ [30.4.2021]

TUCHOLSKY, KURT: »An das Publikum«. In: *»Lerne Lachen ohne zu Weinen«*. Berlin [Rowohlt] 1931, S. 382f.

TUFEKCI, ZEYNEP: *How social media took us from Tahrir Square to Donald Trump. MIT Technology Review*. 14.8.2018. https://www.technologyreview.com/2018/08/14/240325/how-social-media-took-us-from-tahrir-square-to-donald-trump/ [28.5.2021]

ULFKOTTE, UDO: *Gekaufte Journalisten – Wie Politiker, Geheimdienste und Hochfinanz Deutschlands Massenmedien lenken*. Rottenburg [Kopp] 2014

UNDERWOOD, DOUG: *When MBAs Rule The Newsroom*. New York [Columbia University Press] 1993

URNER, MAREN: *Schluss mit dem täglichen Weltuntergang*. München [Droemer] 2019

URNER, MAREN: *Raus aus der ewigen Dauerkrise - Mit dem Denken von morgen die Probleme von heute lösen*. München [Droemer] 2021

URNER, MAREN: Austausch mit dem Autor im Frühjahr 2021. Zitiert als »Urner 2021-2«

VON ALTENBOCKUM, JASPER: AfD-Parteitag - Die Nationalkonservativen. In: *Frankfurter Allgemeine*, 30.4.2016. https://www.faz.net/aktuell/politik/inland/afd-parteitag-die-nationalkonservativen-14209216.html [10.2.2021]

WEDEL, JANINE: *»Shadow Elite«: How the World's New Power Brokers Undermine Democracy, Government, and the Free Market*. New York [Basic Books], 2009

WEDEL, JANINE: *Unaccountable: How Elite Power Brokers Corrupt our Finances, Freedom, and Security*. New York [Pegasus] 2014

WEHLING, HANS-GEORG: *Konsens à la Beutelsbach? Nachlese zu einem Expertengespräch*. In: SCHIELE, SIEGFRIED; HERBERT SCHNEIDER (Hrsg.): *Das Konsensproblem in der politischen Bildung*. Stuttgart 1977, S. 173-184

WELCHERING, PETER: Mut-Journalismus Warum wir unseren Berufsstand nicht einfach abschaffen lassen sollten. In: *Journalistik*, 1(2), 2018, S. 61-70

WELZER, HARALD: Demokratie – Generation 2018. In: *Die Zeit*, 3.1.2018. https://www.zeit.de/2018/02/demokratie-zukunft-generation-fluechtlinge-klimapolitik-rechtspopulismus/komplettansicht [20.3.2021]

WILLEMSEN, ROGER: Endlich Frühling! In: *Zeit-Magazin*, 29.4.2010. https://www.zeit.de/2010/18/Willemsen-Fruehling [4.3.2021]

WISNEWSKI, GERHARD: *Verheimlicht, vertuscht, vergessen.* Rottenburg [Kopp] 2020

WOLF, CORNELIA; ALEXANDER GODULLA: Newsgames im Journalismus. Haben sie Potenzial? Was sagen die Nutzer? In: *Journalistik*, 1(2), 2018, S. 2-21

WU, TIM: *The Attention Merchants. The epic scramble to get into our heads.* New York [Vintage] 2016

WU, TIM: Network Neutrality, Broadband Discrimination. In: *Journal of Telecommunications and High Technology* 2/2003 https://ssrn.com/abstract=388863 [18.5.2021]

YAGHOOBIFARAH, HENGAMEH: Abschaffung der Polizei – All cops are berufsunfähig. In: *Tageszeitung*, 15.6.2020 https://taz.de/Abschaffung-der-Polizei/!5689584/ [4.3.2021]

YALE LAW SCHOOL: *The Cultural Cognition Project*. http://www.culturalcognition.net/ [5.3.2021]

ZDF: *plan b. Portal der Sendereihe*. https://www.zdf.de/gesellschaft/plan-b [20.3.2021]. Zitiert als »ZDF 2021«

ZSCHUNKE, PETER: *Agenturjournalismus. Nachrichtenschreiben im Sekundentakt*. Konstanz [UVK Medien] 2000

ZUBOFF, SHOSHANA: *The Age of Surveillance Capitalism*. London [Profile Books] 2019

Peter Seele

Künstliche Intelligenz und Maschinisierung des Menschen

Schriften zur Rettung des öffentlichen Diskurses, 1
2020, 200 S., 190 x 120 mm, dt.

ISBN (Print) 978-3-86962-512-6
ISBN (PDF) 978-3-86962-513-3
ISBN (ePub) 978-3-86962-514-0

Mit den künstlichen Intelligenzen verhält es sich wie mit künstlichen Tränen: Sie erfüllen einen instrumentellen Zweck. Dieser lässt sich aber in keiner Weise mit jenen komplex-schillernden Gefühlen verbinden, die wir in Freude oder Trauer empfinden – und die uns zum Menschen machen. Der Essay stellt fünf Thesen auf, die aus zwei (unfreiwillig komischen) Dialogen mit künstlich intelligenten Chatbots abgeleitet werden. Das Ergebnis lautet: Nicht nur die Maschinen werden menschenähnlicher – auch die Menschen werden durch die Digitalisierung immer mehr zu ›Datenhaufen‹ und maschinenähnlicher. Daraus ergibt sich die Frage, welche Auswirkungen Chatbots auf den öffentlichen Diskurs haben und haben werden.

HERBERT VON HALEM VERLAG
Schanzenstr. 22 · 51063 Köln
http://www.halem-verlag.de
info@halem-verlag.de

Michael Müller

Politisches Storytelling. Wie Politik aus Geschichten gemacht wird

Schriften zur Rettung des öffentlichen Diskurses, 2
2020, 168 S., Broschur, 190 x 120 mm, dt.

ISBN (Print) 978-3-86962-499-0
ISBN (PDF) 978-3-86962-500-3
ISBN (ePub) 978-3-86962-500-3

Wer sich mit Politik und gesellschaftlicher Meinungsbildung auseinandersetzen will, muss sich auch mit dem Thema ›Storytelling‹ beschäftigen – sonst kann er einen wesentlichen Teil der Politik weder verstehen noch beeinflussen. Denn Geschichten und Narrative sind in gesellschaftlichen und politischen Diskussionen und Prozessen allgegenwärtig – ob auf der Oberfläche sichtbar oder auf den ersten Blick unsichtbar und in den Strukturen verborgen. Geschichten in der Politik können unterschiedlich eingesetzt werden: Man kann mit ihnen den Menschen ein Sinnangebot auf Faktenbasis machen oder sie mit Fake Storys versuchen zu manipulieren. Das Buch ist ein Plädoyer für einen verantwortungsvollen Umgang mit dem politischen Storytelling.

HERBERT VON HALEM VERLAG
Schanzenstr. 22 · 51063 Köln
http://www.halem-verlag.de
info@halem-verlag.de